KB008060

마음의 철학자

PHILOSOPHER OF THE HEART

Philosopher of the Heart

키르케고르 평전

클레어 칼라일 | 임규정 옮김

마음의 철학자: 키르케고르 평전

1판 1쇄 발행 2022년 9월 10일

지은이 클레어 칼라일
옮긴이 임규정
펴낸이 안희곤
펴낸곳 사월의책

편집 박동수
디자인 김현진

등록번호 2009년 8월 20일 제2012-000118호
주소 경기도 고양시 일산서구 중앙로 1388 동관 B113호
전화 031)912-9491 | 팩스 031)913-9491
이메일 aprilbooks@aprilbooks.net
홈페이지 www.aprilbooks.net
블로그 blog.naver.com/aprilbooks

ISBN 979-11-92092-04-1 93160

차례

머리말 9
쇠렌 키르케고르의 생애 25

1부 1843년 5월: 귀향 여행 29

1. 실존의 물음을 온몸으로 살다 31
2. "나의 레기네!" 53
3. 사이비 철학자들에 맞서다 80
4. 아브라함의 귀향에 동행하다 104

2부 1848년-1813년: 거꾸로 이해되는 삶 125

5. 인간으로 존재하는 법을 배우기: 첫 수업 127
6. "나에게로 오너라" 157
7. 심미적 교육 188
8. 인생관 없이 살다 226
9. 기독교계의 소크라테스 260
10. 반복: 새로운 삶의 철학 295
11. 어떻게 해야 불안할 수 있는가 329
12. 삶의 미로 357

3부 1849년-1855년: 앞으로 살아가는 삶 401

13. 세상과 불화하다 403
14. "이것이 나와 함께하는 방법이다" 429
15. 최후의 투쟁 456

키르케고르, 죽음 이후의 삶 487

주 513
감사의 말 559
옮긴이의 말 563

돌아서면서 그는 그 느낌에 사로잡혀
길을 따라 걸으며 미소를 지었다.
내 하루하루는 의미로 충만하였으나
나는 아직 그 암호를 풀어내야 한다.

샌디 데니, 「낙관론자」

머리말

“연애는 언제나 실존한다는 것의 의미와 관련된 교훈적 주제이기 마련”이라고 쇠렌 키르케고르는 단 한 번의 연애가 파경으로 끝이 난 직후 쓰고 있다.[1] 키르케고르는 인생을 내부에서 바라보며 철학을 행했으며, 그 어떤 철학자보다도 자신의 삶을 저작 속으로 녹여냈다. 연애의 위기 덕분에 그는 인간의 자유와 정체성에 대한 통찰력을 얻었으며 또 그 결과 “실존주의의 아버지”라는 불멸의 명성을 얻게 되었다. 그는 새로운 철학 스타일을 만들어냈는데, 그것의 근거는 바로 인간으로 존재한다는 것의 내면적 드라마에 놓여 있었다. 난해할 뿐만 아니라 아마도 하나의 본보기로는 위험하기도 한 인물이었음에도 불구하고 그는 기꺼이 인간의 조건을 증언하고자 함으로써 영감을 불러일으켰다. 그는 사랑과 수난, 유머와 불안, 절망과 용기에 관한 전문가가 되었다. 그는 이러한 마음의 일들을 자신의 철학의 주제로 만들었으며, 그의 저작은 세대를 이어가며 독자의 심금을 울려오고 있다.

스웨덴 작가 브레메르(Fredrika Bremer)가 덴마크의 문화생활을 기록에 남기기 위해 1849년 코펜하겐을 방문했을 때, 키르케고르는 이미 몇 년 전부터 고향에서 유명 인사가 되어 있었다. 브레메르는 그가 면담 요청을 거절했기에 그를 만나지는 못했지만 그의 쉼 없이 활동적인 습관에 관하여 많은 소문을 들었다. "낮에는 코펜하겐에서 가장 번화한 거리를 한 번에 몇 시간씩 오르내리며 군중들 사이를 걷고 있는 그를 볼 수 있다. 밤에는 그의 외로운 집이 불빛으로 빛나고 있다고들 한다."[2] 아마도 놀라운 일도 아니겠지만, 그녀는 그를 "가까이 하기 어려운" 인물로 받아들였는데 그의 시선이 "부단히 단 하나의 점에 고정되어" 있었다는 것이다. 브레메르는 이렇게 쓰고 있다. "그는 이 점 위에 현미경을 놓고서 헤아릴 수 없이 미세한 것들, 더할 나위 없이 쏜살같이 바뀌는 움직임들, 마음속 가장 깊은 곳의 변화들을 세심하게 조사하고 있다. 그가 말하는 것도 또 셀 수 없이 많은 분량을 쓰는 것도 모두 이것에 관해서다. 그에게는 모든 것이 이 점에서 발견되어야 한다. 그런데 이 점이라는 것은 바로 인간의 마음이다." 그녀는 그의 저서들이 특히 여성 독자들에게 찬사를 받았다고 언급한다. "마음의 철학은 여성 독자들에게 중요한 것이 틀림없다." 세대를 이어가는 키르케고르의 독자들의 면면을 살펴보면 한눈에 알 수 있듯이 마음의 철학은 남성들에게도 중요한 것으로 입증되었으며, 그들 가운데에는 지난 세기의 가장 영향력 있는 사상가와 예술가도 있었다.

물론 키르케고르가 인간으로 존재한다는 것의 의미를 이해하고자 분투한 최초의 인물은 아니다. 그는 유럽의 거대한 지적 전통과 맞붙어 싸웠으며, 고대 그리스의 형이상학, 구약성서와 신약성서, 교부들과 중세 수도사들, 루터와 루터파 경건주의, 데카르트와 스피노자, 라이프니츠와 칸트, 셸링과 헤겔 등 지속적으로 등장했던 혁신적인 철학들, 그리고 낭만주의 문학을 흡수했다. 19세기의 비옥하고 떠들썩했던 30년 동안 그는 이런 사유의 흐름들을 그 자신의 실존으로 끌어들였고, 그것들이 자아내는 긴장과 역설이 그를 꿰뚫고 움직이는 것을 느꼈다. 게다가 동시에 그의 마음은 일련의 강렬한 사랑으로 관통되고 채워지며 늘어나고 멍들었다. 그 각각의 사랑은, 아마도 첫 번째를 제외하면, 심각하게 모순적이었다. 어머니 아네, 아버지 미카엘 페데르센, 약혼녀 레기네, 그리고 그의 도시, 그의 저술 작업, 그의 하나님.

조만간 우리는 1843년 5월에 베를린에서 코펜하겐으로 가는 기차, 합승마차 그리고 증기선을 타고 귀향하는 키르케고르를 만나볼 것이다. 우리는 그가 이제 갓 서른 살이 된, 자신을 유명하게 만든 저술활동에 착수한 지 얼마 안 되는 작가라는 것을 한눈에 알 수 있다. 그는 비범할 정도로 유려하게 글을 썼는데, 자신의 영혼을 그가 사랑해 마지않는 덴마크어에 접목했으며 심지어 번역으로도 우리는 그의 산문의 운율, 그의 사유의 시를 느낄 수 있을 정도이다. 키르케고르가 훗날 자신의 “저술가로서의 활동”이라고 명명한 것이 그의 삶 대부분을 채웠으며, 또 그의 정력과 재산을 소진시켰다. 그가 저술가였다고 말하는 것은 그가 엄청난 비율로 훌륭한 저서를 저술하고 수많은 일지와 노트를 가득 채웠음을 가리키는 것만은 아니다. 글쓰기는 키르케고르의 실존의 바탕이자 그의 삶에서 가장 강렬한 사랑이 되었다. 다른 모든 사랑이 글쓰기로 흘러들어갔으며, 또 글쓰기는 그의 고향에 끊임없이 밀려와 부딪치는 바다와도 같이 차올랐다. 이것은 억제할 수 없는, 모든 것을 다 태워버리는 사랑이었다. 젊은이로서 그는 저술을 시작하는 것이 어렵다는 것을 알았지만, 일단 시작하자 좀처럼 멈출 수 없었다. 그는 저술활동과 저자의 문제에 사로잡혔으며, 글쓰기의 기쁨과 출판의 고통 사이에서 끊임없이 괴로워했고, 문학 장르에 매혹되었으며, 인쇄와 제본에 많은 공을 들였다.

그는 철학자이자 영적 구도자로서 글을 썼다. 플라톤의 『국가』에 나오는 동굴의 우화에서는 한 고독한 인물이 진리를 찾아 일상적이고 미혹된 세계를 탈출하고, 아직 깨닫지 못한 군중들과 자신의 앎을 함께하려고 돌아온다. 바로 이 철학자의 전형이 키르케고르와 그가 살았던 19세기 세계의 관계를 정의한다. 마찬가지로 모리아산을 고통스럽게 다녀오는 아브라함의 구약성서 이야기에서 키르케고르는 자신의 내면적 삶을 형성한 종교적 운동들, 즉 신에 대한 심오한 갈망, 자신의 소명을 이해하고자 하는 불안에 싸인 투쟁, 진정한 영적 길에 대한 탐구 등을 깨달았다. 그의 종교는 되풀이해서 관습을 거부했으나, 그러면서도 그의 신앙은 비정통적인 것이 아니었다.

이 책은 키르케고르에게 생기를 불어넣는 동시에 그를 고통스럽게 했던, 또 그를 억누르는 동시에 앞으로 나아가게 했던 "실존의 문제", 즉 이 세상에서 어떻게 인간으로 존재해야 하는가라는 문제와 씨름하는 키르케고르의 여정을 따라갈 것이다. 그는 근대 철학의 추상 개념들을 비판하면서 우리는 삶 그 자체의 한가운데에서, 우리 앞에 미래가 열려 있는 상태에서, 우리가 누구인가라는 문제 그리고 어떻게 살아야 하는가라는 문제를 해결해야 한다고 역설했다. 기차가 달릴 때 뛰어내릴 수 없는 것처럼, 삶의 의미를 반성하기 위해 삶에서 벗어날 수는 없는 노릇이다. 마찬가지로 이 전기는 키르케고르의 삶을 멀리 떨어진, 지적인 견지에서 고찰하는 게 아니라, 오히려 그의 여정에 동참하여 그를 따라 그 여정의 불확실성과 마주한다.

내가 처음에 편집자에게 이 전기를 저술할 계획을 언급했을 때, 그는 내가 키르케고르에 대한 키르케고르적인 전기를 구상하고 있다고 말해주었다. 결국 그가 옳았다. 그의 언급은 이 저술 작업 전체에 걸쳐 나를 인도하기도 하고 혼란스럽게 만들기도 했다. 어떻게 해야 할지 애매할 때가 많았다. 돌이켜 보건대, 나는 키르케고르에 대한 키르케고르적인 전기가 키르케고르의 생애와 저술 간의 흐릿하면서도 유동적인 경계를 따라가고, 또 철학적이고 영적인 문제들이 한 인간의 삶의 진상들을 이루고 있는 사건들, 결단들 그리고 만남들을 되살려낼 수 있도록 허용하는 것이었음을 깨닫게 되었다. 이 책은 이 세상에서 어떻게 인간으로 존재해야 하는가라는 키르케고르의 문제에서 발단되었다. 1부 "귀국 여행"의 시작 부분에서 우리는 『공포와 전율』을 한창 저술하고 있는 키르케고르를 만날 텐데, 여기서 그는 그 문제에 대한 희망적인, 상당히 산뜻한 대답을 주고 있다. 2부 "거꾸로 이해되는 삶"에서 우리는 그로부터 5년 뒤인 1848년, 자신의 삶과 저술을 돌이켜보면서 자신의 실존 문제에 전과는 다르게 대답하는 그를 만난다. 키르케고르는 자신의 죽음에 대하여 늘 과민한 상태였지만, 죽음이 임박하였다는 그의 예상은 그 5년 동안 변해갔다. 1843년에는 저술활동의 최종 기한이 닥쳐 왔기에 자신의 작업에 절박성을 더해 저작들을 세상에 발표하는 데 총력을 기울인 반면, 1848년에 그는 죽음을 저술가로서 자신의 사명을 완성시키는 행위로 간주했다. 3부 "앞으로 살아가는 삶"에서 우리는 키르케고르를 따라 그의 죽음과 더불어 비로소 종결되는 세상과의 투쟁 속으로 들어간다.

키르케고르적인 전기를 쓴다는 것은 또한 관습적인 연대기에 따른 서사를 넘어서는 것이자, 서로 맞물려 있는 그의 세 가지 주요 개념인 주체성, 진리, 시간이 전기의 형태에 영향을 미치게 한다는 의미이기도 하다. "요람에서 무덤까지"

이르는 서사를 구성할 때, 전기 작가라면 마땅히 자신의 주제가 시간의 흐름과 함께 변화되는 것을 관찰하기 위하여 그의 주제로부터 일정 부분 떨어진 어떤 고정된 위치를 전제하지 않으면 안 될 것이다. 마치 먼 곳에 떨어져 있는 인물이 풍경을 가로질러 걸어가는 모습을 어딘가에 앉아 지켜보는 것처럼 말이다. 키르케고르는 인간에 대한 이러한 "객관적인"(혹은 객관화시키는) 사유 방식을 비판하면서, 우리 삶의 가장 심오한 진리는 우리의 "주체성" 내지 "내면성"에 존재한다고 주장했다. 시간은 주체성의 핵심 요소이자 우리 내면적 존재의 실체이다. 우리의 과거와 미래는 우리 안에서 역동적이다. 우리는 시간을 그 위에서 인생이 달리고 있는 일종의 철로 같은 어떤 외부 구조나 직선적 연속체로 경험하는 게 아니다. 우리가 숨 쉬는 순간마다, 심장이 뛰는 순간마다, 선택의 여지없이 앞으로 나아가는 동안, 우리는 회상 속에서 과거로 회귀하기도 하고, 희망과 두려움과 계획 속에서 우리 자신보다 앞서서 미래로 달려 나가기도 한다. 이처럼 호를 그리듯 과거로 회귀하면서 동시에 미래로 뻗어가는 운동에 의해서 우리는 우리의 영혼을 형성하고 우리의 삶을 이해하거니와, 바로 이것이 내가 발견한바, 키르케고르가 그의 일지에서 행하고 있는 것이다. 이러한 내면의 이야기를 말하는 작업에는 주체성에 대한 그의 철학적 통찰뿐만 아니라 영혼을 형성하고 의미를 제작하는 키르케고르 자신의 복잡한 행위까지도 전달할 수 있는 문학 형식이 필요했다. 이 책은 키르케고르가 처음에는 1843년 5월의 며칠 동안, 그다음에는 1848년의 몇 달 동안, 그리고 마지막으로 그의 생애 마지막 몇 년 동안 끊임없이 앞으로 나아가고 있음을 보여준다. 그렇지만 이 운동 전반에 걸쳐 그의 과거에 대한 변화무쌍한 이야기가 그의 뒤에서 마치 돛처럼 펼쳐지면서 그를 미래로 추진하고 또 매 순간을 의미로 채운다.

키르케고르는 편하게 여행할 수 있는 동반자는 아니다. 여러 면에서 매력적이고 익살맞으며 다정다감할 뿐만 아니라 끝없이 흥미진진한 인물이기는 했지만 말이다. 한 지인은 1843년 9월 1일 자신의 일기에 이렇게 기록하고 있다. "오늘 저녁 나는 키르케고르 박사와 대화를 했는데 그가 마음 편하게 만날 수 있는 사람은 아니라는 사실에도 불구하고, 종종 그렇듯 그의 말을 통해서 최근에 내가 골똘히 생각해 왔던 바를 정확하게 이해할 수 있었다."[3] 키르케고르의 부모는 그에게 "엄하다"라는 뜻의 이름을 지어주었으며, 그는 나이가 들어가면서 더욱더 이 이름에 부합되게 되었다. 그가 33세에 저술한 『결론으로서의 비학문적 후서』에서, 키르케고르는 한 사람이 종교적으로 되기 위해서는 "가장 고귀한, 모든 좋은 행운보다 더 고귀한 삶의 형식으로서 수난의 비밀을 붙잡아야" 한다고 주장했다. "왜냐하면 이것이 종교성의 엄중함이기 때문이며, 종교성은 모든 것을 더욱 엄중하게 만듦으로써 시작하기 때문이다."[4] 그런데 몇 쪽 뒤에서는 종교적 인간을 코펜하겐의 사슴공원에서 한가하게 소풍을 즐기는 것으로 묘사하고 있다. "왜냐하면 신과 관계하는 것의 가장 겸손한 표현은 자신의 인간성을 인정하는 것이고, 스스로를 즐기는 것이야말로 인간적이기 때문이다."[5] 진정한 기쁨은 늘 수난의 저쪽 끝에 놓여 있기 마련이라고 그는 역설했다.

키르케고르가 인간으로 존재하는 것의 기쁨을 결코 쉽게 얻은 적이 없다는 것은 분명한 사실이다. 1840년대 초에 그는 부유하고 재능이 있는 사교적인 젊은이였으며, 한 아름답고 지적인 여성에게 정열적으로 구애를 받았다. 그런데도 그는 자신의 삶을 극도로 어렵게 만들었다. 키르케고르의 심리와 관련된 이처럼 깊고도 수수께끼 같은 사실은 세상을 향한 그의 철학적 입장과 불가분의 관계에 있었다. 그는 신문, 기차, 윈도쇼핑, 놀이공원, 그리고 지식과 정보를 판매하는 거대한 상점이 있는 두드러지게 근대적인 세계에서 살아가는 경험에 주목한 아마도 최초의 위대한 사상가였을 것이다. 비록 그 자신처럼 유복한 사람들에게는 삶이 물질적으로 편리해지고 훨씬 안락해졌다고는 해도, 그것은 또한 누구로 존재해야 하는가와 타인에게 어떻게 보여야 하는가에 관한 새로운 불안감을 불러일으켰다. 그의 출판된 저서에서뿐만 아니라 코펜하겐의 거리 곳곳에서, 스트로이에트 거리에 있는 최신 유행 카페의 창을 통해서, 그리고 코펜하겐의 신문 지면에서 대중의 시야에 노출된 채, 키르케고르는 자신을 향한 타인의 시선을 의식했으며 그들이 보고 있는 바에 관해서 번민했다.

『결론으로서의 비학문적 후서』에서 그는 프레데릭스베르 공원 옆 카페 야외석에 앉아 시가를 입에 물고 세상에서의 자신의 위치를 성찰하는, 그 자신과 무척 닮은 30대 초반의 철학자를 묘사한다. "나는 스스로에게 말했다. 그대는 점점 나이를 먹고 아무것도 성취하지 못한 채 노인이 되어간다. (…) 다른 한편 그대가 그대 주변을 살펴볼 때마다, 문학에서건 아니면 인생에서건, 그대는 유명 인사들의 이름과 모습을 목격하는바, 상찬되고 박수갈채를 받는 이들이 모습을 드러내거나 이야기의 주제가 되는데, 그 시대의 수많은 후원자들은 삶을 더욱더 편리하게 할 수 있는 법을 알고 있으며, 그 수단은 제각각이어서 혹자에게는 기차, 혹자에게는 합승마차와 증기선, 혹자에게는 전신(電信), 혹자에게는 알아야 할 가치가 있는 모든 것에 관해 손쉽게 얻을 수 있는 조사서와 짤막하게 요약된 보고서가 그것이다."[6]

영적 생활 또한 편리해졌거니와, 자신의 체계로 기독교 신앙을 해명하고 그것의 진리, 합리성, 그리고 사회에 대한 도덕적 가치를 입증하는 철학자들이 그렇게 만들었다고 그는 생각한다. "그런데 그대는 무엇을 하고 있는가?" 하고 그는 자문한다. "여기에서 나의 독백이 중단되었는데, 왜냐하면 시가가 다 타서 새 시가에 불을 붙여야 했기 때문이다. 다시 시가에 불을 붙여 입에 물었을 때, 불현듯 다음과 같은 생각이 내 마음속에 떠올랐다. 그대는 뭔가를 해야 한다. 그러나 그대의 제한된 능력으로는 그 어떤 것도 현재 상태 이상으로는 편리하게 만들 수 없기 때문에, 그대는 타인들과 같은 인도주의적 열정을 갖고서 사태를 더 어렵게 만드는 일을 떠맡아야 한다. 이런 생각을 하자 나는 무척 기뻤으며, 그와 동시에 이런 노력을 하면 모든 사람들에게 사랑받고 존경받을 거라는 생각이 들어 기분이 좋아졌다."

이렇게 명랑한 말들에는 아이러니가 가득하다. 키르케고르가 이 글을 쓰던 때에, 그는 동료들이 그의 저술의 진가를 인정하려고 하지 않았기 때문에 깊이 실망하고 있었다. 인간으로 존재한다는 것의 어려움을 명확하게 강조하고 또 심화시키고자 하는 그의 헌신은 끝없이 애매하고 모호한 일련의 저술들로 귀결되었는데, 이것들은 결코 요약도 축약도 불가능하였거니와, 왜냐하면 이 저서들의 행간에는 너무나 많은 것들이 압축되어 있는 까닭이다. 이 저서들 가운데 많은 것들에서 여러 허구적 인물들이 다양한 인생관의 갈등을 아무런 해결책도 없이 열연하고 있다. 그들은 왕왕 실수와 오해를 보여주기도 하고 또 가끔 진리를 설명하기도 한다. 어떤 이들은 그 저서들의 문학적이고 철학적인 복잡함과 수십 년 씨름하면서도 여전히 그것들의 밑바닥에 도달하지 못할 수도 있다. 내가 바로 그랬다. 키르케고르에게 철학적 저술 작업은 이미 준비되어 있는 이념들을 즉석에서 거래하는 일이 아니라, 그가 독자의 마음을 꿰뚫어 독자를 변화시키기를 희망하는, 심오한 영적 효과를 낳는 창작 활동이었다.

그의 많은 동시대인들은 이 때문에 마음이 불편해지거나, 혹은 단순히 당황했다. 물론 그들은 얼핏 키르케고르의 천재성을 느꼈지만, 그의 저서를 이해하는 것보다 그의 인간적인 약점과 괴상한 성격을 조롱하는 것이 훨씬 쉬운 일이었다.

물론 키르케고르의 인정에 대한 희망과 자신의 대중적 이미지에 관한 불안은 세상 안에서 인간으로 존재하는 경험과 불가분한 것으로, 우리가 타인에게 노출되고 시선의 대상이 되며 판단된다는 감각에 근거하고 있었다. 게다가 우리는 타인을 판단하지 않을 수 없다. 우리는 타인들과 마주치자마자 그들을 평가하며, 또 그들이 스스로를 드러낼 때마다 우리의 평가를 끊임없이 수정한다. 키르케고르에게 불편할 정도로 가까이 다가가는 동안, 나는 이따금 나 자신이 그를 싫어하는 것을 발견했는데, 이는 사랑하는 이의 결점을 발견하는 고통과 흡사한 고통스러운 감정이었다. 그의 저서들은 독자들에게 높은 기대치를 부여한다. 예를 들어 그의 서정적인 종교적 담화는 고상한 이상들을 묘사하는데, 마치 정적으로 가득 싸인 고요한 바다에 하늘이 그 본래의 모습으로 비치는 것과 같이 순수한 인간의 마음에 신의 선하심이 진실하게 비친다는 것이다. 그러나 자신의 일지에서 그는 편협한 애착, 경쟁자들의 성공에 대한 질투, 자신을 무시하는 사람들에 대한 격렬한 분노, 스스로를 병들게 하는 자만심 등을 되풀이해서 말한다. 그는 자주 자신에 대한 연민을 느꼈으며 스스로를 합리화하였고 실망의 원인을 타인에게 돌리기도 했다.

이것 때문에 그는 자신이 실천하거나 경험하지 않은 것을 남들에게 설교한 위선자가 되는 것일까? 전혀 아니다. 반대로 그가 갈망해 마지않은 선함, 순수함 그리고 평화를 불러일으키는 키르케고르의 뛰어난 능력은 그의 영혼 속에서 거세게 몰아치는 폭풍과 떼려야 뗄 수 없는 관계에 있었다. 이 폭풍이 자신이 결여하고 있다고 스스로 알고 있었던 바를 바로 이러한 갈망과 연결했던 것이다. 그의 철학은 역설로 유명하거니와, 안식, 평화, 정적에 대한 키르케고르의 끊임없는 갈망은 그가 매일매일 살았던 하나의 역설이자 진리였다. 그리고 모든 인간이 그런 것처럼 그의 삶 역시 편협한 요소들과 심오한 요소들이 뒤섞여 있었고, 이것들 모두가 그에게 강력한 영향력을 행사할 수 있었다. 그는 그것들을 종합하려고 발버둥을 쳤지만, 그것들은 희극적이거나 비극적인 부조리의 섬광 속에서 자주 충돌하곤 했다. "종교성의 시인"으로서 그는 누구든 영적 이상을 고수하며 살려고 노력할 때마다 부지불식간에 어김없이 스며드는 타협과 타락으로부터 영적 이상을 지키기 위해 엄청난 노력을 기울였다.

키르케고르의 너무나도 인간적인 생각과 감정에 대한 나의 불만스러운 반응을 되돌아보면서, 나는 또한 전기 작가라면 그의 주인공의 생애를 평가하고 그의 성공, 진정성, 선함을 판단하는 것이 당연하게 받아들여진다는 사실에 대해서도 생각이 미치게 되었다. 키르케고르적인 전기 작가로서 나는 이러한 판단을 강제하거나 유도하는 충동에 저항하고자 한다. 이것은 키르케고르가 특별히 판단하기를 거부했기 때문이 아니다. 비록 그가 도덕적 관점에서 말하거나 독선적인 경우는 거의 없지만 말이다. 그것은 심지어 소크라테스의 제자로서 그가 스스로 아는 일을 다른 어떤 종류의 철학보다 더 높이 평가하고 독자들에게 각자의 판단을 스스로에게 돌리도록 격려했기 때문도 아니다. 오히려 그것은 그가 인간의 삶을 평가하는 익숙하고 세상적인 방식을 버림으로써 자유를 얻는다고 이해했기 때문이다.

키르케고르는 하루를 마감하며 같이 대화할 아내가 없었으며, 그 대신 자신의 분노와 자기 연민을 명료하고 치밀한 글로 남김없이 쏟아냈다. 이것은 유별나지만 그의 감정은 그렇지 않았다. 그의 일지를 읽을 때 우리는 그의 비열한 감정을 찾아볼 수 있는데 왜냐하면 우리가 이미 그런 감정을 속속들이 알고 있기 때문이다. 자신의 철학에서 키르케고르는 우리의 사적인 생각과 집단 문화 속에 너무나 깊숙이 뿌리박혀 있는 탓에 거의 필연적이기까지 한 인간적인 판단 습관에 의문을 제기했으며, 이것을 "윤리적 영역", 혹은 단순히 "세계"라고 불렀는데, 그것이 (플라톤의 동굴처럼) 우리를 둘러싸고 가두어놓기 때문이다. 그러나 타인들의 판단이 우리 자신의 판단만큼이나 피하기 어렵다고 하더라도, 키르케고르는 이러한 인간적인 판단 중 그 어느 것도 절대적이거나 최종적이라고는 생각하지 않았다. 그는 다른 자리를 차지하는 것이 항상 가능하다고 말했다. 왜냐하면 모든 개인은, 그가 "내면성", "신과의 관계", "영원성", "종교적 영역", 혹은 단순히 "침묵"[7]이라고 부른 바 있는, 무한한 심연의 영역에 속해 있기 때문이다. 그의 저작은 바로 삶의 한가운데에서 이 영역을 열어 보여주고, 독자를 그곳으로 손짓해 부른다.

쇠렌 키르케고르의 생애

주요 사건들과 주요 저술들

1813년 5월 5일: 코펜하겐의 뉘토르브 2번지에서 출생

1828년 삼위일체교회에서 뮌스테르에게 견진성사를 받음

1830년 코펜하겐 대학 입학

1834년 어머니 아네 사망

1837년 레기네 올센과 만남

1838년 8월: 아버지 미카엘 키르케고르 사망

9월: 『아직 살아 있는 자의 수기』

1840년 6월: 신학사 학위 취득

9월: 레기네 올센과 약혼

10월: 왕립신학대학 입학

1841년 9월: 아이러니를 주제로 박사학위 취득

10월: 레기네 올센과 파혼하고 베를린으로 떠남

1842년 2월: 베를린에서 코펜하겐으로 귀향

1843년 2월: 『이것이냐 저것이냐』

5월: 『두 편의 건덕적 강화』

10월: 『공포와 전율』 『반복』 『세 편의 건덕적 강화』

1844년 3월: 『두 편의 건덕적 강화』

6월: 『불안의 개념』 『서문들』 『철학적 단편』 『세 편의 건덕적 강화』

8월: 『네 편의 건덕적 강화』

1845년 4월: 『가상의 때에 관한 세 편의 건덕적 강화』『인생길의 여러 단계』

1846년 1월-2월: 『코르사르』지에 키르케고르를 빗댄 일련의 풍자와 기사가 게재됨

2월: 『결론으로서의 비학문적 후서』

3월: 『두 시대: 문학 비평』

1847년 3월: 『다양한 정신의 세 편의 건덕적 강화』

7월과 8월: 성모교회에서 설교함

9월: 『사랑의 역사』

11월: 레기네 올센이 슐레겔과 결혼함

1848년 3월: 덴마크 혁명 발발

4월: 뉘토르브 2번지를 떠남. 『기독교 강화집』

7월: 「위기 그리고 어느 여배우의 삶에서의 한 위기」를 『조국』에 게재함

9월: 성모교회에서 설교함

10월-11월: 『저술가로서의 나의 저술활동에 대한 관점』을 저술함

1849년 5월: 『세 편의 경건한 강화』『이것이냐 저것이냐』(2판)

7월: 『죽음에 이르는 병』

1850년 9월: 『기독교의 훈련』

1851년 8월: 『두 편의 금요일 성찬식 강화』

9월: 『자기 시험을 위하여』

1854년 1월: 뮌스테르 감독 사망

12월: 마르텐센이 젤란섬의 감독으로 취임. 두 편의 글 『조국』에 게재

1855년 1월: 세 편의 글 『조국』에 게재

3월: 레기네 슐레겔이 덴마크를 떠남. 일곱 편의 글 『조국』에 게재

4월-5월: 여덟 편의 글 『조국』에 게재

5월: 『순간』 창간, 5월부터 9월까지 격주 발행함

11월 11일: 키르케고르 사망

1부
1843년 5월: 귀향 여행

떨어지는 순간 마치 서서 걸어가는 것처럼 보일 수 있도록
그렇게 떨어지는 것, 삶의 도약을 걷기로 전환시키는 것,
그것은 오로지 신앙의 기사만이 할 수 있다.[1]

1. 실존의 물음을 온몸으로 살다

전에는 결코 그렇게 빨리 이동한 적이 없다! 그런데도 그는 더할 나위 없이 고요하게 앉아 있다. 전혀 거북해 하지 않고, 휴식하기까지 하면서, 심지어 "멋진 안락의자"[2]에 앉은 채. 들판이 나는 듯이 스쳐 지나가는데, 여전히 봄의 밝디밝은 초록색이다. 여행을 재촉하는 그의 돛에는 아무런 신성한 바람도 없다. 이것은 새로운 종류의 기적이다. 증기와 강철, 창의력과 야망의 연금술적 융합이 철로를 통해 기독교 세계를 직통으로 관통하고 있다.[3] 그리고 이 새로운 종류의 이동 덕분에 그와 같은 사람에게 휴식 시간이 허용된다. 일등실 객차는 정숙하며, 또 여느 때처럼 그는 혼자 여행하고 있다. 흘러가는 풍경은 지나가버린 시간, 변해버린 모든 것을 생각하게 한다. 그는 지난 몇 주간의 긴장, 지난 몇 달간의 위기, 그리고 그 이전에 대학에서 너무나 많은 시간이 지체되었음을 회상한다. 어쩌면 이제는 그 모든 것으로부터 벗어날 기회가 있는 것인가? 시속 65킬로미터로 베를린을 떠나 발트해를 향해 질주하면, 모든 것이 가능해 보이는 법

이다. 이틀이 채 되기 전에 쇠렌 키르케고르는 코펜하겐에 도착할 것이다.[4]

때는 1843년 5월 말, 키르케고르는 이제 막 서른이 되었다. 석 달 전 그는 순식간에 화제를 불러일으킨 방대한 양의 괴상한 철학서 『이것이냐 저것이냐』를 출판했다. 그는 이 책의 많은 부분을 1841년 겨울 동안 베를린에서 집필했는데, 이 기간은 그때까지의 그의 생애 가운데 가장 생산적인 시기였다. 그리고 이번 달에 그는 더 짧은 방문을 위해 베를린으로 돌아왔으며, 같은 일을 다시 반복할 수 있기를 희망했다. 아니나 다를까, 그는 원고 두 편을 가방에 넣고 오늘 기차에 올랐다. 그는 『반복』의 집필을 끝냈는데 이 저서는, 키르케고르 자신처럼, 젊은 여성과 약혼하지만 마음이 변해 파혼하는 한 남자의 이야기이다. 그 이야기를 또 다른 작중인물이 들려주는데 그는, 역시 키르케고르처럼, 두 번째로 베를린으로 여행을 가서 젠다르멘마르크트 광장에 있는 그의 예전의 숙소를 다시 잡고 같은 극장에서 같은 연극을 관람한다. 절반은 소설이고 절반은 선언문인 이 희한한 소책자는 새로운 종류의 철학을 제시하게 되는데, 이 철학에서는 진리가 앎의 대상이 될 수 없으며 어떻게든 삶으로 영위되어야 한다.

아직 완결되지 않은 또 다른 저서는 『공포와 전율』이다. 이 책은 창세기 22장에 나오는 아브라함과 이삭의 이야기를 다루고 있다. 하나님은 아브라함에게 이삭을 희생제물로 바치라고 명령했고, 그래서 아버지와 아들은 사흘 동안 모리아산으로 걸어가서, 그곳에서 아브라함은 이삭의 손발을 묶고 칼을 높이 들어 그를 죽이려고 했다. 그런데 그때 천사가 나타나서 그에게 이삭 대신 어린 양을 죽이라고 말한다. 아브라함과 이삭은 다시 사흘 동안을 걸어서 집으로 돌아왔다. 이 늙은 남자는 그의 아내 사라가 어디 갔다 왔느냐고 물었을 때 뭐라고 말했을까? 그는 무엇을 **생각하고** 있었을까? 우리는 결코 알지 못할 것이다. 성서의 화자는 아브라함의 생각, 감정, 의도에 관하여 단 한 마디도 하지 않으며, 우리는 오직 상상만 할 수 있을 뿐이다. 이 책을 저술하면서 키르케고르는 아브라함의 내면의 삶을 독창적으로 재구성하고 있다.

혹자는 이런 종류의 시적 사유는 철학이 아니라고 주장할 테지만, 그러나 키르케고르는 모리아산으로의 여정에서 엄청난 철학적 교훈을 이끌어내고 있다. 게다가 그는 아브라함의 칠흑 같은 수수께끼에 매혹되었다. 아마도 그는 심지어 자신의 삶이 유사한 수수께끼를 담고 있다는 생각을 즐기기까지 할 것인데, 이러한 그의 수수께끼를 다른 사람들이 언젠가는 상상하고 해석하고 재구성할 것이다. "아브라함의 수수께끼를 해명하는 사람은 나의 삶을 이해한 셈이다. 그런데 이 시대의 어느 누가 이것을 이해했을 것인가?"[5] 그는 『공포와 전율』이 작가로서의 그의 명성을 확고하게 해주기를, 또 여러 언어로 번역되기를, 세대를 이어가면서 연구자들에 의해 연구되기를 희망한다.

"나는 지금처럼 이렇게 열심히 작업해본 적이 결코 없다네"라고 그는 가장 가까운 친구 보에센(Emil Boesen)에게 베를린에서 고향을 향해 출발하기 직전에 편지를 써서 보냈다. "아침에 잠시 외출했다가 다시 숙소로 돌아와서 내 방에 세 시까지 아무의 방해도 받지 않고 앉아 있다네. 그러면 눈이 침침해져서 거의 볼 수 없게 되지. 그러고 나서 살그머니 외출해서 단장(短杖)을 들고 식당으로 향하는데, 너무나 쇠약해져서 만일 누군가가 내 이름을 소리쳐 부른다면 아마도 졸도해서 죽지 않을까 생각될 정도이네. 그리고 숙소로 돌아가서 다시 작업을 시작한다네."[6] 그의 신체 상태에도 불구하고 그는 친구에게 "자네는 내가 그 어느 때보다도 행복하다는 걸 알게 될 걸세"라고 말했다. 설령 그가 "새로운 위기" 속으로 들어가고 있다 하더라도 그는 기꺼이 자신의 과거를 기록하고 있다. "요즘 세 달 동안 나는 게으름을 피우면서 기력을 충분히 회복했고 이제 현을 팽팽히 잡아당겼는데 그러자 생각들이 머릿속에서 폭포수처럼 솟아나고 있다네. 건강하고, 행복하고, 왕성해지고, 명랑하고, 축복받은 아이들이 어렵지 않게 태어났는데, 그럼에도 이 모든 것에는 내 개성의 탄생 표식이 담겨 있다네."

베를린에서 이렇게 작업하면서, 설탕이 듬뿍 들어간 커피로 기운을 차리는 동시에 긴장을 유지한 채, 키르케고르는 더없이 기분이 좋았다. 그렇지만 그것은 온전히 그의 것

1843년의 베를린 기차역

이 아닌 힘으로 얻은 활력이었다. 그는 절망과 충일함의 순환에 빠졌는데 그 자신은 이것을 영적 교육의 일환으로 받아들였다. 그는 일지에서 이 순환의 비참한 국면을 다음과 같이 묘사한다. 그런 때에는 "캄캄한 지옥에 내던져진 채 고뇌와 고통 속에서 이리저리 기어 다니지만, 아무것도 보이지 않고 출구도 전혀 없었다." 이러한 수난은 뒤따르는 것에 필수적인 것처럼 보였다. 아이를 낳는 여자의 산고처럼 말이다. "그다음에 갑자기 한 가지 생각이 내 마음에 떠오르는데, 그것은 너무나도 생생해서, 전에는 결코 한 번도 품은 적이 없지만 그렇다고 낯설지도 않은 생각이다. (…) 그 생각이 내 안에 완전히 뿌리를 내리면 나는 약간 느슨해지고 팔을 붙잡히는데, 그러다가 나, 그때까지 메뚜기처럼 무력해져 있던 나는, 다시 성장해서, 건강하고, 왕성해지고, 행복하고, 애정이 넘치며, 새로 태어난 아이처럼 생기가 넘친다. 그때는 마치 내가 이런 생각을 끝까지 따라가겠다고 약속해야 하는 것과도 같다. 나는 내 생명을 걸고 맹세하고 그러면 이제 정신 똑바로 차리고 준비를 갖춘다. 나는 멈출 수 없으며 내 체력도 유지된다. 그러다 끝을 내고, 그러면 그것은 완전히 다시 시작된다."[7] 그의 창조력은 축복일 수도 있고 저주일 수도 있지만, 그 어느 쪽이든 피할 수 없는 것으로 느껴진다. 관념들은 독자적인 생명력으로 그의 내면에 흘러넘쳤다.

대부분의 귀향객들처럼 키르케고르는 여행을 시작했을 때와 같은 사람이 전혀 아니다. 이때가 "철도 여행 마니아"의 초창기라고 해도 그가 기차에 홀로 앉아 여행하면서 떠나온 삶을 성찰하고 장차 도착할 목적지를 상상하는 최초의 사람일 리는 없다. 건강염려증과 미신이 복합적으로 작용하여 그는 자신이 4년 안에 죽을 거라고 생각했지만, 그의 짧은 미래는 가방 안에 있는 원고들로 인해서 그 어느 때보다 더욱 밝게 빛나고 있다. 그는 이제 그 원고들이, 레이첼 서점에서 푸른 장정으로 두툼하게 제본된 채, 기독교계의 무미건조한 신도석에 섬광을 터트리는 것을 상상한다. 그는 자신의 내부에서 더 큰 자유를 느끼고 더 강력해짐을 느끼겠지만, 고향에서 자신을 기다리고 있을 사태, 그리고 사람을 생각하자 근심에 젖기도 한다.

그가 베를린으로 처음 여행하던 때 그는 레기네 올센을 버리고 떠났었다. 28세의 이제 막 학위를 취득한 신학 박사로서 그는 전도양양한 학자의 길에 입문한 게 아니라 파혼의 후유증에서 도망치고 있었다. 그로부터 1년 하고도 6개월이 흘렀다. 레기네는 코펜하겐의 자기 집에 머물고 있고, 그는 여전히 일지에 "그녀"에 관해서 쓰고 있다. 이 두 번째 베를린 체재 시에는 그들의 고통스러운 이별에 대한 기억들이 도처에 숨어서 그를 기다렸고, 또 그는 "만일 내게 신앙이 있었더라면, 레기네와 함께 있었을 것"[8]임을 깨닫게 되었다. 하지만 이제 키르케고르는 그의 삶을 전적으로 다른 방향으로 설정했다. 그는 자신이 결코 결혼하지 않을 것임을 알고 있다. 교회나 거리에서 레기네를 보면, 게다가 그는 자주 그녀를 보는데, 그는 그녀에게 말을 걸지 못한다. 그녀의 얼굴과 그에게 보내는 그녀의 마지막 절박한 말들의 메아리가 혼란스럽고 상반된 감정으로 그의 영혼에 물밀듯이 흘러넘친다. 그녀에 대한 이 모든 생각들이 자기 자신을 이해하고자 하는 그의 몸부림과 얽혀 있다.

그럼에도 불구하고 귀향하는 기쁨도 있다. 그는 철학자의 거리와 벚나무 길에 줄지어 늘어서 있는 밤나무와 라임나무 아래를 한가로이 산책할 것이다. 그곳에는 신록의 왕관처럼 그가 사랑하는 도시를 둘러싼 높다란 중세시대의 성벽을[9] 따라 걸을 수 있는 보도가 있다. 그는 기대에 부풀어서 일요일 오후에 프레데릭스베르 공원에 갈 생각을 하고 있는데,

이 공원에서 나무 그늘에 앉아 시가를 피워 물고 외출을 즐기는 하녀들을 바라볼 것이다. 지금 그곳은 특히 아름다울 텐데, 대기는 더욱 따뜻해지고 처녀들도 이제는 부담스러운 외투를 벗어던졌을 것이다.

그는 코펜하겐 대학과 성모 마리아 교회 가까이 있는 뇌레가데 거리의 넓은 아파트로 돌아갈 것이다. 그곳에서 매일 아침 도시의 삶에 빠져들 생각인데, 이웃들을 지나서 성벽을 올라갔다가 호숫가를 따라가는 경로를 신발이 닳도록 걸어 다닐 것이다. 매일같이 이런 산책을 하면서 그는 거리마다 지인들과 마주치며 그들 중 많은 사람이 그를 따라 팔짱을 끼고 걸으면서 잠시 이야기를 나눌 것이다. 키르케고르가 대부분의 대화를 주도하는 것은 당연한데, 그 누구도 그보다 더 우아하게 유창하지도 또 비약하지도 않으며 그 어떤 사람도 그보다 더 예리한 위트를 구사할 수 없어서다. 그는 햇빛을 피하기 위해 특이하게 챙이 높은 모자를 쓰고 거리를 가로지르면서 그림자를 드리우지만, 그의 말동무들은 그의 한쪽으로 기우뚱한 어색한 걸음걸이와 아무렇게 내젓는 현란한 손짓을 용케 참아낸다. 그 손에는 언제나 단장이 쥐어져 있거나 아니면 둘둘 말린 우산이 쥐어져 있다. 지나가는 사람들은 그의 꿰뚫는 듯한 시선을 흥미와 약간의 두려움이 섞인 심정으로 바라보는데, 왜냐하면 그가 마주치는 모든 사람과 그들의 몸과 영혼을 밝고 푸른 눈동자로 지켜보면서 평가하고 있는 것처럼 보이기 때문이다.

프레데릭스베르 공원

게다가 『이것이냐 저것이냐』가 2월에 발표되었기 때문에 훨씬 더 많은 사람이 그를 알아보고 그와 이야기를 나누고 싶어 한다. 키르케고르는 타인에 대한 호기심이 많았지만, 그에게는 혼자 있는 시간, 글을 쓰는 시간이 필요했다! "군중 세례"를 마치고 집으로 돌아올 때, 그는 산책을 계속하면서 이제는 어둑어둑해진 자신의 아파트 주위를 천천히 거닐며 다음 문장을 구성한 다음, 제법 높이가 있는 집필용 책상에 앉는다. 그는 몇 시간이고 이리저리 왔다 갔다 하면서 자신의 생각으로 원고를 채운다.

증기기관의 전례 없는 속도에도 불구하고 기차가 앙거뮌데(Angermünde)에 도착하려면 아직도 한 시간이나 더 가야 한다. 그가 눈을 감자 아브라함이 보이는데, 아브라함은 모리아산에서 집으로 돌아가는 중이다. 그는 어떤 사람이 되었단 말인가, 미리 불을 준비하고, 아들을 꽁꽁 묶은 다음, 칼을 쳐들다니? 집으로 돌아오면서 그는 이삭에게 뭐라고 말했을까? 설령 그가 그 머나먼 산의 정상에서 하나님에게 더 가까이 갔었더라도, 그는 사라에게 아들의 생명이 치를 가치가 있는 희생으로 여겨졌다는 것을 어떻게 설명할 수 있단 말인가?

물론 키르케고르는 그저 베를린에, 이 달 초 그가 떠나온 덴마크의 세련된 도시적인 세계와 크게 다르지 않은 베를린에 다녀왔을 뿐이다. 또 그는, 아브라함과는 달리, 여행에 칼이 필요하지도 않았다. 그저 펜 한 자루와 공책 몇 권이 필요할 뿐이었다. 그럼에도 불구하고 그는 자신이 레기네와의 삶을, 또 그와 더불어 자신의 명예와 가족의 명성을, 설명하기 어려운 뭔가를 위해서 희생제물로 바쳤다고 느낀다. 그는 자신을 사랑한 젊은 여인과의 결혼 약속을 파기했으며, 그녀를 비탄에 젖게 만들었고, 또 그녀에게 굴욕감을 주었다. 코펜하겐에서는 누구나 이 사실을 알고 있다. 그들은 이구동성으로 그가 잘못했다고들 했다. 그런데 이제 고향으로 돌아오면서, 그의 가방에 들어 있는 공책들은 고향의 시민들이 그들 스스로 알고 있다고 생각하는 바의 상당 부분에 대해 이의를 제기하는 생각들로 가득 차 있다. 키르케고르는 독일에서 어떤 새로운 철학을 가져오는 게 아니라, 다만 철학을 하는 것이 진리를 추구하는 올바른 방법인가, 세례를 통해서 사람들은 기독교인이 되는 것인가, 인간으로 존재한다는 것이 당연시되는 일인가 등을 문제 삼고 있는 것이다.

철학자들은 예외 없이 문제를 제기하지만, 이는 특이한 종류의 문제들이다. 이것들은 그가 가장 좋아하는 철학자 소크라테스가 제기한 종류의 문제들, 즉 대답을 얻기 위해서가 아니라 혼란을 야기하기 위해서 의도된 문제들이다. 왜냐하면 혼란은 지혜가 자랄 수 있는 비옥한 땅이기 때문이다. 고대 아테네의 다른 모든 이들은 "자신들의 인간성을 온전히 확신하고 있었으며, 인간으로 존재한다는 것이 무엇인지를 알고 있다는 것을 확신"했던 반면, 소크라테스는 **인간으로 존재한다는 것이 무엇을 의미하는가?**라는 물음에 전념했다.[10] 그리고 이 물음으로부터 다른 많은 물음들이 이어졌다. **정의란 무엇인가? 용기란 무엇인가? 우리의 앎은 어디에서 비롯되는가?** 아테네의 지식인들은 이러한 문제들에 대한 답을 이미 알고 있었지만, 소크라테스의 탐구는 그들의 견해가 모순이나 역설에 봉착할 때까지 계속되었다. 이 교활한 철학자, 앎을 추구하는 것처럼 보였던 이 기만적인 철학자가 바로 그들을 농락하고 있었던 것이다! 그런데도 소크라테스는 앎을 추구하고 **있었으며**, 그의 물음들은 불성실한 만큼 또 진지한 것들이었다. 이 물음들은 새로운 방향으로 나아갔으며, 세상이 지혜라고 인정하던 것을 떠나서 더 높은 진리를 향하고 있었다.

플라톤의 『국가』에서 소크라테스는 상승과 귀환의 우화를 이야기하는데, 이것은 아브라함이 모리아산을 올라갔다 내려오는 여정과 닮아 있다. 소크라테스는 사람들이 쇠사슬로 결박된 채 벽을 바라보고 있는 "동굴을 상상해보라"고 말한다.[11] 그들 뒤에는, 보이지 않지만, 불이 있고 또 끝없이 이어지는 인형극이 있는데, 벽에 비치는 그 인형극의 그림자가 사람들이 아는 전부이다. 이 죄수들 중 한 사람이 철학자, 곧 지혜를 사랑하는 사람인데, 그는 동굴 위에 있는 눈부신 햇빛 속으로 탈출한다. 그는 햇볕을 쬐면서, 경이로움으로 충만해지고, 통찰력은 변화되었다. 그런 다음 그는 다시 내려와 자기가 왔던 곳으로 돌아간다.

소크라테스는 젊은 철학도들이 세상의 가장 뿌리 깊은 가정들에 대한 비판에 착수했을 때 세상에 살아가는 것의 위험에 관하여 성찰할 수 있도록 격려하기 위해 이 이야기를 들려주었다. 사람들이 붙잡혀 있는 그 어둑한 동굴은, 그들이 실재라고 착각하고 있는 그림자를 만들어내는 구조를 전혀 짐작도 하지 못하는 그런 사람들의 동굴로서, 이는 인간 조건의 형상화이며, 이 죄수들은 우리 모두와 같다고 소크라테스는 설명한다. 동굴은 인간의 마음일 수 있으니, 인간의 생각들이 실체가 아닌 현상들의 드라마에 고착되어 있기 때문이다. 동굴은 또한 사회 세계일 수도 있는데, 왜냐하면 문화 전체가 이 그림자 연극을 중심으로 전개되어왔기 때문이다. 죄수들은 그림자에 대한 각자의 지식에 근거해서

〈플라톤의 동굴의 비유〉(1604)

서로를 시험하고, 경쟁적으로 그림자의 움직임을 예측하려고 발버둥 치는 것이다. 그런데 이 우화는 또한 우리 정신이 그 관습적 한계를 뛰어넘어 성장할 수 있다는 것, 그리고 동굴 위에 전혀 다른 빛과 풍경이 있는 것처럼, 이 세계 너머에는 또 다른 뭔가가 있다는 것도 보여준다. 철학자가 맨 먼저 해야 할 일은 그 자신이 어떻게든 분투하고 노력해서 환상에서 벗어난 다음, 방향을 전환해서, 그림자 연극이 어떻게 생기는가를 이해하는 일이다. 그다음은 길을 찾아 암흑에서 벗어나 올라가고, 해를 보고, 햇빛이 비치는 가운데 사물을 분명하게 이해하는 일이다. 이 여정은 해방이고 계몽이며, 또 우리가 상상하건대, 경이로움으로 가득한 경험이다. 그러나 소크라테스는 철학자가 그 답답한 동굴로 다시 귀환해서 그의 깨달음을 알려주어야 한다고 역설한다. 철학자는 죄수들의 세계를 변화시킬 수 있을까? 아니면 죄수들은 철학자에게 달려들어 그를 조롱하고, 그가 자신들의 삶의 방식을 문제 삼는 것을 거부하지는 않을까?

소크라테스는 동료 시민들을 도발하여 마침내 젊은이들을 타락시켰다고 비난받고 "불경"의 죄를 저질렀다고 기소되었다. 아테네의 신들에게 합당한 신앙심을 보이지 않았다는 것이다. 재판에서 그는 자신의 방식을 바꾸기를 거부하면서 이렇게 선언한다. "내가 살아 있는 동안, 나는 결코 철학을 포기하지 않을 것이며 여러분에게 권면하는 것도 멈추지 않을 것이요 또 계속해서 내가 만나는 모든 사람들에게 진리를 가리켜 보이면서, 늘 하던 방식대로 다음과 같이 말할 것입니다. "더없이 훌륭한 이여, 세상에서 가장 위대한 도시이자 지혜와 권력으로 유명한 아테네의 시민이여, 그대는 재산을 늘리는 데 신경을 쓰고 명성과 명예에는 관심을 가지면서, 지혜와 진리와 그대의 영혼을 완전하게 하는 데는 전혀 관심도 생각도 없다니 부끄럽지도 않단 말인가?""[12] 그의 그칠 새 없는 물음들은 "신이 요구하는 바이며, 또 나는 이 명령을 실행하고자 하는 나의 열정이야말로 이 도시에 주어진 가장 좋은 것이라고 생각한다"고 소크라테스는 설명한다. 그는 자신을 쇠파리, 혹은 등에에 비유했는데, 아테네 시민들을 위해서 그들의 마음을 흔들어놓기 위하여 파견되었다는 것이다. "나는 힘써 여러분 모두를 깨우고 재촉하고 꾸짖을 것이며, 하루 종일 어디에서건 쉬지 않고 여러분을 만날 것입니다. (…) 그러나 여러분은 아마도 화가 나서, 낮잠을 방해받은 사람처럼, 나를 때리고 어쩌면 죽일지도 모르겠습니다. 그렇게 된다면 여러분은 남은 인생을 잠든 채로 보내게 될 것입니다. 신이, 여러분에 대한 염려로, 여러분을 자극할 또 다른 누군가를 보내기 전에는 말입니다." 소크라테스의 변론을 들은 후, 아테네 시민들로 구성된 배심원단은 그에게 사형을 언도했다.

2년 전, 레기네와 약혼 중일 때, 키르케고르는 "소크라테스를 지속적으로 참조하는 아이러니의 개념"에 관한 학위 논문을 작성했다. 아이러니는 특이하게 간접적인 소통 양식으로서, 은밀한 문제를 제기하고 또 직접 언급될 수 없는 것을 표현한다. 아이러니한 발화는 그것이 문자적으로 진술하고 있는 바를 넘어선 그 무엇을 전달함으로써 그 자체를 문제 삼는다.[13] 이를테면 잘 알고 있다는 것을 보여주기 위하여 뭔가 의도적으로 순진하거나 어리석은 것을 말하는 것과 같다. 소크라테스는 아이러니의 대가였으며, 그것을 철학적 방법으로, 심지어 삶의 방식으로까지 전환시켰다. 그는 제자들에게 동굴 속의 죄수들처럼 살고 있다는 것을, 즉 허상에 불과한 그림자들에 매몰된 채 높다랗고 캄캄한 장벽에 둘러싸여 있다는 것을, 그러나 얼마든지 그 장벽을 벗어나 자유롭게 될 수 있다는 것을 깨닫게 해주는 물음을 제기했다. 소크라테스의 아이러니는 이 비좁고 폐쇄적인 환상의 세계에 대한 그들의 관계를 변화시켰다.

키르케고르가 몸담고 있던 지식인 집단에서는 아이러니를 화제 삼는 것이 진즉에 유행이 되어 있었다. 그것은 1840년에 학위논문 주제로는 영리한 선택이었으며, 그 덕분에 키르케고르는 피히테와 헤겔을 인용하고, 프리드리히 폰 슐레겔의 『루친데』를 논하고, 당대 독일 시인들을 비평할 수 있었다. 아이러니는 슐레겔의 "낭만주의" 문학에 대한 비전의 핵심에 놓여 있었다. 낭만적 아이러니는, 슐레겔의 설명에 의하면, "모든 것을 내려다보고 또 모든 한계 위로, 심지어 그 자체의 예술, 미덕 혹은 천재까지도 뛰어넘어 무한히 솟아오른다."[14] 새로운 시는 영속적인 실재를 표상하지 않을 것이며, 오히려 모든 것을 새롭게 창조할 것이다. 그리고 시인은 자신의 작품과 더불어 스스로 실존할 것이다.

자신의 학위논문에서 키르케고르는 이러한 근대적 아이러니에는 닻이 존재하지 않는다고 주장했다. 우리는 세계 위로 솟아오르며, 세계의 의미를 문제 삼고, 세계의 우연성을 노출시킨다. 무엇을 위해서인가? 아이러니는 문체의 문제가 되었다. 하나의 문학 형식, 고도로 세련된 자세, 반항적 태도가 된 것이다. 어쩌면 그것에는 정직함이 있는 것처럼 보일지도 모른다. 우리 문화가 세계에 귀속시키고 있는 목적과 가치에 대한 순진한 믿음을 부정하는 것에는 용기가 필요할 것이다. 그러나 이러한 아이러니는 **모든 것**을 비워버린다. 그것은 진리에서 고결함을, 용기에서 미덕을 제거하여, 이윽고 더 이상 정직하거나 용감해야 할 아무런 이유도 남지 않게 된다.

소크라테스의 아이러니는 이런 것이 아니었는데, 왜냐하면 그의 책략은 엄청나게 심오하기 때문이다. 당대의 낭만적 아이러니는 모든 의미를 뒤흔들어놓는 것을 즐기는 반면, 소크라테스는 사상과 가치를 다시금 더욱 확고하게 포착하기 위하여 그것들을 흔들어놓는다. 그가 자기 시대의 문화를 문제 삼은 것은 허무주의 때문이거나 비꼬기 위함도 아니고 그저 영리하기 때문도 아니며, "훨씬 고귀한 그 무엇"에 대한 깊고 진지한 헌신 때문이었다. 그는 이것이 무엇인지를 말할 수 없었을 텐데, 왜냐하면 그것은 그의 세계에는 아직 존재하지 않았기 때문이다. 그런데도 그는 그것을 열망하고, 혼신의 힘을 다하여 추구하였으며, 그것에 대한 탐구 때문에 그의 삶 전체가 생명력을 얻었고, 또 그 때문에 심지어 죽음에까지 이르게 되었다. 소크라테스가 아이러니를 행했을 때, 그는 그의 신에게 경의를 표하고 있었다. 아테네의 다른 사람들처럼 소크라테스 역시 신전에 가서 희생제물을 드렸지만, 그는 이러한 일을 다른 방식으로 행했다. 확실성이 결여된 채, 심지어 신앙도 희망도 없이, 그저 단순히 열망 때문에, 영원히 물음을 제기하는 정신으로.

소크라테스가 아이러니의 대가였다면, 키르케고르는 그의 제자가 된 셈이었다. 자신의 학위논문에서 키르케고르는 "아이러니 없이는 그 어떤 진정한 인간적 삶도 불가능하다"라고 썼다.[15] 왜냐하면 인간 영혼은 저마다 쉼 없이 진리를 갈구하고, 자신의 삶의 근원을 알기를 갈망하며, 또 이러한 갈망을 자기 영혼의 가장 심오한 욕구, 기쁨이자 고통으로 느끼기 때문이다. 이제 그의 제자 신분은 끝이 났으며, 스스로 "진정한 인간"이 되어야 할, 자신의 세계에서 자신의 문제를 제기하고 자신의 신에게 경의를 표해야 할 시간이다. 몇 년 전, 그가 허우적거리면서 자신의 삶을 어떻게 해야 할지에 대하여 확신이 없던 시절에, 그는 자신이 그 위에 서서 세계를 움직일 수 있는 "아르키메데스 점", 즉 "내가 그것을 위해 살고 죽을 수 있는 그런 이념"을 찾기를 원했었다. 물론 그는 어떤 이념이 그를 구할 것이라고 생각할 만큼 어리석었다. 그러나 지금 그는 생명을 걸 수 있는 뭔가를, 그리고 그에 관해 글을 쓸 수 있는 그 무엇을 찾았는데, 그것이 정말로 중력의 중심이 되고 있으며 그의 삶과 저술을 정박시키고 있었다. 그것은 이념이 아니라, 진정한 소크라테스적 방식의 물음이며, 도발이다. **어떻게 해야 나는 세상에서 인간으로 존재할 수 있는가?**

이 물음은, 단순하면서도 이상해서, 끊임없이 그를 직면하게 하고 또 그의 남은 인생 동안 그를 사로잡을 것이다. 그것은 그가 출판하는 모든 저서에서, 그가 단행하는 모든 결단에서, 코펜하겐 길거리의 모든 만남에서 그를 기다리고 있다. 그것은 레기네가 그에게 의미했던 바이자, 지금도 여전히 그녀가 그에게 의미하는 바이다. 물론 그것은 "인간이 되는 것, 혹은 인간으로 존재하는 것이 의미하는 바를 배우는 것"에 대한 소크라테스의 문제제기를 반영하고 있지만, 그것은 또한 세상을 향하여 물음을 제기했던, 이 세상에서의 우리의 삶이 신에 대한 추구에 도움이 되는지 아니면 방해가 되는지를 물었던 기독교 사상가들의 오랜 역사를 따르는 것이기도 하다.

어떻게 세상에서 인간으로 존재할 것인가에 대한 키르케고르의 물음은 마음을 불안하게 만든다. 좋든 싫든 우리는 모두 인간이 아니던가, 그리고 우리가 세상에서 존재하는 것을 피할 수 없다는 것은 확실하지 않던가? 우리가 이미 하고 있다고 전제한 뭔가를 어떻게 해야 하는가라고 묻는 것은 처음으로 그것을 의문시하는 것이며, 그것을 알고자 하는 욕망을 일깨운다. 그리고 세상에서 인간으로 존재하는 것은 우리가 하는 가장 기본적이고 가장 보편적인 일이다. 이것에 의문을 제기하는 것은 실존 자체를 문제 삼는 것으로, 불확실성, 불안감, 불완전함과 경이로움의 불명료한 감각을 모든 동작과 모든 행위에 주입하는 것이다. **여기 그 누구든 인간으로 존재한다는 것의 의미를, 세상에 존재한다는 것의 의미를 알고 있는가?** 비록 물음은 아무런 주장도 하지 않고 그 어떤 논제도 제시하지 않지만, 그것은 모든 것을 변화시킬 수 있다.

이러한 실존의 물음은 영원하며, 모든 순간에 마음에 떠오를 수 있지만, 그것은 또한 끊임없이 바뀌고 있기도 하다. 실존의 물음이 제기되는 매 순간, 그것은 그의 삶의 특정 시기에, 특정 시간과 장소에서, 특정 인물과 관련되어 있다. 키르케고르는 소크라테스가 살았던 세상에 살고 있지 않다. 물론 코펜하겐에도 아테네처럼 항구가, 시장이, 그리고 예배에 바치는 건물이 있지만 말이다. 그는 기독교 세상에, 기독교에 의해 1800년 동안 형성된 세상에 살고 있다. 고대 그리스의 다신 숭배와는 달리, 기독교는 금욕적이며 자기희생적이고 성서적이다. 300년 전에 마르틴 루터에 의해 재형성된 삶의 형식으로 말이다. 덴마크에서는 교회도 루터파, 성서도 루터파, 학교도 루터파이다. 루터는 철학자들을 불신했는데, 그런데 이제 심지어 철학도 루터파이다.

키르케고르는 기독교에 대하여 심하게 양가적이며, 또 "기독교계"(Christendom)라는 용어를 비난조로 사용한다. 이 낡은 용어는 당대의 미망에 대한 그의 멸시적인 어휘가 되었는데, 이는 플라톤의 『국가』에서 소크라테스가 묘사한 동굴과 닮아 있다. 그의 동시대인들 대부분에게, 이 세상에서 인간으로 존재한다는 것은 기독교계에서 기독교인으로 존재한다는 것을 의미한다. 다시 말해 그들이 스스로를 기독교인이라고 믿는 것은, 그들이 조금도 망설임 없이 스스로를 인간이라고 믿는 것과 같다. 그들은 기독교인이 된다는 것이 하나의 과제—평생의 과제!—임을 깨닫지 못한다. 인간이 된다는 것이, 소크라테스가 깨달은바, 평생의 과제인 것처럼 말이다. 그들은 루터의, 성 아우구스티누스의, 예수 자신의 영적 투쟁을 오래전에 망각해버렸다. 4세기 말에

〈달빛에 젖은 코펜하겐 항구〉(1846)

아우구스티누스는 신에 대한 추구와 관련한 기도로 자신의 『고백록』을 시작했다. "우리의 심장은, 오 주여, 당신 안에서 안식을 찾기 전에는 쉴 수가 없습니다." 로마 교회와 결별하기 전에 여러 해 동안 아우구스티노 수도회 소속 수도사였던 루터는, 신앙이 "살아 있고 쉼 없는 것"[16]임을 깨달았다. 그러나 이제 루터파 종교는 더 이상 파괴적인 세력이 아니라 오랫동안 확립된 기성교회일 뿐이며, 그 원래의 집요함은 평화로운 자기만족에, 아니 심지어 무관심에까지 빠져버렸다. 덴마크 기독교인들의 마음을 자극하고 깨우기 위해서, 그들을 다시 한 번 쉼 없이 활동적이게 만들기 위해서, 하나님에 대한 그들의 욕구를 일깨우기 위해서 소크라테스적 쇠파리가 절실히 요구된다. 키르케고르의 물음은 끈덕지게 맴돌 것이다. 기독교 세계 그 어디에서 기독교를 찾을 수 있는가? 그 많은 교회에 도대체 기독교인이 있기는 한가? 모라비아 형제단의 모임에? 코펜하겐 대학의 신학과에?

키르케고르는 또한 덴마크 기독교계의 자기만족이, 일등석 객차의 안락함처럼, 역설적 평안이라는 것도 알고 있다. 그는 기독교의 관습, 개념, 이상이 너무나 익숙한 것이 되고, 너무나도 철두철미 당연지사가 되어버려서, 조만간 기독교가 지평선 저 너머로 사라질 것이라고 믿고 있다. 한편, 세상은 그 어느 때보다 더욱 숨 가쁘게 변하고 있다. 이 철도는 그저 그 변화의 일부일 뿐이다. 기차의 차창 밖으로 빠르게 사라지는 들판들, 나무들, 농장들과 교회 첨탑들의 움직임은 그의 세기가 미래로 돌진하고 있음을 입증하고 있다. 그의 부모들이 알던 삶의 방식은 끝나가고 있다. 덴마크의 경제는 위기에 빠져버렸고, 정치 혁명은 이미 진행 중에 있다. 대학의 구성원들은 모두 역사, 진보, 몰락을 논하고 있으며, 구시대가 어떻게 새로운 시대에 밀려 사라지는가에 관해서 저마다의 이론을 역설하고 있다. 키르케고르는 코펜하겐에서 두 시대 사이에 끼여 있다고 느끼는 유일한 사람이 아니다.

2. "나의 레기네!"

뒤쪽으로 향하고 앉아 창문에 걸린 작은 커튼을 당기면, 그는 자신이 거쳐 온 풍경들이 뒤로 물러나는 것을 보면서 자신의 여정이 전개되는 것을 바라보게 된다. 그는 기차가 진행하고 있는 방향을 볼 수 없다. 풍경은 일단 그가 이미 지나쳐 가야만 시야에 들어온다. 그는 인생 자체도 이와 같다고 생각하게 되었다. 우리는 과거에 대한 약간의 지식을 가지고 있지만, 미래에 대해서는 그렇지 않다. 그리고 현재에 관해서 말하자면, 현재는 끊임없이 변하고 있으며 언제나 우리의 손길을 벗어나고 있다. "철학이 말하듯 인생은 거꾸로 거슬러 이해될 수밖에 없다는 것은 진정 옳은 말이다. 그러나 그때 사람들은 인생은 **앞으로 살아가야** 한다는 또 다른 원칙을 망각한다. 우리가 그것을 철두철미 숙고할수록 이 원칙은 시간적 삶이 결코 온전히 이해될 수 없다는 결론에 도달하는데, 왜냐하면 나는 그 어떤 순간에도 거꾸로 거슬러가는 입장을 채택할 수 있는 완전한 안식을 찾을 수 없기 때문이다."[1]

그는 1840년에 레기네 올센에게 주었던 약혼반지를 끼고 있다. 그녀가 반지를 돌려준 후 그는 반지를 개조하여 작은 다이아몬드들로 십자가 형상을 만들었는데, 이제 그 반지는 그의 말과 글이 무엇을 얻으려고 애쓰고 또 붙잡으려고 하는지 표현하고 있다. 그것은 자신의 사랑에 여전히 충실하게 남아 있는 역설이다. 키르케고르는 변심해서 약속을 깼지만, 레기네를 향한 그의 사랑은 영원한 사랑에 대한 이 상징 안에 보존되어 있거니와, 이는 모든 결함투성이의 유한한 사랑을 포함하고 그런 사랑을 온전하게 만들어줄 것을 약속하는 영원한 사랑이다. 사랑의 위기에서 벼려낸 이 반지는 그의 희망과 잘못을 담은 기념물이다. 그것은 약혼녀의 눈물을 결코 잊지 못하게 할 것이다. 그것은 그의 변심을 구현하고 있다. 그럼에도 불구하고 그것은 일편단심의 상징이기도 하다. 처음에는 불확실한 미래에, 그다음은 또 다른 미래에, 즉 처음에는 레기네와의 삶에, 그다음은 그녀 없는 삶에 자신의 마음을 바친 상징인 것이다.

이동과 휴식이 동시에 일어나는 이 기묘한 위치에서 돌이켜보면, 이상하게도 시간을 초월하여 키르케고르 자신의 과거가 그의 앞에 펼쳐진다. 그의 미래처럼, 그의 과거는 언제나 앞에서 그를 기다리고 있다. 이러한 떨어진 시점에서 보면 레기네와의 약혼의 전모가 드러난다. 혼란스러운 시작, 불편한 지속, 위험한 결말, 모욕적 후유증 등등.

처음부터 이 관계는 세상과의 관계에 대한 키르케고르의

키르케고르의 반지

불안들로 점철되어 있었다. 은둔자나 수도사처럼 세상으로부터 초연할 것인가, 아니면 세상 속으로 뛰어들 것인가? 성공, 부, 여자를 추구해야 하는가? 직업, 가정, 가족의 확고한 기반을 주장해야 하는가? 아마도 세상에서 어떻게 살 것인가를 해결하는 일이 그의 철학과 삶의 핵심에 놓여 있는 문제라는 사실이 이제 더욱더 분명해지고 있을 것이다. 키르케고르에게 이 문제는 결코 단순히 지적인 것도 그렇다고 실용적인 것도 아니다. 그것은 언제나 영적 과제로서, 어떻게 신과의 관계 안에서 살 것인가라는 문제와 불가분의 관계에 있을 것이다. 6년 전, 친구 뢰르담(Peter Rørdam)의 집에서 처음으로 레기네를 만났을 때 그는 이미 이러한 느낌을 받았다. 뢰르담은 신학과 동창생으로 여동생이 셋 있었다. 키르케고르는 특히 볼레테(Bolette)를 좋아해서, 그녀를 볼 생각으로 그 전에도 이 집을 방문한 적이 있었다. 그의 대화가 춤추듯이 약동하고 또 위트가 빛날 때, 그는 자신의 매

1840년의 레기네 올센

력이 뢰르담 자매와 그들의 어린 친구 레기네 올센을 사로잡는 것을 느낄 수 있었을 것이다. 바로 그날 그에게 마르코의 복음서(8장 36절)에 있는 예수의 경고, 즉 사람이 만일 온 천하를 얻고도 제 영혼을 잃으면 무엇이 유익하리요라는 경고가 머릿속에 떠올랐다. 그날 밤 그는 일지에 그 구절을 기입했다. 그는 자신이 "내면의 영역"에서 "쫓겨나서" "세상으로 돌아간다는 것"을 알았다. 그것은 어떤 종류의 타락 같은 것으로 생각되었지만, 그러나 그것이 은총을 벗어난 타락인지 아니면 그 자신의 자존심으로부터의 추락인지는 쉽사리 알 수 없었다. 세상으로부터 자신을 멀리하는 것은 저항해야 할 유혹이었는가, 아니면 추구해야 할 이상이었는가? 때는 1837년 5월, 그가 막 24세 생일을 맞이한 직후였다. 레기네는 어린 소녀로 채 16세가 안되었으며, 아직 견진성사도 받지 않은 채였다.

그 해 말 그는 건강이 좋지 않은데도 불구하고, 우울증과 건강염려증은 말할 것도 없고 소화 장애와 위통으로까지 고생했는데, "어찌어찌해서 R—에게 갈 수"[2] 있었다고 일지에 기록했다. 외로움, 남들이 자신을 어떻게 생각하는가에 관한 불안감, 그리고 그 자신에 대한 실망감이 일지에 흘러넘쳤다. "나의 하나님이시여, 어찌하여 이런 감정들이 바로 지금 깨어난단 말인가. 이 얼마나 외롭단 말인가! 오, 자기 홀로 서 있다는 것에 대한 저 교만한 자기만족에 저주 있을진저. 이제는 모든 사람이 나를 경멸할 것이니. 오, 그러나 당신, 나의 하나님은, 나를 버리지 마소서. 나를 살게 하시고 나아지게 하소서!"[3] 그때 이후로 그는 레기네와의 관계에서 이러한 자신과의 긴장감, 이러한 동요를 자주 경험했다. 그리고 6년이나 지난 지금도 여전히, 모든 것이 외견상으로는 결정이 난 지금도, 그의 마음은 결말이 지어지지 않은 상태이다. 내면에는 여전히 이처럼 여러 욕망들이 갈등을 빚고 있으며, 여전히 똑같은 불가능한 희망도 남아 있다. 아직도 그녀에게 충실한 것이 중요하다고 생각되고 있다.

그렇게 뢰르담의 집에서 처음 만난 후, 3년이 지나서 키르케고르는 레기네에게 청혼했다. 그때 키르케고르의 아버지가 세상을 떠났으며, 마침내 그는 신학사 학위를 취득했다. 그는 박사 학위논문을 시작하려는 참이었는데, 새로운 철학적 기획에 대한 좀 더 분명한 깨달음에 도달하고 있었다. 최근 수십 년간 칸트, 셸링 그리고 헤겔이 합리성을 그 한계에까지 밀어붙이고 있었다. 이론적 사유는 더 이상 나아갈 수 없는 것처럼 보였다. 그런데 이런 한계들이 키르케고르의 관심을 끌었다. 자신의 내면 어디에서 이해의 한계에 맞닥뜨렸는가? 그리고 거기로부터 갈 수 있는 곳은 어디인가? 그는 이미 플라톤에게서 인간이 진리를 추구하는 것은 아직 진리를 소유하고 있지 않기 때문이라는 것을 배운 바 있다. 그러나 만일 앎이 없다면, 앎을 찾는 방법을 어떻게 안단 말인가?

소크라테스에게 이런 물음—도대체 우리는 어떻게 배울 수 있는가?—이 제기되었을 때, 그는 모든 사람에게는 예외 없이 영원한 영혼이 있어서 이 영혼이 영원한 진리를 안다고 설명했다.[4] 영혼이 몸 안으로 들어갈 때 자신의 앎을 망각하기 때문에, 가르침을 받아 앎을 상기해낼 필요가 있다. 진리로부터 분리된 우리는 잃어버린 것을 다시 찾기 위하여 우리 내면 깊은 곳을 탐색하며 세상에서 많은 세월을 보내야 한다. 키르케고르는 1840년 여름 동안 이런 생각에 관하여 성찰했으며, 그 후 얼마 지나지 않아 레기네에게 청혼하게 된다. 그해 7월 그는 일지에 플라톤의 상기론은 "아름다울 뿐 아니라 심오하고 또 타당하다. (…) 만일 인간이 오로지 자신의 외부에서만 평화를 찾을 수 있다면 이 얼마나 슬플 것인가"[5]라고 쓰고 있다. 사실 기독교계의 도시들은 과학 실험, 역사 연구, 뉴스 보도를 통해 세상에 대한 지식을 축적하려는 노력들로 넘쳐나고 또 북적거렸지만, 이러한 귀에 거슬리는 탐구들이 자기 이해를, 내면의 평화를 구하는 훨씬 조용하고 심오한 목소리들을 질식시키고 있었던 것은 아닌가?

잃어버린 앎을 상기한다는 플라톤의 영혼관은 이러한 상기가 어떻게 일어나는가라는 문제로 귀결되었다. 어떤 종류의 교육을 통해서 젊은이들은 진리에 다가가는가? 당시 독일은 물론이고 덴마크에서까지 대유행하고 있었던 헤겔의 철학 또한 이미 내재된 진리를 드러내서 분명히 해명하기를 열망하고 있었지만, 키르케고르는 헤겔의 방법이 너무나 이론적이고 그 목적 또한 지나치게 세속적이라고 생각했다. 헤겔학파는 세계사, 자연과학, 다양한 인간 문화에 대한 백과사전적인 지식을 열망했다. 반면 플라톤의 철학은 "훨씬 경건"했으며, "심지어 어느 정도는 신비적이기까지" 해서 "세상에 반대하는 논쟁"을 불러일으켰다. 플라톤의 철학은 "이러한 상기들이 들릴 수 있게 되는 정적을 산출하기 위하여 외부 세계에 대한 앎을 침묵시키려고" 애를 썼다.

그렇다면 진리는 세상으로부터 물러남으로써 발견될 수 있을 것이다. 키르케고르는 수도원의 정적을 추구하는 것을 고려했다. 코펜하겐의 프란체스코회 수도원은 1530년에 종교개혁가들에 의해 해체되었지만, 그는 적어도 대학의 한가로운 수다와 단절하려고 시도할 수는 있었을 텐데, 이는 그에게는 시장에서 들려오는 그저 또 다른 잡담에 불과한 것이자 그 거만한 열망 때문에 훨씬 더 미혹되었을 뿐인 수다로 생각되었기 때문이다. 과연 그 자신의 철학적 노력은 세속적 지위와 갈채를 구하는 지적 성취의 과시 이상의 어떤 것이었는가? 마르코 복음서의 그 구절이 암시하듯이, 세상에서의 그러한 성취는 그의 영혼에서의 상실을 의미하는 것이었을까?

그런데 학문적 야망은 세상이 제공하는 것을 붙잡는 그저 한 가지 방법일 뿐이었다. 당시 키르케고르는 모차르트의 오페라 〈돈 조반니〉에 사로잡혀 있었다.[6] 그는 극장에서 상연되는 그 오페라를 여러 차례 관람했으며, 저 유명한 유혹자 돈 후안(Don Juan)이 그의 상상력을 사로잡았다. 그는 일지에 그 오페라가 "너무나도 악마적으로 나를 붙잡은 탓에 그것을 결코 잊을 수 없을 것이다. 나를 정적에 싸인 수도원의 밤에서 빠져나오게 한 것이 바로 이 음악극이었다"라고 쓰고 있다. 만일 이 모든 유혹들, 즉 성공, 음악, 사랑 등에도 불구하고 그가 침묵과 고독으로 복귀하기를 원했다 하더라도, 그렇게 하기는 매우 어려웠을 것이다.

그러나 1840년 7월의 또 다른 일지에서 그는 상반되는 생각, 즉 인간은 세계를 떠남으로써 자신의 완성에 도달하는 것이 아니라는 요지의 글을 써놓았다. 만일 우리가 스스로를 신과의 관계 안에서 **그리고** 동시에 세계와의 관계 안에서, 동일한 운동을 통해서 발견한다면 어찌될 것인가? 여기에서 키르케고르는, 그가 "유한성"이라는 용어로 요약한, 세상적인 환경이 종교적 삶의 바탕이라는 성찰을 철저히 추구했다. "나는 나의 영원한 타당성, 나의 성스러운 필연성, **그리고** 또 (내가 이 특정한 존재로, 이 나라에, 이 시점에, 이 변화무쌍한 환경의 다방면적 영향 아래에서 태어났다는) 나의 우연적인 유한성을 자각하게 되었다." 인간의 "진실한 삶"은, 그의 제안에 따르면, 유한성의 "신격화"이다.[7] 이러한 완성은 영적인 고양이지만, 그것은 "유한성에서 몰래 빠져나와 천국으로 향하는 길로 증발하여 사라지는 것을 뜻하는 게 아니라, 차라리 신성이 유한성에 존재하고 그 안에서 자신의 길을 찾는다는 것을 의미한다."

영적 삶에 대한 이러한 설명은 인간이 영원한 진리를 향하여 어떻게 나아갈 수 있는가에 관한 기독교적 가르침을 해석하는 한 가지 방식이었다. 키르케고르가 플라톤의 철학에서는 "세상에 반대하는 논쟁"을 찾은 반면, 기독교의 성서는 그에게 신성한 진리가 세상 안에, 인간의 육신 안에 구현될 수 있다는 가르침을 주었다. 신약성서에 따르면, 예수는 그리스도이자 하나님의 아들로서 "유한성 안에 깃듦"으로써, 세상 안에서 살아감으로써 그의 하나님 아버지의 심오하고 신비스러운 권능을 드러냈다.

그러나 키르케고르는 세상에 대해 깊은 양면성을 지닌 종교적 전통을 물려받았다. 신의 창조에 깃든 선함은 기독교 신앙의 기초적인 교의이다. 예를 들어 창세기는 신이 어떻게 세상을 창조하고 또 그것을 좋다고 보았는지를 서술한다. 신약성서는 하나님의 말씀이 육신이 되었다는 "복음"을 선포한다. 가톨릭교회는 신의 은총을 전달하는 물질적 성체(聖體), 즉 빵과 와인, 육신과 피 등에 신앙을 불어넣었다. 루터는 자신의 세속적인 감각주의와 성직자의 결혼을 허용하는 개혁을 통해서 일상생활에 영성을 부여했다. 육화된 삶에 대한 이러한 긍정적인 견해와 나란히 아우구스티누스가 기독교 신학에 확립한 훨씬 더 플라톤적인 요소가 집요하게 존속하고 있었는데, 아우구스티누스는 이 플라톤적인 요소를 사도 바울로의 죄론과 결합시켜서 세상이 얼마나 타락했는지를 강조한 바 있다. 아우구스티누스에 따르면, 인간은 고통으로 가득한 암흑의 시간에 갇혀 있거니와, 이 시간은 창조라는 최초의 영광과 마지막 구속(救贖)이라는 빛나는 광명 사이에 놓여 있다. 우리는 이러한 어둠 속에서 몸부림치며, 어렴풋하게나마 최고의 선을 동경할 때조차도 우리의 마음은 악을 향해서 기울어진다.

이러한 양면성은 단순히 이론적인 것만이 아니라 실존적이기까지 하다. 그것은 어떻게 살 것인가, 무엇을 할 것인가, 누가 될 것인가의 문제이다. 키르케고르는 갈등하는 해석들에 의해 형성되고 특징지어진 세계 안에서, 몸 안에서 성장해야 했다. 육화에 대한 기독교 신학이 삶의 영적 측면과 물질적 측면이 함께 있어야 한다는 것을 가르친다고 한다면, 그는 어떻게 이를 실천해야 할까? 예컨대 어떻게 그는 유혹의 열망과 소명의 열망 사이의 차이를 구별할 수 있을까? 아마도 그는 지난 일에 대한 통찰에 힘입어서 회고적으로 그것들을 구별할 수 있을 것이다. 그러나 자신의 욕망들이 자신을 부르는 것을 느끼고 또 그중에서 어떤 것을 따르기로 선택해야 할 때 그는 어떻게 해야 할 것인가? 결국, 삶이 이해되는 것은 회고적으로 가능할지 몰라도, 삶을 살아가는 것은 앞을 향해서이지 않으면 안 된다.

이러한 모든 반성들 곳곳에 **어떻게 세상에서 인간으로 존재할 것인가** 하는 물음이 고동치고 있었다. 이 물음의 개인적 측면과 철학적 측면이 얽히고설키게 되었다. 그 자신의 유한성 속에서 마주친 타인에 대한 사랑은 세상 안에 속하는 운동이었을까, 아니면 세상 바깥으로 빠져나가는 운동이었을까? 타인에 대한 사랑은 수도승의 고독과 학문적 토론이나 문학 살롱의 수다 가운데 어디에 들어맞는가? 낭만적 사랑은 영혼에 속하는가, 아니면 세상에 속하는가? 만일 신적 진리가 인간을 둘러싸고 있는 일희일비하는 세상에 정말로 존재한다면, 이것은 잘못된 딜레마일 것이다. 왜냐하면 영혼은 자신의 유한하고 체현된 실존 안에서 참된 앎은 물론이고 참된 사랑도 찾을 수 있을 것이기 때문이다. 그렇다면 세상적 삶이 꼭 영적이지 않을 필요는 없다. 아마도 영혼은 세상에서 자신을 상실하지 않을 것이며, 오히려 거기에서 자신을 찾을 것이다.

레기네와 결혼하는 것은 키르케고르에게 이러한 종교적 이상을 실현하는, 그 이상을 삶에서 적극적으로 살아내는 한 가지 방법이 될 것인가? 1840년 늦여름, 그가 "그녀와 더 가까워졌을 때" 그렇게 생각했을 가능성이 있다. 그때는 이미 논문자격시험을 통과하고, 유틀란트 반도의 서해안으로 여행을 가서 아버지가 어린 시절을 보낸 마을을 방문한 뒤, 8월에 코펜하겐으로 돌아온 후였다.[8] 몇 주 뒤 그는 변덕스러운 열정과 자의식적인 초연함 사이에서 괴로워하며 레기네에게 청혼했다.

> 9월 8일 나는 모든 걸 정리해야겠다는 확고한 생각으로 집을 떠났다. 우리는 그들의 집 바로 바깥에 있는 거리에서 만났다. 그녀는 지금 집에 아무도 없다고 말했다. 나는 앞뒤 따지지 않고 이것을 내가 바라던 초대로 생각했다. 나는 그녀와 함께 집으로 들어갔다. 거기에서 우리는 서 있었는데, 거실에는 우리 둘만 있었다. 그녀는 적잖이 당황하고 있었다. 나는 그녀에게 평소처럼 나를 위해 연주해 달라고 청했다. 그녀가 연주를 하는데 그러나 나는 한 마디도 말할 수가 없다. 그러다 갑자기 나는 악보를 움켜잡고, 다소간의 격렬함이 없지도 않게 덮은 다음, 피아노 위로 던지고 말한다. "오! 내가 음악을 신경 쓰겠습니까, 내

가 원하는 건 당신인데, 나는 지난 2년 동안 줄곧 당신을 원하고 있었습니다." 그녀는 말이 없었다. 공교롭게도 나는 그때까지 그녀를 설득하려는 어떠한 조처도 하지 않았으며, 심지어 그녀에게 나에 대해, 나의 우울증에 대해 경고하기까지 한 상태였다. 그리고 그녀가 슐레겔과의 관계를 언급했을 때, 나는 말했다. "그 관계는 잊어버립시다. 내게 우선권이 있으니까요." 그녀는 거의 말이 없었다. 결국 나는 집을 나왔는데 왜냐하면 그녀가 그렇게 당황해 있는 상황에서 누구라도 들어와 우리 둘을 볼까봐 염려가 되었기 때문이다. 나는 곧장 그녀의 아버지에게 갔다. 나는 사태가 너무 격하게 전개된 것을 심히 염려했고, 또 내 방문이 다소 오해를 불러일으키지 않을까, 더 나아가서 그녀의 평판을 해치지는 않을까 심히 걱정했다. 그녀의 아버지는 가부간 아무 말도 하지 않았지만, 그가 충분히 호의적이라는 것은 쉽게 알 수 있었다. 나는 약속을 하자고 부탁했고 10일 오후에 만나기로 했다. 단 한 마디도 그녀를 설득하기 위해 하지 않았다. 그녀는 승낙했다.[9]

그러나 레기네의 "승낙"은 키르케고르의 정신적 불확실성을 해소시킬 수 없었다. 사실, 그녀의 승낙은 불확실성을 악화시키는 것처럼 보였다. 며칠 지나지 않아서 그들은 우연히 거리에서 마주쳤는데, 레기네는 처음에는 자신의 약혼자를 알아보지 못했다. 그의 "우울증"이 너무나 심하게 악화된 탓에 외모가 완전히 변해 있었다. 약혼 후 함께 시간을 보내는 동안 그는 자주 눈물을 보였으며, "슬픔과 자기 비난으로 흥분한 상태"[10]였다. 레기네의 아버지는 우울증으로 고생했는데, 그렇기 때문에 키르케고르의 상태는 그녀에게 낯설지 않았다. 레기네는 키르케고르가 우울증을 극복하도록 도와주고 싶어 했다. 그가 "그토록 사랑했던"[11] 아버지의 죽음에 대한 슬픔, 자신이 부족한 아들이라는 비탄을 털어놓을 때 그녀는 귀 기울여 들어주었다.

그렇지만 키르케고르의 우울증은 약혼이 잘못된 것이라는 걱정과 뒤섞여 있었고, 어쩌면 그 걱정이 원인이었을지도 모른다. 그는 아버지에 대한 과거의 슬픔에 신경을 씀으로써 앞으로 닥칠 슬픔으로부터 자신을, 혹은 레기네를, 아니면 그 둘 모두를 벗어나게 하려고 했을 수도 있다. 레기네에게 청혼한 지 얼마 되지 않아서 그는 소크라테스적 아이러니와 낭만주의적 아이러니에 관한 학위논문 집필에 착수했다. 그와 함께 신학을 공부했던 친구 보에센은 키르케고르가 "자신이 무엇을 하고 싶은지 그리고 자신의 능력이 무엇인지를"[12] 훨씬 명확하게 이해하기 시작하고 있었음을 알았다.

타인들이 자신을 어떻게 인지하는지에 관해서 늘 노심초사했기 때문에, 키르케고르는 레기네와의 결혼이 그녀를 사랑하고, 존중하고, 보호하려는 헌신 이상의 것임을 알고 있었다. 결혼은 그에게 남편, 아버지, 한 가정의 가장 등 특정한 사회적 역할을 맡을 것과 또 직업을 얻을 것을 요구하는 공적 행위였다. 신학과 졸업생으로서 키르케고르는 목사 아니면 대학의 신학교수, 즉 전통적인 종교적 교육자나 보수를 받는 국가교회의 관리가 될 것이었다. 그의 삶은 의무, 관습, 기대라는 엄밀한 외형에 의해 형성된, 세상의 잘 확립된 존재 방식에 따라 측정되고 판단될 것이며 이해될 것이었다.

키르케고르는 이런 것들을 경시하지 않았다. 오히려 그는 그런 능력이 있는지 궁금해했으며, 결혼의 내밀함을 두려워했다. 그리고 몇 달이 흐르면서 그는 또 다른 종류의 삶이 그의 앞에 열려 있음을 알게 되었다. 그것은 남편이 되는 대신 저술가가 되는 삶이었다. 그는 아버지로부터 물려받은 유산으로 살면서, 내면에서 점차 분명해지고 있던 철학적 과업에 전념하고, 저술로 자신의 실존을 채울 수도 있었다. 그는 사회의 가장자리에 눈에 띄게 서고, 사회와 마찰을 빚고, 사회의 억측에 의문을 제기하고, 또 국외자로 존재한다는 자신의 끈질긴 의식이 세상에 표현되도록 할 수도 있었다. 그는 기독교계의 소크라테스가 될 수 있었던 것이다! 게다가 그는 레기네가 이 모든 것의 결과를 받아들이게 할 수가 없었다.

그들의 약혼은 일 년 넘게 지속되었다. 그들은 자주 만났으며, 편지도 빈번하게 주고받았다. 키르케고르는 심부름꾼을 통해 레기네에게 간단한 편지를 보내서, 집으로 그녀를 방문하는 일정을 잡거나 아니면 그녀의 음악 수업이 끝난 후 만나자고 했다. 그는 시적이고 애정이 넘치는 장문의 편지를 썼는데, 항상 "나의 레기네!"로 시작해서 "그대의 S.K." 아니면 "영원히 그대의 것, S.K."로 끝을 맺었다. 자주 이 편지들에는 작은 선물, 예컨대 장미, 보랏빛 헬리오트로프, 스카프, 손수건 등이 동봉되었다. 한번은 그녀에게 은방울꽃 향수를 선물하기도 했다.[13] 그는 이 섬세한 하얀 백합을 좋아했는데, 이 꽃은 "커다란 잎 속에 더없이 귀여운 자태로 숨어 있는" 순수의 상징으로, 그가 태어난 달인 5월의 꽃이기도 하다. 레기네는 키르케고르에게 야생화 묶음, 자수를 놓은 편지함, 그리고 장식된 상자를 보냈는데, 키르케고르는 그녀에게 이 상자가 "담뱃갑이 아니라 예배당의 문서 보관함처럼 사용"[14]될 거라고 확신시켰다. 1841년 1월 레기네의 19세 생일에, 키르케고르는 그녀에게 촛대 한 쌍을 보내면서 그날 늦게 또 다른 생일 선물을 가지고 방문하겠다고 약속했다.

매주 키르케고르는 덴마크에서 가장 영향력 있는 설교자이자 성직자인 뮌스테르(Jakob Peter Mynster) 감독의 설교를 레기네에게 큰소리로 읽어주었다.[15] 그녀는 그의 기분을 북돋워주기 위하여 피아노를 연주했다. "당신의 피아노 연주가 예술적인 면에서는 완벽하지 않을지 몰라도," 그는 그녀에게 편지에다 이렇게 썼다, "이 연주에서 당신은 여하튼 성공할 것이오. 다윗은 사울의 음울한 기분을 떨쳐버리게 할 수 있었

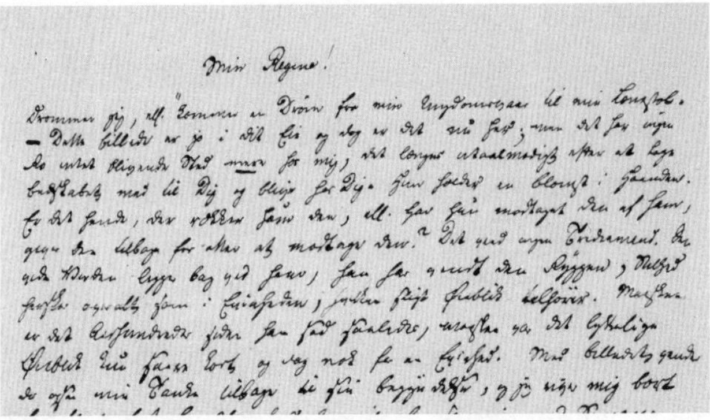

키르케고르가 레기네에게 스카프 한 장과 함께 보낸 편지, 일자 미상

지만, 나는 여태껏 다윗이 특별히 위대한 예술가였다는 이야기를 들은 적이 없소. 중요한 것은 다윗의 젊고 기쁨에 넘치는 신선한 정신이었다고 생각하는데, 당신에게는 그보다 훨씬 귀한 것, 모든 것을 가능하게 만드는 사랑이 있소."[16]

어떤 편지에서 키르케고르는 레기네에게 그녀의 사랑이 그를 "구원하고" 또 "자유롭게 한다"고 썼다.

> 매번 당신이 영혼의 가장 깊은 곳에서 나를 사랑한다고 되풀이해서 말할 때마다, 그 말을 처음 듣는 것만 같고, 또 전 세계를 소유한 사람이 자신의 호화로운 소유물을 조사하는 데 평생이 걸리는 것처럼, 나 또한 당신의 사랑에 담긴 온갖 귀한 것들을 살펴보는 데 평생이 걸려야 할 것으로 생각한다는 것을 알아주오. 매번 당신이 내가 기쁠 때나

슬플 때나 항상 변함없이 사랑한다고 진지하게 확신에 찬 어조로 말할 때마다, 왜냐하면 당신은 슬픔이 성스러운 그리움이라는 것과 인간에게 있는 모든 선한 것은 슬픔이 낳는다는 것을 알기 때문에, 그때 당신은 한 영혼을 연옥에서 구원하고 있다는 것을 알아주오.[17]

레기네에게 보낸 또 다른 편지는 플라톤의 『향연』을 읽고 영감을 받아 쓴 것인데, 이 책에서는 연인이란 자신이 사랑하는 사람을 지속적으로, 쉼 없이 갈망하는 사람으로 묘사하고 있다. 키르케고르는 이렇게 썼다. 사랑은 결코 "이제 나는 확실해, 이제 나는 정착할 거야"라고 말하지 않으며, "오히려 영원히 계속된다오. (…) 심지어 천상의 희열이라 하더라도 소망이 없다면 무엇이겠소?" 그는 낭만파 시인 아이헨도르프(Josef von Eichendorff), 로마인들에게 보낸 바울로의 편지, 마태오의 복음서 등을 인용하고 마지막으로 화려한 가정법의 선언으로 끝을 맺는다. "만일 내가 감히 무언가를 소원한다면, 나는 내가 무엇을 소원할 것인지 분명히 알고 있소. 그리고 그 소원은 내 깊디깊은 신념과 같은 것이오. 죽음도, 삶도, 천사도, 권력도, 현재도, 장차 올 것도, 고귀한 자도, 심원한 자도, 그 어떤 피조물도 당신에게서 나를, 또 내게서 당신을 떼어놓지 못하리라는 것."[18]

그렇지만 키르케고르는 레기네를 뿌리치고 떠나가고 있었다. 1841년 여름이 되자 그는 파혼하기로 마음을 정했다.

그는 8월에 파혼을 하려 했으나, 그녀가 자기 곁에 있어 달라고 사정했다. 그는 이때를 "무서울 정도로 고통스러운, 너무나 잔인하지 않으면 안 되지만 그럼에도 변함없이 그녀를 사랑한" 시간으로 묘사했다. 사랑은 전쟁이 되고, 연인은 적이 되었다. 늦여름이 저물어 가을빛이 짙어지면서 키르케고르는 전술을 바꿔서, 무관심을 가장해 레기네 스스로 약혼을 끝내도록 압박하였지만, "그녀는 마치 한 마리 암사자처럼 저항했다. 만일 하나님이 우리 약혼을 반대한다는 것을 내가 믿지 않았다면 그녀가 승리를 거두었을 것이다."[19] 그런 다음 그는 레기네에게 **그녀가** 약혼을 파기하라고, 그래야 그녀가 받을 수치를 그가 대신 감당할 수 있을 거라고 직접적으로 말했다. "그녀는 결코 그것을 인정하려고 하지 않았으며, 만일 그녀가 나머지를 감당할 수 있다면 아마도 그것도 감당할 수 있을 거라고 대답했다."

키르케고르의 조카딸 헨리에테(Henriette Lund)는 1841년 그 여름에 레기네를 방문했다. 열두 살 무렵이었던 헨리에테는 올센가를 떠나면서 일종의 "불길한 예감"을 느꼈다. "레기네는 언제나처럼 사랑스러웠지만, 전에는 그렇게도 화창했던 하늘에 짙은 구름이 끼어 있는 것처럼 보였다. 우리가 작별 인사를 할 때 그녀는 나를 따라 마당을 가로질러 슬로츠홀름(Slotsholm) 거리로 배웅 나왔는데, 거기에 있는 운하는 그때는 아직 메워져 있지 않았고, 나는 그늘에서 나와 밝은 햇빛이 쏟아지는 곳으로 들어서면서 얼마나 놀랐던지 아직도 생생히 기억이 난다. 그곳에는 태양이 수면에 반사되고 있었다. 여기에서 우리는 다시 한 번 작별 인사를 했고, 나는 그 뒤 한참 동안이나 그녀가 투명하게 빛나는 햇빛 속 같은 자리에서 눈 위로 손을 흔들고 나에게 고개를 끄덕이며 마지막 인사를 하는 모습을 볼 수 있었다. 그것이 결정적으로 "마지막"이 될 거라는 사실을 우리는 그때는 알지 못했지만, 나는 뭔가 슬픈 일이 일어날 것 같은 느낌을 받으면서 집에 돌아왔다."[20]

10월 11일 키르케고르는 마침내 약혼을 파기했다. 여전히 그는 싸워야 했다. 레기네의 아버지는 그에게 재고해 달라고 사정했는데, 왜냐하면 그녀가 "절망에 빠진 채, 극도의 자포자기 상태"였기 때문이다. 그는 이 자부심 강한 국가평의회 의원이 자기 딸을 위해서 자존심을 버리고 사정하는 것을 보고 마음이 약해지는 걸 느꼈지만, 마음을 바꾸지 않겠다고 물리쳤다. 그는 다음 날 레기네를 찾아가서 다시 한 번 자신의 행위를 해명하려고 애썼다. 그녀는 "작은 메모를 하나 꺼냈는데 그것은 내가 뭔가를 적어놓은 것으로 그녀가 늘 가슴에 간직하고 다니던 것이었다. 그녀는 그것을 끄집어내서 아무 말 없이 조각조각 찢더니 이렇게 말했다. "결국 당신은 나에게 끔찍한 장난을 쳤군요.""[21]

며칠 뒤 헨리에테가 형제들과 함께 숙부 키르케고르를 방문했는데, 키르케고르는 그때 가족들이 사는 집에 머물고 있었다. 그곳은 코펜하겐 중심부에 있는 웅대한 4층짜리 대저택으로, 그의 형 페테르(Peter Christian Kierkegaard)가 새 아내와 함께 살고 있었다. 헨리에테는 당시의 일을 이렇게 기억했다.

> 그날 저녁 우리 가멜토르브(Gammeltorv)에서 온 아이들이 그곳에 도착했을 때, 키르케고르 숙부가 바로 도착해서 우리를 자기 아파트로 데려갔다. 그는 마음이 많이 동요하는 것처럼 보였는데, 그래서 늘 하던 장난기 가득한 인사 대신 내 머리에 하도 상냥하게 입을 맞추는 바람에 나는 꽤 감동받았다. 잠시 후 그는 우리에게 말을 하고 싶어 했지만, 대신에 갑자기 발작적으로 격렬하게 울음을 터뜨렸다. 우리는 왜 우는지 전혀 알지 못하고, 적어도 나는 그랬는데, 그저 그의 고통에 동화되어서 우리도 이윽고 마치 깊은 슬픔으로 괴롭기라도 한 것처럼 모두 흐느끼고 있었다. 그러나 키르케고르 숙부는 곧바로 자제심을 되찾고서 우리에게 조만간 베를린으로 갈 생각이며 어쩌면 당분간은 거기에 머물 거라고 말했다. 그래서 우리는 자주 편지를 쓰겠다고 약속해야 했다. 왜냐하면 그는 우리 각자가 어떻게 지내고 있는지 소식을 듣고 싶을 것이기 때문이었다. 눈물을 줄줄 흘리면서 우리는 약속을 했다.[22]

약혼과 마찬가지로 파혼은 곧바로 사회적 화제가 되었으며, 키르케고르와 레기네 모두에게 이별의 고통은 상처 입은 자존심으로 더 깊어졌다. 레기네는 촉망받는 신부에서 퇴짜 맞은 연인으로 전락했으며, 아니 어쩌면 미혼으로 살아야 할 운명에 빠졌는데, 이제 누가 그녀와 결혼하려고 하겠는가? 키르케고르는 경솔하게도 어린 소녀를 타락의 길로 빠트린 악당이거나, 아니면 나이를 스물여덟 살이나 먹고 신학 박사나 된 주제에 아직도 자기 마음을 알지 못하는 의지박약하고 우유부단한 바보로 생각되었다. 그의 조카 트로엘스(Troels Frederik Lund)는 이렇게 썼다. "그것은 모욕적인 파혼으로, 호기심과 험담을 불러일으켰을 뿐 아니라 점잖은 사람이라면 누구나 상처 입은 쪽을 편들 것을 절대적으로 요구했다. (…) 여기 집에서도 가혹한 비판이 무차별하게 그에게 쏟아졌다. 비난, 분노, 수치심이 여느 곳에서처럼 그와 가장 가까운 사람들 사이에서도 강렬했다."[23]

1841년 10월 25일, 약혼이 끝장나고 2주 후에 키르케고르는 킬(Kiel)로 향하는 프러시아 우편선에 몸을 싣고 베를린으로, 철학의 약속된 땅이자 기독교계의 지적 수도로 가는 여정을 시작했다. 헤겔이 1820년대에 그의 생애 마지막 10년 동안 베를린 대학에서 철학교수를 역임한 바 있으며, 이제는 헤겔의 오랜 라이벌인 셸링이 그 자리에 있으면서 유럽 전역에서 몰려든 청중을 대상으로 강의하고 있었다. 첫 번째 여행 때 키르케고르는 베를린에 거의 다섯 달 동안 머물며 철학 연구를 계속했고, 난타당해 망가진 체면을 끌어안으며, 『이것이냐 저것이냐』 수백 쪽을 저술했다.

그는 1842년 봄에 코펜하겐으로 돌아와 저술을 계속했다. 완성된 저서는 편지, 논설, 설교, 그리고 길고 장황한 「유혹자의 일기」 등의 이질적인 글들로 이루어진 방대한 모음집으로, 적어도 네 명의 가공 작가들의 명의로 되어 있으며 낭만적 사랑과 결혼을 주제로 하고 있다. 가장 명예롭지 못한 목소리는 요하네스(Johannes)라는 유혹자의 목소리로, 그는 세밀한 디테일과 세련된 필체로 어린 소녀 코델리아—레기네의 여동생 코넬리아와는 다른 인물—에 대한 그의 공략을 시간의 흐름에 따라 기록한다. 요하네스의 이야기는 코펜하겐의 시가지 곳곳을 강박적으로 활보하는 것으로 시작해서, 복잡하고 속임수로 가득 찬 구애로 전개되다가, 연애 관계의 애매한 종결로 끝을 맺는다. 요하네스는 유혹의 최초 국면에서 이렇게 기록하고 있다. "유혹에 있어서 나는 처음 시작할 때는 단계적으로 접근해 가다가 좀 더 직접적인 공략으로 전환할 것이다. 이런 변화를 가정의 내부를 그려놓은 앞서의 작전도로 설명하자면 다음과 같이 말할 수 있다. 이제 나는 의자의 방향을 돌려서 그녀를 향해 옆쪽으로 앉아 있다. 그런 다음 그녀에게 좀 더 열중해서 말을 걸고, 그녀의 대답을 이끌어낸다. 그녀의 영혼에는 정열이, 격렬함이 있으며, 또, 헛되고 어리석은 성찰로 이상한 지경에 이르지 않으면서도, 그녀에게는 비범한 것에 대한 욕구가 있다. 사람들의 어리석음에 대한 나의 아이러니, 그들의 비겁함에 대한, 그들의 열의 없는 둔감함에 대한 나의 조롱이 그녀를 사로잡는다."[24] 잠시 후 요하네스는 이렇게 생각한다. "나는 그녀 자신이 약혼을 파기하는 방식으로 사태를 조정할 것이다. (…) 자신을 시적으로 만들어 처녀의 마음속으로 들어가는 것은 예술이다. 스스로를 시적으로 만들어 그녀에게서 벗어나는 것은 입신의 경지이다. (…) 나는 그녀가 내 영향력 안에 있다는 생각으로 도취되어 있다. 순수하고 순결한 여자다움, 바다처럼 투명하면서도 깊은 여성스러움, 그런데도 사랑은 전혀 모르다니! 그러나 이제 그녀는 사랑이 얼마나 강렬한 힘인지를 알게 될 것이다." 요하네스의 일기에는 이 어린 소녀의 번민에 찬, 버림받고 비탄에 젖은 후 작성된 편지가 포함되어 있다.

> 결코 당신을 "나의 요하네스"라고 부르지 않겠어요. 당신은 한 번도 그런 적이 없었다는 걸 확실히 알기 때문이에요. 이런 생각으로 내 영혼을 가득 채우며 기뻐했던 적이 있기에 나는 지금 그 대가로 지독한 벌을 받고 있어요. 그럼에도 나는 당신을 "나의 것"이라고, 나의 유혹자, 나의 사기꾼, 나의 적, 나의 살인자, 내 불행의 원천, 내 기쁨의 무덤, 내 불행의 심연이라고 부르고 있어요. 나는 당신을 "나의 것"이라고 나 자신을 "당신의 것"이라고 부르고 있어요. 이 말이 한때는 당신의 귀를 즐겁게 하고, 자랑스럽게 당신에 대한 나의 숭배로 이어졌지만, 이제 그것은 당신에 대한 저주, 영원한 저주로 들릴 거예요. (…) 당신의

것이에요 나는, 당신의 것, 당신의 것, 당신의 저주.[25]

키르케고르는 여전히 이 저서를, 부분적으로는, 그가 레기네에게 냉담하게 무관심한 것처럼 가장하려는 시도, 그녀에게는 그가 없는 편이 더 낫다는 것을 그녀에게 설득하려는 시도의 연장으로 보고 있다. 물론 그는 가면과 속임수로 이뤄진 그 연극적인 연쇄들이 그의 자존심의 잔해들로부터 조립되었다는 것을 인정할 수 없었으며, 그리고 저 유혹자의 바이런풍 허장성세가, 그의 대담하고 기발한 철학적 논증들처럼, 레기네를 위로하기보다 오히려 자신의 남자다움을 방어하는 데 더 도움이 되었다는 것을 인정할 수 없었다.

1843년 2월 『이것이냐 저것이냐』가 레이첼(Carl Andreas Reitzel)에 의해 출판되었다. 레이첼은 코펜하겐에서 가장 유명한 작가들인 안데르센(Hans Christian Andersen), 헤이베르(Johan Ludvig Heiberg), 시베른(Frederik Christian Sibbern), 『일상생활 이야기』를 쓴 익명의 저자 등의 저서를 판매하고 있었다. 그렇지만 키르케고르는 이 저명한 저자들의 무리에 자신을 포함시키지 않았다. 『이것이냐 저것이냐』는 레이첼의 서점에 빅터 에레미타(Victor Eremita)라는 허구의 편집자 명의로 출현했다. "승리를 거둔 은둔자" 내지 "고독한 승리자"라는 의미를 지닌 익명의 선택은 은둔생활로의 귀환을 축하하는 것처럼 보였지만, 키르케고르는 세상으로부터의 고립이라는 "은둔적 운동"에 대해 여전히 양면적인 태도를 보였다. 그가 깨달은 바에 의하면 진실한 신앙이란 단순히 신에 대한 헌신이 아니라, 신의 은총인 세상에 대한 믿음인 것이다. 베를린에서의 짧은 두 번째 체재 동안 이 생각이 그의 마음을 사로잡았다. 만일 그에게 **이런** 믿음이 있었더라면, 그는 아마도 레기네와 결혼했을 것이다.

파경 기간 동안, 그녀는 만일 그의 곁에 있으면서 그의 집 벽장에서라도 살 수 있다면 평생 그의 은혜를 잊지 않겠다고 "비탄에 젖어서" 말했다. 이 말들을 기억하고서 키르케고르는 그가 직접 디자인한, 똑바로 세운 관처럼 선반이 없는, 키가 큰 벽장을 자단나무로 만들기도 했었다.[26] 이 벽장에는 다행히도 레기네가 들어 있지는 않지만, 그녀의 부재가 그 안에 담겨 있다. 거기에 그는 "그녀를 생각나게 하는 모든 것"을 조심스럽게 보관하고 있는데, 『이것이냐 저것이냐』 역시 고급 가죽표지 위에 "한 권은 그녀를 위해, 그리고 한 권은 나를 위해"[27]라고 특별히 인쇄된 두 권이 포함되어 있다.

에베르스발데(Eberswalde)의 북쪽 삼림지역이 끝나고 탁 트인 땅으로 접어들면서 그는 회상에서 깨어난다. 그가 탄 열차의 차창 밖에서 그는 갑자기 가시면류관 하나가 동쪽 들판에서 시야에 나타나는 것을 본다.[28] 그것은 날카롭고 왜소하며 잎이 없는 나무들로 둘러싸인 커다란 연못이다. 그는 앞으로 몸을 기울인다. 그것은 순식간에 사라져버리고, 그다음에 호수가 햇빛을 받아 반짝인다. 그리고 이제 열차가 속력을 줄이자 앙거뮌데의 수수한 첨탑들이 시야에 나타난다. 키르케고르는 여기서 하차하는 다른 승객들과 승강장에서 그들을 기다리는 사람들에게 자신의 고독을 넘겨주어야 한다. 다시 한 번 그는 세상 안에 있다. 그는 다시 이 가냘프고 한쪽으로 기우뚱한 모습이 되는데, 걸을 때마다 적잖이 절뚝거리며, 이마 위로 쓸어 올린 머리카락으로 그의 키는 몇 인치 더 높아졌다. 좀 더 자세히 보는 사람들에게 그는 다시 한 번 이 창백한 지적 얼굴이 되는데, 이 두드러지게 푸른 두 눈은 "깊고 감정이 풍부해서"[29] "선한 본성과 악의로 뒤섞여"[30] 빛나고 있다. 그는 모자를 쓰고 단장을 들어 올린 다음 가방을 움켜쥐고 집으로 가는 여정을 계속한다.

3. 사이비 철학자들에 맞서다

기차 일등칸 객실의 안락함과 호젓함 후에, 합승마차는 지겹다. 게다가 길고 덜컹거리는 여행이다. 키르케고르는 이 비좁은 마차를 타고 슈트랄준트(Stralsund) 항까지 가야 하는데, 아직도 북쪽으로 160킬로미터가 더 남아 있다. 기차를 탔을 때는 오로지 자기 생각하고만 싸우면 되었다. 이제 그의 몸이 똑같은 싸움을 하고 있다.

그는 가방 안에 들어 있는 『반복』의 완성된 원고에서 합승마차의 고된 체험을 분석해놓았다. "합승마차에서 어떤 자리가 가장 편안한가 하는 문제에 관해서 지식인들 사이에 의견이 분분하다. 내 생각은 이렇다. 어느 자리건 하나같이 끔찍하다."[1] 『반복』의 화자 콘스탄티우스(Constantin Constantius)는 맨 처음 베를린으로 여행하던 때를 회상한다. "마차 앞쪽을 향해 있는 바깥쪽 좌석에 자리를 잡았다(많은 사람이 이것을 대단한 행운이라고 여긴다). 그런데 서른여섯 시간 동안 다른 승객들과 함께 여행을 하니, 어찌나 심하게 덜컹거렸는지 나는 넋만 달아난 게 아니라 하마터면 내 두

다리도 달아날 뻔했을 정도다. 마차에 탄 승객 여섯 사람이 이 서른여섯 시간 동안 얼마나 함께 뒤섞였는지 마침내 우리는 모두 한 몸이 되어서 어느 다리가 내 다리인지 전혀 알 수 없었다." 콘스탄티우스가 두 번째 방문을 위해 베를린으로 돌아갈 때, 그는 합승마차의 후미특별석을 고른다. 그럼에도 불구하고 "모든 것이 되풀이되었다. 마부는 경적을 울려댔으며, 나는 절망에 빠진 채 눈을 감았는데, 그런 경우에 늘 하던 것처럼 생각했다. 네가 이 시련을 견뎌낼 수 있을지, 네가 정말 베를린에 도착할 것인지, 그리고 도착한다면, 네가 어떻게든 다시 사람이 되어서 이 괴상한 분리 속에서 네 자신을 풀려나게 할 수 있을 것인지, 아니면 네가 이 거대한 몸뚱이의 일부분이라는 이 기억을 네 머릿속에 영원히 유지할 것인지는 오직 하나님만이 알고 있으리라."

『이것이냐 저것이냐』처럼 『반복』은 인간의 자유와 책임에 대한 획기적인 철학을 제시하며, 이 철학은 사랑싸움에 빠져서 충실성과 결혼에 관한 문제와 씨름하는 작중인물들에 의해 전달되고 있다. 두 저서 모두 인간이 타인과 함께 살고, 약속을 지키고, 사회적 기대에 순응하면서도 어떻게 자신에게 진실하게 남아 있을 수 있는지를 묻는다. 그리고 둘 모두 철학을 자서전과 혼합하고 있다. 『반복』은 오직 "저 단독자"로만 지칭된 레기네에게 보내는 새로운 전언을 담고 있으며, 낭만적 기만이라는 키르케고르의 이전 전략을 드러내고 그가 그녀와 결혼할 수 없었던 다양한 이유를 제시한다.

파경으로 끝난 사랑의 발자취를 좇아 글을 쓰고 레기네를 향한 심정의 변화를 간접적으로나마 해명하려고 애를 쓰는 가운데, 키르케고르는 철학을 하는 새로운 방식을 찾아냈다. 독특한 상황에 처한 한 구체적인 인물을 다루면서, 그는 보편적인 어떤 것 속으로 걸어들어 갔다. 왜냐하면 "**모든** 인간은 단독자이다"라는 생각이 그의 저술에서 더욱더 강렬해지고 있기 때문이다. 그는 경험에 뿌리박힌, 삶의 불확실성과 결단들에 의해 생생하게 부각된 물음들에 뿌리박힌 철학을 창조하고 있다. 그의 개념들과 논증들은 모든 인간의 내부에서 펼쳐지는 인간 실존의 강력한 드라마에서 발생한다. 한 세기 뒤에, "단독자"의 철학적 중요성에 대한 그의 통찰은 "실존주의자들"의 세대 전체에 영감을 주어서 실존주의자들이 인간의 본성은 고정된, 무시간적 본질도 아니고, 생물학적 필연성도 아니며, 각자의 단독적 삶을 위한 창조적 과업이라고 논증하는 데 기여하게 된다.

이렇게 사람들로 부대끼는 합승마차 안에서 움쩍달싹 못한 채, 키르케고르는 자신이 동승객들 위로 솟아오르는 상상을 한다. 시므온(Simeon Stylites), 곧 30년 넘게 기둥 꼭대기에서 살면서 여러 사람이 지켜보는 가운데 기도에 헌신한 15세기의 시리아 성자처럼.[2] 사람들은 그가 겸손해서 그랬는지 아니면 자부심 때문에 그랬는지 알지 못했다. 그는 그렇게 높은 곳에서 사람들을 내려다본 것일까, 아니면 십자가에 매달린 예수처럼 높이 올라가 너무나도 연약한 기둥

꼭대기에 앉은 채 기꺼이 조롱당하고 경멸당한 것일까? 시므온, 저 유명한 은둔자. 역설은 매혹적이다. 어쩌면 이 인물이 그의 다음 익명이 될까?

지난번 그가 베를린에서 돌아왔을 때, 그의 명예는 여전히 파혼 후유증으로 논란거리가 되고 있었으며, 『이것이냐 저것이냐』는 겨우 절반쯤 저술된 상태였기에 그는 아직 스스로를 입증하지 못하고 있었다. 이제 그 저서가 발표되자, 그는 작가로서의 명성을 얻고 갈채 받는 저자가 된다. 그의 재능은 고향의 가장 존경받는 작가들과 학자들을 능가할 거라는 기대를 한몸에 받는다. 그는 이미 유명 인사이다. 최근 석 달 만에 『이것이냐 저것이냐』는 도처에서 비평되고 논의되고 또 뒷담화의 대상이 되었다. "모든 언론이, 『다겐』(*Dagen*)에서 『아프텐블라데트』(*Aftenbladet*)까지, 『베를링슈케』(*Berlingske*)에서 『인텔리겐스블라데』(*Intelligensblade*)까지, 경악에 찬 외침을 발하였으며, 이 저서에 관해 몇 마디씩 언급했지만, 시작과 끝은 항상 다음과 같았다. 아이고, 맙소사, 이렇게 두꺼운 책이라니"[3]라고 골슈미트(Meïr Aron Goldschmidt)는 풍자를 전문으로 하는 그의 주간지 『코르사르』(*The Corsair*)에 썼다. 헤이베르는[4] 직접 그의 저널 『인텔리겐스블라데』에서 『이것이냐 저것이냐』를 비평했다. 그는 이 저작을 "책의 괴물"이라고 불렀는데, 그것은 주로 빽빽하게 인쇄되어 있는 8절판 838쪽 분량 때문이지만, 또한 「유혹자의 일기」를 읽고 "혹자는 화를 내고, 혹자는 역겨워하고,

요한 루트비히 헤이베르

혹자는 불쾌감을 느끼기" 때문이기도 했다.

헤이베르는 극작가, 비평가, 편집자, 미학자로서, 괴테와 헤겔에 대한 열정으로 코펜하겐의 문필계를 한 단계 고양시켰으며, 여러 해 동안 키르케고르가 가장 인정받고 싶어 한 인물이었다. 키르케고르는 여전히 그에게 깊은 인상을 남기고 싶어 하는데, 물론 지금은 그의 의견을 무시하지만 말이다. 그는 『이것이냐 저것이냐』에 대한 헤이베르의 비평을 암기하고 있을 정도다. 헤이베르는 이 저서에서 "돌연 실존의 전 영역을 명쾌하게 해명하는 지적 번개의 섬광"을 발견했지만, "저자의 특출한 재기발랄, 박식과 세련된 문체는 이념들을 제대로 형성되게 할 조직 능력과 결합되어 있지 못하다"라고 아쉬워했다.[5] 그 뒤 여러 날 동안 키르케고르는 냉소적인 반박을 쓰고 또 고쳐 썼다. 빅터 에레미타의 명의로, 그는 신문 『조국』에 모욕적인 내용의 「고맙기도 해라」라는 짤막한 글을 실었다. "주께서 그대가 입장하는 것을 축복하시도다, 헤이베르 교수여! 내 눈에는 그대가 퇴장하는 것이 분명히 보이는구나"[6]라고 그는 일지에 적어놓았다.

『이것이냐 저것이냐』의 독자들이 유혹자의 부도덕함으로 충격을 받고 넋을 빼앗기는 반면, 정작 이 저서의 훨씬 심오한 철학적 의미를 파악하거나 난해한 구조의 취지를 이해하는 사람은 거의 없다. 그런데도 이 저서 덕분에 키르케고르는 그처럼 열망해 마지않던 사람들의 관심 대상이 되고 갈채를 받는 동시에 악명까지도 얻게 되었다. 그는 기대하는 독자를 얻게 되었으며, 이제 제2차 베를린 여행에서 돌아오면 저술가로서의 입지를 확고히 다질 때이다. 『이것이냐 저것이냐』의 시끌벅적한 성공 후에 그는 자신이 단순히 재능은 있지만 보잘것없는 문장가가 아니라는, 많은 이들이 그렇게 믿고 있는 것과는 다르다는 점을 입증해야 한다. 이번에 베를린에서 출발하기 전날, 키르케고르는 보에센에게 편지를 보내서 『반복』을 끝마쳤고 또 다른 저서 『공포와 전율』을 시작했다고 알렸다. 이 편지에서는 이 두 권의 신작이 레기네를 염두에 두고 집필되었다는 사실은 언급하지 않았다. 대신 그는 이 저작들의 논쟁적 영향력에 초점을 맞추었다.

"나는 이것도 저것도 이해하지 못하는 비인간적인 사이비 철학자들, 그들이 가진 기량이라고 해봤자 독일어 개론서들을 휘갈겨 쓰고, 또 훨씬 가치 있는 기원을 가진 것을 그에 관해 터무니없는 소리를 지껄임으로써 더럽힐 뿐인 그런 사이비 철학자들에 맞서, 아이러니의 격정으로 당당하게 싸울 것을 절대 잊지 않을 걸세."[7]

보에센은 자신의 친구가 말하고 있는 "사이비 철학자들"이 누구인지 정확히 알았을 텐데, 왜냐하면 그는 키르케고르가 여러 번 마르텐센(Hans Lassen Martensen)을, 그리고 최근에는 훨씬 더 자주 헤이베르를 경멸하는 것을 들어왔기 때문이다. 나이는 키르케고르보다 다섯 살 남짓 연상이지만, 마르텐센은 이미 코펜하겐 대학의 신학교수이다. 그는 덴마크와 독일의 국경 지역인 슐레스비히 출신이다. 1830년대 초에 코펜하겐 대학에서 신학을 전공하고 덴마크 교회에서 성직을 받은 후, 그는 베를린과 뮌헨에서 생활하면서 만날 수 있는 모든 중요한 지식인들과 사귀었으며, 슐라이어마허, 셸링, 헤겔 등의 새로운 철학에 관한 전문가가 되어 덴마크에 돌아왔다.

이 독일 사상가들은 헤이베르 덕분에 이미 코펜하겐에서 유행하고 있었는데, 그는 1820년대에 베를린으로 가서 헤겔을 만나고 이 위대한 인물과 직접 대화를 나누기도 했다. 귀국하는 도중 함부르크에 들렀던 헤이베르는 자신의 삶에 대한 더없이 심오한 영적 통찰을 얻었으며, 돌연 헤겔의 철학

한스 라센 마르텐센

체계 전체를 이해했다. "헤겔의 저서들을 책상에 놓고 또 머릿속에 담은 채, 나는 순간적인 내적 환상에 사로잡혔는데, 그것은 마치 한 줄기 섬광이 나를 위하여 전 영역을 밝혀주고 또 내 안에 그때까지 은폐되어 있던 핵심 사상을 일깨워주는 것 같았다. 그 순간 이후 그 광대한 외형의 체계가 나에게 분명해졌으며, 또 나는 그것을 가장 깊은 내면의 핵심에서 포착하였다는 것을 확신하였다. (…) 나는 진실로 말할 수 있거니와, 이 기묘한 순간이 내 삶에서 가장 중요한 전기였는데, 왜냐하면 그것 덕분에 나는 전에는 결코 알지 못했던 평화, 안전, 그리고 자기 확신을 얻었기 때문이다."[8] 이 철학적 전회 이후, 헤이베르는 코펜하겐 대학에서 헤겔 철학을 강의했다. 한편 마르텐센은 1830년대 중반에 유럽에서 연구 여행을 하는 동안 유명세를 얻었으며, 파리에서 헤이베르를 만나서 이 유명한 저술가와 그의 매력적인 젊은 아내이자 덴마크에서 가장 유명한 여배우인 루이세(Johanne Luise)와의 친분을 쌓았다.

키르케고르는 1834년에 마르텐센을 신학사 학위 과정 4년 동안 개인 교사로 고용했는데, 그들은 슐라이어마허를 함께 강독했다. 그로부터 3년 후, 여전히 학생으로, 그는 마르텐센의 영향력 있는 신학 및 철학사 강좌를 수강했다.[9] 이 재기 발랄한 젊은 강사는 청중에게 기독교 이해를 안내하는 근대 독일 철학자들, 즉 칸트, 피히테, 야코비, 그러나 무엇보다도 헤겔에게 주목할 것을 촉구했다.

여러 해 동안 키르케고르는 마르텐센을 싫어했고, 그의 철학적 야망을 비난했으며, 그의 성공에 분개했다. 그리고 『인텔리겐스블라데』에 게재된 『이것이냐 저것이냐』에 대한 저 생색내는 비평 이후, 헤이베르 역시 적이 되었다. 이 두 사람 모두 독일 관념론을 덴마크에 수입함으로써 명성을 얻었다. 그들은 헤겔의 막대한 성취에서 반사된 영광의 혜택을 입고 있다. 그러나 키르케고르의 새 저서는 얻어 들은 헤겔 철학으로 당대의 정신적 몰락에 맞서 싸우는 그들의 노력을 조롱하게 된다. 저술가로서의 그 자신의 야망은 마르텐센에 대한 대립으로, 그리고 그를 편애하는 학계와 교회에 대한 대립으로 구체화되었다. 키르케고르가 보기에 이렇게 잘 연결되어 있는 전문 신학자는 지적 위상을 대변할 뿐 아니라 실존적 마음가짐까지도 대변하고 있다. 마르텐센은 19세기 기독교계에서 교양 있고 성찰적인 기독교인이 된다는 것이 무엇을 의미하는지 보여주는 유력한 사례인 것이다.

자신의 정열적 아이러니로써 "비인간적인 사이비 철학자들"에게 맞서겠다는 그의 맹세는 소피스트들에 대한 소크라테스의 전복적인 반대를 닮아 있다. 플라톤은 저 보수를 받는 철학 교사들을 영리하지만 천박한 논증의 행상들로 묘사하면서, 그들을 소크라테스의 실존적 아이러니의 천재성을 돋보이게 하는 장식이 되게 했다. 소크라테스의 경우, 철학을 가르친다는 것은 사람들에게 인간이 되는 법을 가르치는 것을 의미했으며, 그는 인간이란 무엇인가를 물음으로써 논의를 시작했다. 마찬가지로, 키르케고르 역시 마르텐센을 거짓 교사라고 까발리려고 애썼다. 그는 그의 업적이 공허함을 드러내고, 자신의 천재성으로 그의 철학적 재능을 무색하게 만들고, 자신의 경쟁자가 그처럼 순식간에 올라간 신학계 전체의 근본을 서서히 무너뜨리기를 원한다. 그러면서 동시에 마르텐센을 이기고 싶은 것이다.

이 두 번째 베를린 여행이 레기네와 마침내 파혼하고 수일 후 시작된 키르케고르의 첫 번째 여행의 반복이었다면, 그 첫 번째 여행은 1830년대 마르텐센의 철학적 답사의 반복이었다. 그리고 마르텐센은 19세기 초반 낭만주의를 덴마크에 수입한 대담무쌍한 이들의 발자취를 따라간 헤이베르의 경로를 뒤쫓은 것이었다. 키르케고르가 1841년 베를린에 도착했을 무렵, 헤겔은 이미 세상을 떠났지만, 그는 셸링의 강의에 참석했다. 헤이베르와 마르텐센 모두 각자의 출세를 촉진시키는 독일 관념론 지식을 갖고 코펜하겐으로 돌아온 반면, 키르케고르는 그 첫 번째 방문에서 학문적 철학에 대한 격렬한 환멸을 안고 돌아왔다. "사랑하는 형, 셸링은 도저히 견딜 수 없는 헛소리를 늘어놓고 있어요."[10] 그는 1842년 2월에 베를린에서 형에게 이렇게 썼다. "나는 강의에 출석하기에는 너무 나이가 많아요. 셸링도 강의를 하기에는 너무 늙었고요. 잠재력에 대한 그의 이론 전체는 최악의 무기력을 보여주고 있습니다."

비록 셸링이 흥미를 부추기면서 "현실성"을 논하였지만, 키르케고르는 학문적 기획 전체가 현실적 실존으로부터의 교활한 도피라고 생각했다. 그는 이러한 지적 이탈을 지식의 냉소적인 상업화와 연결시켰다. 근대 대학들의 교수들은 상인들이 상품을 사고파는 것처럼 사상을 사고팔았다. 그러나 훨씬 표리부동한 사실은, 그들의 산뜻하게 포장된 추상들이 그 어떤 참된 지혜도 담고 있지 않다는 것이다. 그는 『이것이냐 저것이냐』에서 이렇게 썼다. "철학자들이 현실에 대하여 말하는 바는, 우리가 고물상에서 "여기에서 다림질함"이라는 간판을 볼 때처럼 실망스러운 경우가 많다. 만일 우리가 다림질할 옷을 가지고 가면, 우리는 얼간이가 되고 마는데, 왜냐하면 그 간판은 단순히 매물로 나온 것이기 때문이다."[11]

『반복』과 『공포와 전율』로써, 키르케고르가 성서에 나오는 아브라함의 이야기를 현대적으로 각색하면서 단순히 자신의 약혼 사건에 대한 새로운 해명을 내놓고 있는 것만은 아니다. 그는 자기 자신의 권위를 재연출하고 있으며, 스스로를, 혹은 오히려 자신의 익명들을 코펜하겐의 문예계에서 헤이베르와 마르텐센에 대립시키고 있다. 그는 자신이 헤이베르보다 더 탁월한 극작가라는 것, 마르텐센보다 더 훌륭한 신학자이자 설교자라는 것, 그들 두 사람보다 더 위대한 철학적 독창성과 훨씬 심오한 정신적 통찰력을 소유한 사상가라는 것을 보여주고 있다. 경쟁자들과는 달리, 키르케고르에게는 설교할 교회도 회중도 없고, 강의할 강단도 학생도 없으며, 자신의 작품을 상연할 극장도 관객도 없다. 그는, 즐겨 말하는 바대로, "권위 없이", 단순히 한 인간으로서, 절반은 무명으로서, 그 어떤 공식적 지위나 제도적 신분으로 포장하지 않고 저술하는 것이다. 그의 저술이 그 자신의 권위를 성취해내야 할 것이며, 그것의 논증과 문체의 순수한 효력을 통하여 자신의 권리를 주장하지 않으면 안 될 것이다. 마르틴 루터, 전설에 의하면, 자신의 기독교 강령을 비텐베르크 성당 문에 내걸었다는 이 논쟁적인 수도사만큼이나 강경한 태도를 키르케고르 역시 취하고 있는 것이다. 물론 키르케고르는 그것을 간접적으로, 숨어서 하고 있지만.

마르텐센의 실명을 거론하지 않은 채, 『공포와 전율』은 이 헤겔파 신학자를 수상쩍은 교육 사업으로 이익을 취하는 19세기의 궤변가로 탈바꿈시키게 된다. 계속 이어지는 상업적 은유들로 독자를 자유자재로 다루면서, 이 새 저작은 "사상의 세계에서, 상업계에서와 마찬가지로, 우리 시대는 진정한 재고떨이를 하고 있다"[12]라고 선언함으로써 시작될 것이다. 이것은 헤이베르, 마르텐센, 그리고 그들의 추종자들이 진즉부터 이야기하고 있는 정신적 가치의 위기이지만, 키르케고르는 이들이야말로 이 위기의, 구원자가 아니라, 증상이라고 보고 있는 것이다. 그는 그들의 철학적 전달 수단을 코펜하겐의 새 합승마차에 비교하고 있는데, 이것은 마차 여행을 대신할 저렴한 대안을 제공한다. 1841년에 말이 끄는 최초의 버스(hesteomnibusser)가 요란한 소리를 내며 코펜하겐의 거리 곳곳을 다녔는데, 운영 주체는 베를린, 맨체스터, 파리의 유사한 사업에 영감을 받은 한 지역 사업가이다. 『공포와 전율』에서 키르케고르는 헤겔주의라는 시류에 편승하는 학생들을 이러한 대중마차에 무리지어 달려드는 것에 비유하게 된다. 그는 풍자적으로 "그 체계에, 그리고 이 합승마차에 투자한 덴마크의 주주들에게 온갖 축복을"[13] 퍼붓는다. 여기서 그 "체계"는 헤겔의 철학체계이며, 또 "합승마차"(omnibus)는 운송 수단뿐 아니라 형이상학을 연상시키는데, 왜냐하면 철학사 강의에서 마르텐센은 "De omnibus dubitandum est"[14], 즉 모든 것은 의심되어야 한다는 데카르

코펜하겐 외스터가데, 1860년. 프레데릭스베르행 합승마차

트의 격률을 자주 반복했기 때문이다.

마르텐센과 헤이베르에 대한 이러한 조롱은 진지한 지적 공격을 준비하고 있다. 수년간의 연구를 통해 키르케고르는 어떻게 전통철학의 방법이 현상과 실재, 믿음과 앎, 필연과 자유 등의 개념들을 구별함으로써 진행되는가 하는 것을 배웠고, 이제 그는 이 방법을 비틀어서 삶 자체에 적용하기 시작했다. 그는 새로운 종류의 사유를 전개하여 모든 앎의 추구에 은폐되고 또 문제시되지 않은 채로 놓여 있는 문제, 즉

어떻게 해야 인간으로 존재하는가?라는 문제를 끄집어내고 있다. 그의 방법은 개념들을 구별하는 게 아니라, "실존의 영역들"을, 이 세상에서 인간으로 존재하는 다양한 방식들을 구별하는 것이다. 그중 최고의 것은 종교적 영역으로서, 신과의 관계라는 축을 중심으로 영원히 선회하며 그 지평과 깊이는 무한하다. 다른 실존 영역들은 그보다 작고 더 제한적인데, 그 영역들의 경계가 그 내부에서 삶을 영위하는 이들의 정신적 가능성을 구속한다.

철학적 영역을 분할하는 이 새로운 방식에는 예리한 비판적 효력이 있다. 이 방법으로 그는 어째서 사람들, 제도들, 심지어 문화 전체가 그들이 구현하고 있다고 주장하는 가치에 미치지 못하는가를 보여줄 수 있다. 그는 근대 철학 일반에, 그리고 특히 헤이베르와 마르텐센에게 제일 낮고 가장 옹색한 실존 영역을 할당하는바, 이 영역을 그는 폄하하여 "심미적" 영역이라고 부른다. 이 개념은 겉보기, 속임, 이탈을 연상케 한다. 『이것이냐 저것이냐』에서 그는 심미적 영역을, 「유혹자의 일기」의 영리하고 방탕한 젊은 저자로 의인화해서 실존적으로 미성숙한 것으로 묘사했다. 유혹자는 윤리적 영역에 필요한 일관성과 책임의 능력이 아직 없으며, 진정한 종교적 삶의 정신적 심오함은 말할 것도 없다. 이 갖추어지지 않은 인격은 키르케고르가 보기에 마르텐센을 닮았는데, 그는 자신의 지적 전문성을 과시하지만 인간으로 존재하는 것에 관해서는 단연코 초보자에 불과하다.

『공포와 전율』이 마르텐센을 직접 거명하지는 않겠지만, 이 저작은 그의 철학적 기획을 오만불손하면서도 어리석은 짓이며 또 대중마차처럼 싸구려라고 선언할 것이다. 마르텐센은 헤겔 철학이 기독교적 가르침의 진리를 명쾌하게 밝힌다고 주장하며, 또 이러한 진리가 수 세기 동안 역사의 진보를 관통하면서 어떻게 전개되었는지를 보여주고자 하는 헤겔의 야망을 신봉한다. 그러나 키르케고르는 이것이 신앙의 가치를 떨어뜨린다는 것을, 그리고 가장 핵심적인 진리는 평생을 통해서 각자의 인간적인 마음 안에서 밝혀진다는 것을 주장할 것이다. 왜냐하면 사랑이야말로 하나님의 본질이자 모든 영혼의 열망이며 기독교의 가장 심오한 진리인 까닭이다. 사랑하기를 배우는 것은 모든 개인에게 새로운 과업이다. "한 세대가 다른 세대로부터 아무리 많은 것을 배운다 해도, 그 어떤 세대도 이전 세대로부터 진정한 인간다움을 배우지는 못한다. 그 어떤 세대도 다른 세대로부터 사랑하는 것을 배운 적이 없다. 그 어떤 세대도 처음이 아닌 다른 지점에서 시작할 수 없으며, 그 어떤 후속 세대도 이전 세대보다 조금이라도 더 간단한 과업을 갖지 못하며, 또 만일 여기 누구라도 저 앞선 세대들처럼 사랑에 머물기를 원치 않으면서도 더 나아가기를 원한다면, 그것이야말로 어리석고도 무익한 한담일 것이다."[15]

키르케고르는 교양 있는 독자들이 이 논증에서 마르텐센에 대한 공격을 알아차리리라는 것을 알고 있다. 그렇지만 키르케고르는 경쟁자가 그의 철학적 탐구를 통해서 헤겔보다 "더 나아가고자 하는" 과대한 열망을 조롱하는 한편, 정작 그 또한 이 세대의 지도적 인물을 뛰어넘는다고, 이 변두리 학계의 지적 풍조를 초월한다고 야심차게 호소한다. 대담하게도 아브라함에 관해 글을 쓰면서, 그는 신학적 전통의 한 자리를 주장하고 있는 것이다. 창세기 22장에 대한 그의 새로운 해석은 성서 본문에 대한 논쟁적 독해의 역사를 따르고 있다. 이 역사는 이미 성서 해석이 지닌 혁명적인 힘을 입증했으며, 키르케고르는 다시 이 게임의 판도를 바꾸고 싶은 것이다.

아브라함을 다룬 그의 저서의 제목은 바울로가 고린토인들에게 보낸 첫째 편지에서 따왔는데, 바울로는 철학자들의 "인간적인 지혜"로 미혹된 적이 있는 사람이다. 바울로는 고린토의 사나운 기독교도들에게 이렇게 썼다. "내가 여러분을 찾아 갔을 때에 나는 유식한 말이나 지혜를 가지고 하나님의 그 심오한 진리를 전하려고 하지는 않았습니다. 그것은 내가 여러분과 함께 지내는 동안 예수 그리스도, 특히 십자가에 달리신 그리스도 외에는 아무것도 생각하지 않기로 하였기 때문입니다. 사실 나는 여러분에게 갔을 때 약하였고 두려워서 몹시 떨었습니다."[16] 바울로는 "하나님의 성령"에게 권능을 부여받은 자신의 믿음을 코린토에서 추종되던 다양한 철학들에 대한 근본적인 대안으로 제시했으며, 그곳의 기독교 공동체에게 그들의 믿음을 "인간의 지혜가 아니라 하나님의 권능에" 둘 것을 촉구했다.

300년 전에 창세기 강의를 했던 루터처럼, 키르케고르는 아브라함 이야기를 이용하여 인간 이성의 한계를 폭로하고 당대 철학의 오만불손함을 비판하게 된다. 바울로가 그리스 철학자들을 공격한 것처럼, 루터는 그 자신의 지적 발전을 형성시켜 주었던 스콜라 철학의 방법들을 물리쳤다. 그는 16세기 신학자들이 아리스토텔레스의 이교도 철학에 지나치게 많이 의지한다고, 또 오직 성서에 계시된 하나님의 말씀만이 진리의 절대적인 원천이라고 주장한 바 있다. 키르케고르는 루터의 성서 근본주의를 공유하지 않으며, 고대 그리스 사상을 자유롭게 이용한다. 『공포와 전율』에서 그는 자신을 새로운 세대의 독자들을 위하여 아브라함을 재해석하는, 서정적인 저술가이자 철학적인 시인으로 제시한다. 플라톤이 소크라테스의 가르침을 창조적으로 전달한 것처럼 말이다. 그렇지만 그는 마르텐센이 헤겔과 마찬가지로 기독교의 진리를 이해하는 데 합리적 사유의 능력을 과대평가한다고 주장하면서 루터의 아브라함 해석을 모방하게 된다.

창세기 22장 강론에서 루터는 아브라함을 한 민족의 조상으로 만들겠다는 하나님의 약속과 이삭을 희생제물로 바치라는 하나님의 명령 사이의 모순은 지적으로는 풀릴 수 없다고 주장했다. 루터는 주장하기를, 아브라함의 믿음을 이해한다는 것은 가능하지 않으며, 이 사실은 이성이 신앙 앞에 굴복할 수밖에 없다는 점을 보여준다는 것이다. 왜냐하면 이성은 그것보다 더 높은 권위를 깨닫고 또 인간의 마음에 그것보다 더 심오한 요구가 있음을 인정하게 되기 때문이다. 『공포와 전율』도 유사한 주장을 하게 된다. 그러나 루터가 모순적인 하나님에 대한 아브라함의 무조건적인 신앙을 찬양한 반면, 키르케고르의 성서 본문 해석은 훨씬 양면적이다. "아브라함은 나의 찬탄을 자아내는 반면, 그에 못지않게 나를 섬뜩하게도 한다."[17]

아브라함은 자신의 아들을 기꺼이 희생시키려고 하였으며, 키르케고르는 이 도덕적 추문이 가볍게 다뤄지거나 교묘한 설명으로 해소되어서는 안 된다고 믿는다. 성서 이야기의 윤리성을 추궁함으로써 『공포와 전율』은 지난 세기 말 칸트(Immanuel Kant)의 창세기 22장 독해에 응답하게 된다.[18] 칸트는 우리가 하나님에 대한 우리의 의무를 이행하는 길은 오직 우리가 서로를 존중하는 우리의 윤리적 의무를 다하는 것이라고 주장했다. 1797년 그가 종교에 관한 저술 금지 조치에서 풀려난 직후 출판한 『학부들의 논쟁』에서, 칸트는 "선한 삶을 영위하는 것을 제외하고는, 인간이 하나님을 기쁘게 하기 위해 할 수 있다고 생각하는 그 어떤 것도 단순히 종교적 망상이거나 하나님에 대한 거짓된 봉사이다"라고 썼다. 여기에서 칸트는 아브라함이 이삭을 희생시키라는 명령에 복종한 것이 잘못이었다고 주장했다. 그 대신 아브라함은 그 명령이 도덕 법칙에 반하는 것이며, 그렇기 때문에 정말로 하나님께서 명하셨을 리가 없다고, 악마의 속임수거나 미망인 것이 틀림없다고 추론했어야 한다는 것이다.

루터가 아브라함의 일화에서 당대의 이성화 경향에 대한 항의를 이끌어낸 반면, 칸트는 종교개혁 이후 기독교계를 관통했던 두 세기에 걸친 긴 종교적 박해의 끝 무렵에 글을 쓰면서, 이른바 계시된 진리에 대한 맹목적인 고수를 비난하는 데 똑같은 일화를 인용했다. 루터교도였음에도 불구하고 칸트는 인간의 존엄성이 자율적이고 합리적인 도덕 판단에 존재한다고 믿었다. 다른 계몽 사상가들처럼 그는 혼란한 사회에 질서와 평화를 정착시키려고 애를 썼다. 가톨릭, 루터파, 칼빈파 등의 지도자들은 모두 반대자들에 대한 폭력을 정당화하기 위하여 저마다의 신학에 따라 해석된 하나님의 뜻에 호소했다. 칸트의 세심한 논증은 스피노자와 볼테르 같은 급진 사상가들에 의해 이미 교회에 항거하여 발표되었던 종교적 독단에 대한 윤리적 비판[19]을 한 발 더 밀고 간 것이었다.

반세기 뒤에 키르케고르는 다른 문제를 제출하고 있다. 그는 기독교 사회가 너무나 정체되었으며 지나치게 자기만족적이 되어버렸다고 생각한다. 종교를 윤리적 삶으로 한정하는 것은 새로운 위험을 야기하는데, 왜냐하면 개인이 하나님과 맺는 관계가, 이는 루터파 영성의 핵심인데, 너무나도 인간적이고 너무나도 세상적인 것으로 축소될 가능성이 있기 때문이다. 칸트에 반대해서 헤겔은 이성은 비역사적이지도 않고 변치 않는 것도 아니며, 특정의 문화 내부에 새겨져 있다고 주장했다. 도덕 법칙은 초월적 진리가 아니라 시민적 제도라는 것이다. 윤리적 삶에 대한 이러한 새로운 해석은, 종교가 이성적인 도덕 행위의 영역에 한정되어야 한다는 칸트의 주장과 융합될 때, 기독교도들은 자신들의 직업적, 사회적 그리고 가정에서의 의무를 성실하게 수행함으로써 신앙의 과업을 완수하는 것이라고 암시하게 된다. 그러나 키르케고르는 근대 기독교계가 부르주아적 가치를 신과의 관계와 뒤섞음으로써 급진적이며 추문을 무릅썼던 신약성서의 가르침을 타락시켰다고 믿는다.

『공포와 전율』은 일단 하나님이 윤리적 영역으로 흡수되면 하나님은 있으나마나한 존재가 될 것이며, 결국은 완전히 사라질 것이라고 경고하게 된다. 비록 칸트와 헤겔의 윤리적 이론들이 충심으로 신에게 최고의 위치를 할당했음에도 불구하고, 그들은 부지불식간에 세속적이다. 신을 도덕적 삶으로 축소시키는 것은 인간적 관습, 법 그리고 판단을 궁극적인 것으로 만드는 것이다. 그렇게 되면, 키르케고르가 주장하는바, "인류의 전 실존이 그 자체로, 하나의 완전한 영역으로 완결지어지고, 윤리적인 것은 그 영역의 한계이자 완성이 된다. 신은 보이지 않는 소멸점, 효력 없는 생각이 되고, 신의 능력은 오로지 윤리적인 것 안에서만 존재하게 되는 것이다."[20]

신이 없다면, 인간은 섭리도 우주의 질서도 없이 이 세상에 홀로 남겨질 것이다.[21] 그렇게 되면 도덕성 그 자체가 무너질 것이며, 삶은 그 의미를 잃을 것이다. "만일 인간에게 영원한 의식이 없다면, 만일 모든 것의 근원에 있는 거칠고 격동하는 힘만이 사악한 열정에 사로잡힌 채 몸부림치면서 위대하고 사소한 모든 것을 낳는다면, 만일 깊이도 알 수 없고 채울 수도 없는 공허함이 모든 것의 밑바닥에 도사리고 있다면, 그렇다면 삶은 절망 이외에 다른 무엇이 될 것인가? 만일 인류를 묶어주는 그 어떤 신성한 유대도 없다면, 만일 숲속의 나뭇잎들처럼 한 세대와 다음 세대가 나타난다면, 만일 숲속의 새들이 지저귀는 것처럼 한 세대가 다른 세대를 계승한다면, 만일 인류가 바다를 떠가는 배처럼, 바람이 사막을 스쳐가는 것처럼 무심하고 헛된 움직임으로 세상을 지나간다면, 만일 영원한 망각이 늘 먹이를 기다리면서 존재하는데 그것을 앗아가기에 충분한 권능은 존재하지 않는다면, 그렇다면 삶은 얼마나 공허하고 절망적일 것인가!"[22]

아브라함 이야기의 공포를 강조함으로써 키르케고르가 원하는 바는 독자들을 흔들어 깨워서 이렇게 말하는 것이다. **보라, 들으라**, 이것이 신과의 관계에 담겨 있는 것이요, **이것이** 신앙이 요구하는 것이다. 이것은 당신의 전 실존을 파괴할 수도 있고, 옳고 그름에 대한 당신의 분별력을 전복시킬 수도 있으며, 당신을 세상의 눈으로 볼 때 범죄자로 만들 수도 있다. 그런데도 **지금** 당신은 신앙을 가지고 있다고 주장하는가? 예수의 제자들은 그들이 속해 있던 공동체의 법을 위반하고, 그들의 가정에 수치심을 안겨주었지만, 전복적이고 분란을 일으키는 그들의 선생을 따르는 것이 그들이 희망해 마지않는 영적 보상을 가져다줄 거라는 아무런 보장도 없었다. 1800년이 지난 지금, 신앙이 이제 반듯한 삶을 사는 것, 모든 사람이 옳은 일이라고 동의하는 바를 행하는 것을 의미한다면, 다시금 윤리와 종교를 서로 갈라놓고서 그것들 사이에 틈이 있을지도 모른다는 것을 보여주지 않으면 안 된다. 그리고 그럴 때 이제 누구라도 그 틈을 가로질러 건너갈 준비가 되어 있는가라고 묻는 것이 다시 한 번 가능해진다.

『공포와 전율』은 이 물음을 독자에게 제시하면서 "단독자"로서의 독자 개개인에게 말을 건다. 키르케고르는 아브라함의 일화를 이용하여 당대의 정신적 위기를 요약하고, 신앙의 역사에서 하나의 갈림길 위에 서 있음을 나타내고, 또 철학이 그때까지 성취한 바를 보여주고 있다. 기독교계는 종말을 맞이하고 있다. 그 앞에는 명백하게 두 갈래 길이 놓여 있다. 신앙을 이성적이고 윤리적인 휴머니즘으로 해소시키든가, 아니면 신앙의 과업을 새롭게 시작하든가. 어떤 길도 미리 알 수 없다. 두 길 모두 스스로를 기독교인이라고 부르는 사람들에게 새로운 세상에서 사는 법을 배울 것을 요구한다. 그리고 이 과업은 새로운 교사, 새로운 철학자, 새로운 소크라테스를 필요로 한다. 어떤 식으로든 세상은 언제나 거기에 있으며, 자신을 주장하고 또 유혹을 시도할 테지만, 지금 당장 세상이 변하고 있다는 것은 명명백백한 사실이다. 그리고 철학 또한 변화해야 한다.

그는 서둘러 집에 가서 서재에 앉아 『공포와 전율』을 끝마치고 싶어 조바심을 친다. 이 새 저서 두 권을 발표해야 한다. 그러면 마르텐센과 헤이베르와 기타 등등에게 자신이 얼마나 멀리까지 왔는지, 그리고 그들 모두를 얼마나 많이 능가할 수 있는지 보여주게 될 것이다….

이 비참한 합승마차는 끝이 없는 길을 달려가는 것만 같다. 오직 아브라함만이 다르게 믿을 수 있으리라! 키르케고르의 동승객들도 그와 마찬가지로 견딜 수 없어 하는 것으로 보인다. 그러나 누가 알리요, 어쩌면 그들 각자는 바로 이 순간 침묵의 기도로 하나님에게 감사의 기도를 하는지도 모른다. 왜냐하면 우리는 타인의 내면에서 일어나는 일을 결코 알지 못하며, 또 타인의 영혼 안에서 생기는 모든 기쁨과 슬픔을 알지 못하기 때문이다. 키르케고르 본인으로서는 온몸이 뻣뻣하고 욱신거리며 마치 결딴난 듯 고통스럽다. 그래서 오로지 이 마차가 빨리 슈트랄준트에 도착하기만을 기도하고 있다.

4. 아브라함의 귀향에 동행하다

항구에 빨리 도착하기를 원하는 키르케고르의 바람은 마침내 이루어졌으며, 그곳 호텔에서 불면의 하룻밤을 보낸 후 귀향 여정의 마지막 구간에 나설 채비를 갖춘다. 슈트랄준트 항구에 정박해 있는 선박들과 바다 냄새는 덴마크의 매력을 더욱 실감나고 뚜렷하게 만든다. 그는 밤새 코펜하겐으로 항해할 증기선 스벤스카 레요네트(Svenska Lejonet)에 승선한다. 녹초가 되었지만 합승마차에 더 부대끼지 않아도 된다는 것이 기쁘다. 이제 수평선이 더 광대하게 느껴지고, 시야는 맑아졌다.

베를린에서 그는 에너지를 모두 『반복』에 쏟아 부었으며, 충실성을 위한 자신의 투쟁을 새로운 삶의 철학으로 전환시켰다. 수 세기 동안 철학자들은 진리를 지적으로 이해해야 할 관념으로 간주해왔지만, 『반복』에서 그는 인간의 마음에 관한 진리를 탐구했으며 이것은 지식의 차원이 아니라 사랑에 의해 발견된다. 이러한 철학적 도약에 의지하여 그의 가방에 들어 있는 또 다른 원고는 아브라함의 믿음을 아주 복잡한 문제에 대한 매우 간단한 대답으로 요약했다. "아브라함은 무엇을 성취했는가? 그는 자신의 사랑에 진실했다."[1]

그는 이러한 진실성이 인간에게 쉽사리 얻어지는 것이 아니라는 점을 누구보다 잘 알고 있다. 왜냐하면 산다는 것은 변화하는 것이고, 마찬가지로 변화하고 있는 타인과 만나는 것이며, 변화하는 세상에서 사는 법을 배우는 것이기 때문이다. 우리가 이 세상에서 실존하는 동안 우리는 우리가 누구인지를 계속 망각하고 다시금 깨닫는다. 키르케고르는 레기네와 결혼하기로 약속했지만, 바로 이 약속을 함으로써 자신에 대한 새로운 통찰을 얻었고, 마침내 자신의 약속을 문제 삼기에 이르렀다. 이제 그는 아브라함, 저 위대하고 또 무서운 신앙의 아버지에 관해서 쓰고 있다. 이 놀라운 이야기에 몰입하다니! 여러 해 동안 그는 아브라함의 비범한 신앙에 관해서 성찰해왔으며, 이제 저 늙은 족장의 모리아산 여정이 키르케고르 자신의 우유부단함과 명쾌한 구원에 대한 의구심을 보여주거니와, 산을 올라가는 걸음걸음이 그가 얼마나 아브라함의 초지일관함과 용기에 미치지 못하는가를 나타낸다. 그는 약혼을 파기했음에도 불구하고 어떤 식으로든 레기네와 여전히 진실한 관계를 유지하기를 희망한다. 그것은 불가능하게 보일지도 모르지만, 아브라함의 신앙 역시 불가능한 것으로 생각되었다.[2]

그는 아브라함을 "고뇌하는 자를 구원하는 길잡이 별"[3]이라고 생각하는데 왜냐하면 신앙이 가능하다는 것을 아브라함이 보여주었기 때문이다. 물론 그가 어떻게 그것을 했는지는 여전히 수수께끼로 남아 있지만 말이다. 깊고 헤아릴 수 없는 아브라함이라는 별은, 1843년 현재 그가 가장 염려하는 온갖 것들을 그 궤도 속으로 끌어당겼다. 하나님과의 관계, 영적 이상들, 레기네와의 파혼, 근대 철학의 부적합성, 시대의 자만, 그리고 그의 세기로 스멀스멀 기어들고 있는 허무주의의 위협 등을 말이다.

창세기 22장에 관해 성찰하면서 키르케고르는 그 자신의 실존의 딜레마를 탐구하고 있다. 그것은 이 세상 안에서 어떻게 해야 하나님에게, 그리고 그 자신의 마음에 충실할 수 있을까 하는 문제다. 다른 모든 사람들과 마찬가지로 그의 삶의 대부분은 사소한 걱정거리와 편협한 생각들로 가득하며, 영적으로 존재한다는 것은 이 모든 것을 하찮게 여기는 것을 의미한다고 생각하기 쉽다. 그러나 신약성서는 가장 큰 사건에서와 같이 아주 사소한 것들에서도 발견되는 하나님을, 세상 모든 참새의 수와 사람의 머리털 하나하나를 헤아리는 하나님을 보여준다. 그는 최근 자신의 일지에 이렇게 적었다. "중요한 것은 아주 사소한 것들에 관해서도 하나님에 대한 신앙을 가질 수 있어야 한다는 것이다. 그렇지 않으면 우리는 하나님과 올바른 관계를 맺지 못한다. (…) 또한 하나님을 이 세상의 현실로 모셔 들이는 것이 중요한데, 이 세상에 하나님은 어떻게 해서든 존재하시니 말이다. 바울로가 막 뒤집히려고 하던 배에 올라탔을 때, 그는 자신의 영원한 구원뿐 아니라 일시적 구원을 위해서도 기도했다."[4]

키르케고르는 약혼한 직후인 1840년 가을, 코펜하겐의 왕립 목회자 양성 신학교에 재학 중이었을 때 창세기 22장을 주제로 한 설교문 초안을 작성했다. 그는 신앙의 과업에 대한 상상 속의 회중의 지나친 편안함을 흔들어놓기 위하여 아브라함의 모리아산 여정을 이용했다. "우리는 모두 이 이야기의 결말을 알고 있습니다. 아마도 그것은 더 이상 우리에게 놀라운 것이 아닐 것입니다. 우리는 이미 유년시절부터 그것을 알고 있었기 때문입니다. 그러나 그렇다고 할 때, 사실 잘못은 이 이야기에 있는 게 아니라 우리 자신에게 있습니다. 왜냐하면 우리가 너무나도 정열이 부족한 탓에 아브라함과 진실로 공명하지 못하고, 그와 함께 고뇌하지 못하기 때문입니다." 불안과 고뇌의 한가운데에서 아브라함은 "자신의 마음속에 들려오는 하늘로부터의 신성한 음성"에 귀를 기울였으며, "미래에 대한 확신"을 지켰다. 그렇지만 아브라함과 관련해서 제일 이상한 일은, 키르케고르에 의하면, 그가 일상생활로 기쁘게 복귀했다는 점이다. "그는 기쁜 마음으로, 경쾌하게, 하나님에 대한 신뢰를 가지고 집으로 향했다. 왜냐하면 그는 산으로 올라가는 과정에서 결코 망설이지 않았으며, 또 비난받을 아무런 여지도 없었기 때문이다."[5] 당시 키르케고르는 새로운 불안의 씨앗이 될 결혼을 앞두고 아마도 미래에 대한 아브라함의 확신이 부러웠을지도 모른다. 그리고 이제 2년 반이 지난 지금, 그는 아브라함에게 다시 돌아가서 이 족장의 일편단심의 믿음과 그 자신의 불확실성과 우유부단함 사이의, 이 늙은 아버지의 평온함과 그 자신의 견디기 어려운 걱정 사이의 차이를 훨씬 분명하게 의식하고 있다.

『공포와 전율』은 하나님에 대한 아브라함의 관계가 어떻게 그를 세상으로부터 멀어지게 하지 않고 세상 안에 그를 단단히 정착시켰는가를 탐구하면서, 아브라함의 믿음은 순종하면서 이삭을 내어주는 데보다 이삭을 포기한 후에 다시 돌려받는 데 더 강하였다고 주장하게 된다. 하나님이 아브라함의 나이든 아내 사라가 아들을 임신할 거라는 약속을 지켰을 때 아브라함은 이미 특별한 선물을 받았다. 이 아이는 아브라함의 미래를, 그의 모든 희망을, 위대하게 될 그의 자격을 상징했다. 이삭은 그에게 세상 전부를 의미했다. 그러다가 여러 해가 지난 후, 그는 아들을 희생제물로 바치라는, 그리고 아들과 더불어 그 자신의 실존의 의미 전부를 바치라는 명령을 받는다. 그는 기꺼이 그 명령을 이행했는데, 그러면서도 세상의 행복에 대한 하나님의 약속을 여전히 믿고 있었다. 그리고 그렇게 하나님의 거룩한 선물은 다시금 새로워졌다. 아브라함은 "이승에서의 삶에 대한 믿음을 가지고 있었으며"[6], 또 "두 번째로 아들을 받았는데, 이는 예상을 벗어난 것이었다."

이러한 영적 이상들을 아브라함의 이야기에서 끄집어내면서 키르케고르는 6년 전에 그가 뢰르담의 집에서 레기네를 만났을 때 그를 강타한 문제, 즉 어떻게 이 세상에서 종교적으로 살 것인가라는 문제에 대한 답을 만들어내고 있다. 이 문제는 1830년 후반 내내 그를 괴롭혔는데, 이때 그는 플라톤을 읽고, 모차르트에 빠졌으며, 신학사를 취득했고, 그리고 레기네를 만났다. 1840년, 레기네에게 청혼하기 직전에, 그는 세상적인 것들을 통해서 자신의 영적인 삶을 표현하는 것이 가능한지, 그래서 "신성한 것이 유한한 것에 머물고, 또 그 안에서 길을 찾을 수" 있는지에 대해서 확신을 갖지 못했다. 그러나 일단 약혼을 하자, 세상과 그의 영혼은 정반대 방향으로 움직이는 것만 같았으며 그는 둘 중 하나를 선택해야 한다고 느꼈다.

이제 아브라함의 이야기는 그에게, 세상을 대하는 전혀 다른 태도로 구별되는 두 종류의 종교적 삶 사이의 대조를 그 어느 때보다 분명하게 보여주고 있다. 아브라함이 행한 운동의 희생제의적 부분, 즉 모리아산을 오르는 험난한 여정을 거쳐 터무니없이 이삭을 결박하고 심장을 멎게 하는 칼날의 번쩍임에서 절정에 달하는 부분은, 어떤 이들에게는 하나님과의 관계의 정점에 있는 것으로 인식된다. 키르케고르는 세상으로부터 물러나는 "은둔적 운동"을 동경하는데, 이는 종교적 열정이 과거와는 달리 더 이상 가치 있는 것으로 여겨지지 않는 이 근대적인 시대에서는 거의 시도되지 않는 운동이다. 그는 이렇게 삶을 영위하는 이들을 "체념의 기사"라고 부르며, 왕에 의해 다네브로그(Dannerbrog) 기사로 임명되어 덴마크의 공적 삶에서 성공한 인물들과 대비시킨다. 세속적인 기사들이 현세의 명성을 누리는 반면, 체념의 기사들은 영적으로 고양되고 또 공적 삶과 단절되어 세상으로부터 떨어져 있다.

그렇지만 그것들 너머에는 아직도 더 높은 것, 오직 하강을 통해서만 도달될 수 있는 역설적인 꼭대기가 존재한다. 하나님을 위해 모든 것을 포기한 아브라함은 그 이상의 운동을 수행하였거니와, 세상으로 귀환해서 유한성을 포용하고 또 그의 세속적인 은총에 만족하면서 삶을 영위했다. 자신의 곁에 아들 이삭을 동반하고 모리아산을 내려갈 때, 그는 그저 체념의 기사가 아니라 "신앙의 기사"였다. 키르케고르에게 아브라함은 세상에서 인간으로 존재하는 한 가지 길을 생생하게 보여주는데, 그 길은 은둔자나 수도사처럼 세상으로부터 물러나지도 않고, 그렇다고 관습적인 부르주아적 가치에 순응하는 것도 아니다. 아브라함이라는 "길잡이별"은 역설적인 별자리에 속해 있다. 이 세상에서 삶으로 영위되는 믿음, 그러면서도 세상적인 예상을 허용하지 않는 믿음 말이다.

키르케고르는 이런 믿음의 운동을 발레 무용수의 경쾌하면서도 우아한 도약으로 상상한다. 재삼재사 되풀이되지만 매번 조금씩 다른 도약, 그리고 보기에는 즐겁지만 수행하기 위해서는 분투가 필요한 그런 도약으로 말이다. 영혼의 춤은 하나님을 향한, 영원을 향한, 미지의 무한성을 향한 그

간절한 열망을 표현한다. 대부분의 사람들은 이 춤에 참여하지 않는 "벽의 꽃"에 불과하다. 체념의 기사는 일종의 "무용수여서, 공중에서 고도를 유지하고 있지만" 착지할 때 그들은 비틀거리며, 이 세상에서는 편안하게 있을 수 없다는 것을 보여준다.

그러나 신앙의 기사는 도약할 때만큼이나 편하게 착지하며, "삶의 도약을 걷기로 전환시킨다." 그는 실존을 너무나도 수월해 보이는 것으로 만들기 때문에 그를 더할 나위 없이 무분별하고 얼빠진 사람, 일상적인 걱정거리에 매몰된 채 직접적인 만족과 실망을 넘어서는 삶의 어떤 의미도 알지 못하는 그런 사람과 구별할 수 있는 그 어떤 요소도 존재하지 않는다. 신앙의 기사가 하나님과 맺는 관계는 대중의 시야에서 가려진 채 전적으로 내면적이다. 신의 은총이 세상을 누비는 그의 여정의 걸음걸음을 유지하지만, 그는 침묵 속에서 은밀하게 이 은총을 받는다.[7]

『공포와 전율』에서 키르케고르는 한 명의 관리처럼, 마치 세리처럼 평범하게 보이는 신앙의 기사를 묘사한다.

> 나는 혹시라도 무한성이 드러나 보이는 사소한 틈이라도 있는지 보기 위하여 그의 모습을 발끝부터 머리끝까지 샅샅이 훑어본다. 전혀 없다! 그는 철두철미 한결같다. 그의 발걸음? 그것은 억세고, 수미일관 유한성에 속해 있다. 일요일 오후에 한껏 멋을 내고 프레데릭스베르 공원에 외출

하는 그 어떤 시민도 그보다 더 한결같은 발걸음으로 땅 위를 걷지는 못한다. 그는 온전히 이 세상에 속해 있다. 그 어떤 부르주아 속물도 그보다 더 이 세상에 완벽하게 속해 있을 수는 없다. 사람들이 무한한 체념의 기사를 알아차리는 징표인 저 이질적인 고귀한 본질 같은 건 전혀 찾아볼 수 없다. 그는 모든 것을 즐기고 또 참견하며, 그가 어떤 특정의 것에 참여하는 것을 사람들이 볼 때마다 어김없이, 그는 마음이 세상 것들에 팔려 있는 그런 세속적인 사람들의 전형적인 특징인 완고함으로 그 일을 행하고 있다. 그는 자기 일에 열심이다. 그를 보는 사람들은 회계 일에 넋을 빼앗겨버린 서기쯤으로 생각할 텐데, 그는 영락없이 그런 사람이다. 그는 일요일마다 쉰다. 그는 교회에 출석한다. 헤아릴 수 없는 것에 대한 그 어떤 천상의 모습이나 징표도 그를 드러내지 않는다. 만일 그가 누군지 알지 못한다면, 그를 다른 사람들과 구별하는 것은 절대 불가능할 것이다.[8]

이처럼 전혀 다르지 않은 모습 안에 비범한 영혼이 존재한다. 태평한 태도 아래 그는 세상에서 가장 어려운 인간적 과업을 수행하고 있다. 그것은 마치 발레 무용수의 경쾌함이 수년간의 고된 훈련 후에야 성취되는 것과 같은 이치다. 신앙의 기사는 "인생의 매 순간을 가장 비싼 값을 치르고 얻는다. 그는 실존의 깊은 슬픔을 비우고, 진즉에 세상 모든 것을, 그에게 있는 이 세상에서 가장 사랑하는 것을 체념하는 고통을 감내했지만, 유한성은 그것보다 훨씬 고귀한 것을 전혀 안 적이 없는 사람들에게 그런 것처럼 아주 똑같이 그의 마음을 빼앗는다."

"체념의 기사"와 "신앙의 기사"에 대한 키르케고르의 구별은 전통적인 철학적 문제에 대한 새로운 대답을 제시한다. 수 세기 동안 신학자들은 사랑으로 가득 찬 하나님이 어째서 이 세상을 너무나도 명백한 고통과 불의로 가득 채운 채 창조했을까 하는 문제를 해명하려고 고군분투해왔다. 하나님의 선하심과 그의 피조물의 악 사이의 모순을 해소하기 위한 온갖 기발한 논증에도 불구하고, 이 모순은 많은 이들에게 여전히 신앙에 대한 가장 커다란 장애물로 남아 있다. 그러나 키르케고르는 고통이 단순히 철학적 문제가 아니라는 것을 누구보다 잘 알고 있다. 왜냐하면 신앙의 과제는 고통을 해명하는 것이 아니라, 고통과 더불어 삶을 영위하는 것이기 때문이다. 우리에게 가장 절박한 실존적 물음은 **어째서 우리는 고통을 당하는가?**가 아니라 **어떻게 우리는 고통을 겪을 것인가?**를 묻는 일이다. 많은 종교적인 사람들과 마찬가지로 키르케고르 역시 위기의 시절에는 자신이 고통을 겪는 이유에 대하여 의아하게 생각하겠지만, 동시에 그는 자신의 예상과 자신의 경험 간의, 하나님에 대한 믿음과 세계에 대한 절망적인 앎 간의 모순을 안고서 날마다 삶을 영위하는 길을 찾지 않으면 안 된다.

『공포와 전율』 초고

그가 생각하기에, 너무나도 순식간에 행복한 결말에 대한 약속으로 나아가서 손쉬운 종교적 위안을 찾으려는 시도는, 악은 다만 선의 부재이기 때문에 그 어떤 실재도 가지고 있지 않다고 주장하는 신학자들의 형이상학적 마술과 같은 것일 뿐이다. 그는 이미 동시대인들 사이에서 이런 방식으로 세상에서 사는 고통을 달래려는 경향을 목격한 바 있다. 『공포와 전율』은 아브라함의 영적 시험은 결국 잘 끝났다고, 그러니 믿음 안에서 "여러분은 불행, 불안, 역설을 무시해도 좋다"라고 장담하는 설교를 듣고 위로를 받는 잠에 취해 있는 회중을 묘사하게 된다. 은밀하게 그는 덴마크 국교회의 지도자이면서 다네브로그의 기사이기도 한 뮌스테르 감독을 비판하는데, 그 까닭은 "세상일은 모름지기 더 나은 쪽으로 진행되기 마련이며, 또 조만간 훨씬 행복한 시절이 도래할 것이라고, 기타 등등 말함으로써 위안을 심어주기" 때문이다. 키르케고르가 보기에 불안과 고통에 대한 뮌스테르의 대응이 제공하는 것은 "세속적인 지혜"이지, "진정으로 종교적인 위안"이 결코 아니다.[9]

이와는 대조적으로, 키르케고르의 아브라함 해석은 "오직 불안 속에 있는 자만이 평안을 찾을 수 있으며, 오직 칼을 뽑는 자만이 이삭을 얻는다"는 것을 보여준다. 신앙의 대가는 언제나 극단적이다. 예수의 어머니 마리아를 보라. 그녀는 루가의 복음서 첫머리에 묘사되고 있는바, 천사 가브리엘이 그녀를 찾아와서 하나님의 아기를 임신할 거라고 말해준다. 후대의 역사를 통하여 그녀는 성스러운 여왕으로 바뀌었으나, 아직 이때에는 결혼도 하지 않은 채 신비로운 임신을 한 그저 미친한 처녀에 불과했다. 게다가 그 누구도 천사를 보지 못했기에 "그 누구도 그녀를 이해할 수 없었다." "그러니 하나님이 축복하는 자를 동시에 하나님이 저주한다는 것 또한 사실이 아니겠는가? 아브라함에게 눈물이 필요 없는 것처럼, 마리아에게는 그 어떤 세속적인 찬탄도 필요치 않은데, 왜냐하면 마리아는 영웅이 아니었고 아브라함 또한 영웅이 아니었기 때문이려니와, 그런데도 이 둘은 그 어떤 영웅보다 더 위대하게 되었는바, 이들이 비탄과 고뇌와 역설을 면제받았기 때문이 아니라 이 모든 것을 철저히 겪었기 때문이다."[10]

키르케고르가 상상하는 체념의 기사와 신앙의 기사는 실존이라는 전장에 용감하게 뛰어들어 그 시련들과 당당히 맞서는 고귀한 인격들이다. 그는 자신은 이 기사들 중 그 어디에도 해당하지 않는다고 말한다. 그는 체념의 운동은 상상할 수 있지만 신앙은 불가능하다고 생각하는 익명의 저자의 모습으로 『공포와 전율』을 저술하고 있다. "나는 소름끼치는 광경을 똑똑히 목도해왔다. 나는 비겁하게 그것으로부터 도망치지는 않지만 설령 내가 용감하게 그것을 향해 다가간다고 한들, 내 용기는 전혀 믿음의 용기가 아니며 그것에 비교하면 아무것도 아니라는 것을 너무나도 잘 알고 있다"[11]라고, 이 19세기의 시므온(Simeon Stylites)은 고백한다.

키르케고르는 종교적 믿음에는 "역설적이고도 겸손한 용기"가 요구된다고 역설하는데, 이는 그가 레기네와의 관계에서 그토록 열망했던 저 모호한 희생적 영웅심과는 전혀 다른 미덕이다. 불안의 권위자인 그는 공포가 영적인 삶에서 가장 큰 적이라는 것, 그리고 그것을 극복하는 데는 용기가 필요하다는 것을 알고 있다. "두려워 말라." 예수는 제자들에게 끊임없이 말하였다. 그는 두려움이 제자들을 얼마나 겁에 질리게 하는지, 그래서 그들이 사랑하지도 또 사랑받지도 못하게 하는지, 어떻게 두려움이 그들로 하여금 사람의 사랑에 마치 그림자처럼 따라다니는 상실로부터 도망치게 만들었는지 알고 있었다. 용기는 전통적으로는 전장의 위험에 당당히 맞서는 병사의 용감한 행위와 같이 강한 마음으로 이해되었지만, 실존의 전장에서 만일 온전히 인간이 되려고 한다면 마음은 강할 뿐 아니라 열려 있어야 하는데,

이것이 바로 마리아와 아브라함이 가장 위대한 영적 모범이 되는 까닭이다. 키르케고르는 이 둘의 열린 마음을 "겸손한 용기"라고 부른다. 그는 그것을 성취하는 것이 얼마나 어려운지 너무나도 잘 알고 있다. "사랑을 주는 것보다 사랑을 받아들이는 것이 훨씬 어렵다"[12]라는 것을, 그는 『공포와 전율』에서 역설하게 된다.

이 짧은 두 번째 베를린 체류 기간 동안, 그는 자신의 철학의 토대를 견고하게 확립했다. 이 세상에서 인간으로 존재한다는 것에는 뭔가 모순적인 것이 있다는 게 그의 기본 생각이었다. 그의 사회적 관계는 그의 삶을 형성하고 그의 자기의식을 구성하지만, 그가 타인에게 나타나는 방식은 결코 그의 내면의 진리와 일치하지 않는다. 그는 남들의 시야에 노출되어서 보이고 판단되지만, 자기 자신을 온전히 드러내지 못하는 것 때문에 외로움을 느끼게 된다. 인간 실존은 피할 수 없이 공적인 동시에 지극히 사적인 것이다. 우리 내면의 삶이 심오하면 할수록 이 모순 역시 더욱 깊어진다. 키르케고르는 이 세상 그 누구라도 타인의 종교적 삶을 판단하는 것은 말할 것도 없고 이해할 수 있을 거라고 생각하지 않는데, 왜냐하면 "종교적 인간이 행하는 첫 번째 것은 자신의 문을 닫아걸고 비밀히 말을 하는 것이기"[13] 때문이다. 하나님이 아브라함에게 말하고 천사가 마리아에게 이야기한 것처럼 말이다. 물론 종교적 인간은 다른 모든 사람처럼 이 세상에서 사람들의 눈에 띄게 삶을 영위해야 하지만, 그에게는 그가 자진해서 은폐하지는 않지만 표현하기 불가능한 어떤 "비밀"이 있다. "내면성은 외면성과는 절대적으로 다르며, 그 누구라도, 심지어 가장 개방적인 마음을 지닌 사람이라도, 모든 것을 말할 수는 없는 것이다."[14]

젠다르멘마르크트 광장이 내려다보이는 베를린의 익숙한 숙소에서 키르케고르는 매일 사색에 잠겨 시간을 보냈다. 그 자신의 내면성에 주의를 돌려서 그 속으로 깊숙이 침잠했다. "나는 가만히 앉아서 내 내면의 존재에서 흘러나오는 소리에, 행복한 음악의 징후들과 심오한 오르간의 조짐에 귀를 기울인다. 그러한 소리들을 하나의 전체로 만드는 것은 작곡가의 과업이 아니라 **인간**의 과업이다. 삶에 더 무거운 요구를 하지 않고서 단지 **자신**을 이해하려는 단순한 과업에 매달리는 인간의 과업이다."[15] 글쓰기는 이러한 자기 이해의 노력과 떼려야 뗄 수 없다. 그는 침묵을 통해서만이 아니라 말을 통해서 자신의 영혼의 운동에 정합성을 부여하는 것이다. 그렇지만 키르케고르에게 이것은 언제나 역설적인 작업으로서, 드러내는 동시에 은폐하는 것이다. 말할 수 없는 비밀이 있다고 누군가에게 말하는 것처럼 말이다. 글쓰기는 그의 가장 고독한 반성에 공적인 면모를 부여하고, 내적 삶과 외적 삶 간의 모순을 드러내며, 그의 숨겨진 모습을 공적인 곳으로 이끌어낸다. 그는 자신의 이미지를 애매하게 세상에 제시하고, 자신이 이해될 수 없다는 것을 설명하는 데 온갖 수단과 방법을 동원한다.

『공포와 전율』에서 키르케고르는 신앙의 본질에 관한 것, 그의 주장에 의하면, 전달 불가능한 것을 전달할 것이다. 그리고 이 점에서 그의 일지는 출판된 저서들 못지않게 역설적이다. 그는 일지가 다른 사람들에게 읽히기를 기대하고, 자신의 내면성에 대한 진실한 기록으로 간주되기를 원한다. 그는 이 해에 일지에 쓰기를, "내가 죽은 후에 그 누구도 내 기록에서 **정말로** 나의 삶을 채웠던 것에 관하여 그 어떤 하찮은 정보도 얻지 못할 것이다. 세상은 사소하다고 할 것을 내게는 무한한 중요성을 지닌 사건으로 바꾸어놓는, 그리고 나 역시도 일단 그것을 설명하는 은밀한 기록을 치워놓고 나면 철저하게 사소한 것으로 간주하는, 이 모든 것을 설명해주는 나의 가장 내밀한 존재 안에 있는 **저** 초고를 결코 찾지 못할 것이다(이것이 나의 위안이다)."[16] 키르케고르가 정말로 내밀한 뭔가를 쓸 때, 그는 그것을 칼로 일지에서 잘라내서 불 속으로 던져버린다.

그는 은폐된 채로 남아 있다는 생각에 위안을 얻는데 왜냐하면 그는 남들의 시야에 드러나는 것을 극도로 두려워해왔기 때문이다. 아마도 그가 결혼할 수 없었던 것은 다른 무엇보다도 이것, 즉 높은 이상에 의해 악화된 순전한 불안이 원인이었을 것이다. 그는 결혼에는 남편과 아내 사이에 극도의 솔직함이 요구된다고 믿는다. 그는 베를린에서 5월 17일자 일지에 이렇게 썼다. "그토록 많은 결혼이 사소한 개인사를 감추고 있지만, 나는 그것을 원치 않는다."[17] 여기, 약혼에 관해서 성찰하는 이 긴 일지에서, 이 일지에서 한 쪽이 삭제되었는데, 그는 레기네에게 스스로를 드러내지 못하는 자신의 무능함을 부분적으로 드러냈다. "만일 나 자신을 해명하려고 했다면, 나는 끔찍한 것들, 즉 아버지와 나의 관계, 아버지의 우울증, 내 안 깊은 곳에 낮게 깔려 있는 저 영원한 밤, 나의 타락, 내 욕망과 부절제함 속으로 그녀를 끌고 들어가지 않으면 안 되었을 것이다. 하나님이 보시기에 이것들은 그럼에도 어쩌면 그렇게 지독한 것은 아닐 수도 있는데, 왜냐하면 결국 나를 타락시킨 그 모든 원인은 불안이었기 때문이다."

그러나 레기네는, 키르케고르보다 훨씬 어리고 교육도 덜 받았지만, 이 온갖 얼버무림에도 불구하고 그의 영혼에서 뭔가를 눈치 챘다. 그가 베를린으로 떠나기 전인 지난달, 그녀와의 침묵의 조우 때문에 그는 약혼이 파경으로 끝난 이후 그녀를 호도하고자 했던 그의 시도에 그녀가 기만당하지 않았다는 사실을 깨달았다. 그녀로부터 숨으려고 애를 썼음에도 불구하고 그녀는 그와 조우했다. "부활절 일요일에 성모교회에서 (뮌스테르의 설교가 진행되는 도중에) 저녁기도 시간에 그녀는 나에게 목례를 했다. 탄원의 의미인지 혹은 용서의 의미인지 몰랐지만 어느 경우이건 애정 어린 인사였다. 나는 멀리 떨어진 곳에 자리를 잡았었지만 그런데도 그녀는 나를 알아보았다. 그녀가 나를 알아보지 않았어야 했는데! 이제 일 년 하고도 여섯 달의 고통의 시간이 흘렀고 엄청난 온갖 아픔을 겪었다. 그녀는 내가 기만자였다는 것을 믿지 않고, 나를 믿는다. (…) 나는 이 순전한 광기 속에서 계속 앞으로 나가서 그녀가 믿게끔 하기 위해 악당이 되어야 하는가? 아아, 그러나 그렇게 한다고 무슨 소용이 있을까? 그녀는 여전히 내가 이전부터 [악당이] 아니었다고 믿을 텐데."[18]

그래서 이제 그는 레기네를 위해 무관심을 가장하려는 계획을 포기하기에 이르렀다. 그는 『이것이냐 저것이냐』에서 극적으로 표현했던 무정한 유혹자의 역할을 단념할 수 있게 되었다. 물론 코펜하겐에서 떨어져 있음으로써 그는 레기네가 주는 신뢰의 시선으로부터 안전거리를 유지할 수 있었으며, 또 그가 이 두 번째 베를린 체류 기간 동안 저술한 그 두 권의 저작은 여전히 그 자신과 독자들 사이에 허구적인 익명의 목소리들을 개입시키고 있다. 그러나 그가 신중에 신중을 기하면서까지 자기 자신을 고립시키려고 애를 쓰면서도, 그의 저술은 레기네에게 연락을 취하려는 시도를 계속하고 있다.

『공포와 전율』을 읽으면, 레기네는 설명 불가능한 훨씬 높은 목적을 위하여 자신이 사랑하는 이를 포기한 아브라함에게서 그녀의 키르케고르를 알아차릴 수 있을까? 그녀는 이제 고통의 영적 의의에 의하여 위로받을 것인가? 그녀는 스스로 신앙의 기사로 고양되는 것을 느낄 것인가? 자신에게 주어진 은총을 기꺼이 포기하면서 세상의 행복이 그녀에게 다시 회복될 것이라고 믿을 것인가? 아니면 그녀는 자신이 이러한 이상으로부터 얼마나 멀리 떨어져 있었는가를 깨닫고, 파혼하고자 하는 그의 노력에 **자신이** 온 마음을 다해 눈물을 흘리면서 저항함으로써 **그에게** 얼마나 많은 고통을 주었는가를 인정할까?

또 키르케고르는 어떤가? 코펜하겐에 돌아오면 어떻게 변할 것인가? 이 세상에 어떤 존재로 귀환할 것인가? 이웃들은 그를 뭐라고 생각할 것인가? 베를린에서 이렇게 쓸쓸한 3주를 보낸 후, 그는 "세상에서 이방인"으로 존재한다는 것이 어떤 느낌인지를 아주 잘 알고 있다. 일단 귀향하면, 그를 잘 알고 있다고 생각하는 사람들 사이에서 여전히 이방인으로, 체념의 기사로 남아 있을 것인가? 아니면 품위 있게 착륙하는 방법을 발견할 수 있을까? 저 늙은 아버지 아브라함처럼, 임신한 어머니 마리아처럼, 신앙의 내면적 도약을 표현하는 뛰어난 발레 무용수처럼?

1842년에 첫 번째 베를린 여행에서 귀향했을 때, 코펜하겐은 작고 촌스럽고 낯익은 얼굴들로 북적대는 것처럼 보였다. 그는 이제 삶이 그 중세의 장벽 안에서 얼마나 비좁게 느껴질 수 있는지, 그리고 뒷담화가 얼마나 순식간에 거리와 광장으로 퍼져 나가는지를 아주 잘 알고 있다. 베를린, 혹은 파리나 런던과 비교할 때, 덴마크의 수도는 자그마한 소읍에 불과하다. 그러나 저 다른 도시들과 달리 코펜하겐은 바다와 면해 있다. 심지어 가멜토르브 광장에서도 짭짤한 공기와 깨끗한 햇빛이 파도와 바람, 인어와 선원, 멋진 하늘과 아득한 수평선을 연상케 하며, 성벽 위에 오르면 이 광대한 물의 세계가 시야에 들어온다. 키르케고르의 가까운 친구 중에는 그린란드, 북아메리카, 중국, 브라질까지 항해한 적이 있는 사람들도 있다.[19] 그의 아버지는 동인도와 서인도에서 코펜하겐으로 선적된 상품을 팔아서 부자가 되었다. 그와 같은 스칸디나비아 정신이 바다의 소리에 공명하고, 보이지 않는 가능성들을 감지하며, 바다의 광대함과 심오함을 안다는 것이 놀랄 일인가? 아니면 약혼의 위기가 그를 "칠흑 같은 바다 속으로 가라앉게"[20] 만들었으며, 그를 거의 익사할 지경에까지 가게 한 것일까? 아무리 그가 나중에 자신의 영혼에는 이러한 "침례"가 필요했다고 말할 수 있을망정? "온갖 생각이 내 안에서 들끓어서 내 감정은, 마치 바다처럼, 내가 나 자신을 단단히 봉해놓은 얼음을 깰 것만 같다"[21]라고 그는 첫 번째 베를린 체류 기간 동안 보에센에게 답장으로 써 보냈다.

저녁에 태양이 발트해 너머로 넘어가면 광활한 하늘은 분홍빛과 푸른빛과 황금빛으로 물든다. 키르케고르는 한낮의 햇빛 속에서도 셀 수 없는 많은 별들이 숨어 있으며 어둠이 내리기를 기다리고 있다는 것을 알고 있다. 1843년의 화창한 봄은 그 어느 때보다도 더 화창하거니와, 왜냐하면 그가 저자로 다시 태어났으며, 『이것이냐 저것이냐』는 대성공을 거두었고, 또 새 저서들은 이미 그의 내부에서 피어나고 있으며, 거의 완결이 된 것이나 마찬가지이기 때문이다. 게다가 북녘의 밤은 이제 날이 갈수록 짧아지고 있다. 그는 약간의 휴식을 취할 필요가 있다. 내일 아침이면 증기선은 코펜하겐 항에 닿을 것이다. 그리고 그렇게 되면 그는 다시 저술 작업에 복귀할 것이다.

2부
1848년-1813년: 거꾸로 이해되는 삶

유년시절부터 아마도 그 누구도 거의 생각할 수 없는 고통의 삶을 배정받고, 끝없이 깊은 낙담으로 돌변하고, 또 이런 낙담으로부터 다시금 절망으로 급변한 그런 고통의 삶에 내던져져서, 나는 나 자신을 글쓰기를 통하여 이해하게 되었다.[1]

5. 인간으로 존재하는 법을 배우기: 첫 수업

집은 적막하고, 그는 뉘토르브(Nytorv) 광장이 내다보이는 높다란 창가에 서 있다. 입에 문 파이프에서는 연기가 피어오른다. 이 화창한 봄날 밤에 저 넓은 광장은 달빛 아래 은빛을 띤 채 어둑어둑하다. 왼쪽 저편에 있는 지붕 위로는 성모교회의 위압적인 탑이 하늘보다 더 어둡게 서 있는 것을 알아볼 수 있다. 때는 1848년 3월의 끝자락, 그가 새롭게 유명해진 작가가 되어, 희망 넘치고 야심만만한 채, 가방에 『반복』과 『공포와 전율』의 원고를 소지하고 베를린에서 귀향한 지 거의 5년이 흘렀다. 그리고 그가 이 집에서 태어난 지도 벌써 근 35년이 지났다. 그의 부모는 모두 태어날 때부터 농부였지만, 그의 아버지는 자수성가하여 코펜하겐 사람들이 제일 부러워하는 저택을 구입했다. 어린 시절 키르케고르는 가끔 이 창가에 서서, 남의 눈에 띄지 않은 채, 저 아래 오고가는 행인들을 바라보곤 했다. 그러다가 지금처럼 자신의 특권적인 시점에서 세상을 조망했으나, 그의 자존심은 그의 미덥지 않은 출신에 대한 수치심과 은밀하게 뒤섞여 있었다.

그는 시청과 법원에 접해 있는 뉘토르브 광장의 이 우아한 대저택에서 생애의 첫 24년을 보냈다. 이 커다란 방들은 그의 기억이 형성되기 전부터, 그가 사물의 이름을 알기 전부터, 그가 물음을 제기하기 전부터 그의 안식처이자, 아주 옛날부터의 신비스러운 장소였으며, 그를 너무나도 복잡다단하게 형성해놓은 탓에 그 깊이를 재는 데 평생이 걸릴 정도이다.

그는 4년 전인 1844년에 이곳에서 살기 위해 돌아왔다. 그가 자신의 "저술활동"이라고 부르는 대부분의 것을 이 방에서 썼으며, 높다란 자단나무 벽장에는 가죽표지 위에 "한 권은 그녀를 위해, 그리고 한 권은 나를 위해"[2]라고 인쇄된 그의 저서들이 각 저서마다 두 권씩 높다랗게 쌓여 있다. 이 4년 동안 그는 여러 번 글쓰기를 그만두고 "사람들의 기억 속에서 사라진 외딴 시골 목사관에서"[3] 목사가 되겠다고 결심하곤 했는데, 그곳에 평화롭게 남아서 "자신의 죄를 슬퍼"할 수 있을 것이다. 하지만 그 대신 그는 계속해서 저서들을 출간했다. 짤막한 분량의 종교적 강화들, 『철학적 단편』과 『불안의 개념』 같은 짧지만 심오한 저작들, 그런가 하면 『인생길의 여러 단계』나 『결론으로서의 비학문적 후서』 같은 방대한 분량의 저서들을 집필했다. 그리고 모든 저서에서 어김없이 그는 자신의 저술활동이 종결되어야 하는지를 결단하기 위한 투쟁을 되풀이했다. 『결론으로서의 비학문적 후서』는, 1846년에 출판되어 그 투쟁을 종결지었는바, "최초이자 최후의 선언"으로 끝을 맺었는데 여기에서 그, 곧 키르케고르는 다양한 익명의 명의로 발표된 저서들을 직접 썼다는 것을 인정했다. 그러나 중요한 『후서』 바로 다음에 서평의 형태를 가장한 『두 시대』가 뒤따르고, 또 그 다음해에는 방대한 분량의 강화집인 『사랑의 역사(役事)』가 발표되었다. 그는 아직도 저술활동을 종결해야 하는 시기가 자신의 사후인지 아니면 생전인지 알지 못한다. 어찌 되었건 그는 격렬하게 쓰고 있다.

그는 아버지의 유산 대부분을 저술활동에 사용했다. 각 저서의 수백 부에 대한 인쇄 경비, 또 비서 레빈(Israel Levin)의 인건비뿐 아니라, 작가로서의 삶을 유지하는 데 필요한 온갖 것들, 하인들, 훌륭한 음식, 레스토랑, 커피숍, 시가, 책과 제본, 그가 머리를 식히려고 도심을 벗어나기 위해 임대한 마차 등에 대한 경비에 충당했다. 지난 해, 그러니까 1847년에 그는 유산으로 물려받은 것 중 마지막으로 남은 주식과 왕실 채권을 팔아서, 이제 그것들이 산출했던 수입을 잃었으며, 그래서 12월에 가족이 살았던 집을 팔아 현금을 마련했다. 여기에서 1848년 1월에서 3월까지 세입자로 남아 있었는데,[4] 이 기간 동안 길고 어두운 겨울이 천천히 물러갔다. 한편, 키르케고르의 살림을 꾸려가고 있는 하인 아네르스(Anders)는 그의 장서들을 나무로 된 상자에 넣어서 벽을 따라 촘촘하게 줄지어 정리해놓았다. 미발표 원고와 일지는 화재에 대비해서 양철로 된 상자에 보관되어 있다. 양철 상자들은 나무 상자들 맨 위에 쌓여 있는데, 왜냐하면 안데르스는 만일 집이 화재로 불타게 되면 그것들을 가장 먼저 구해내야 한다는 것을 알기 때문이다.

이 집을 팔았을 때, 키르케고르는 수익금의 일부를 이용해 몇 년간 여행을 떠날 계획을 세웠다. 그는 코펜하겐에 넌더리가 났는데, 이 도시에서는 너무나 많이 알려졌지만 그 누구에게도 이해받지 못했기 때문이었다. 멀리 떠나면, 심신을 지치고 불안하고 강박적으로 만드는 창작과 출판이라는 맹렬한 순환에서 온전히 벗어날 수 있을 거라고 희망했다. 그러다 어쩌면 여행이 오히려 그의 창작을 더욱 자극할 것이라고 생각하기도 했다. 저 위기의 시기에 가슴 조이며 나섰던 첫 번째 베를린 여행에서 그랬던 것처럼 말이다. 그래서 그는 뉘토르브 2번지를 팔아서 확보한 현금 일부를 왕실 채권에 투자했으며, 1월 말에는 코펜하겐의 북쪽 성벽 바로 안쪽에 접해 있는 로센보르가데(Rosenborggade)와 토네부스키가데(Tornebuskegade)의 모퉁이에 있는 호화로운 2층 아파트를 임대했다. "이곳은 오랫동안 아주 기묘하게도 나를 매혹시켰으며 또 나는 이따금 내가 좋아할 만한 유일한 것이라고 혼잣말을 하곤 했었다."[5] 그것은 웅장한 근대식 저택이다. 2층 여섯 개의 창은 북동쪽으로 토네부스키가데를 향해 있으며, 나머지 네 개의 창은 남동쪽으로 로센보르가데를 향해 있다. 그곳으로 4월에 이사할 예정인데, 이제 며칠 남지 않았다. 그는 이 도시를 떠나서 고적한 곳으로 물러나기를 간절히 바라지만, 그러면서도 세상 안에, 하나님이 자신에게 "할당한" 곳에 머무는 것이 자신의 "소명"이라고 믿는다. 여기 고향에서, 대중에게 노출된 채 말이다.

키르케고르가 뉘토르브 2번지의 2층 창가에 서서 자신의 미래를 곰곰이 생각하고 자신의 과거를 되풀이해서 회상할 때, 혁명의 물결이 기독교 세계 전체를 관통하여 끓어올라 넘쳐나고 있다. 2월에 런던에서 『공산당 선언』이 출판되었으며, 곧바로 유럽 전역으로 보급되었다. 파리에서는 또 다른 왕이 타도되었다. 저항의 물결은 이제 덴마크 국경을 가로질러 들어오고 있다. 이곳 코펜하겐에서는, 군중들이 극장에 몰려들어 레만(Orla Lehmann)과 골슈미트(Mëir Aron Goldschmidt)가 보편적인 남성 참정권과 자유 헌법, 심지어 덴마크 공화국을 요구하는 연설에 귀를 기울였다. 민족주의 감정이 고조되어 이웃 국가들에 대한 적대감이라는 진부한 방식으로 표현되지만, 그와 동시에 그 감정은 새롭고 예측 불가능한 형태를 취한다. 군주 일가의 절대 지배가 도전받으면서 보수주의자들, 자유주의자들 그리고 농민들이 권력 다툼을 벌이고 있는 것이다.

1월에 크리스티안(Christian) 8세가 공산주의를 두려워하고 또 새해가 가져올 변화를 불안해하면서 세상을 떠났다. 키르케고르는 이 사실을 알고 있는데 왜냐하면 저 늙은 왕이 그의 저술활동을 치하하고, 지난해에 세 차례나 그를 궁으로 초대했으며, 그때마다 주로 정치에 관해 이야기를 나누었기 때문이다. 마지막 방문 때 그는 왕에게 이러한 "계급 투쟁"은 이웃하는 하인들끼리의 다툼 같은 것이어서, 그들의 주인까지 골머리를 앓을 필요가 전혀 없으며, 또 "이 운동 전체가 왕에게는 아무런 영향도 주지 않을 것"[6]이라고 안심시키려 애를 썼다. 그는 "시장에서 천재로 존재하는 것은 비참한"[7] 일이라고 덧붙였다. 아마도 크리스티안 왕은 그의 치세에 소요만 있었다는 것이 행운이었을 것이다.

그렇지만 세상을 떠난 왕의 두려움은 현실로 나타났다. 며칠 전, 1848년 3월 21일 아침에 수천 명의 사람이 뉘토르브 광장에 있는 시청 바깥에 모여서, 키르케고르의 창 바로 아래에서, 정치 체제의 교체를 소리높이 외쳤다.[8] 군중들은 당시 코펜하겐 시장이었던 후비트(L. H. Huvidt)의 지도하에 크리스티안보르(Christianborg) 성으로 몰려가 죽은 크리스티안 8세의 맏아들인 방탕한 새 왕 프레데릭(Frederik) 7세에게 탄원을 제출했다. 왕에게 보내는 민중의 탄원서는, 레만이 작성한 것으로, 자유 헌법을 요구했다. 왕은 자신의 각료들을 물러나게 하는 데 동의할 수밖에 없었으며, 그래서 임시 "3월 내각"이 서둘러 구성되었다. 이제 코펜하겐의 수풀 무성한 성벽에 우뚝 서 있는 나무들이 도시를 빨갛고 하얀 꽃으로 물들일 때, 남쪽 국경에 접해 있는 홀슈타인 공국과 슐레스비히 공국을 둘러싼 덴마크와 독일 간의 해묵은 갈등은 전쟁으로 치닫고 있다. 키르케고르가 보기에 "새로운 내각은 권력을 유지하기 위해 전쟁이 필요하고, 온갖 수단과

덴마크 국왕 크리스티안 8세, 1845년

방법을 동원해서라도 국수주의적인 감정을 자극할 필요가 있기"[9] 때문이다.

"저기 밖에서 모든 것을 선동하고 있다. 국민감정이 모든 사람을 사로잡고 있다. 그들은 모두 생명과 피를 희생하는 것에 관해서 이야기하고 있으며, 또 어쩌면 기꺼이 그렇게 할 용의도 있지만, 이것은 여론의 전능함에 의해 지지되고 있다"[10]라고, 그는 이번 주 일지에 썼는데, 바로 이때 유틀란트 남부에서 전쟁이 발발했다. "그래서 나는 적막한 방에 앉아 있다(틀림없이 나는 조만간 이 나라의 대의에 무관심하다는 이유로 오명을 뒤집어쓸 것이다). 나는 오직 한 가지 위험, 종교성의 위험만 알 따름이다."

그러나 아무도 이것에 신경 쓰거나, 혹은 이것을 이해하는 것 같지 않다. "자, 그것이 나의 삶이다. 언제나 오해가 있을 뿐. 내가 고통을 받는 지점에서 나는 오해되고, 증오의 대상이 된다." 그의 뒤에는 고단한 시간들이 줄지어 있는데, 이것들은 과거로 물러나는 게 아니라 오히려 그의 현재로 차곡차곡 쌓이고 있다. 그 시간들에 짓눌린 채, 그는 자신의 불행에 대한 점점 격렬해지는 반성 속으로 끌려들어가고 있다. 그를 피폐하게 만든 1846년의 사건들과 그가 겪은 공공연한 모욕과 조롱의 시간들이 그의 도시에 대한 그의 관계와 세상에 대한 그의 생각을 결정적으로 바꾸어놓았다. 이따금 그는 스스로를 그처럼 "무한한 긴장" 아래에 밀어 넣어 육체적으로 너무나도 연약하다고 느끼고는, 자신이 죽어가고 있다고 생각하곤 한다. 저술 작업은 무거운 짐이지만, 그래도 그는 오로지 글을 쓰는 것에서만 위안을 얻는다. 여기 집에서, 특히 정적에 싸인 밤 시간에, 단어들은 그의 펜에서 자유롭게 내달리고, 흐르는 듯 유려한 생각들이 펼쳐져 있는 종이를 가로지르면서 환희로 춤을 춘다. 아직 인쇄되지도 않고 또 제본되지도 않은 채, 더욱이 대중의 예측할 수 없는 무수한 시선에 노출되지도 않은 채 말이다. 매일 규칙적으로 하는 산책에서 돌아와 곧바로 책상에 앉으면, 모자도 외투도 벗지 않은 채, 새로운 문장들이 손에서 물 흐르듯 흘러나오곤 하는 경우가 많다. 그리고 그는 쓰면서 계속 걷는

데, 방 안을 앞뒤로 왔다 갔다 하면서 글의 리듬을 느낀다. 모든 방에는 어김없이 종이, 펜 그리고 잉크가 있다. 제본업자에 의해 4절판 크기로 잘리고 접혀서 소책자로 철해져 있는 질 좋은 원고지, 현대식 강철 펜, 그리고 줄을 긋기 위한 연필, 품질 좋은 검정색 잉크 등. 그는 밤늦게까지 작업하고, 창의 불빛은 인적 끊긴 광장을 비추고 있다.[11]

그는 최근 몇 주를 뉘토르브에서 『죽음에 이르는 병』이라는 새 작품을 쓰면서 보냈다. 이 책은 길 잃은 영혼들을 위한 일종의 진단용 매뉴얼이다. 그것은 인간 실존에 대한 키르케고르의 철학을 이전의 저서들보다 훨씬 명료하게 그리고 직접적으로 제시한다. 첫 부분은 인간이 단순히 몸과 마음이 아니라 정신적 존재이며, 훨씬 높은 권능에 이어져 있다고 선언한다. 그렇지만 우리의 정신적 삶은 우리의 육체와는 달리 우리에게 주어져 있지도 않으며, 그 꼴이 이미 갖추어져 있지도 않다. 따라서 우리는 모두 자기가 되어야 하는 과제에 직면해 있는 것이다. 이것은 매 순간 하나님과의 관계 안에서 산다는 것, 끊임없이 우리 존재의 영원한 근원으로 돌아가고 또 되돌아가는 것을 의미한다. "삶을 낭비하는 것에 관해 너무나 많은 말들이 있지만,[12] 삶의 기쁨이나 슬픔에 속아서 계속 살아가는 탓에 스스로를 정신으로서, 하나의 자기로서 단호히 그리고 영원히 깨닫지 못하는 사람의 삶만이, 혹은, 결국 같은 것이지만, 하나님이 존재한다는 것을 그리고 바로 그 자신이 이 하나님 앞에서 실존한다는 것을 가장 심오한 의미에서 의식하지 못하는 사람의 삶만이 낭비된 것이다. 이런 깨달음은 절망을 통하지 않고서는 결코 얻을 수 없는 무한한 은혜이다."

그렇다. 절망은 은총이요, 축복이다. 왜냐하면 절망은 사람이 하나님과 이어져 있다는 표시이고, 사람의 가장 높은 가능성이기 때문이다. 그러나 절망은 저주이기도 하다. 왜냐하면 인간 영혼의 심오함은 고통의 강렬함에 의해 측정되기 때문이다. "절망은 탁월함인가 아니면 결함인가? 순전히 변증법적으로는, 그것은 둘 다이다. 만일 절망에 대한 추상적인 관념만 생각한다면, 실제로 절망에 빠져 있는 사람을 고려하지 않는다면, 그것은 놀랄 만한 탁월함으로 간주되어야 한다. 이 병의 가능성은 인간이 동물보다 우월하다는 증거이며, 이러한 우월성은 직립보행과는 완전히 다른 방식으로 인간을 특징짓는데, 왜냐하면 절망은 무한한 직립성 내지 고상함, 즉 인간이 정신이라는 사실을 가리키기 때문이다. (…) 결국 절망할 수 있다는 것은 무한한 이점이지만, 절망에 빠져 있다는 것은 최악의 불행이자 고통이다. 아니, 그것은 파멸이다."[13]

그리고 이 애매모호한 정신적 질병은, 키르케고르가 말하는 바에 의하면, 보편적이다. 사람은 오로지 자신의 영혼만을 들여다볼 수 있지만, 스스로를 더 잘 알면 알수록 타인에게서 나타나는 자신과 같은 절망을 더 많이 분별할 수 있다.

> 적어도 의사라면 완벽하게 건강한 사람은 모르긴 몰라도 단 한 명도 없다고 말할 것처럼, 정말로 인간을 아는 사람이라면 조금이라도 절망하지 않는 사람, 걱정, 내면의 갈등, 부조화, 미지의 것이나 또는 감히 알려고 하지도 못하는 것에 대한 불안, 실존의 어떤 가능성에 대한 불안 또는 자신에 대한 불안을 은밀히 품고 있지 않는 사람은 단 한 명도 없다고 말할 것이다. 의사가 신체에 질병이 있다고 말하는 것처럼, 절망에 빠진 사람은 스스로 설명할 수 없는 불안에 휩싸여 드문 간격을 두고 그 현존을 알리는 정신의 질병을 지닌 채 돌아다닌다.[14]

절망에 빠져 있다는 것은 자신의 참 자기를 상실한다는 것이며, 자신이 이 병을 앓고 있다는 것을 인지하는 사람은 그 병의 치유를 열망한다. 그러나 대부분의 사람은, 그가 관찰한 바에 따르면, 심지어 그것을 의식하지도 못한 채 이 세상에 푹 빠져 있다. "모든 것 중에서 가장 큰 위험, 곧 자기를 상실하는 것은 이 세상에서 아주 조용히, 마치 아무 일도 아닌 것처럼, 일어날 수 있다. 다른 어떤 상실도 그처럼 은밀하게 일어날 수 없다. 팔, 다리, 돈 몇 푼, 아내, 기타 등등의 다른 모든 상실은 반드시 인지되기 마련이다."[15] 그리고 사실 세상에서는 이런 정신적 부주의함이 행복하고 성공적인 삶의 편안함으로 보인다. "바로 이렇게 자기를 상실함으로써 그런 사람은 일과 사회생활에서 훌륭하게 해나갈 능력을,

이 세상에서 크게 성공할 수 있는 점증하는 능력을 얻은 셈이다. 여기에는 그의 자기와 그 무한한 운동과 관련한 어떤 꾸물거림도, 어떤 어려움도 존재하지 않는다. 그는 구르는 돌처럼 순조롭고, 빙글빙글 도는 동전처럼 원활하다. 그는 절망에 빠져 있는 사람으로 간주되는 것과는 너무나 동떨어져 있어서 인간이란 모름지기 그래야 한다고 생각되는 바로 그런 존재인 것이다."

이 세속적인 견해는 잘못되었으며, 역설적이고, 부지불식간에 아이러니하다. 그러나 허영심과 자만심이 강한 사람들은, 비록 그런 태도가 세상에서 아무리 많이 조장되더라도, 바로 이 세속적인 견해로 인해 스스로를 얕잡아보고 더 높은 정신적 소명을 거부하는 것이다. 그의 현재 상황에 딱 들어맞는 은유를 골라서, 키르케고르는 독자에게 다음과 같이 요청한다.

> 지하실과 1층, 그리고 2층이 있는 집을 상상해보라. 그런데 이 집은 거주자들의 사회적 특징을 층에 따라 구별하는 계획 아래에 지어진 집이다. 만일 인간으로 존재한다는 것이 의미하는 바를 그런 집에 비유한다면, 그때 너무나도 유감스럽게도 대다수의 사람에 관한 슬프고도 우스운 사실은 그들이 자신의 집에서 지하실에 살기를 선호한다는 것이다. 모든 인간은 정신으로 존재하도록 되어 있는 심적-신체적 종합이다. 그러나 인간은 지하실에, 즉 감각적

범주에, 단지 육체 안에 사는 것을 선호한다. 게다가 인간은 지하실에 사는 것을 선호할 뿐 아니라 그것을 너무나도 사랑하는 나머지, 만일 누구라도 가장 높은 층으로 올라갈 것을 제안하면 그는 분개한다. 결국 인간은 자신의 집에서 살고 있기 때문에 가장 높은 층은 텅 비어 있어서 마음대로 할 수 있는데도 말이다.[16]

하지만 어떻게 해야 여기서, 할 일이 너무나도 많은 이 세상에서 "정신으로서 영원히 깨닫게" 되는가? 어떻게 이 모든 일상의 공간들에서, 즉 정적이 깃든 거실에서, 번잡한 거리에서, 담배연기 자욱한 카페에서, 극장에서, 시장에서, 혹은 프레데릭스베르 공원 산책에서 인간의 정신적 본질을 표현할 수 있는가? 오로지 "자기에게 투명하게" 됨으로써만, 그리고 영혼 내부에서 그 모든 복잡하고 끊임없이 변화하고 불확실한 형태를 취하는 절망을 감지함으로써만 가능하다.

자주 절망에 빠지는 사람은 자신의 상태에 대해 어렴풋한 느낌을 갖고 있을 것이다. 물론 여기에서도 그 미묘한 차이는 천차만별이지만 말이다. 그가 어느 정도 절망에 빠져 있음을 의식하고 또 그것을 느끼는 것은, 마치 어떤 사람이 신체적 질병을 지닌 채 돌아다니면서도 그 병의 진짜 본질을 솔직하게 인정하기를 원치 않는 것과 같다. 한 순간, 그는 자신이 절망에 빠져 있음을 거의 확신한다. 다음 순간, 자신의 기분이 언짢은 것은 뭔가 다른 원인, 자기 외부의 어떤 것에 있는 것처럼 생각되고, 만일 이것이 바뀌기만 하면 절망에서 벗어날 것이라고 생각한다. 혹은 기분전환이나 또 다른 방법을 통해서, 예를 들자면 일과 사업을 통해서 자신의 상태에 관한 무지한 상태에 계속 머물러 있으려고 애를 쓸 수도 있다. 자신이 왜 이런 일을 하고 있는지 전혀 깨닫지 못하는 탓에, 그런 일을 하는 것이 그 자신을 무지한 상태에 붙잡아두는 그런 방식으로 말이다. 혹은 심지어 자신이 자기 영혼을 어둠 속으로 빠트리기 위하여 이런 식으로 애쓰고 있다는 것을, 그것도 어떤 예리한 인식과 치밀한 계산 하에, 심리적 통찰 하에 그렇게 한다는 것을 의식할 수도 있다. 그러나 그는 자신이 무엇을 하고 있는지, 얼마나 자포자기 상태에서 행동하고 있는지를 훨씬 심오한 의미에서는 명확하게 의식하지 못한다.[17]

이렇게 절망을 강조하는 것은 사람들에게는 너무나 극단적인 것으로, 그리고 "음침하고도 우울한 견해"로 생각될 것이다. 키르케고르는 전혀 그렇지 않다고 믿는다. "이것은 음침한 것이 아닌데, 왜냐하면 그러기는커녕 이것은 일반적으로 뭔가 모호한 상태로 남아 있는 것을 조명하려고 노력하기 때문이다. 그것은 우울한 것이 아니라 오히려 정신을 고양시키는 것이려니와, 그것이 모든 인간을 인간에 대한 가장 고귀한 요구, 즉 정신으로 존재하라는 요구의 운명 아래에서 고찰하기 때문이다." 사실 소크라테스가 그랬던 것처럼 그는 이러한 도발을 조국에 대한 봉사라고 생각한다. 슐레스비히-홀슈타인에서 독일과 싸우거나, 혹은 국민개혁 운동에 나서거나, 아니면 군주제를 옹호하는 대신, 그는 정신적 대의를 위해 투쟁하고 있다. "나는 조국을 사랑한다. 내가 참전한 적이 없다는 것은 사실이지만, 나는 다른 방식으로 조국에 봉사해왔다고 믿으며, 덴마크가 정신과 마음의 차원에서 힘을 키워야 한다고 내가 생각하는 것이 옳다고 믿는다. 나는 조국의 언어, 그 비밀을 내가 알고 있는 언어, 피리 부는 사람이 자기 피리를 대하는 것보다 내가 더 사랑스럽게 대하는 모국어를 자랑스럽게 생각한다."[18]

그렇지만 그의 애국심은 평가받지 못하고 있고, 덴마크 국민들은 그의 엄청난 노력을 얕잡아본다. "저 무한한 창작 능력, 필경 돌이라도 움직이고야 말 정도로 격렬하고, 그 극히 일부라도 이 시대 그 누구도 감히 견줄 수 없으며, 그 전부에 관해서는 말할 것도 없는 저 문학적 창작 활동이 낚시와 같은 일종의 취미로 간주되고 있다. 게다가 나는 영국인 같은 사람으로, 반쯤 정신이 나간 괴짜로 간주된다."[19]

한때 이 자리에 서 있던 소년 또한 창을 통해 바라본 세상의 바깥에 자신이 있다고 생각했다. 키르케고르 가문은 원래 코펜하겐 출신이 아니었으며, 그들의 재산 덕분에 진입할 수 있었던 부르주아 사회에 원래 속해 있지도 않았다. 키르케고르는 여느 아이들과는 달랐으며, 아이들은 그의 아버지가 입게 했던 괴상한 구식 옷들, 짧게 자른 바지와 거칠고 어두운 트위드 소재의 밑단이 짤막한 웃옷, 그리고 양모 소재의 양말을 비웃었다. 이제 그가 영원히 뉘토르브를 떠나려는 지금, 그는 그 어느 때보다도 더 격심하게 유년시절 고향의 무게를, 그의 내면에 깊이 간직되어온 무게를 느끼고 있다.

그렇지만 더 깊은 곳에는 그의 최초의 고향, 어머니 아네가 있다. 다른 모든 인간의 영혼처럼, 그 또한 한 여성의 몸의 적막하고도 어두운 온기 속에서 잉태되었으며, 세상의 밝은 빛이 그에게 너무나도 거칠어질 때 그는 그와 같은 안식처를 갈망한다. 그런데도 출판되거나 출판되지 않은 그의 모든 글에서 키르케고르는 결코 어머니를 언급한 적이 없다. 그가 어머니를 망각했기 때문이 아니다. 그것은 뭔가 신성한 것에서 기인된 침묵이며, 이것은 그가 말하는 법을 배우기 훨씬 전부터 그를 붙잡았다.

* * *

1813년 5월, 아네(Anne Sørensdatter Kierkegaard)가 일곱째이자 마지막 아이인 쇠렌 키르케고르를 출산했을 때, 그녀는 16년 동안 미카엘 키르케고르(Michael Pedersen Kierkegaard)와 결혼 생활을 유지하고 있었으며, 이들 가족은 뉘토르브의 대저택에 정착해 살고 있었다. 아네는 마흔다섯이 되어가고 있었고, 남편은 쉰여섯이었다. 그들은 이미 코펜하겐 시민의 평균수명을 초과했으며, 새로 태어난 아들이 손자라 해도 충분할 나이였다. 오래전 아네는 미카엘과 그의 첫 부인 키르스티네(Kirstine)의 가정에서 하녀로 일했었는데, 키르스티네는 1796년 3월에 자식 없이 세상을 떠났다. 아네는 이듬해인 1797년 4월에 미카엘과 결혼했는데, 그들의 첫딸 마렌(Maren)은 결혼하고 다섯 달 후에 태어났다. 사실 아네는 남편 미카엘의 먼 친척이었다. 남편이 부유한 상인이자 존경받는 시민이 되는 동안, 그녀는 아직 자기 이름도 쓰지 못하는 상태였다.

아네는 명랑하고, 친절했으며, 기쁨으로 자기 아이들을 양육했다. "그녀가 아이들을 평화롭게 침대로 데려갈 수 있었을 때 그녀는 특별히 더 기뻐했는데, 왜냐하면 그녀는 그럴 때 자신의 주권을 행사하고, 마치 암탉이 병아리를 대하듯 아이들을 귀여워하고 또 보호했기 때문이다"라고 그녀의 손녀 헨리에테(Henriette Lund)는 회상했다.[20] "그녀의 작고 포동포동한 외모는 자주 아이 방의 출입구에서만 볼 수 있었으며, 또 울음소리와 외침 소리는 쉿 소리에 잦아들곤 했다. 떼를 쓰던 어린 아들도 딸도 그녀의 부드러운 포옹 속에서 금방 달콤한 잠에 빠져들었다." 물론 그런 어머니도 어린 쇠렌, 감수성이 예민하고 반짝반짝 빛나는 커다란 눈을 가졌으며 척추가 굽었고 어깨가 빈약한 막내아들에게는 특별히 더 애정을 기울였다. 심지어 그가 열다섯 살이었을 때도, 그의 가정을 방문한 한 소녀는 쇠렌을 "어머니의 앞치마 끈

에 매달린 버릇없는 응석받이"라고 생각했다.[21]

키르케고르가 태어났을 때, 맏누이 마렌은 열다섯 살이었다. 둘째는 니콜레네(Nicolene)로 열세 살이었고, 그다음은 페트레아(Petrea)로 일곱 살이었다. 맏형 페테르(Peter Christian)는 여덟 살이 채 못 되었다. 쇠렌 미카엘(Søren Michael)은, 미카엘로 불렸는데, 여섯 살이었다. 그리고 키르케고르의 바로 윗 형 닐스(Niels)는 이제 막 네 살이 되었다. 비록 아이가 많은 세상으로 들어왔지만, 그는 지금 유년시절을 요람에서부터 진즉에 잃어버린 낙원으로 생각하고 있다. "나는 결코 아이로 존재하는 기쁨을 누린 적이 없다. 내가 겪은 끔찍한 순간들이 아버지를 기쁘게 하기 위해 아이로 존재하고 근면해지는 것에 필요한 평화를 깨뜨렸기 때문이다. 내 안의 불안 때문에 나는 언제나, 항상 나 자신의 바깥에 있어야 했다."[22]

그가 이러한 불안의 뿌리를 더듬어 조사할 때마다 어김없이, 가장 어둑한 기억으로 돌아가 아버지의 커다란 모습과 불현듯 맞닥뜨리는데, 그의 음울한 출현은 뉘토르브의 집을 가득 채우는 것만 같았다. "그의 체격은 탄탄하고, 이목구비는 단호하고 확고했으며, 행동거지 또한 힘이 넘쳐 보였다. (…) 그에게는 복종이 곧 원칙이었다."[23] 미카엘(Michael Pedersen Kierkegaard)은 활기가 넘쳤고 하는 일마다 빈틈이 없었지만, 우울증이 심했다. 지금 키르케고르가 아버지를 회상할 때, 그를 과거의 자기, 곧 두렵고 떨리는 마음으로 엄

키르케고르의 아버지와 어머니

격한 아버지를 바라보던 어린 소년과 이어주는 것은 바로 이 어둡고 불편한 감정이다. "오호라, 한 순간이라도 내 삶의, 유년시절부터의 저 컴컴한 배경을 생각할 때 얼마나 두려운지. 아버지가 내 영혼에 채워 넣은 불안, 아버지의 끔찍한 우울증, 이런 맥락에서 내가 글로 쓸 수도 없는 그 많은 것들."[24]

미카엘은 유틀란트 반도의 서쪽 지역에 위치한 작은 교구인 새딩(Sædding)의 농장에서 자랐다. 미카엘의 아버지 페데르(Peder Christensen)는 농부였으며 교구 묘지(kirkegaard)에서 일했는데,[25] 그래서 그것을 자신의 성으로 취해서 그 지역 발음대로 철자했다. 미카엘의 어린 시절은 고단했다. 그는 가혹한 날씨에 들판에서 굶주리고 추위에 떨며 양을 치다가 하나님을 저주하던 날을 결코 잊지 못했다. 아직 소년일 때 그는 코펜하겐으로 가서 숙부의 양말가게에서 도제로 일했다. 스물네 살이 되었을 때 그는 코펜하겐에서 허가받은 양말장수가 되었으며, 이삼 년 후에는 덴마크령 동인도(Dansk Østindien) 식민지와 카리브해에서 설탕과 커피 등의 상품을 수입하기 시작했다. 18세기가 끝날 즈음에는 이미 상당한 부를 일구었으며 현역에서 은퇴했다.[26] 1809년, 식솔이 늘자, 그는 뉘토르브에 있는 저택을 구입해 여생을 보냈으며 저명하면서도 자제하는 가운데 유복한 삶을 영위했다. 1813년의—이 해에 그의 일곱 째 아들 쇠렌이 태어났는데—경제공황은 많은 덴마크 가정을 파괴했지만, 미카엘은 진즉에 재산을 금 보증 채권에 투자했었는바, 위기를 거치면서 사정이 더 좋아지게 되었다.

신에게 버림받은 농부 소년이 코펜하겐에서 가장 부유한 남자로 변신한 이 놀라운 사건은 단순히 행운에 관한 이야기만은 아니다. 미카엘의 경력은 그의 생애 동안 유럽을 바꿔놓은 사회적 변화의 한 예이다. 자기 향상이라는 새로운 윤리가 낡은 봉건제도 속으로 서서히 확산되었고, 많은 사람이 시골 지역에서 대도시로 이주해왔다. 부는 더 이상 아버지가 아들에게 물려주는 것이 아니었다. 부는 혁신을 통해 창조되고 또 증진될 수 있었다. 미카엘과 같은 사람들은—이들의 아버지는 지주에게 예속된 농노 신분이었는데—서아프리카의 덴마크령 황금해안에서 노예노동으로 돈을 벌 수 있었으며, 다음 세대는 이제 소득을 더욱 증진시키기 위해 새 철도를 개척하고 있다. 덴마크 국왕 크리스티안 7세는 1792년에 노예매매를 금지시킨 최초의 유럽 군주였다. 이 포고가 실제로 집행되는 데는 10년이 넘게 걸렸으며, 노예제도 자체는 멀리 떨어진 식민지에서는 19세기 중엽까지 지속되었는데, 이 기간은 부르주아 계층이 부상하기에 충분한 시간이었다. 어쨌거나 무역으로 부를 축적함으로써 새로운 위엄이 획득되었다. 수 세기 동안 기독교는 사람들에게 세속적인 성공을 의심의 눈초리로 보도록 조장했지만, 이제 상업은 존경받을 뿐 아니라 고결하게 여겨지기까지 한다.

식민지 무역을 통해 얻어진 새로운 풍요가 학문과 여가 모두의 성장을 촉진하기라도 한 것처럼, 40대에 현업에서 은퇴한 후 미카엘은 지적 탐구에 전념했다. 그것이 키르케고르가 알고 있던 아버지의 모습이었다.[27] 미카엘은 엄청나게 독서를 했는데, 보통 설교집이나 철학서였다. 그는 주관이 뚜렷한 사람이었으며, 또 논쟁을 좋아했다. 그를 방문한 친척들은 "이 노인이 아들들과 피차 한 치의 양보도 없이 논쟁하는 것을 듣는 것과, 어떻게 늙은 어머니가 말없이 일하는지, 또 어떻게 그녀가 가끔 감탄하는 표정으로 귀를 기울이는지, 그러다 이따금 논쟁이 지나치게 격화될 때는 어떻게 중간에 끼어들어 진정시키는지를 보는 것을 매우 흥미진진한"[28] 일이라고 생각했다. 게다가 "그들은 천국과 지상에 관해서 그리고 그 사이에 있는 온갖 것에 관해서 이야기를 나누었다." 세상이 전쟁터라는 키르케고르의 견해는 뉘토르브의 거실에서 형성되었다.[29] 여기서 그는 믿음의 사람이 기사이고, 또 사랑이 "군악"에 맞춰 추는 춤이라고 배웠다. 그의 최초의 논쟁 상대는 아버지와 형들이었다. 훗날 그의 논쟁 상대는 동창생들이었으며, 그 후에는 동료 저술가들이었다. 심지어 레기네도 그의 논쟁 상대자가 되었다. 그가 파혼하려고 애를 쓸 때 그녀는 "마치 암사자처럼 싸웠다."

미카엘은 아들들과 논쟁하면서도, 아들들의 지적 능력을 자랑스러워했다. "잠들지 못할 때, 나는 누워서 아들들과 이야기를 하는데, 여기 코펜하겐에서는 그보다 나은 대화가 전혀 이루어지지 않는다네"[30]라고 그는 키르케고르의 학교 친구들에게 말하곤 했다. 이 은퇴한 유틀란트 출신의 양말 상인은 철학적 체계를 만드는 작업에 빠져 있었음에도 불구하고, 매일 가족의 생활용품을 직접 구입했으며,[31] 시장에서 살이 제법 찐 거위를 한 마리 데리고 집으로 활보하는 모습이 자주 목격되기도 했다.

점차 성장하면서 키르케고르에게 아버지의 엄격한 훈육과 강한 성품은 억압적 힘으로 느껴졌고 그에 맞서 싸워야 할 필요가 있는 것으로 생각되었다. 그 자신의 본성은 자유로운 정신과 강한 독립심이었다.[32] 그래서 자유를 지키는 한 가지 방법은 내면의 삶을 감추는 것이었다. 심지어 학교 친구들 사이에서도 그는 "어린 아이가 으레 하는 식으로 자신의 성격을 드러내는 일이 없었다."[33] 우수에 젖어 있을 뿐 아니라 상상력도 풍부해서, 그는 "이러한 삶을 삶의 기쁨과 시끌벅적함이라는 외적 실존으로 감추는 법을"[34] 배웠다. 이처럼 감추고 위장하는 습관은 또 다른 유년기의 교훈으로, 뉘토르브 2번지에서 배웠는바, 이것은 사십 년이 넘도록 그에게 남아 있었다. 그것은 그의 저술에는 물론이고, 저술가로서의 그의 삶에도 핵심적 요소가 되었다. 그는 많은 저서를 익명을 내세워 출판했을 뿐 아니라, 서재에서 보낸 오랜 시간의 저술 작업을 은폐하기 위해 코펜하겐의 거리와 카페에서 일부러 사람들 시선에 노출되곤 했다.

키르케고르의 이중성은 그가 세상과의 관계를 형성하는 저 뿌리 깊은 양면성의 태도와 불가분의 관계에 있다. 그는 예수가 그를 따르는 이들에게 설교한 "마음의 순결"을 갈망하지만, 끊임없이 둘로 분열되는 자신을 발견한다. 여기서도 그는 그 원인을 아버지와, 또 아버지가 구현한 종교에서 찾는다. "아버지는 내 유년시절을 비할 데 없는 고통으로 바꾸어놓았고, 또 나를, 내 마음 깊은 곳에서부터, 기독교에 걸려 넘어지게 만들었다. 비록 나는 기독교에 대한 존경심 때문에 그 누구에게도 그 일에 대해 한 마디도 하지 않겠다고 마음먹었고, 또 아버지에 대한 애정 때문에 기독교를 가능한 한 진실하게 묘사하겠다고 굳게 결심했지만 말이다. 그렇더라도 아버지는 세상에서 가장 사랑이 충만한 아버지였다."[35] 그는 아버지를 기쁘게 해주고 싶었으며, 그러면서도 아버지에게 반항하려고 했다. 미카엘의 아들 사랑은 혼란을 야기했는데, 설령 그의 의도가 좋았더라도 동시에 그는 파괴적이기도 했기 때문이다. 이러한 혼란은 키르케고르의 불안과 양면성을 심화시켰다. "나는 기독교에 대한 그런 불안을 얻었으며, 또 그와 동시에 내 자신이 기독교에 강하게 끌리는 것을 느꼈다."[36] 돌이켜볼 때, 이것은 조상 대대로 내려오는 부계 쪽 유산일 뿐 아니라, 훨씬 더 강력하게는 하나의 운명처럼 생각된다. 이 운명이, 이제는 그도 깨닫고 있듯이, 레기네와의 결혼을 방해한 것이다. "요람에 있는 아이가 언젠가 자신의 반려가 될 사람과 결혼하도록 약혼하는 일이 더러 발생한다. 종교적으로 나는 진즉에, 그것도 유년시절에 이미 약혼한 상태였다. 오호라! 나는 한때 내 삶을 오해하고 또 망각한 대가를 뼈저리게 치렀다. 나는 약혼했던 것이다!"

아마도 모든 것을 감추는 키르케고르의 습관은 기독교에 대한 아버지의 금욕적이고 무서운 관계를 내면 깊숙하게 밀어붙였을 것이며, 내면에서 그 관계는 더욱 강력해져 갔을 것이다. "이미 아주 어린 아이일 때부터, 나는 "대중"이 그리스도를, 그가 진리인데도 불구하고, 손을 들어 때렸다는 것을 더없이 엄숙하게 들었다. 나는 이 말을 마음 깊은 곳에 감추어 두었으며, 또 그것을 더 잘 감추기 위해서 그것을 깊이 감추었다는 사실조차, 겉으로는 정반대의 것으로 드러나게 해서, 내 영혼 안에 깊숙이 감추었다. (…) 나는 끊임없이 내 최초의 생각으로서 이것에 되돌아오곤 한다."

그렇더라도 그의 이중성이 그와 같은 탓에, 심지어 감추고자 하는 그의 충동에는 글쓰기를 통해서 스스로를 드러내려고 하는 정반대의 성향이 항상 붙어 다녔다. 1842년, 『이것이냐 저것이냐』로 저술가로서의 활동을 시작하기 직전에, 그는 요하네스 클리마쿠스(Johannes Climacus)라는 이름의, 훗날 그의 익명 중 하나가 되는 한 젊은 철학자에 관한 철학적 풍자서를 쓰기 시작했다. 그 미완성의, 반쯤 자전적 저작에서 키르케고르는 요하네스가 어릴 적에 그의 늙은 아버지와 즐겨하던 상상력 풍부한 놀이를 묘사한다. 그의 아버지는 "매우 엄격하고 모든 면에서 건조하고 단조로운 남자"였으나,

> 그러나 "투박한 매너" 아래 그는 열렬한, 심지어 그렇게 늙었는데도 불구하고 조금도 무뎌지지 않은, 상상력을 감추고 있었다. 이따금 요하네스가 나가자고 조르면, 두 번에 한 번꼴로 퇴짜를 맞았다. 그러나 때때로 아버지는 보상의 차원에서 아들 손을 잡고 거실을 이리저리 왔다 갔다 하는 산책을 제안하곤 했다. 언뜻 보기에 이것은 빈약한 대체물처럼 생각되었다. 그렇지만 그 "투박한 매너"가 그런 것처럼, 그 놀이 속에도 겉으로 보이는 것 이상이 숨어 있었다.
>
> 아버지의 권유가 받아들여지면, 그들이 어디로 갈 것인가는 전적으로 요하네스 마음대로 고를 수가 있었다. 그러면 그들은 그 도시의 출입문을 나가서 근처 시골의 성으

로 가기도 하고, 혹은 멀리 해변으로 나가기도 하고, 혹은 거리를 산책하기도 하고, 아니면 요하네스가 원하는 어디라도 걸어갔는데, 왜냐하면 이 모든 것이 다 아버지의 능력 안에 있었기 때문이다. 그들이 방 안을 이리저리 걷는 동안 아버지는 그들이 보는 모든 것을 묘사하곤 했다. 그들은 지나치는 행인들과 반갑게 인사를 나누었다. 마차들이 그들 곁을 덜거덕거리며 지나치면서 아버지의 말소리를 삼켜버렸다. 케이크 파는 아주머니의 과자들이 그 어느 때보다 더 맛있어 보였다. (…) 만일 길이 요나네스에게 낯설면, 이 아들은 머릿속에 떠오르는 것들을 이것저것 덧붙이곤 했는데, 아버지의 전능한 상상력이, 모든 어린이들의 공상을 지금 일어나는 드라마의 한 요소로 사용해서, 그 어떤 것이라도 만들어낼 수 있었기 때문이다. 요하네스에게 그것은 마치 세상이 그들이 대화하는 대로 창조되고 있는 것만 같았다. 마치 아버지가 하나님이고, 자신은 하나님이 사랑하는 아들로서 자신의 빈약한 공상을 자기 마음대로 즐겁게 아무렇게나 끼워 넣어도 좋다고 허락받은 것만 같았다.[37]

요하네스 클리마쿠스와 그의 하나님과도 같은 아버지에 관한 저작을 포기한 후에, 키르케고르는 『수수께끼에 싸인 가족』[38]이라는 제목의 단편 소설을 저술할 것을 진지하게 고려했는데, 이 작품은 그의 유년시절의 "비극"을 재생산하게 될 것이었다. "그것은 전적으로 가부장적이고 목가적인 분위기로 시작될 것인데, 그래서 그 말이 갑자기 울려 퍼져서, 모든 것에 대한 무서운 해명을 (…) 마치 망치로 못을 땅땅 박는 것처럼 그렇게 내 상상이 만들어놓은 두려운 감정 속에서 나에게 허락된 종교성에 대한 무섭고 비밀스러운 해명을 풀어놓기 전에는 그 누구도 그 어떤 낌새도 심지어 생각조차 못할 것이다."

그는 이 책을 쓰지도 않았고, 가족의 수수께끼를 밝히지도 않았다. 그의 아버지는 일찍이 자신의 과거에 관한 한 가지 비밀을 털어놓은 적이 있다. 그것은 키르케고르가 이따금 그의 저서에서 암시하곤 하는, 그러나 절대로 털어놓지는 않는 어떤 파계이다. "죄는 반드시 가족 전체에게 지워져 있을 것이다"[39]라고 그는 학창 시절에, 형제자매 중 하나만 남고 모두 세상을 떠났을 때, 썼다. "하나님의 징벌은 틀림없이 가족에게 주어질 것이다. 가족은 하나님의 전능한 손길로 사라지고, 모두 망각되어, 마치 일종의 착오처럼 지워지도록 정해져 있었다." 그리고 행복한 미래에 대한 그 어떤 희망도 없이 덧붙이기를, "그렇다고 할 때 내가 필사적으로 오로지 인간의 지적인 측면에만 매달려서, 그것을 고수하고, 그 결과 내 뛰어난 정신적 능력이 내 유일한 위안이었고, 이념들이 내 유일한 기쁨이었다니 이 얼마나 놀랄 일이란 말인가." 그 무렵, 부분적으로 아버지의 엄격함에 대한 반항으로 형성된, 그의 유년시절의 자기 은폐의 습관은 또 다른 상반된 동기를 갖게 되었다. 아버지에 대한 충절 때문에 그는 자신의 비밀을 털어놓을 수 없었던 것이다.

* * *

그는 지금부터 10년 전인 1838년 아버지가 세상을 떠난 후 계속해서 이 갈등을 마음속에 품어 왔다. 고통스러운 기억과 씨름하면서 그는 매일 기도하며 성실하게 아버지를 기억한다. 지난해인 1847년에 출판된, 이웃 사랑이라는 기독교의 이상에 관한 강화 모음인 『사랑의 역사』에서, 그는 세상을 떠난 이들에 대한 사랑이야말로 가장 순수한 사랑이라고 주장했다. 왜냐하면 그런 사랑은 아무런 대가도 기대하지 않기 때문이다. 그렇지만 같은 이유로 세상을 떠난 아버지에게 화가 나는 것은 고통스러운 일이다. 그의 분노는 아무런 반응도 기대할 수 없고, 오직 자신하고만 싸워야 할 뿐이다.

마침내 그는 창가에서 돌아선다. 비록 잠들지 못하더라도 휴식을 취하려고 애써야만 한다. 뉘토르브 광장을 내려다보고, 광장을 가로질러 저 교회탑 남쪽을 향하여 바라볼 수 있는, 오늘 밤 같은 밤은 이제 며칠 남지 않았다. 이 방 안에는 달빛이 책상 위에 있는 강철 펜, 값비싼 주석함, 책들로 가득 찬 상자, 저서들을 담고 있는 자단나무로 된 높다란 벽장을 비추고 있다. 키르케고르는 "사랑하는 법을 배우는 것"이 인간에게 가장 중요하면서도 가장 어려운 과제라고 생각한다. 그리고 그는 이 집에서 이미 세상을 떠난 어머니, 아버지와 함께 이 수업을 시작했다. 그는 아직 어릴 때 죽음과 슬픔의 실상을 목격했다. 여섯 살 때, 형 쇠렌 미카엘이 학교 운동장에서 사고로 세상을 떠났다. 삼 년 후인 1822년, 가장 큰 누나 마렌이 건강 악화로 오랫동안 고통을 겪다 스물네 살의 나이로 죽었다. 사랑은 불안 및 상실과 떼려야 뗄 수 없는 관계임이 입증되었다. 불안으로부터 도망치려고, 또 자기 방어의 차원에서 꾀를 써서 회피하려고, 또 펜과 종이 사이에서 그것을 쳐부수려고 그렇게 무수히 애를 썼으면서도, 그는 불안을 겪는 것이 훨씬 진실하고 더욱 온전하게 인간다운 것임을 알고 있다. 왜냐하면 사랑하는 법을 배운다는 것은 "불안해하는 법을 배우는 것"을 의미하는 까닭이다.

5년 전 그는 『공포와 전율』에서 사람은 누구나 다 새롭게 사랑한다는 과제를 떠맡아야 한다고 썼다. 학문적 지식은 세대를 거쳐 축적되는 반면, 사랑에 있어서는 우리는 선조들이 나아간 곳에서부터 시작할 수 없는 것이다. 그럼에도 불구하고 우리는 맨 먼저 우리 부모로부터, 확신에 차서 혹은 불안에 떨면서, 변함없이 혹은 단속적으로, 열렬히 혹은 멀리 떨어져서, 사랑하는 법을 배우며,[40] 또 우리 내부에 차곡차곡 쌓이는 부모의 오랜 유산을 품고 간다. 키르케고르가 아직 어릴 때, 항상 가족 간의 갈등을 조정하는 어머니 아네는 그가 가까이 하기 어려운 아버지에 대한 해독제였다.

마치 신약성서에서 등장하는 사랑의 하나님이 구약성서에 나오는 율법의 하나님을 대체한다고들 말하는 것처럼 말이다. 아버지가 그를 불안하게 만들고 또 그에게 투쟁할 것을 가르친 기독교를 구현한 반면, 어머니는 그가 지금 하나님 안에서 구하고 있는 깊은 안식을 구현했다. 그는 자신의 삶에서 최초의 여성을, 정열적으로, 집요하게, 위안을 찾아서, 간절히, 그러면서도 자신만의 가치를 확보하면서, 영리한 아이라면 누구나 그렇듯이 오만한 마음으로, 사랑하는 법을 배웠다. 그는 자신의 삶에서 최초의 남성을, 두려워하면서, 경건하게, 반항적으로, 질투하면서, 영리한 아이라면 누구나 그렇듯이 기쁘게 하려는 열망으로, 사랑했다. 물론 그 당시에 그는 이해하지 못했다. 사랑의 첫 번째 형태란 반복으로 가득 찬 것임을, 그 유치한 방식들이 길을 터 준다는 것을. 집을 떠나 오랜 뒤에 그가 되돌아갈 그 길을 말이다.

6. "나에게로 오너라"

1848년의 부활절은 다른 해보다 늦은 4월 넷째 주였다. 그가 부활절 일요일 예배 후 성모교회에서 귀가할 때 날씨는 따뜻하다시피 했다. 거리는 붐비고 활기가 넘친다. 교회에서 나온 사람들은 삼삼오오 떼를 지어 즐겁게 사방팔방으로 흩어지고 마침내 사순절의 근신에서 벗어나 한낮의 햇빛을 즐기며 만찬을 고대하고 있다. 그가 뉘토르브 광장에 살던 때에는 성모교회가 2분도 채 안 되는 거리에 있었다. 이제 그는 로센보르가데 거리로 이사했기 때문에 집까지 걸어가는 길이 조금 더 길어졌다. 교회 북쪽으로 돌고 대학을 지나서 삼위일체교회의 커다란 원형탑으로 향하는 거리를 따라간다. 그런 다음 좌회전해서 쾨브마거가데(Købmagergade) 거리로 접어들어 도자기 공장, 레이첼 서점, 『조국』 사무실을 지나서 위쪽으로 쿨토베트(Kultorvet) 광장을 가로지르는 여정이다.

도로의 그늘진 쪽으로 걸으면서 키르케고르는 글을 쓰기 위해 서둘러 집으로 향한다. 요즘 그가 교회에서 듣는 설교는 자신의 종교적 강화를 위한 신선한 소재가 되고 있다. 성모교회 옆 감독관저에서 덴마크 국교회를 이끌고 있는 뮌스테르 감독의 위안을 주는 설교는, 기독교적 삶의 어려움에 대한 엄격한 주장으로 반박되어야 한다. 그의 머릿속에서는 이미 새로운 구절들이 지면을 가로질러 달려가고 있다. 예수의 산상수훈에 나오는 "들의 백합 공중의 새"에 관한 강화 세 편의 초고를 완성한 후 그는 지금 또 다른 저작에 착수하고 있다. 이 책은 아직 출판되지 않은 『죽음에 이르는 병』의 속편이다. 『죽음에 이르는 병』이 인간이 겪는—대부분의 인간은 자신의 정신적 질병을 자각하지 못하거니와—온갖 종류의 절망을 진단한 반면, 이 새로운 강화집은 단 한 가지의 치유책을 제시한다. 그것은 곧 그리스도를 따르는 것이다. 그는 이것이 불가능한 과제는 아니라고 하더라도 벅찬 요구라는 것, 예수가 제자들을 안락하고 관습적인 삶에서 불러내어 위험하고 불확실한 인생행로 위에 세워놓았다는 것을 보여주어야만 한다. **나에게로 오너라**(마태오의 복음서 11장 28절)라는 잠정적인 제목이 붙은 이 새 저작에서, 키르케고르는 무엇보다도 뮌스테르 감독과 성모교회로 대표되는 기독교 체제에 훨씬 직접적으로 반대하고 있다. 당시 성모교회는 코펜하겐의 중심 교회로서 덴마크 전역에 걸쳐 기독교 예배의 전형을 제공하고 있었다.

키르케고르는 평생을 이 교구에서 살았다. 비록 그가 태어났을 때는 성모교회 자체가 폐허 상태였지만 말이다. 나폴레옹 전쟁이 한창이던 1807년에 영국 해군이 코펜하겐에 포격을 퍼부을 때 이 교회는 화재로 전소되었다. 그래서 1813년 6월에 그의 부모는 그를 데리고 성령교회로 가서 세례를 받게 했는데, 이 교회는 불타버린 성모교회의 동쪽 방향으로 몇 구획 떨어져 있었다. 바로 그날 키르케고르는 덴마크 국교회의 교인이 되는 동시에 코펜하겐의 시민이 되었다. 왜냐하면 루터파 기독교는 시민생활과 너무나도 밀접하게 얽혀 있어서 국가교회의 교인이 되는 세례가 동시에 시민권을 부여하는 의식이기도 했기 때문이다. 문서상으로 하나님의 실존을 부정하는 것은 불법이며, 그에 대한 처벌은 덴마크로부터의 추방이다. 키르케고르는 결코 무신론에 가까이 간 적이 없었지만, 그의 저작 전체는 이 루터파 국가에서 도대체 기독교인이 된 사람이 있는지 계속해서 물음으로써 자신의 세례를 부정하고 있다.

비록 로센보르가데 거리에 있는 그의 새로운 집이 성모교회에서 조금 더 멀리 떨어져 있지만, 저술을 통하여 그는 성모교회에 더 가까이 가고 있다. 이 특유의 애매한 운동은, 마치 가까워지면 사랑이 강해지기라도 하는 양, 그가 아버지로부터 그리고 조국으로부터 물려받은 종교에 대하여 오랫동안 취해온 양면성을 강화한다. 어쩌면 그는 내부로부터 이 종교를 공격하기 위하여 교회를 향해 다가가고 있는지도 모른다. 그의 새 저작은 뮌스테르 감독에 대한 격렬한 비판을 감행하고 있으며, 이는 뮌스테르 감독의 기독교 해석과

판이하게 다른 해석을 통해서만 그런 것이 아니다. 뮌스테르의 대표작은 1833년에 발표된 신앙수양서인 『그리스도의 가르침에 대한 관찰들』인데, 키르케고르는 기독교인은 모름지기 예수를 찬미하는 "관찰자"이어야 한다는 사상을 공격함으로써 뮌스테르를 분명한 목표로 설정하게 된다. 분명 그렇지 않다. 기독교인의 과업은 예수를 따르는 것, 예수를 닮는 것이고, 이것은 바로 예수가 그랬던 것처럼 수난을 겪는다는 것을 뜻한다.[1]

그래서 그는 마침내 『기독교적 강화집』을 출판하기로 마음을 굳혔다. 이 작품은 그가 어린 시절 뉘토르브 2번지에서 즐겨 읽던 뮌스테르의 방대한 설교집에 (최소한 양적인 면에서) 뒤지지 않는 스물여덟 편의 설교 모음집이다. 작년에 집필된 『기독교적 강화집』은 3일 후인 1848년 4월 25일에 코펜하겐의 서점들에서 진열될 것이다. 이 책은 그의 마지막 저서가 될지도 모른다. 이 저서에서 처음으로 **기독교적** (Christelige)이라는 용어가 키르케고르의 본명으로 발표되는 저서 제목에 나타나게 된다. 물론 여러 해 동안 그의 저술 작업은 기독교적 주제를 맴돌았다. 1843년 이후 그는 신약성서 구절들을 첫 문장으로 인용하여 영적 삶에 관한 수십 편의 "건덕적 강화들"을 저술해왔다. 1844년에는 성육신의 "절대적 역설"을 주제로 하는 『철학적 단편』을 출판했으며, 그뿐만 아니라 원죄론에 대한 새로운 해석인 『불안의 개념』도 출판했다. 그러나 이 저작들은 모두 논리학자나 심리학자로서 종교적 문제를 다루고 스스로를 기독교인으로 묘사하기를 거부하는 허구의 저자들 명의로 저술되었다. 그런 익명들 아래 숨어서 키르케고르는 기독교를 에둘러서 암암리에 다룰 수 있었다. 몇 달 전인 1847년 가을에 그는 『사랑의 역사』에서 자신의 본명을 표기했다. 이 저작은 "네 이웃을 네 몸과 같이 사랑하라"라는 계명에 관한 일련의 "기독교적 성찰들"이다. 이제 그는 직접적으로 그리스도의 형상을 다루는바, 그리스도는 어린 시절부터 계속 그를 부르고, 두려움에 떨게 하며, 또 어리둥절하게 해오고 있다.

어떻게 인간으로 존재해야 하는가에 관한 그의 물음은 이 강력하고 수수께끼 같은 인물을 따른다는 과제로 수렴되고 있다. 이 좁은 길은 그를 교회로 더 가까워지게 할까, 아니면 교회 바깥으로 나가게 할까? 이것은 그를 끈질기게 괴롭혀온 문제의 새롭고 강화된 형태이다. 어떻게 그는 세상이 그에게 제공하는 진부한 삶의 형태 안에서 온전하고 진정한 인간이 될 수 있을까? 교회는 이 세상의 일부인가, 아니면 이 세상의 대안, 신성한 피난처, 영적 요새, 거룩한 성채인가? 교회에 갈 때 그는 도대체 어디로 **가는** 것인가? 극장이나 강의실, 혹은 시장에서와는 다른, 그 이상의 진리를 교회에서 발견하는가, 아니면 교회는 기독교계에서 가장 믿을 수 없는 장소가 되어버린 것인가?

루터파 교회가 국교인 이 나라에서 키르케고르는 루터 자신의 투쟁의 유산과 맞붙어 싸우고 있다. 1520년대 루터가 아직 수도사이자 로마 가톨릭 소속일 때, 그는 참 교회는 눈에 보이지 않으며, 오직 신앙으로 이루어진 영적 공동체이고, 모든 눈에 보이는 건물과 가톨릭계의 주교들은 복음에 대한 로마 교회의 왜곡이 만들어낸 타락한 유물이라고 주장했다. 그러나 루터교의 신앙 역시도 루터의 얼굴로 장식된 인쇄물을 퍼뜨리고 로마 교회 서적과 성인상을 불태우면서 그 자체가 만만찮게 가시적인 것으로 급속히 변질되었다. 루터의 영적 교회로 개종한 이들은 북유럽 전체에 걸쳐 코펜하겐의 성모교회를 포함한 물리적 교회의 통제권을 쟁취했다. 300년이 지난 후 루터파 교회는 키르케고르에게는 알쏭달쏭한 장소이다. 이것은 주의 집인가, 아니면 망상의 집인가?

자신의 영적 과업에 너무나도 강렬하게 이끌린 나머지 그는 이 과업의 무게와 급박함에 그 어떤 한계도 설정할 수 없었다. 키르케고르는 하나님에 대한 내면의 요구를 충족시킨다고 하는 교회가 종종 그 요구를 과소평가하거나 변질시키거나 또는 왜곡하는 것처럼 보일 때 어떻게 그 교회 안에서 이러한 내면의 요구를 표현해야 하는가를 묻고 있다. 그는 이 물음을 바로 예수에게까지 거슬러 올라가 확인할 수 있는데, 예수의 가르침이야말로 그가 속한 종교 공동체의 관습과 위계질서를 거침없이 깨뜨린 것이기 때문이다. 그리고 이 물음은 기독교 전통을 관통하여 내부로부터 그 전통에 생명력을 불어넣는 동시에 그 전통을 해체하면서 마치 영적 약동과도 같이 고동치고 있다. 루터파 교회에서 이 물음은 루터 사후 두 세기 동안 공인 종교의 한계를 뛰어넘는 경건주의의 부활을 촉진했다. 경건주의는 헌신을 교리보다 우위에 놓았으며, 영적 각성을 정통 신앙보다 우선시했다. 경건주의는 경건한 감정과 행위를 교리신조보다 강조하는 마음의 종교였다, 루터파 교회가 정치권력을 획득하고 세상 안에서 그 지위를 강화하는 동안, 많은 경건주의자들은 중세 가톨릭의 금욕적이고 신비적인 요소에 의존하여 세상적인 것을 단념하라고 권고했다. 또 다른 사람들에게 예수의 가르침은 장래를 고려하는 인류평등주의를 낳았다. 이러한 경건주의자들은 적극적으로 반-교권주의자들이자 사회주의자들이었으며, 주로 교회와 국가로부터 독립된 별도의 공동체에서 생활함으로써 그들의 급진적인 사상을 실천에 옮겼다. 루터교 정통파에 대한 경건주의의 대항운동은 덴마크의 공인 종교와 뒤얽혀 키르케고르의 기독교 교육을 형성했다. 왜냐하면 그의 아버지는 교단에 속하는 국교도였을 뿐 아니라 코펜하겐 경건주의 신도의 구성원이기도 했기 때문이다. 이러한 종교적 긴장은 마치 프로테스탄트 기독교 세계를 형성한 것과도 같이 그의 영혼을 형성했다. 그의 영적 유산은 3세기에 걸친 종교개혁 역사의 축소판인 것이다.

* * *

그의 아버지 미카엘이 자란 유틀란트 반도 서쪽은 18세기에 모라비아파 경건주의가 뿌리를 내린 덴마크 지역 중 하나였다. 도시로 이주한 후에도 미카엘은 유틀란트 가문의 경건주의에 여전히 충실했으며, 그 신앙은 자신의 자녀들에게 물려준 기독교를 가득 채웠다. 다른 경건주의자들처럼 모라비아파는 그리스도를 본보기 삼아 따르는 거룩한 삶을 열망했다. 이들은 하나님에 대한 예수의 깊고 내적인 믿음, 그의 순수한 순종, 겸손, 가난을 닮고자 노력한다. 물론 그 누구도 그런 벅찬 이상에 따라 살 수는 없다. 그리고 그렇게 하려는 온갖 노력은 인간이 하나님의 용서와 구속(救贖)이 필요한 죄인이라는 사실을 더 분명하게 해줄 뿐이다.

미카엘이 1760년대에 코펜하겐에 도착했을 때, 모라비아파는 그곳에서 30년 동안 자리를 잡고 있었으며 그들의 형제회가 번창하고 있었다. 그는 성공한 사업가가 되자 이 단체의 재정을 감독하는 데 도움을 주었다.[2] 그는 1816년에 스톰가데(Stormgade) 소재의 상당히 규모가 큰 집회소를 구입하는 것과 관련해 조언을 해주었으며, 재산을 많이 기부하는 관대한 사람으로 알려지지는 않았지만 그 집단에서 가장 신심 깊은 구성원 중 한 명으로 여겨졌다. 키르케고르의 유년시절 동안 이 코펜하겐 형제회는 레우스(J. C. Reuss)의 인도 아래 날로 번창했다. 레우스는 인류평등주의를 주장하는 모라비아파 정착지인 동부 유틀란트의 크리스티안스펠드(Christiansfeld)에서 코펜하겐으로 왔으며, 장식 없는 교회와 기타 부속 건물을 계획했다. 그의 설교는 대규모 회중을 끌어들였다. 일요일 저녁이 되면 수백 명의 코펜하겐 시민이 스톰가데의 집회소에 모여 함께 기도하고 찬송가를 부르며 "영혼을 일깨우는 강화들"에 귀를 기울였다. 일요일마다 그는 회중에게 그들의 도덕적 나약함과 인간에게 하나님이 얼마나 절실하게 필요한 분인지를 일깨웠으며, 또 예수를 따를 것을 촉구했다. "우리는 우리가 죄인임을 압니다. 우리의 불완전함과 나약함은 말할 수 없이 심각하고 또 우리는 너무나도 많이 그리고 자주 되풀이해서 잘못을 저지릅니다. (…) 우리 구주께서는 우리를 불쌍히 여기시고, 우리의 마음을 아시고, 우리의 죄 많음도 아시고, 우리가 겸손과 사랑으로 그분의 생각과 마음에 따라 그분을 위해 살기 위해 우리에게 얼마나 도움과 위로와 힘과 격려가 필요한지 아십니다. 그분은 또 우리 모두에게 언제든 귀한 축복을 주시며, 우리의 지친 영혼을 은총의 선물로 채워주실 준비가 되어 있습니다. 사랑하는 형제들이여, 우리는 우리 마음이 그분을 위해 열려 있음을 보여드려야 합니다."[3]

미카엘은 이런 내용을 집으로 와서 가족들에게 전해주었으며, 1820년대에는 키르케고르가 아버지와 형들을 따라 모라비아파 집회소에 출석하기 시작했다. 그러나 미카엘은 경건한 신도였을 뿐 아니라 견실한 시민이자 빈틈없는 상인으로서, 자신이 힘겹게 얻은 부르주아 신분을 훨씬 과격하고 반체제 성향인 모라비아파의 대의를 위해 희생할 가능성이

삼위일체교회와 원형탑, 1749년

결코 없어 보였다. 경건주의에 대한 그의 공감은 덴마크 국교회에 대한 그의 서약을 위태롭게 하지 않았다. 그는 매주 일요일 아침이면 자신이 속한 교구 교회에 출석하고, 일요일 저녁에는 스톰가데의 집회소에 출석했다.

1813년 국가 파산 이후 덴마크의 심각한 경제 위기로 성모교회의 재건과 복구가 더뎌졌고, 이 교회의 성직자들과 대다수의 교구민들은 근처의 삼위일체교회에서 예배를 보았다. 이 17세기 교회는 종교를 과학 및 지식과 결합시켰다. 2층에는 대학 도서관이 있고, 그 아래 교회는 육중한 내부 기둥들이 지탱하고 있으며, 교회 건물에 접해 있는 원형탑은 천문대였다. 1820년대에 키르케고르의 아버지는 많은 이웃들과 마찬가지로 성모교회 교구의 카리스마 넘치는 원로 목사인 뮌스테르(Jakob Peter Mynster)에게 이끌려 이 거대한 대학 교회의 집회에 참가했다. 뮌스테르의 존재는 "저절로 존경의 마음을 품게 했다."[4] 그를 만난 사람은 "따뜻한 마음과 위엄 있는 성품"에 감탄했을 뿐 아니라 "그리스도가 보여준 성스러운 형태로 변화된 인간 영혼의 순수한 훌륭함"을 구현한 모습에 고양됨을 느꼈다. 미카엘은 신앙고백과 성찬식을 위해 뮌스테르를 찾아갔으며,[5] 언제나 뮌스테르가 설교했던 일요일 예배에 가족들을 데려갔다. 그런 까닭에 1828년 4월 삼위일체교회에서 그의 열다섯 번째 생일을 앞두고 키르케고르에게 견진성사를 행한 것도 뮌스테르였으며, 그의 첫 번째 성찬식을 집전한 것도 역시 뮌스테르였다.[6]

뮌스테르가 키르케고르를 덴마크 국교회로 입문시킨 것은 공식적인 것만이 아니었다. 그의 성장기 동안 이 목사는 그의 가장 영향력 있는 기독교 교사이자 귀감이었다. 그는 뮌스테르의 감동적이고 마음을 뒤흔들어놓는 설교를 들으면서 자랐다. 이 설교는 삼위일체교회에서 들었을 뿐 아니라 뉘토르브 2번지에서 자주 낭독되었다. 키르케고르는 어린 시절 아버지가 그에게 이 설교문 중 하나를 큰 소리로 낭독하면 동전 하나를 주고, 뮌스테르가 그 주 일요일에 교회에서 설교한 설교문을 써내면 동전 다섯 개를 주겠다고 약속한 것을 기억한다.[7] 또 그는 자신이 돈을 갖고 싶었는데도 불구하고 어떻게 거부했는지를 그리고 아버지에게 자기를 그런 식으로 유혹해서는 안 된다고 말한 것을 기억한다. 자신의 목자에 대한 미카엘의 크나큰 존경심은 뮌스테르에게

야코프 페테르 뮌스테르

아버지를 대신하는 권위를 불어넣었고, 이 권위는 키르케고르가 아버지에게서 느꼈던 것과 마찬가지로 진실하고 공공연한 존경심과 심오하고 은폐된 반항심의 강력한 혼합을 초래했다.

뮌스테르는 미카엘보다 거의 20년 후인 1775년에 태어났다. 그는 유년시절에 고아가 되었으며, 경건주의자인 계부의 금욕적인 기독교가 뮌스테르의 타고난 종교적 감수성에 상처를 입혔다. 심지어 그가 셸란섬(Zealand) 남부에서 교구 목사가 된 후에도 뮌스테르는 자신의 소명에 확신이 없었다. 그러나 이런 사정은 1803년에 바뀌었다. 이때 그는 심오한 영적 자각을 경험했으며, 그의 모든 의구심은 자신의 양심에 대한 깊은 신뢰와 내면에 있는 하나님의 목소리로 진정되었다. 그는 이 내면의 목소리에 절대적으로 복종하기로 결심했으며, 그것에 순종함으로써 영원한 평안을 찾았다. 그때부터 뮌스테르는 매주 그의 신도들에게 각자의 양심을 따를 것을 권면하고, 그들의 간절한 도덕적 노력은 반드시 평안과 행복으로 보답받을 것이라고 역설했다. 그는 자신의 설교를 출판하기 시작했다. 1811년에 그는 코펜하겐에 와서 황폐해진 성모교회의 목사가 되었고, 코펜하겐에서 그의 영향력과 대중적 인기는 점점 커졌다.

키르케고르와 마찬가지로 뮌스테르는 교양 있고 세련된 사상가이자 재능 있는 작가이고 뛰어난 설교자였다. 게다가 그 역시 유년기의 종교적 가정교육과 투쟁했다. 그러나 키르케고르와는 달리, 뮌스테르는 태생적으로 절제력이 탁월했다. 중용을 행할 수 있는 뛰어난 능력 덕분에 그는 모든 계층의 사람들의 마음을 사로잡았을 뿐 아니라 덴마크 기독교의 반세기를 대변하면서도 그것이 한쪽으로 치우치는 것을 막을 수 있었다. 여전히 공인 신학을 지배하고 있는 계몽주의 합리론자들처럼 뮌스테르는 인간의 본성에 관한 한 낙관주의자이다. 양심에 대한 그의 호소는 인간의 분별력에 대한 확고한 믿음을 표현한다. 경건주의자들처럼 그는 인간 경험의 정서적 심연 속으로 기꺼이 모험해 들어가 영적 삶에 정성을 들인다. 낭만주의자들처럼 그는 하나님과 자연 세계 사이에서 조화를 찾는다. 그러나 그는 합리론의 냉담함을, 경건주의의 극단적 경향을, 낭만주의의 비정통성을 피한다. 그래서 뮌스테르의 설교는 회중 가운데 교양이 많은 사람뿐 아니라 교양이 부족한 사람에게도 환영받는다. 왜냐하면 그는 지적 엄숙성을 단순하고 정직한 믿음에 대한 취향과 결합하기 때문이다. 그는 초임 목사직을 맡기 전에 칸트와 셸링을 연구했기 때문에 자유의 이념을 철학의 핵심으로 삼는 근대 독일 사상가들에 정통하지만 정작 그의 천성은 보수적이다. 그는 정통 신학과 절대 군주제와 관련해 질서와 전통을 온건하게 옹호하면서 이런 확립된 체계들이 개인의 자유에 가장 많이 도움이 된다고 주장한다.

1828년 키르케고르에게 첫 성찬식을 집전했을 때, 뮌스테르는 덴마크 국교회에서 순조로운 출세가도를 달리며 최고 위직을 목전에 두고 있었다. 키르케고르의 유년시절에 뮌스테르는 교계 안에서 꾸준히 영향력을 쌓아가고 있었다. 그는 목회자 양성 신학교와 덴마크 성서공회의 임원이 되었으며 코펜하겐 대학 총장이 되었다. 또한 덴마크 전역의 학교에서 사용되는 루터의 소교리문답서 신판을 집필했고, 신약성서의 덴마크어 번역을 개정하는 데 참여했다. 그는 국가교회의 지도자인 셸란섬 감독의 딸과 결혼했다. 1826년에는 왕실 설교자로 지명되었으며, 얼마 지나지 않아 "코펜하겐 최상류층의 예배 장소"[8]인 왕실교회 목사라는 존경받는 직위로 승진했다. 1834년 장인이 세상을 떠난 후[9] 뮌스테르는 셸란섬의 감독이 되었으며, 덴마크 루터파 교회의 현존하는 가장 두드러진 대표자가 되었다. 이 고위직은 전면에 벨

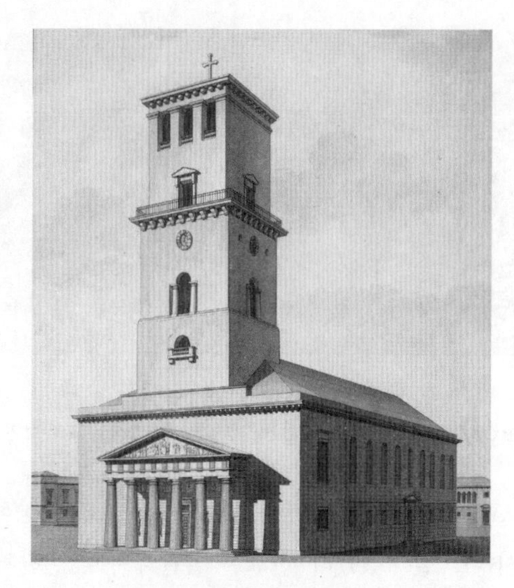

한센의 성모교회

벳을 덧댄 비단 소재의 법복 착용을 규정하고 있다. 그리고 국왕은 그에게 다네브로 기사 작위를 수여했는데, 이 작위는 목에는 순금 십자가를 걸고 왼쪽 가슴에는 마치 별처럼 은빛 선들로 장식된 더 큰 십자가를 패용할 것을 규정하고 있다.

뮌스테르는 1829년 여름 마침내 성모교회가 다시 문을 열기 전에 이미 자신의 교구를 떠나 왕궁으로 옮겨간 상태였다. 그러나 뮌스테르의 설교처럼 이 새로운 교회는 교구민들에게 성서적 전통에 뿌리를 둔 근대적·계몽적 기독교의 본보기를 제공했다. 이 교회의 건축가는 신고전주의 양식으로 유명한 한센(Christian Frederik Hansen)이었다. 그는 이미

한센의 법원과 시청, 1850년

(키르케고르가 태어난 뉘토르브 2번지의 집이 그림 우측에 보인다)

키르케고르의 생가 바로 옆에 있는 뉘토르브의 인상적인 법원과 시청을 설계했었다. 한센은 법원의 주랑 현관처럼 교회의 현관을 여섯 개의 돌기둥을 세워 재건했다. 두 건물 모두 고대 로마의 인본주의적 이상을 내세웠으며 그 이상은 지금 프로테스탄트 기독교계에 의해서 계몽주의 합리성의 기초로, 또 보편적 도덕성과 영속적인 시민 생활의 토대로 다시 태어나고 있다.

성모교회가 다시 봉헌된 지 5일 후인 1829년 6월 12일, 키르케고르가 성모교회에 처음으로 들어갔을 때 그의 나이는 열여섯이었다. 그날 금요일 아침에 그는 가족을 따라 커다란 주랑을 지나 크고 밝은 내부로 들어가 본당 회중석 좌우로 여섯 개씩 우뚝 솟아 있는 사도들의 입상을 올려다보았다. 이 성모교회에는 성모 마리아도 아기 예수도 없었다. 스칸디나비아에서 가장 유명한 조각가인 토발센(Bertel

코펜하겐 성모교회 내부

Thorvaldsen)은 근육질의 열두 사도(실제 인체 크기보다 크고, 한센이 그 조각상들을 위하여 지어놓은 받침보다도 훨씬 큰)를 로마 장군의 자세로, 당당하게 회중을 내려다보는 모습으로 조각하여 한센의 고전주의 주제를 증폭해놓았다. 그렇지만 이 어깨가 떡 벌어진 사도들은 순교의 상징을 지니고 있었으며, 이는 키르케고르에게 자기를 따르는 자들은 믿음을 위해 수난을 당하고 목숨도 잃을 수 있다는 예수의 무서운 경고를 상기시켰다.

그리고 그는 제단 뒤에서 바로 자신의 앞에 있는 그리스도의 형상을 보았다. 토발센은 이 조각상을 열두 사도보다 더 크고 육중하게 조각하여 세워놓았다. 그러나 열두 사도의 조각상과는 달리, 이 그리스도상은 관대함과 자비로움을

토발센의 〈그리스도〉(1838)

발산했다. 머리는 앞으로 숙이고 두 팔을 쭉 뻗고 두 손은 활짝 편 채 마치 제자들을 만나 넓은 가슴으로 껴안기라도 하는 것처럼 앞으로 한 발 내밀고 있었다. 이런 자세는 깊은 정적을 표현했다. 그의 적막에 싸인 권능은 놀라웠다. 그는 사람들을 안으로 끌어당겼지만, 그와 동시에 사람들을 멈추어 서게 했다. 그의 다리 아래에 있는 대리석 받침대에는 금으로 양각 세공된 KOMMER TIL MIG라는 글자가 새겨져 있었다. 물론 키르케고르는 마태오의 복음서에 나오는 이 말을 알고 있었다. 이는 "고생하며 무거운 짐을 지고 허덕이는 사람은 다 나에게로 오너라. 내가 편히 쉬게 하리라"에서 따온 구절이다.

* * *

거의 20년 전인 그날 이후로 그는 성모교회의 웅장한 입구를 수없이 지나다녔다. 교회에 출석하는 대부분 덴마크인들의 관습처럼 그는 매주 일요일 아침 예배에 참석하고 일 년에 한두 번 금요일 성찬식에 참여하는데 이때 교회는 정적에 싸여 있고 회중의 수는 적다. 그리고 이 부활절 아침에 그랬던 것처럼 매번 그가 성모교회에 들어가 저 열두 사도의 당당한 시선 아래 걸을 때마다 강력한 부름이 되풀이된다. "고생하며 무거운 짐을 지고 허덕이는 사람은 다 나에게로 오너라. 내가 편히 쉬게 하리라."

이 구절은 너무나도 확실하고 너무나도 명확하다. 명령을 하고, 또 약속을 한다. 루터에게 복음에 대한 그의 새로운 해석의 특징이자 모든 믿음 있는 자를 위한 구원의 분명한 확신을 표현하는 것은 바로 이와 같은 말이었다.[10] 그러나 키르케고르에게 이 구절은 끝없는 물음을 담고 있다.[11] 말하자면 항상 똑같은 물음이자 재삼재사 끝없이 제기되는 물음이다. 어째서 실존은 고단한가, 그리고 그가 계속 짊어지고 있는 이 무거운 짐은 도대체 무엇인가? 인간으로 존재하는 것이 타인에게는 순조로워 보이는데 어째서 그에게는 이렇게 어려운가? 그는 어떤 종류의 안식을 구하고 있으며 어째서 혼자 힘으로는 안식을 찾을 수 없는가? 대부분의 길이 평안에 이르는 진실한 방향과는 전혀 다른 곳으로 나 있는 이 세상에서 그리스도를 따른다는 것은 무엇을 의미하는가? 어째서 그리스도는 그렇게 멀리, 심지어 기독교가 1800년이나 존속해 오고 있는데도 그렇게 멀리 떨어져 있는 것처럼 보이는가? 이 모든 설교, 기도, 치밀한 교리, 성서 주석과 교회 정치는, 한마디로 기독교계를 구성하는 것들은 사람들을 하나님에게 더 가까이 인도했는가, 아니면 사람들을 하나님으로부터 더 멀어지게 했는가? 만일 그리스도를 따르는 것이 어려운 일일 수밖에 없다면—저 오랫동안 고통받고 있는 사도들을 보라!—삶을 영위할 훨씬 안락한 길들이 이렇게 많은데 대체 누가 그리스도의 좁은 가시밭길을 선택하겠는가?

키르케고르는 뮌스테르 감독이 이 물음들에 너무 쉽게 대답한다고, 그렇기 때문에 거의 대답하지 않는다고 생각한다. 300년 넘는 세월이 흐르는 동안 루터의 열렬한 확신은 점차 식어서 자기만족으로 변해버렸다. 뮌스테르의 설교는 "달콤한 위안"을 제공하거니와, 이는 사람의 마음을 덮어버리고 그 마음을 고집스럽게 하나님에게서 멀어지게 만드는 수많은 이중성(자기회피, 자기기만, 자기파괴)을 과소평가하고 있다. "하나님의 섭리가 지상에서 일어나는 모든 것을 다 포함한다는 진리는 모든 인간의 지성에 의해 파악될 수 있고 모든 인간의 마음에 의해 느껴질 수 있다"[12]라고 뮌스테르는 역설한다. 뮌스테르 감독은 영적 도약 이전에 그 자신이 그랬던 것처럼 사람들이 복음의 보증에도 불구하고 하나님에 대한 불안과 의심의 짐을 태어나면서부터 짊어지고 있음을 알고 있지만, 이 짐이 그리스도의 죄 사함의 약속에 의해 덜어질 수 있다고 믿는다. 1823년부터 계속 해온 두꺼운 분량의 설교집에 있는 마태오의 복음서 11장 28절에 대한 뮌스테르의 설교는, 키르케고르의 집에서 매우 자주 읽혔거니와, 이 점을 명확하게 설명하고 있다. 예수께서 "고생하며 무거운 짐을 지고 허덕이는 사람은 다 나에게로 오너라. 내가 편히 쉬게 하리라"라고 말씀하실 때, 그는 "의심이 많은 자에게는 확신을, 고군분투하는 자에게는 힘을, 슬퍼하는 자에게는 위로를"[13] 제공하고 있다는 것이다. 따라서 사람들이 정직하고 겸손하다면, 그리스도의 말씀을 이해하고 "행복과 축복"[14]을 얻는다고 뮌스테르는 설교한다.

뮌스테르의 위로가 되는 말은 매력적이다. 그러나 키르케고르가 보기에 바로 이러한 매력이 그의 말을 그릇되게 만드는데, 키르케고르는 줄곧 기독교가 사람을 잡아끌기도 하지만 혼란에 빠트리기도 한다고 생각해왔기 때문이다. 또 그는 분명히 뮌스테르의 온건주의 성향을 같이하고 있지 않다. 그는 동시에 두 극단에 존재하는 진리에 끌린다. 그리고 인간 경험의 진실은 이와 같을 때가 흔하다. 단 하루에도, 단 한 시간에도 사람은 고통과 기쁨을, 절망과 믿음을, 극심한 불안과 심오한 평안을 느낄 수 있는 것이다.

이것이 키르케고르가 기독교에서 진리를 찾는 방법이다. 그는 기독교의 가르침이 현대에 와서 역사가나 과학자에 의해 확인될 수 있는 사실을 포함하고 있다고 생각하지 않는다. 그는 예수의 사례에서 인간 실존의 두 극단을 보고 있으며 그것이 예수 자신의 가장 심오한 진리를 구성하고 있다고 생각한다. "비록 그는 축복의 권능을 지니고 있으나, 그에게 다가가는 모든 이에게는 마치 일종의 저주와도 같은 존재였다. (…) 그를 사랑한 저 극소수의 사람들에게는 재난의 원인과도 같아서 그들의 손목을 비틀어 가장 무서운 결단 속으로 몰아넣어야만 했고, 어머니에게는 날카로운 칼이 되어 그녀의 심장을 찌를 수밖에 없었으며, 제자들에게는 십자가에 박힌 사랑이 되지 않으면 안 되었다"[15]라고 키르케고르는 작년에 출판한 "건덕적 강화들" 중 한 편에서 썼다. 예수는 역설이다. 그는 자신을 따르는 이들에게 온전해지라고 촉구했지만, 스스로는 항상 죄인이나 세리와 함께했다. 그는 끊임없는 노력을 요하고 준엄한 판단을 실행하는 순수한 마음의 이상을 가르쳤지만, 동시에 모든 것을 평등한 사랑으로 받아들이는 자비의 표상이었다. 인간으로 존재하는 것은 축복인 동시에 저주이고, 우리가 하나님에게 더 가까이 갈수록 더더욱 그러하며, 예수는 다른 누구보다 이를 예증한다고 키르케고르는 믿는다.

그렇기 때문에 뮌스테르의 설교에는 일정 부분 인간 감정의 포착과 영적 삶에 관한 진지한 마음 등 지혜가 있는 반면, 이것만으로는 결코 충분하지가 않다. 저술가로서 키르케고르의 목적은 이제 "기독교의 내면적 깊이 다지기"이다. 그는 하나님에 대한 자기 이웃들의 필요성을 심화시켜서 이러한 필요성을 충족하는 은총이 더욱더 강력하면서도 심오해지게 하지 않으면 안 된다. "지금까지 사람들은 기독교를 경솔하게 선택하고 또 너무나 가벼운 것으로 변질시켜버린 탓에 이제 은총이 무엇인지 잊어버렸다. 기독교가 더 가혹한 것이 될수록 은총은 일종의 인간적 공감이 아니라 은총으로서 더 명백해지게 된다."[16] 뮌스테르 감독이 복음을 단순한 위안으로 변질시킬 때 키르케고르는 그가 복음을 그릇되게 제시한다고, 기독교를 너무나도 편안한 것이자 너무나도 안락한 것으로 만든다고, 그러나 자만에 가득 찬 이 시대에는 오히려 정반대의 것이 필요하다고 믿는다. 성모교회에 있는 토발센의 두 팔 벌린 예수는 뮌스테르의 신학을 반영하고 있다. 이 평온하고 힘이 넘치는 형상은 수척하고 피투성이이며 고뇌에 찬 중세 신앙의 그리스도와는, 루터파 경건주의자들이 채택한 그리스도와는 전혀 닮은 점이 없다. 그런데도 키르케고르는 그의 말에서 그리스도를 따르라는 경건주의의 주장을 듣고 있다. 왜냐하면 그는 "나를 찬미하라"거나 "나에게 순종하라"거나 혹은 심지어 "나를 경배하라"라고 말하지 않으며 다만 "나에게로 오너라"라고 말하기 때문이다.

『기독교적 강화집』이 발표되고 그로부터 사흘이 지난 지금, 코펜하겐 시민들은 견고한 성모교회에서 그리고 위안을 주는 감독의 설교에서 구현되는 "마음을 안정시키는 보장"에서 "깨어나게" 될 것이다. 이 책의 스물여덟 편의 강화 가운데 일부는 성모교회를 대상으로 하고 있으며, 그중 한 편은 전도서의 한 구절인 "너는 하나님의 집에 들어갈 때에 네 발을 삼갈지어다"라는 말을 고찰한다. 그것은 토발센의 정성들인 조각상에서 구현된 그리고 설교단을 장식하고 있는 끈기 있게 수놓아진 벨벳으로 구현된 고요한 정적을 환기하는 것으로 시작되고 "얼마나 고요하고 얼마나 위로가 있는가! 하지만 슬프다, 이 안전 속에 얼마나 큰 위험이 있는가!"[17]라고 외친다. 종교적으로 우리 모두는 "각성"이 필요한데도 이 교회의 설교는 "우리를 달래서 잠에 빠지게 만들" 것이다. 사실 그것은 "진정시키기" 위한 의도로 공들여 설계된 것 같다. 이와는 반대로 『기독교적 강화집』은 독자의 영적 감각에 대한 "공격", 일종의 폭행이다. 그리스도에게 나아가는 자는 안식을 찾을 것이다. 그러나 그들은 먼저 깨어나고 일어나서 움직이고 마음을 바꾸지 않으면 안 된다. 게다가 약속된 안식이 나타나기 전에 그리스도를 따르는 길이 어디로 나 있는지 누가 안단 말인가?

1843년 이래로 키르케고르는 두 편, 세 편 혹은 네 편의 설교 모음집을 정기적으로 출판해 왔으나, 그는 이 설교들을 "건덕적 강화"(upbuilding discourses)라고 불렀다. 이 강화들은 부분적으로는 모라비아파 설교에서 영감을 받은 영적 글쓰기의 한 장르이다. 이 강화들은 각각의 모든 독자에게 개인 대 개인으로 말을 걸고 있으며 그 어떤 교회적 권위도 거부한다. 그렇지만 자신의 새로운 설교를 "기독교적 강화"라고 명명함으로써, 그리고 그중 많은 부분의 배경을 성모교회로 연극적으로 설정함으로써, 키르케고르는 뮌스테르 감독의 영토로 과감한 일보를 내딛고 있다. 이 저서의 마지막 일곱 편의 강화는 성모교회의 금요 성찬예배를 염두에 두기라도 한 양 저술되었는데, 이 예배에서는 언제나 빵과 포도주를 나누어 주기 전에 먼저 짤막한 설교가 행해진다. 성찬예배 강화는 키르케고르가 가장 선호하는 장르가 되어 가고 있다. 그는 지속적으로 이 장르로 되돌아오며, 또 새로운 강화를 쓸 때마다 어김없이 자신의 저술을 성모교회의 심장부로 들이밀고서 기독교인들이 하나님에게 더 가까이 갈 준비를 해야 할 때라고 강조한다.

그런데 이것은 단순히 상상 속의 행위가 아니다. 지난여름 키르케고르는 성모교회에서 두 번의 금요성찬예배 강화를 행했다. 첫 번째 강화를 행할 때 그는 제단 바로 뒤에 놓인 토발센의 그리스도상 아래에 새겨진 구절인 마태오의 복음서 11장 28절에 관해 설교했는데,[18] 그는 설교하면서 청중에게 그리스도상을 바라보게 했다. "보시오, 그분이 두 팔을 벌리고 "이리로 오라, 나에게로 이리 오너라, 수고하고 무거운 짐 진 자들아"라고 말씀하고 계십니다." 그날 아침 성찬예배에 출석한 신도는 대략 30여 명 남짓이었는데, 그중에는 은퇴한 도살업자, 야경원, 신학생, 선원 부부 한 쌍, 대장장이, 평의원, 그리고 선술집 과부와 그녀의 딸 등이 있었다. 예수께서 말씀하시는 "짐"은, 키르케고르가 그들에게 설명한 바에 의하면, 그들을 교회로 이끈 "하나님을 향한 갈망"이다. 그런 다음 그는 이해하지 못한 채 고통을 겪는 것이 얼마나 어려운 일인지에 관해 이야기했다. 이것이야말로 인간의 엄청난 짐 가운데 하나로서 오직 그리스도에 의해서만 덜어질 수 있을 따름이다. "특별히 어떤 것이 나를 괴롭게 하는 것인지 나는 모릅니다, 여러분. 아마도 나는 여러분의 슬픔을 이해하지 못할 것이고 또 그에 관해서 어떻게 통찰력 있게 말해야 할지도 모르겠습니다. 그러나 그리스도는 그 어떤 인간보다도 더 비통하게 모든 인간의 슬픔을 겪었습니다. (…) 그분은 여러분의 모든 슬픔을 여러분 자신이 이해하는 것보다 더 잘 이해하실 뿐 아니라, 여러분 대신 짐을 떠맡아서 여러분에게 영혼을 위한 안식을 주기를 원하십니다."[19]

이것이 키르케고르가 교회 회중에게 행한 첫 번째 강화였는데도 불구하고 그의 목소리는 매우 능숙했다. 저술을 할 때 그는 자신의 문장을 소리 내어 자주 여러 번 반복해서 그 운율과 선율을 살피며 낭독하곤 한다. 그는 "피리 부는 사람이 피리를 불면서 스스로 즐기는 것처럼"[20] 여러 시간을 보내며, 이렇게 하는 동안 "언어의 울림에, 다시 말하자면 그것이 사상으로 충만한 채 울려 퍼질 때 사랑에" 빠진다. 금요성찬예배를 위해 성모교회에 모인 저 30여 명의 코펜하겐 시민들은 몇 분 동안 이 은밀한 세계에 받아들여진 것을 깨닫는다. 키르케고르의 설교를 들은 한 남자는 그의 "대단히 가냘프지만 엄청나게 의미심장한 목소리"[21]에 깊은 인상을 받았다. 그는 "그처럼 음조를 자유자재로, 심지어 가장 미묘한 뉘앙스까지도 구사할 수 있는" 목소리를 결코 들어본 적이 없었으며, 그것이 결코 잊지 못할 경험이라고 생각했다.

몇 주 후 1847년 8월에 키르케고르는 성모교회에서 두 번째 설교를 했다. 이번에도 그는 청중들을 교회로 이끌고 온 하나님을 향한 "진심으로 우러나오는 갈망"을 주제로 말했다. 그는 예배에 출석하는 것이 이러한 갈망을 약화시켜서는 안 되며, 오히려 그 갈망을 더 깊고 강렬하게 만들어야 한다고 믿는다. 이 설교에서 그는 금요성찬예배 의식에 대해 고찰했는데, 이는 그가 1828년에 처음으로 뮌스테르에게 영성체를 받은 이후로 지금까지 계속해온 그의 관행이었다. 금요일은 코펜하겐에서는 으레 고적한 날, 기도하는 날이었지만, 세속적인 일상의 것들이 점차 전통적인 종교적 관례를 대신해버려 금요일에 영성체를 행하는 것도 이제는 거리에서의 생활의 흐름과 반대로 가고 있는바, 거리에서 사람들은 다른 요일들과 똑같이 일하고 장사하고 쇼핑을 하고 있다. 요즘의 금요예배는 일요예배보다 출석하는 신도의 수가 훨씬 적고 더욱 사사로운데, 키르케고르는 항상 성찬 예식이 시작되기 전에 교회를 떠난다. 일요일에 교회에 출석할 때 그는 군중을 따라 간다. 금요일에 그는 성모교회에 "남들이 보는 가운데 공공연히, 그러면서도 은밀하게, 이방인으로서, 저 많은 사람들 속에 섞여서"[22] 갈 수 있다. 그리고 교회 안에서는 "저기 바깥에서의 일상생활의 소음이 이

아치형의 공간 내부에서도 들릴 정도로 왁자지껄한데, 그런 까닭에 여기 이 공간 안에서는 이 성스러운 정적이 훨씬 두드러진다."

키르케고르가 대중의 시선 아래서 성찬예배에 가는 방식은 마치 비밀 요원처럼 내밀하거니와, 이는 기독교인이 되는 그의 방식을 요약하고 있다. 이렇게 반쯤은 은폐된 길을 따라서, 그는 관습과 의무라는 전통적인 명령으로부터 하나님을 향한 자신의 "내적 필요성"을 유지하기 위해 고군분투한다. 세상이 제공하는 종교적 구조 안에서 "단독자"로 남아 있는 것은 그처럼 종종 불가능해 보이는 행위, 섬세하면서도 복잡하게 균형을 잡는 행위이다. 지난해에 그는 자신의 금요성찬예배 강화모음집을 뮌스테르 감독에게 헌정할 것을 검토했다. "마음속의 아버지와 함께 나는 그것을 정말로 하고 싶다."[23] 그러나 결국은 감독에 대한 태도가 숭배와 경멸 사이에서 갈팡질팡하다가 "내 인생의 행로는 내 저서를 그 어떤 생존 인물에게 헌정하기에는 너무나 불확실하다"라고 결론지었다. 그때까지 그는 자신의 저술과 관련하여 "명예와 존경을 받을지, 아니면 모욕과 박해를 받을지"에 대해서 확신이 서지 않았다. 그리고 그는 『기독교적 강화집』을 출간한 1848년 부활절인 지금보다 "더 저술 작업을 중단하겠다고 마음먹은 적은 없었다."[24]

"뮌스테르 감독에게 경의를 표하자"[25]라고 키르케고르는 지난해 일지에 썼다. "나는 뮌스테르 감독 외에는 그 누구에게도 탄복한 적이 없으며, 그에게서 아버지를 떠올리는 것은 항상 나의 기쁨이다. 그의 처지로 말하자면, 그를 공격했던 그 누구보다도 내가 그의 들쭉날쭉함을 훨씬 분명하게 아주 잘 알고 있다. (…) 그의 삶에는 도저히 회피할 수 없는 양면성이 있는데, 왜냐하면 "국교회"가 바로 양면성인 까닭이다." 물론 뮌스테르 감독을 향한 키르케고르의 찬미에도 깊은 양면성이 있는바, 그는 뮌스테르 감독을 자신의 아버지와 지나치게 밀접하게 관련시키고 있기 때문이다.

덴마크 국교회의 안락한 세속성을 점점 더 견딜 수 없음을 알게 되면서, 이 세상에서 어떻게 살 것인가라는 그의 물음은 이 교회와의 관계, 그리고 뮌스테르와의 관계와 점점 더 얽혀 가고 있다. 모라비아파 경건주의자들은 세상으로부터 은둔함으로써 신성을 추구했다. 그들은 크리스티안스펠드처럼 수도원과 크게 다르지 않은 자신들만의 고립된 장소를 창조했으며, 국교회 바깥에 그들만의 단체를 형성했다. 비록 키르케고르의 아버지처럼 많은 덴마크인들이 모라비아파 집회소와 그들이 속한 교구교회 사이를 별 문제 없이 오가긴 했지만 말이다. 키르케고르는 목사들이 예수 자신도 수도원에 들어가거나 사막에 가서 살지 않았다는 사실을 지적함으로써 그들 교회의 세속적인 성격을 옹호하는 것을 들어왔다. 그러나 그가 생각하기로는, 예수의 경우에는 수도사가 되거나 은둔자가 되는 것이 유혹—저 의심 많고 어리석은 군중을 떠나면 얼마나 큰 짐을 덜겠는가!—이었던 반면, 이 세상에 있는 것은 체념의 행위였다. 예수가 이 세상에 머물렀던 것은 "법무장관이 되거나, 기사단의 일원이 되거나, 이런저런 단체의 명예회원이 되기 위함이 아니라, 수난을 당하기 위함이었다."

그리고 키르케고르는 자신의 삶 역시 이런 식으로 이해하게 되고 있다. 저술가가 됨으로써 어떤 의미에서 그는 시민생활로부터 유리되었다. 1841년에 이것은 그에게는 레기네와 결혼하고 직업을 갖는 것에 대한 분명한 대안이었다. 그런데도 그의 저작들은 세상과 맞닥뜨렸고 자신에게 주목할 것을 요구해왔다. 그는 코펜하겐의 거리에서, 지역 언론에서, 이 도시의 문학계 및 지식인 집단 내부에서 스스로를 부각시켜 왔으며, 자신의 저작뿐 아니라 자신의 삶에 대해서도 스스로를 그들의 판단에 내맡겨왔다. 이런 식으로 작가가 되는 것은 결코 세상으로부터의 물러남이 아니다. 이것이 그가 끊임없이 저술활동을 멈추고 싶은 유혹을 받아온 까닭이며, 또 아마도 그가 지금 멈출 수 없다고 생각하는 이유이기도 할 것이다. 그는 서둘러 집으로 돌아가 펜과 잉크 그리고 원고지를 잡으면서, 은둔자가 되는 것은 너무도 손쉬운 일일 것이라고 스스로에게 말한다. 이제 그는 내부로부터 교회를 자극하여 신실함을 회복하게 하기 위하여 자신이 교회 내부에서 더욱 유명해져야 하는지, 더 큰 영향력을 얻어야 하는지 고민하고 있다.

그가 자신의 실존이 수난과 성취라는 커다란 두 극단 사이에서 분열되고 있다고, 또 자신을 거의 그 극한까지 내몰고 있다고 느끼는 것처럼, 그는 기독교를 그 심오함의 깊이를 더하기 위하여 이 두 방향으로 잡아당기려 하고 있다. 스톰가데의 집회소에서 그가 늘 듣곤 하던 모라비아파 설교자들의 가르침처럼 그는 예수의 수난을 강조한다. 그러나 그는 피 흘리며 십자가에 매달리는 것보다, 하나님과 만나는 법을 가르치려고 애썼던 이 특별한 사람을 이해할 수 없는 사람들 사이에서 살아야 하는 내면의 고뇌가 훨씬 고통스럽다고 생각한다. 그는 자신이 오해받고 있는 세상에서 그 자신 또한 수난당하고 있다고 느낀다. 그는 예수가 그를 따르는 자들이 "위안을 얻기 전에 먼저, 그 자신처럼 그렇게 비참하게 되는 것을"[26] 바라는지 고민하고 있다.

그런데 그는 비록 고통과 시련의 극단에서만 그러하겠지만 위안을 얻을 거라고 믿는다. 그는 믿음이란 수난을 회피해서도 또 그 속에 매몰되어서도 안 되며, 마침내 기쁨을 찾을 때까지 오로지 수난을 감내하고 나가야 한다고 확신한다. 심지어 지금, 이 화창한 부활절 날에도, 그에게 일어난 이 모든 일 이후에도 그는 자신이 "극도로 불행한 사람, 그럼에도 불구하고 하나님의 도우심으로 말로 다 할 수 없을 정도로 축복받은 사람"[27]이라고 생각한다.

7. 심미적 교육

로센보르그가데의 또 다른 불면의 밤. 오늘은 7월, 하지가 막 지나서 마침내 밤이 점점 길어지고 있다. 이제 동이 트려면 얼마 남지 않았다. 아파트는 정적에 싸여 있고 하인들은 잠자고 있다. 바깥의 거리는 고요하다. 내면에는 생각이 부글부글 끓어오르고 있어 쉴 수가 없다. 최근 오늘밤과 같은 밤이 자주 있었다. 낮에는 친구들과 산책을 하거나 집에서 그리스도 닮기에 관한 책을 쓰느라 여념이 없다. 그러나 밤이 되어 집필을 마치면 그의 생각은 「위기 그리고 어느 여배우의 삶에서의 한 위기」로 돌아간다. 그는 몇 달 전에 이 글을 썼다. 부주의한 독자에게는 별로 중요하지 않은 글로 보일 수도 있다. 하지만 이번 여름에 그는 이 글을 자신의 문학적 드라마의 마지막 행위로 할 것인지에 관해 셀 수 없이 많은 시간을 고민해왔다.

이제 글이 완성되었다. 오늘 그는 코펜하겐의 진보 일간지 『조국』의 편집자인 친구 죄드바드(Jens Finsen Giødvad)에게 그 글을 보냈다. 곧 7월 24일부터 4회에 걸쳐 ("인테르 엣

인테르", 즉 "사이와 사이"라는 익명으로) 연이어 게재될 예정이다. 언론에 발표되는 이 글은 그의 저술활동을 끝맺을 것이며, 그의 모든 문학적 창작에 만족스러운 균형을 잡아줄 것이다. 그는 1843년 2월에 그리스 비극, 셰익스피어 희곡, 프랑스 소극에 대한 성찰로 가득 찬 방대한 "심미적" 저서 『이것이냐 저것이냐』를 출판함으로써 저술활동을 시작했으며, 석 달 후에는 비교적 가벼운 크기의 종교적 강화들이 출판되었다. 이제 1848년에 그의 평생의 저술이 한 권의 방대한 종교적 저서 『기독교적 강화집』으로 완결되었으며, 석 달 후에는 한 여배우에 관한 짧은 "심미적" 글이 발표되었다. 회고해 보건대 저술활동의 마지막 5년은 난해하면서도 강렬한, 복잡하면서도 심오한, 그러면서도 단 하나의 진리를 표현하는 일종의 완전한 예술작품으로 간주될 수 있을 것이다.

몇 주간 불안한 숙고 끝에 결정을 내렸고 이제 되돌릴 길은 없다. 그는 『조국』에 「위기 그리고 어느 여배우의 삶에서의 한 위기」를 발표한다는 결정이 그의 마음을 편하게 하고 그를 편안히 잠들게 해주기를 희망했다. 그러나 오랫동안 활동해 왔기 때문에 출판의 문제는 여전히 그의 내면에서 진동하면서 그를 괴롭히고 있다. "오호라, 한 쪽의 글을 발표하니 차라리 한 권의 책을 쓰는 게 나을 것이다."[1] 게다가 출판할 것이냐 출판하지 않을 것이냐의 문제는 그가 누구인가, 세상을 살아가면서 어떤 행로를 따라야 할 것인가 하는 문제와 불가분의 관계에 있다. 요컨대 저자로 살 것인가, 죽을 것인가?

의심의 여지없이 그는 그 글을 쓴 저자로 의심받을 것이다. 그리고 그 글의 주인공 역시 거명되지는 않았지만 덴마크에서 가장 유명한 여배우 루이세 헤이베르(Johanne Luise Heiberg)라는 것은 누구든 쉽게 알 수 있을 것이다. 키르케고르의 글은 그녀의 경력을 고찰하면서 거의 20년 전에 그가 작가로서 자신의 삶을 처음 시작하던 때로 거슬러 올라간다. 왜냐하면 그는 루이세 헤이베르보다 여섯 달 후에 태어났고, 그녀의 연기 경력은 그 자신의 저술가로서의 경력과 희한할 정도로 많이 닮아 있기 때문이다. 1829년 그녀가 열일곱 살이던 해에 (아직 헤이베르가 아닌) 루이세 페트게스(Luise Pätges)는 코펜하겐 왕립극장에서 〈로미오와 줄리엣〉의 주역을 맡았으며, 지난해 1847년에는 서른넷의 나이로 줄리엣 역을 다시 열연했다. 이러한 대칭성은 그의 저술활동의 시작과 끝을 그대로 닮아 있다. 항상 반복의 의의에 민감했기 때문에, 키르케고르는 헤이베르 부인이 젊은 시절의 역할을 되풀이한 것을 어떻게 예술가는 젊음에서 원숙기로 이행해야 하는가, 어떻게 자신의 작업이 지닌 가벼운 요소와 심오한 요소를 조화시킬 것인가, 어떻게 자신의 경험의 특수성과 인간 실존의 보편적 진리 모두를 표현할 것인가, 그리고 어떻게 이러한 물음을 무대에서, 대중에 공개된 밝은 조명 아래에서 삶으로 영위할 것인가를 묻는 계기로 삼았다.

그녀의 두 번의 줄리엣 연기 사이의 기간 동안, 그가 관찰한 바에 의하면, 이 "우상화된" 여배우는 자신의 명성이 "공허한 것"이고 자신의 영광이 "부담스러운 것"이라는 사실을 깨달았다.[2] 이제 연기력의 절정에 도달한 지금, "이미 그녀가 점점 늙어가고 있다는 소문이 돌고" 있다. 대중은 변덕스럽다. "그녀를 찬미하면서 끝없이 큰 북을 두드리고 또 심벌즈를 흔들면서 그녀를 열광적으로 찬양하던 바로 그 열렬한 평범들, 바로 그 평범들이 이제 스스로 우상화한 예술가에게 싫증이 나는 것이다. 그들은 그녀를 제거하고 싶어 하고 더 이상 그녀를 보는 것을 원하지 않는다. 혹시라도 그들이 그녀를 사라지게 하기를 원치 않는다면 그녀는 하나님에게 고마워해야 할 것이다. 그 똑같은 평범들은 열여섯 살의 새 우상을 얻었으며, 새 우상에게 경의를 표하는 의미에서 과거의 우상은 평범들의 철저한 냉대를 경험하지 않으면 안 된다. 왜냐하면 우상으로 존재한다는 것에 포함되어 있는 심각한 난점은 사람은 결코 이런 위치에서 명예롭게 물러나는 것이 거의 불가능하다는 사실이기 때문이다." 대중적 취향의 "평범성"은 특히 여성에게 "잔인"한데, 여성은 자신의 피상적인 아름다움으로 재단되기 때문이다. "여성에 관한 한, 대부분의 사람들의 예술 비평은 본질적으로 모든 푸줏간의 보조원, 근위병, 가게 점원과 공통적인 범주와 사고방식을 가지고 있는데, 그들은 이 지독하게 예쁘고 죽여주게 세련된 열여덟 소녀에 대해 침 튀기며 이야기한다. 한편,

요하네 루이세 헤이베르

심미적 관점에서 진정으로 관심이 시작되는 지점은 내면의 존재가 강렬한 의미를 지닌 채 탈바꿈 속에서 아름답게 나타나는 지점이지만, 바로 그곳에서 대중은 떨어져 나가버린다."[3]

키르케고르의 글은 줄리엣을 두 번째로 연기함으로써 헤이베르 부인의 진정한 천재성이 빛을 발했다고 주장하고 있다. 그녀 자신의 인생 한가운데에서 그녀는 줄리엣의 젊음이 지닌 충만한 발랄함을 모든 말과 몸짓으로 표현했다. 반면에 그 자신의 예술은 전혀 다르지만—게다가 그는 전혀 우상도 아니지만—그 또한 자신의 창조성의 전개와 자신의 대중적 이미지에 관련된 결정적인 물음에 직면해 있다. 지금 1848년에 그 역시 열일곱 살 시절의 자신을 돌이켜볼 수 있는데, 그 시절에 그는 새로운 세상에 발을 들여놓았고 자신을 저술가로서의 삶으로 이끈 길을 걷기 시작했다.

* * *

1829년 루이세 페트게스가 줄리엣 역을 처음으로 주연했을 때, 그녀의 삶은 탈바꿈하고 있었다.[4] 그녀는 유대계로서 가난한 독일 이민자의 딸이었지만, 연극계에서 성공함으로써 상류사회에 들어갈 수 있었다. 1831년 그녀는 문벌 좋은 저술가 헤이베르(Johan Ludvig Heiberg)와 결혼했는데, 그때 그녀는 열여덟, 헤이베르는 서른여섯이었다. 채 스물도 되지 않은 나이에 헤이베르 부인은 코펜하겐의 문화적 지도층에 둘러싸이게 되었다. 키르케고르는 이 귀족들과 예술가들의 세계에 그녀처럼 그렇게 쉽게 들어가지 못했다. 실제로 그는 헤이베르의 핵심 서클에 들어간 적이 전혀 없다. 그럼에도 그가 1830년에 코펜하겐 대학에 입학했을 때 느닷없이 그의 앞에 새로운 전망이 열렸다.

그는 이제 강의실과 스트로이에트(Strøget) 거리에 줄지어 늘어선 카페를 배회하면서 세월을 보낼 수 있었다. 스트로이에트는 코펜하겐 중심부를 동서로 가로지르는 번화한 네 개의 거리가 만나는 길로, 이곳의 최신식 카페들은 구식 선술집과는 달리 전면이 통유리로 되어 있었다. 카페의 고객들은 그곳을 지나는 행인에게는 물론이고 고객 상호 간에도 일종의 구경거리였다. 대학생들과 교수들은 이탈리아어 이름이 붙은 말쑥한 찻집이나 플레이슈의 제과점, 혹은 코펜하겐에서 가장 세련된 커피 하우스인 미니(Mini) 등에서 모였다. 그들은 종종 대학 학생회를 결집하여 문학적 독서와 철학적 강론, 정치적 토론이 엄격하게 검열되는 코펜하겐에서 약간의 자유를 찾았다.

키르케고르는 자신에게 새롭게 정체를 드러낸 코펜하겐의 품속으로 열렬하게 그리고 엄청난 낭비벽으로 뛰어들었고, 그의 아버지는 청구서를 처리했다. 그는 외식을 하고, 엄청나게 커피를 마셔댔으며, 값비싼 시가를 피우고, 새 옷을 구입하고, 또 정력적으로 사교 모임에 참석했다. 그는 덴마크에서 가장 저명한 작가들이 단골로 드나드는 쾨브마게르가데의 레이첼 서점에서 잘 알려진 인물이 되었으며,[5] 평범한 종이 표지에 담긴 자신의 새 저작을 직접 코펜하겐에서 가장 솜씨가 좋은 묄레르(N. C. Møller)의 제본소로 가져가 금박 돋을새김으로 가죽 장정을 하기도 했다.[6] 그는 이미 어린 시절의 친구인 보에센(Emil Boesen)과 긴 저녁 산책을 하는 습관이 있었는데, 보에센의 아버지는 재판관이었으며 키르케고르의 아버지 미카엘처럼 모라비아파 공동체의 원로 회원이기도 했다. 그러나 이제 그는 강의에서 막 들었거나 신문에서 금방 읽은 내용에 관해 그와 대화할 준비가 되어 있는 젊은이들로 코펜하겐 거리가 가득하다는 것을 알았다.

비록 그는 자신의 생각을 오직 보에센에게만, 그리고 심지어 그럴 때조차도 자신이 정한 자기 검열을 거친 후에만 털어놓았지만 그러면서도 동시에 자신의 생각을 모든 사람과 기꺼이 나누고 싶어 했다.

대학에서 만난 새로운 사람들과 사상들을 통해서 그는 뉘토르브의 집에서 알았던 것과는 전혀 다른 인생관을 접하게 되었다. 뉘토르브의 집에서는 가족의 검약한 농부의 습관이 부르주아 시민의 도덕적 자세와 세심하게 혼합되어 있었기 때문이다. 물론 그때쯤에 그는 이미 아버지보다 더 많은 교육을 받은 상태였다. 여덟 살의 나이에 그는 형들을 따라 시민 미덕 학교에 다니기 시작했으며 여기에서 라틴어와 그리스어를 배웠다. 이 학교의 교장 닐센(Michael Nielsen)은 엄격한 교사로서, 키르케고르 형제의 막내가 "너무나도 앳되고 진지함이라고는 조금도 없으며 자유와 독립심을 좋아하는데 이 점은 그가 어떤 주제든 깊이 파고드는 데 장애가 되고 있다"는 사실을 지적했다. 그러나 닐센에게 쇠렌 키르케고르의 영리하고 감수성이 예민한 정신, 뛰어난 언어능력, 그리고 밝고 명랑한 성격은 대단히 인상적이었으며, 열일곱의 나이에도 "여전히 개방적이고 때 묻지 않은" 상태였다. 키르케고르는 호라티우스, 베르길리우스와 키케로, 호메로스, 플라톤과 헤로도토스, 크세노폰의 『소크라테스 회상록』을 독파하고 학교를 졸업했다. 그는 창세기를 히브리어에서 덴마크어로, 요한의 복음서를 그리스어에서 덴마크어로 번역할 수 있었다.

시민 미덕 학교의 학업을 통해서 그는 1830년 가을에 시작한 신학사 학위과정의 준비를 충분히 할 수 있었다. 다시금 그는 맏형 페테르를 따라가고 있었다. 페테르는 그때 이미 코펜하겐 대학 신학사 과정을 과 수석으로 마친 후 베를린에서 일 년 동안 유학하고 괴팅겐 대학에서 박사 학위를 취득하며 "북국에서 온 괴물 토론가"[7]로 명성을 얻었거니와, 파리에서 7월 혁명의 한가운데에 있었다. 그러나 뜻을 높이 둔 형과는 달리, 키르케고르는 그렇게 근면한 신학생이 아니었다. 기독교 교리, 성서 주석, 교회사보다 대학에서 발견한 새로운 종류의 문학이 훨씬 그의 관심을 끌었다.

19세기 초두에 1세대 독일 낭만주의자들은 예나와 베를린에서 이미 예술, 종교, 도덕, 철학, 과학의 낡은 규칙을 파괴한 상태였다. 그들 생각대로 인간의 창의성은 통제의 끈이 풀렸으며 과거 그 어느 때보다 더 높이 상찬되었다. 이 젊은 작가들은 새로운 미학적 이상뿐 아니라 새로운 삶의 방식에 의해서도 스스로를 변모시키는 변하기 쉬운 불안정한 세계를 불러냈다. 괴테는 이론의 여지가 없는 당대의 천재적 시인으로서 최고의 인간의 전형으로 떠받들어졌다. 그러나 시인 노발리스는 1798년에 모든 사람이 "예술가가 되어야 한다"[8]고 촉구했다. 키르케고르가 이 세계에 들어섰을 때 그를 기다리고 있던 예상치 못한 물음들이 있었다. 그는 시인이 될 수 있을까? 시적으로 산다는 것은 어떤 느낌일까?

어떻게 해야 그는 자신의 삶을 일종의 예술작품으로 만들 수 있을까?

사상들은 독일 도시들에서 코펜하겐으로 빠르게 유입되었으며, 새로운 세기 초에 낭만주의는 떠오르는 세대의 덴마크 지식인들에게 영감을 주었다. 1802년 스테펜스(Herik Steffens)는 독일에서 지질학을 공부한 후 코펜하겐으로 돌아왔는데, 그는 독일에서 재기 발랄한 젊은 철학자 셸링의 제자가 되어 있었다. 코펜하겐 대학 철학교수를 희망하면서 스테펜스는 교수, 대학생, 여타 교양인 등의 대규모 청중에게 일련의 대중 강연을 행했다. 그는 근대적 삶은 이미 "산문적이고" "불경하게"[9] 된 지 오래여서 인간의 천재성에 의해, "우리 안에 있는 신성한 것, 만물과 하나인 것, 우리의 진정한 본질"에 의해 다시 소생될 필요가 있다고 말했다. 산문은 시에게 자리를 양보해야 한다. 즉 단순히 시 짓기의 문제가 아니라, 이 유한한 세계 안에서 "영원성의 각인"을 추구하는 문제라는 것이다. "나는 평범한 실존과 일상생활이 유한한 필요에 한정된 채 우리를 이끌어가는 그런 삶보다 훨씬 의미 있는 삶과 실존에 대한 통찰을 열어 보이고자 한다"라고 스테펜스는 청중에게 약속하면서 그가 독일에서 배워온 논쟁적인 범신론 철학을 정연하게 설명했다.

예나의 대학가에서 스테펜스는 아우구스트 빌헬름 슐레겔과 프리드리히 폰 슐레겔 형제 그리고 아우구스트 슐레겔의 아내 캐롤라인 주위에 모인 젊은 지식인 서클과 조우했는데, 특히 캐롤라인은 이 사람들에게 그들의 창의성에 불을 붙인 관능적인 열정을 고취시켰다. 이 친밀하고 매우 재능 있는 서클에는 (노발리스라는 필명으로 글을 쓰는) 프리드리히 폰 하르덴베르크, 신학자 프리드리히 슐라이어마허, 그리고 셸링이 포함되어 있었는데, 후에 셸링은 아우구스트 슐레겔과 이혼한 캐롤라인과 결혼했다. 이들은 괴테, 실러 그리고 피히테와 친밀한 사이였다. 프랑스 혁명 이후의 새로운 새벽은 여전히 밝아 보였으며, 이 집단은 정신적이고 정치적인 자유에 대한 높은 희망을 공유했다.

1798년 슐레겔 형제는 『아테네움』이라는 잡지를 발간하기 시작했는데, 이 잡지에서 그들과 그들의 친구들은 1795년에 출판된 실러의 『인간의 미적 교육에 관한 편지』에서 영감을 받아 독특한 낭만주의 문학을 형성했다. 이 저서에서 실러는 "인간의 감정 능력의 계발이야말로 이 시대가 가장 절실하게 필요로 하는 것"[10]이라고 강조했으며, 우리는 "완전한 평안과 최고의 흥분"의 경험을 제공하는 아름다운 예술작품을 감상할 때 "온전한 인간"이 된다고 주장했다. 프리드리히 폰 슐레겔은 새로운 낭만주의 문학이 "감각적이 아니라 영적인 감정"[11]을 산출하기 위해 인간 상상력의 방대한 자원을 활용할 것이라고 설명하며 이렇게 덧붙였다. "사랑은 이러한 감정의 원천이자 정수이며, 사랑의 정수는 낭만적 시를 통해 눈에 보이게 그리고 눈에 보이지 않게 모든 곳에 확산되어야 한다." 슐레겔은 인간의 창의력을 자연의 무한한 생산력과 불가분의 관계에 있는 것으로 생각했다. 이는 삶에 대한 형이상학 이론뿐 아니라 과학 이론에도 영향을 끼친 셸링의 새로운 자연철학을 반영하는 것으로, 슐레겔은 이를 "초목 안에서 움직이고, 햇빛 속에서 흘러나오며, 어린 아이의 웃음으로 터져 나오고, 젊음의 봉오리 속에서 희미하게 빛나며, 여인의 사랑스러운 가슴에서 반짝이는 무의식의 시"[12]로 묘사했다. 이런 시는 자연 전체에 울려 퍼지는 하나님의 진실한 말씀이었다.

그 시절에 프리드리히 폰 슐레겔은 베를린에서 슐라이어마허와 함께 살고 있었다. 글을 쓰라는 친구의 격려에 힘입어 슐라이어마허는 『아테네움』에 단편 수십 편을 기고했으며, 그 후 1799년에 『종교론: 경멸자들로 둘러싸인 교양인들에게 보내는 담화』를 발표했다. 기독교에 대한 이 책의 자유로운 변론은 실러와 슐레겔처럼 오로지 철학과 예술만을 숭배하는 사람들을 대상으로 했다. 슐라이어마허는 이러한 독자들에게 우주를 내다볼 뿐 아니라 그들 자신의 내면을 들여다봄으로써 "세상 저편에 있는 영원하고 거룩한 존재에 대한 감정"[13]을 일깨울 것을 촉구했다. 그는 자연이 직관적으로 포착되고 무한하면서도 질서 잡힌 전체로 조우될 때 발생하는 굴복과 무너짐의 감정을 묘사하며, 그때 우리는 "저 광대무변함 속에서 우리의 전 실존의 소리 없는 사라짐"[14]을 경험할 수 있다고 말한다. 자신의 낭만주의자 친구들에게 직접 호소하면서 슐라이어마허는 예술은 "거룩한 것"이고, 시인은 "가장 심오한 영적 비밀을 전하며 신의 왕국에서 말하는 고귀한 사제"라고 생각했다. 그는 예술가와 시인이 "깊이 잠들어 있는 더 나은 인간성의 핵심을 일깨우고, 더 고귀한 것들에 대한 사랑에 불을 붙이며, 평범한 삶을 숭고한 삶으로 바꾸려고 노력한다"[15]고 썼다.

슐라이어마허는 모라비아파 학교와 신학교에서 교육을 받았다. 셸링과 슐레겔 형제는 루터파 목사의 아들이었다. 그리고 하르덴베르크의 아버지는 엄격한 모라비아파 경건주의자였다. 아버지의 종교에 실망해서 이들은 일찍이 대안적 영성을 갈망했다. 그러나 그들의 철학적 시와 시적 철학은 그들이 공유하는 기독교적 유산의 구속으로부터 터져 나오는 동안에도 그 유산에 뿌리를 두고 있었다. 경건주의자들처럼 그들 역시 18세기의 이성주의적 흐름에서 등을 돌렸고, 인간의 마음속에서 감정을 통해 그들 자신과 사회를 위한 영적 "각성"을 추구했다. 그리고 그들은 계몽주의에 의해 버려진 중세의 전통으로 복귀했다. 경건주의자들이 종교개혁 이전의 신비주의적이고 경건주의적인 문학을 되살려낸 것처럼, 이 초기 낭만주의자들 역시 기사도와 마법의 시대를 돌이켜보고 중세의 사랑과 모험 이야기를 새롭게 독해했다. 이 기사도 문학과 민담에서 묘사된 환상적인 원정에서, 그들은 이미 잘 탐구된 경건주의적 행로인 자기발견과 자기계발이라는 내면의 영적 여정을 위한 새로운 모델을 발견했다.

그러나 경건주의자들이 그들을 완벽한 신성에 더 가깝게 이끌어줄 수 있는 감정과 경험에서만 진정한 자아를 추구한 반면, 낭만주의자들은 도덕주의나 종교적 정통에 얽매이지 않고 인간 감정의 전 영역을 탐구했다. 그들은 모두 17세기 철학자 스피노자를 읽고 있었다. 스피노자는 자신의 대작 『윤리학』에서 만물이 "신 안에 있다"[16]고 주장했다. 그들은 여전히 이단이라고 널리 비난받고 있던 스피노자의 범신론적 신학을 수용해서 이 학설을 예술과 창의성에 관한 최근의 사상과 결합시켰다. 낭만주의자들에게 범신론은 전례 없는 자유를 의미했다. 만일 신 바깥에 아무것도 존재하지 않는다면, 그 어떤 것도 금지되어 있지 않을 것이다. 경건주의자들이 겸손과 복종을 신장하려고 노력한 반면, 낭만주의자들은 인간 상상력의 광대한 힘을 숭배했다. 그들의 이상적인 전형은 예수 그리스도가 아니라—혹은 적어도 그뿐만이 아니라—자연에 내재된 신성한 힘을 전달하는 천재적 예술가들이었다. 경건주의자들은 하나님이 세상을 창조했다는 정통 기독교 신앙을 고수했다. 낭만주의자들은 위대한 예술가들이 몇 번이고 되풀이해서 새로운 세계들을 창조할 수 있다고 믿었다.

1802년 스테펜스가 큰 충격을 받은 예나 방문을 마치고 돌아왔을 때 코펜하겐에는 그를 기다리고 있던 친구들의 모임이 있었다. 젊은 목사이자 미래의 감독 뮌스테르(J. P. Mynster), 당대 가장 뛰어난 시인 욀렌슐레게르(Adam

Oehlenschläger), 변호사이자 법학자로 훗날 덴마크 수상이 되는 A. S. 외르스테드(Ørsted), 그리고 화려한 학문적 경력을 막 시작한 그의 동생 H. C. 외르스테드 등이 모임의 구성원이었다. 이들은 작가 라베크(K. L. Rahbek)와 그의 아내 카마(Kamma)의 집에서 자주 모임을 가졌는데, 카마는 코펜하겐에서 가장 중요한 문학 살롱의 주역이었다. 예나 서클과 마찬가지로 이 집단은 가족의 인연으로 밀접하게 결합되어 있었다. 뮌스테르의 계부는 스테펜스의 숙부였고, 욀렌슐레게르는 카마의 여동생과 결혼했으며, A. S. 외르스테드는 욀렌슐레게르의 여동생과 결혼했다.

스테펜스의 친구들은 새로운 낭만주의 철학을 받아들였다. 1802년 여름 욀렌슐레게르는 "오래된 고대의 지나가버린 나날들, 스칸디나비아가 어렴풋이 그 모습을 드러내던 때"를 동경하는 시집을 발표하면서, 스칸디나비아 신화와 기독교 이미지를 혼합하여 "신비에 싸인 신성"으로 물든 자연 세계에 대한 향수를 불러일으켰다. 노발리스에게서 영감을 받은 욀렌슐레게르는 1805년 서정시 「자연의 순환 속에서 반복되는 예수 그리스도의 생애」에서 이러한 범신론적 통찰을 갈고 다듬었다. 한편 H. C. 외르스테드는 "자연 속의 정신"에 관한 연구를 수행했으며,[17] 결국—셸링이 예측했으나 입증하지는 못했던—전기와 자기가 동일한 힘의 두 측면이라는 사실을 발견했다. 이러한 과학적 발견은 낭만주의자들이 자연과 문화의 다양한 현상 아래에 은폐되어 있다고 믿었던 영적 통일성을 보다 명확하게 보여주었다.

뮌스테르 역시 낭만주의의 영향을 받았지만, 1803년의 종교적 각성은 그의 정통 기독교 신봉을 강화했다. 1805년에 욀렌슐레게르, 카마 라베크 그리고 H. C. 외르스테드는 한 목소리로 뮌스테르에게 욀렌슐레게르의 예수-자연 시를 변론하라고 재촉했는데, 이 시는 당시 덴마크 국교회의 지도자였던 발레(Balle) 감독에게 비난받고 있었다. 뮌스테르는 이 시의 이교적 신학으로 난처한 지경에 처해 있었으며, 그가 소중히 여기던 양심은 찢겨지다시피 한 상태였다. 결국 자기를 분석하고 친구들로부터 점점 더 많은 압력을 받으면서 몇 달을 보낸 후, 그는 욀렌슐레게르의 시에 공감하는 비평을 운문으로 썼다. 한편 스테펜스는 그렇게 원하던 철학 교수직을 제안받지 못한 채 독일로 돌아갔다.

덴마크의 문화적 "황금기"의 초창기 이후로, 계속되는 낭만주의의 물결이 코펜하겐에 밀려왔다. 욀렌슐레게르는 1805년에 두 번째 시집을 출판하고 유럽 여행을 떠나 바이마르에서 괴테와 몇 달을 보냈는데, 괴테는 신성한 천재의 화신으로서 낭만주의 운동의 정상에 우뚝 솟아 있었다. 1810년 덴마크로 돌아와 코펜하겐 대학의 미학교수로 취임할 때쯤 욀렌슐레게르는 이미 베를린, 파리, 로마, 스위스에서 낭만주의 작가 및 사상가와 친구가 되어 있었다. 1830년 키르케고르가 코펜하겐 대학에 입학했을 때, 욀렌슐레게르는 여전히 대학에 재직하면서 셰익스피어와 괴테를 강의하고 있었다. 그는 "스칸디나비아의 시의 왕"으로 인정받았고 1831년에는 코펜하겐 대학의 총장이 되었다. 키르케고르는 욀렌슐레게르의 책을 구입했으며, 그 안에서 낭만주의 문학의 독자들에게는 친숙해진 지 오래인 실험적 운문, 장르 혼합, 분위기 대비 등을 발견했다.

그러나 1830년대에는 헤이베르(Johan Ludvig Heiberg)가 욀렌슐레게르의 문학적 왕좌의 자격에 도전하고 있었다. 헤이베르는 덴마크 낭만주의를 길러낸 엘리트 살롱에서 태어났다. 그의 양친 모두 재능이 출중한 작가로서, 헤이베르의 아버지가 정치적 급진주의 때문에 망명했을 때 이혼했으며, 어린 헤이베르는 부모가 결별하고 어머니 토마시네(Thomasine)가 재혼하자 라베크 가족과 함께 살았다. 1824년 독일 여행을 마치고 새롭게 헤겔 철학으로 전향한 상태에서 귀국한 후 헤이베르는 일련의 희곡을 썼는데, 이것들은 코펜하겐 왕립극장에서 상연되어 절찬을 받았다. 그는 곧바로 덴마크의 지도적인 문학 비평가로 자리 잡았다. 1827년 그는 저널 『코펜하겐 플라잉 포스트』를 설립하여 자기 어머니의 이야기를 익명으로 출판하고, 자신의 미학 이론을 홍보했으며, 욀렌슐레게르의 시를 비판했다. 1831년 그는 각광받는 어린 여배우 루이세 페트게스와 결혼했다.

헤이베르의 영향 아래 키르케고르의 세대는 낭만주의를 과도기적 단계로 보는 법을 배웠다. 심지어 시대의 분위기가 세상을 변화시키는 시와 철학의 힘에 관한 낭만주의 사상으로 여전히 팽배해 있던 동안에도 말이다. 1833년 헤이베르는 「현 시대를 위한 철학의 의의에 관하여」라는 선언문을 발표했다.[18] 이 선언문에서 그는 낭만주의자들이 진단한 영적 불안을 치유할 수 있는 것은 셸링의 철학이 아니라 헤겔의 철학이라고 주장했으며, 낭만주의자들의 상대주의적 세계관은 그저 몰락을 가속화했을 뿐이라고 시사했다. 헤겔과 괴테는 "의심의 여지없이 근대 세계가 배출한 가장 위대한 두 사람"이며 "이들의 저서는 우리 시대 영혼의 모든 삶을 담고 있다." 철학과 예술이라는 상호 보완적인 영역에서 이 시대정신(Zeitgeist)의 두 거인은 힘을 합쳐 유럽 문화를 구할 것이다.

키르케고르의 미학 교육은 또한 그의 철학교수 묄레르(Poul Møller)와 시베른(Frederik Sibbern)[19]에 의해 이루어졌는데, 이 둘은 작가이자 학자였다. 시베른은 근대 철학에 관심이 있었다. 젊은 시절 그는 2년 동안 독일을 여행했는데, 당시 독일에서 스테펜스, 피히테, 슐라이어마허 그리고 괴테를 만났다. 키르케고르가 맨 처음 그와 마주쳤을 때, 시베른은 서간체 소설 『가브리엘이 남긴 편지들』을 출판한 직후였다. 이 작품은 괴테의 『젊은 베르테르의 슬픔』을 모델로 한 것이었으며, 1833년 키르케고르가 참석한 미학 강의에서 시베른은 빈번하게 괴테를 논했다. 묄레르는 재능 있는 시인으로 일찍이 낭만주의자들의 경구적이고 단편적인 문체를 받아들였다. 그는 고대 그리스 문학과 철학을 전공하는 학자였으며, 소크라테스에 대한 키르케고르의 사랑에 영감을 불어넣은 "잊을 수 없는" 스승[20]이었다. 다른 덴마크 지식인들이 잘 알려진 학업 경로인 독일의 대학가로 유학하여 경력을 쌓은 것과는 달리, 묄레르는 중국으로 항해를 떠났다가 낭만적 실망을 겪은 후 귀국했다. 그는 키르케고르가 가장 좋아하는 스승이었다.

욀렌슐레게르와 헤이베르, 시베른과 묄레르 같은 사람들 덕분에 키르케고르는 근대에 관해 발언할 수 있었고 또 근대를 과거의 고전 시대와 비교할 수 있게 되었다. 세르반테스, 셰익스피어, 괴테를 찬미하고, 예술작품을 영적 능력이 있는 것으로 생각하며, 전설, 신화, 민담의 가치를 인정하고, 문예 비평을 통해 철학 활동을 할 수 있게 되었다. 그들은 또한 키르케고르가 대학에 입학하고 처음 몇 달 동안 발견한 실존적 가능성을 구현하고 있었다. 이 사람들은 전문 시인이자 철학자였다. 그들은 자신들의 사상, 상상력, 세련된 언어 사용으로 생계를 꾸렸다. 그들은 논쟁하고, 저술하고, 출판했다. 그들은 읽고, 검토하고, 토론했다. 글을 쓰면서 그들은 자신의 영혼을 형성하고, 본성을 계발했으며, 어쩌면 천재성을 연마하기도 했다. 또 이러한 시적 자아를 세상에 내보였다.

점차 이러한 전형들은 키르케고르의 삶에 들어오게 되었다. 그들의 삶의 가닥이 종횡으로 얽혀 그 자신의 삶을 형성했다. 그는 시베른과 가까워졌다. 둘은 코펜하겐을 산책하거나 시베른의 응접실에서 난롯가에 앉아 철학에 대해 이야기를 나누었다. 시베른은 곧 이 말 많은 학생을 잘 알게 되어 그가 "내면적으로 매우 복잡한 종류의 사람"이고, "대단히 논쟁을 좋아하며", 또 "거의 항상 그 자신의 내밀한 자기 안에 몰두하고 있는 것들에 대해서만 이야기할 수 있는" 사람임을 깨닫게 되었다. 그러나 시베른은 또한 "그가 대중이 그 가치를 인정하지 않는 사람들의 관심을 받고 싶어 한다"는 것을 알아차리게 되었다. 키르케고르와 레기네의 약혼 기간 동안 이 철학교수는 이 젊은 연인과 같이 시간을 보냈는데, 그 후 파혼한 다음에는 레기네에게 상담을 해주었다. 키르케고르가 "자신의 영혼을 학대한" 것에 대해 그녀가 "깊은 분노"를 느꼈음을 털어놓았을 때, 시베른은 그녀에게 "키르케고르의 영혼은 초지일관 자기 자신에게 몰입해 있기" 때문에 만일 그들이 결혼했더라면 더 좋지 않았을 거라고 말해주었다.[21]

묄레르는 키르케고르의 정신적 스승이 되었다. 소크라테스에 대한 그의 관심과 체계를 무시하고 관습에 얽매이지 않는 그의 스타일은 키르케고르의 철학적 발전에 지속적인 영향력을 행사했다. 그는 1838년에 사십대 중반의 나이로 세상을 떠났다. 그러나 묄레르가 없었다면 키르케고르는 아이러니를 주제로 하는 학위 논문을 작성하지 못했을 것이며, 기독교계의 소크라테스가 되기를 열망하지도 않았을 것이다. 묄레르가 세상을 떠난 지 6년 후, 키르케고르는 『불안의 개념』을 그에게 헌정했다. "내 청춘 시절의 열광의 대상, 내게 깨달음을 가져다준 강력한 나팔, 내 감정이 욕망한 대상, 내 젊은 시절의 벗, 나의 잃어버린 친우, 슬프게도 세상을 떠난 나의 독자."[22]

훨씬 소원한 인물인 욀렌슐레게르조차도 그의 성장 과정(Bildungsroman)에 일정 부분 영향을 끼쳤다. 약혼 시절 레기네에게 보낸 편지에서 그는 욀렌슐레게르의 동화 작품『알라딘』을 인용했으며, 파혼 후 베를린으로 갔을 때 이 책을 소지하고 있었다. "만일 그대가 나를 필요해서 부르면 / 나는 번개처럼 달려갑니다"라는 구절을 그는 혼란스러운 마음을 지닌 채 독일로 항해하는 동안 자신의 노트에 옮겨 적었다. 그는 "내 모든 영혼의 열망으로, 내가 복종해야 하는 반지를 나 자신이 그대에게 가져다주지 않았습니까?"라고 말하며 그녀와 이어진, 자신의 내면에 있는 "반지의 요정 지니"[23]에 관해 레기네에게 편지를 썼다. 증기선이 그녀에게서 점점 더 멀어지면서 그는 "그대와 나 우리 모두를 반지의 요정이 하나로 묶어놓았다"고 생각했다.

그리고 물론 헤이베르는 비록 초연한 태도를 유지했으나 키르케고르와 복잡한 관계 속으로 끌려들어갔다. 키르케고르의 첫 번째 기고문을 1834년에『코펜하겐 플라잉 포스트』에 게재한 것도 헤이베르였다. 하지만 10년 후 헤이베르가『이것이냐 저것이냐』를 비판한 후, 키르케고르는 심하게 도발되어 그의 전 편집자에 대한 논쟁을 벌였으며 저술가로서 자신만의 독자적인 길을 가려는 결심을 더욱 굳히게 되었다. 그는 여전히 문학인들의 "동인 집단"에 대한 경멸을 표출하고 있었다. 1846년에 그는 "현 시대"에 대해 철학적 진단을 하려는 헤이베르의 노력을 되풀이했다. 헤이베르의 어머니 귈렘부르(Thomasine Gyllembourg)의 소설에 대한 비평의 형태로 말이다. 그리고 이제 1848년에 키르케고르는 저술활동의 대미를 헤이베르의 아내에 대한 기고문으로 장식하겠다고 결심했다.

1830년대 초반에 키르케고르는 새로운 문학을 발견했고 그것을 새로운 방식으로 읽어내고 비평하는 법을 배웠다. 그는 또 자신을 다르게 읽어내고 비평하는 법도 알게 되었다. 자기를 검열하는 기독교적 습관이 남아 있었지만—자신의 양심을 유심히 살피고, 고해를 하러 가고, 소명을 깊이 숙고하는 등—그는 낭만주의자들의 시적 이상을 취하여 자신의 삶에 적용했다. 그가 자신의 영혼 안에서 낭만주의의 에너지와 과잉을 발견한 것은 어쩌면 놀라운 일이 아닐 것이다. 그의 타고난 과도한 반성의 성향은 30년 동안 관념론 철학과 문학적 아이러니에 흠뻑 젖어 있던 대학의 지적 문화에 의해 자양분을 얻었다. 그의 경험과 감정은 무수한 층들의 반성으로 둘러싸이고, 시적 의미로 채워지고, 실존적 회의로 뒤덮였다.

이러한 학창 시절에 대한 그의 기억은 슬픔으로 채워져 있었다. 남아 있던 그의 누이 두 명, 니콜레네(Nicolene)와 페트레아(Petrea)가 각기 1832년과 1834년에 세상을 떠났다. 이들은 성공한 두 형제 요한 룬(Johan Christian Lund) 및 헨릭 룬(Henrik Ferdinand Lund)과 결혼하여 똑같이 네 명의 자녀를 남겼다. 그와 가장 가까운 형 닐스는 새로운 사업의 기회를 찾으러 대서양을 건너갔다가 1833년 뉴저지의 한 호텔 객실에서 외롭게 세상을 떠났다. 닐스는 형 페테르를 따라 대학에 가고 싶어 했지만 아버지가 무역업에 투신할 것을 요구했다. 그리고 어머니 아네가 1834년에 사망했는데, 66세 평생을 아무런 기록도 남기지 않았다. 고통스러운 비탄에 잠긴 몇 주 동안 그는 당시 그의 철학 강사이던 마르텐센의 어머니를 찾아갔는데, 마르텐센은 유럽 여행을 떠나고 부재중이었다. 마르텐센 부인은 그의 깊은 슬픔에 큰 충격을 받았다. "내 평생 키르케고르가 어머니의 죽음으로 괴로워한 것처럼 그렇게 깊이 괴로워한 사람을 본 적이 없다"[24]라고 그녀는 여러 번 아들에게 말하곤 했으며, 그녀는 키르케고르가 "비범하게 심오한 감수성"을 지니고 있음에 틀림없다고 생각했다. "어머니는 이 점에 관해서 옳았다"라고 마르텐센은 동의했다. "아무도 키르케고르의 그런 점을 부인할 수 없을 것이다."

1834년 가을, 어머니가 세상을 떠나고 석 달 후, 키르케고르는 일지에 자신의 생각을 적기 시작했다. 중세 문학의 낭만주의 양식을 따라 그는 가끔 민담과 전설의 캐릭터에 관해 썼으며, 세상을 등진 채 세상의 관습에 반항하거나 전복시키고 세상의 도덕을 무시하는 인물들에 끌렸다. "독일에는 파우스트가 있고, 이탈리아와 스페인에는 저마다의 돈 후안이 있으며, 유대인들에게는 방랑하는 유대인이 있고, 덴마크와 북부 독일에는 오일렌슈피겔(Eulenspiegel)이 있다는 것은 주목할 만한 사실이다"라고 그는 생각했다. 이러한 캐릭터들은 영혼을 악마에게 파는 회의론에 빠진 학자, 관능적 쾌락에 몸을 바친 유혹자, 한평생 망명자의 신분으로 방황해야 하는 절망에 빠진 추방자, 희생자의 위선과 어리석음을 폭로하는 협잡꾼 등 반(反)영웅의 전형이었다. 시민 미덕 학교에서 교육받고 뮌스테르와 로이스(Reuss)의 설교로 양육된 젊은이에게 이 인물들은 세상 안에서 존재하는 위험하지만 매혹적인 방식을 드러내 보였다.

그의 첫 번째 문학 일지의 글은 "큰 도둑", 즉 오일렌슈피겔이나 로빈 후드와 같은 전복적인 캐릭터에 관한 글인데,[25] 이들은 원칙이 있고 교활할 뿐 아니라 선한 마음의 소유자들이었다. 자신의 범죄 행위를 통해서 큰 도둑은 의식적으로 기존 질서에 대립하거나 사회적 불의에 대한 대가를 톡톡히 치르게 했다. 자신의 윤리로 무장하고서 큰 도둑은 스스로 아웃사이더가 되기를 선택했다. 어느 날 키르케고르는 "큰 도둑에 대한 젊은이 특유의 낭만적 열정"[26]을 아버지와의 대화에서 시험적으로 거론했으나 이내 신랄한 반응이 돌아왔다. "오직 하나님의 끊임없는 도우심으로만 맞서 싸울 수 있는 죄악이 있다"라고 이 노인은 힘주어 말했다. 자신의 죄의식에 대한 키르케고르의 뿌리 깊은 두려움이 파도처럼 밀려 왔으며, 그는 자기 방으로 뛰어와 거울에 비친 자기 모습을 바라보았다. 불안에 싸인 시선 위로 그의 앞머리는 거의 15센티미터 가깝게 위로 뻗쳐 있었다. 스물한 살의 나이에 그의 종교적 우울은 이미 눈에 띄게 낭만적으로 변했다. 도덕적 불안과 반항 사이에서 분열된 채 거울 속 자신의 모습을 응시하는 자기의 이미지는 그에게 마법사 멀린의 전설에 대한 프리드리히 슐레겔의 묘사를 떠올리게 했다. 거기에서 한 어린 소녀는 거울을 본 뒤에 자신의 육체를 두려워하게 된다.

이 무렵인 1834년 12월, 그의 첫 번째 기고문이 헤이베르의 저널 『코펜하겐 플라잉 포스트』에 실렸다. 이 기고문은 여성 해방을 주제로 한 그의 대학 동료 중 한 사람의 생색내는 글에 대한 과민하고 냉소적인 반응이었는데, "유행을 좇는 잡지에서 사람들은 시대정신을 고찰한다"라고 키르케고르는 「여성의 위대한 능력에 대한 또 다른 변론」에서 조롱했다. 그의 글쓰기는 1835년 여름에 탄력이 붙게 되었다. 이때 그는 아버지의 돈으로 길렐라이에(Gilleleje) 주변을 여행하면서 몇 주를 보내고 있었다. 일지에서 그는 셸란섬 북부의 시골 이곳저곳에 대한 여행기를 낭만주의적인 방식으로 "시적으로 표현했다." 그는 덴마크 민담과 전설에 나오는 오래된 지역을 방문했으며 어둠에 싸인 숲, 적막한 호수, 큰 파도가 일렁이는 바다를 묘사했다. "사람들은 낭만적인 환경들을 분주하게 지적하면서 돌아다니는 데 여전히 싫증을 느끼지 않는다"라고 그는 관찰했다.

7월 8일 에스롬(Esrom) 호수로 소풍을 갔을 때 하늘이 어둑어둑해졌고 키르케고르는 장엄한 날씨를 예상하고 있었다. "나는 바다가 푸른빛이 도는 회색으로 변하면서 점차 물결이 이는 것을 보았고, 다가오는 폭풍을 알리는 돌풍이 해안을 따라 초목과 모래를 하늘로 휘감고 올라가는 장면을 목격했다. 나는 숲 전체가 이와 같은 돌풍에 의해 요동치는 것을 (심판을 알리는 이런 나팔 소리를) 과거에는 결코 본 적이 없었다"[27]라고 그는 썼다. "그러나 그것은 단지 비일 뿐이었다." 어쨌거나 그날 늦게 그는 세찬 비바람을 다시 만났으며, 이윽고 그는 "그립(Grib) 숲 한가운데에서 천둥이 치고 번개가 번쩍이며 쏟아지는 빗속에서 온통 젖었는데, [마차 안에서] 내 옆자리에는 번개가 칠 때마다 무서워 몸을 떠는 아이가 앉아 있었다." 그들은 한 농부의 집에서 피할 곳을 찾았다. 이곳에서 키르케고르는 그의 말에게 먹일 만한 것을 부탁하면서 농부의 아내에게 그녀가 받을 거라고 생각한 것보다 더 많은 돈을 주었다. "왜냐하면 나는 그 정도의 여유가 있었고, 그녀는 그 돈이 필요했기 때문이다."[28]

에스롬 호수에서 남쪽으로 힐레뢰드(Hillerød)를 지나 여행하면서 키르케고르는 신비스러울 정도로 아름다운 풍경을 발견했다. 고적한 너도밤나무 숲이 있는 계곡과 수선화가 무성한 작은 호수가 아침 햇살에 영롱하게 반짝이고 있었다. 자연 안에서 신성한 것을 식별해 내는 범신론적 시로 훈련된 눈을 통해 보이는바, 그곳은 영적인 장소였다. 그는 깊은 생각에 잠겨 중얼거렸다. 도대체 사람들은 어째서 체계화된 종교를 필요로 했단 말인가? 여기에서는 "교회 종소리가 기도를 부르지만, 사람의 손으로 지은 사원에서는 그렇지 못하지 않은가? 만일 새에게 하나님을 찬양하라고 일깨우는 것이 불필요하다면, 교회 바깥에서, 하나님의 참된 집에서, 하늘의 무지개가 교회의 천정이 되는 곳에서, 폭풍의 포효와 부드러운 산들바람이 오르간의 낮은 음과 높은 음을 대신하는 곳에서, 새들의 지저귀는 소리가 하나님을 찬양하는 합창단의 송가를 이루는 곳에서, (…) 만물이 끝없는 응답 송가 속에서 하나가 되는 곳에서, 사람은 저절로 기도하려는 마음이 생기지 않겠는가?"[29]

여전히 낭만주의 시인의 감성으로 키르케고르는 길렐라이에 해안의 최북단 절벽에서 저녁 산책을 하고 바다를 내다보았다.[30] 바다의 감정은 한 덴마크인의 영혼에 저절로 밀려들어왔다. "깊지만 적막에 싸인 바다의 성실한 송가"와 새들의 "저녁 기도"에 귀 기울이면서, 그는 자신이 "세상을 다르게 지각할 수 있다"고 상상했다. 그는 어머니를, 형 닐스와 작은형 쇠렌 미카엘을, 누이 마렌, 니콜레네 그리고 페트레아를 생각했다. 이 "사랑하는 떠나간 사람들"이 무덤에서 일어나 그의 앞에 나타났으며, 그는 그들에 둘러싸여 편안함을 느꼈다. "나는 그들의 품에 안겨 쉬었고, 마치 내 몸을 벗어나 더 높은 에테르 세계 속에서 그들과 함께 떠다니는 것만 같았다." 이러한 몽상은 갈매기들의 꽥꽥거리는 울음소리에 깨졌으며—새들의 기도는 그 정도이다—그는 "세상의 군중들과 어울리기 위해 무거운 마음으로 돌아섰다." 그렇지만 그런 축복받은 순간에 그는 다음과 같이 썼다.

> 나는 종종 그곳에 서서 내 지나온 삶과 내게 중요한 영향을 끼쳤던 다양한 일들, 그리고 내 눈앞에서 금방 사라져버리는 적개심을 그렇게나 자주 만들어내는 극히 사소한 일들을 곰곰이 생각하곤 했다. 이렇게 전체적 시야로 더 크고 더 선명한 윤곽만을 드러냈을 때, 그리고 내가 종종 그러듯이 세세한 것들에 매몰되지 않고 전체를 온전히 보았을 때, 나는 세상을 다르게 지각할 수 있었으며 내가 얼마나 자주 잘못을 저질렀는지 이해하고 다른 사람들을 용서할 수 있었다. 내가 그곳에 서 있을 때, 나는 늘 나를 둘러싸고 있는 사람들에게서 나 자신이 배제되어 있다고 생각하는 우울과 의기소침에서 벗어났고, 나를 소수 집단의 구성원으로 만들어버릴 자만심에서 자유로워졌다. 내가 그곳에 홀로 고독하게 서서 바다의 광포한 위력과 자연의 힘들의 맞부딪침을 보면서 나의 무가치함을 상기하였을 때, 그리고 다른 한편으로 새들의 당당한 비행을 보면서 그리스도가 "참새 한 마리도 너희의 아버지께서 허락하지 않으시면 땅에 떨어지지 않는다"라고 하신 말씀을 떠올

렸을 때, 나는 내가 얼마나 위대하면서도 무의미한지 절감했다.[31]

그는 그것이 진실한 겸손을 배우는 문제라고 결론지었다. 사람들이 예수를 그들의 왕으로 선포하려고 했을 때 예수가 산으로 들어간 것처럼, 그렇게 "세상의 소란에서" 자연의 품으로, 더 높은 권능에 자신을 "내맡길" 수 있는 곳으로 "물러나는 것은 좋은 일이다." 키르케고르는 내면의 행위를 취하기로, 심지어 3년 동안 침묵을 지키기로 결심했다. 물론 **그것은** 전혀 진지한 맹세가 아니었다. 코펜하겐으로 돌아온 그는 남들과 같이하는 산책과 카페에서의 장시간 대화를 재개했으며, 가을 학기가 시작되는 처음 몇 주 동안은 학생회를 상대로 언론의 자유를 둘러싼 문제에 대해 연설하기로 되어 있었다.

길비에르(Gilbjerg) 절벽에 "홀로 고독하게" 서서, 자신의 "위대하면서도 무의미한" 삶을 깊이 성찰하던 저 사람은 누구였는가? 그의 생각 중에서 얼마나 많은 것들이 저 소용돌이치는 바다에서 비롯되었으며, 또 얼마나 많은 것들이 문학 저널에서, 시집에서, 혹은 미학 강의에서 차용되었을 것인가? 그의 어느 부분이 뇌토르브에서, 스톰가데에서, 성모교회에서 비롯되었는가? 그는 이번 길렐라이에 여행에서 내면으로 여행했던 것인가, 아니면 도시를 떠난 것은 자기 내면의 벽 안에서 발견한 심상에 따라 영혼을 변화시키기 위함이었을까? "그곳에서" 백합과 새들과 함께 있으면서 그는 자기를 발견한 것일까, 혹은 자기를 변화시킨 것일까, 그것도 아니면 자기를 창조한 것일까? 그의 여행은 어디에서 끝나고 그의 일지는 어디에서 시작한 것일까?

물론 그때 그는 이미 자기 인식은 단순히 거울을 응시하는 문제가 아니라는 것을 깨달아 알고 있었다. 왜냐하면 자신을 되돌아보는 주체는 결코 별개의 순수한 자기가 아니기 때문이다. "우리는 우리가 그것을 읽을 때 생생하게 마음속에 떠오르거나 이 시대 전체의 의식에 놓여 있는 많은 생각과 의견을 우리 자신의 것으로 받아들임으로써 스스로를 기만하는 경우가 왕왕 있다"라고 그는 고백했다. 만일 우리의 내적 삶이 언제나 세상을 반영한다면, 우리는 어떻게 세상과 분리해서 우리 자신을 인식할 수 있을 것인가? "그렇다, 심지어 내가 이런 의견을 쓰고 있는 지금조차도, 이것 또한 어쩌면 이 시대의 경험의 산물일 것이다"라고 키르케고르는 생각했다. 그리고 반성의 모든 층에는 어느 정도의 위장과 기만이 있기 마련이다.

그의 여행기는, "길렐라이에, 1835년 8월 1일"이라는 제목이 붙어 있으나 일기라기보다는 전문적인 소론에 더 가까운 장문의 글에서 절정에 이르렀다. 여기에서 그는 학자로서의 삶을 진지하게 반성하면서 "단순히 지식의 삶이 아닌 온전히 인간다운 삶"을 살기로 결심했다. 이것은 그저 사적인 포부가 아니라 일종의 철학적 선언이었다.

나에게 진실로 필요한 것은 내가 알아야 하는 바가 아니라, 물론 앎이 모든 행위에 선행해야 하는 경우를 제외하고, **내가 행해야 하는 바**를 명확하게 깨닫는 것이다. 중요한 것은 목적을 찾는 것, 하나님이 **내가** 행하기를 원하는 바가 무엇인지 아는 것이다. 중요한 것은 **나에게** 진리인 그런 진리를 찾는 것, **내가 그것을 위해 기꺼이 살고 죽을 수 있는 그런 이념**을 찾는 것이다. 이른바 객관적 진리를 발견하고 철학 체계에 통달해서 질문을 받는 경우에 그에 관해 비판적 판단을 할 수 있다고 한들 도대체 그런 것이 나에게 무슨 소용이 있겠는가? 국가론을 전개하고 다양한 출처에서 세부 사항을 끌어다 전체로 결합시켜 세계를 만든다고 해도 내가 그 안에 살지 않고 그저 남들이 볼 수 있게 높이 들어올리기만 한다면 도대체 그런 것이 나에게 무슨 소용이 있겠는가? 내가 기독교의 의미를 공식화하고 많은 특수한 사항을 설명할 수 있다고 한들 그것이 **나에게 그리고 내 삶에 대하여** 아무런 심오한 의미도 없다고 한다면 도대체 그런 것이 나에게 무슨 소용이 있겠는가? 나는 분명히 말하건대 내가 여전히 **앎의 의무**를 받아들인다는 것과 앎을 통해 사람들이 영향을 받을 수 있다는 것을 부정하지는 않지만, **이때 그것은 내 안에서 생명을 얻지 않으면 안 되며**, 또 **이것이야말로** 내가 지금 모든 것 중에서 가장 중요한 것으로 깨달은 것이어야 한다. 이것이 바로, 아프리카 사막이 물을 갈구하는 것처럼, 내 영혼이 갈구해 마지않는 바이다. 이것이 내가 삶으로 실천해야 하는 바이며, 단순히 **지식**의 삶이 아닌 **온전히 인간다운 삶**이고, 그래서 나는 내 사상의 기초를, 그렇다, 객관적이라고 일컬어지는 어떤 것, 어떠한 경우에도 내 자신의 것이 아닌 그런 것에 두지 않고, 내 실존의 가장 깊은 뿌리에 단단히 묶여 있는 것, 그것을 통해 내가 말하자면 거룩한 것과 하나가 되는 그런 것, 설령 전 세계가 붕괴한다고 해도 내가 단단히 붙잡고 있을 바로 그런 것에 두어야 한다. **이것이 바로 내가 필요로 하는 것이고, 이것이 바로 내가 얻으려고 노력하는 바이다.** 사람은 모름지기 다른 어떤 것을 알기 전에 먼저 **자신**을 아는 법을 배워야 한다. 내면적으로 자신을 이해하고 또 그다음으로 자신이 취해야 하는 길을 알기 전에는 삶은 결코 평안과 의미를 얻지 못한다. 오직 그럴 때만이 사람은 저 넌더리나고 불길한 여행의 동반자, 지식의 영역에서 드러나는 저 삶의 아이러니에서 벗어날 수 있다.[32]

이때까지 키르케고르는 이미 대학에서 5년을 보냈으나 아무리 해도 신학사 학위를 마칠 수 있을 것 같지 않았다. 이론적 지식의 가치를 의심했을 때, 그는 자신의 실존의 의미를 묻고 있었다. 그러나 이러한 물음들을 살아가면서도 그는 멀리 떨어져서 그 물음들에 관해 글을 쓰고 있었다. 아직은 익명을 사용하지 않고 시인의 페르소나를 시험적으로 시도해 보면서 말이다.

이 일지에서, 길렐라이에 여행 전후에 작성된 다른 많은 일지에서와 마찬가지로, 키르케고르는 회의주의에 빠진 학자 파우스트의 오래된 주제들을 탐구했다.[33] 1830년대에는 모두가 파우스트를 거론하고 있었다. 하나님에게 반기를 든 사람에 대한 이 중세의 이야기는 낭만주의자들의 상상력을 사로잡았으며, 괴테는 마침내 1832년 세상을 떠나기 직전에 운문으로 된 희곡 『파우스트』의 제2부를 완성했다. 전통적인 전설에 따르면 파우스트의 삶은 최후의 순간에 저주받는 것으로 끝나는 반면, 괴테는 이 이야기에 새로운 결말을 부여했다. 괴테의 파우스트는 최후의 순간에 개심을 겪는다. 이는 성 바울로가 다마스쿠스로 가는 길에서 경험했던 것과 비슷한 것으로, 바울로는 갑자기 눈이 멀어 앞이 캄캄해지지만 천사들의 도움으로 악마의 손아귀에서 벗어난다. 사람들이 오랫동안 기다려오던 『파우스트』의 이런 놀라운 결말에서, 괴테는 이제 곧 자기가 떠나게 될 세상을 향하여 이별의 전언을 보내는 것처럼 보였다. 평생 동안 이 위대한 시인은 독일의 대학들이 점점 더 전문화되어 학문 연구를 통해 계몽을 달성하려고 노력하는 사람들로 가득 차는 것을 목격했다. 그러나 파우스트의 갑작스러운 실명은 인간의 영혼이 캄캄한 밤을 거쳐야 성숙하고 넓어지며 깊어지고 그 깊은 내면에서 하나님을 찾는다는 것을 암시하고 있었다.

키르케고르는 영적 삶에 대해 비슷한 견해를 가지고 있었으며 그의 영혼은 어둡고 잠 못 이루는 수많은 밤에 빠져 있었다. 그러나 1830년대 중반에 그는 괴테의 결말에 실망했다. 왜냐하면 그는 파우스트 이야기를 사용하여 근대에 대한 자신의 진단을 내리고 싶었기 때문이다. 그는 파우스트가 당대의 핵심적 특징인 의심을 상징한다고 믿었으며, 파우스트가 죽기 직전에 개심하게 만듦으로써 괴테가 파우스트라는 캐릭터의 본질 자체를 저버렸다고 생각했다. 키르케고르는 파우스트의 새로운 해석을 저술할 생각이었으며, 헤이베르와 프리드리히 폰 슐레겔의 에세이처럼 문예비평, 철학 그리고 시를 뒤섞어 당대 문화에 대한 훌륭한 분석을 만들어내고자 했다.

1836년에 시인 레나우(Nikolaus Lenau)는 또 다른 버전의 『파우스트』를 발표했다. 레나우는 최근에 펜실베이니아에서 환멸을 느낀 채 독일로 돌아왔는데, 펜실베이니아에서 그는 급진적인 경건주의자들의 코뮌에서 몇 달을 함께 생활했었다. 그의 『파우스트』는 허무주의적이었는데, 왜냐하면 그 자신의 낭만주의적 멜랑콜리가 깊은 비관론으로 조금씩 변해가고 있었기 때문이다. 레나우의 시는 키르케고르에게도 불행한 일이 되었다. "나는 얼마나 불행하단 말인가! 마르텐센이 이미 레나우의 『파우스트』에 대한 에세이를 발표했으니 말이다!"라고 그는 1837년에 헤이베르의 새 저널 『페르세우스』에서 마르텐센의 에세이를 발견한 후 자신의 일지에 썼다. 이 에세이는 파우스트가 근대의 세속적 지식이 지닌 오만불손하고 비종교적인 경향을 나타내고 있다고 주장했다. 그날 키르케고르는 분명히 자신의 목소리로 글을 쓰고 있었다.

점점 늙어가는 아버지를 더욱더 실망시키면서 그는 신학사 자격시험을 계속 미루며 대부분의 시간을 사색하고 문학과 철학을 논하고 또 휘갈겨 쓰면서 보냈다. 그는 유머와 아이러니, 기독교와 낭만주의에 관해 짤막한 글을 썼고, 이러한 주제에 몰두하고 있던 묄레르와 깊은 대화를 자주 나누었다. 1837년 5월 그는 스물네 살이 되었고 레기네 올센과 처음 만났다. 그해 여름, 그는 "**내가 누구인가**에 대한, 나의 기쁨에 대한, 그리고 타인들이 내게서, 또 내가 행하는 바에서 보는 것에 대한 끝없는 의문을, 모든 것에서 불행한 상대성을"[34] 느끼며 괴로워하고 있었다. 그렇지만 그 끝없는 의문은 최소한 아무 생각 없는 만족보다는 나았다. 그는 "프티 부르주아"처럼은 되고 싶지 않았는데, 이들은 도덕을 지성보다 더 우위로 쳤으며 "어떤 미지의, 멀리 떨어져 있는 것에 대한 향수를 결코 느낀 적이 없으며, 아무것도 아닌 존재의 심오함, 주머니에 4실링을 넣고 손에는 가느다란 단장을 들고 뇌레포르(Nørreport)를 산책하는 것의 심오함을 경험한 적이 결코 없었다."

그때쯤에는 뉘토르브의 집에 오직 세 명의 키르케고르만이 남아 있었다. 첫 번째 아내가 결혼 후 몇 달 지나지 않아 장티푸스로 세상을 떠난 그의 맏형 페테르, 쇠렌 자신, 그리고 늙은 아버지가 이 큰 집의 이곳저곳을 덜걱덜걱 소리 내며 오가고 있었다. 1837년까지 그들은 일 년에 두 번씩 금요 성찬예배에 함께 출석했었다. 이제 그의 형과 아버지는 각자 예배에 출석했으며, 키르케고르는 전혀 출석하지 않았다. "쇠렌은 요즘 아마도 그 어느 때보다도 고민으로 인해 침울해졌으며, 건강이 감당할 수 없을 정도까지 생각에 짓눌려 있었다. 그러나 그런 생각은 그를 불행하고 우유부단하게 만들 뿐이며 그를 미치게 할 정도까지 몰고 갈 따름이다"[35]라고 그해 8월 자신의 일지에 페테르는 기록했다.

* * *

그렇다. 그를 유혹하여 작가가 될 각오를 하게 한 대학 시절은 그의 성찰을 격렬하게 만들고, 그의 슬픔을 심화시켰으며, 그의 불안을 키웠다. 이 초기의 실망스런 일들은 10년도 넘게 지난 지금도 여전히 쓰라린 맛이 난다. 왜냐하면 이런 감정들이 새로운 것들로 그 층이 더해지고, 또 점점 쌓여서 그의 마음 이곳저곳에 심각한 고통을 형성하게 되었기 때문이다.「위기 그리고 어느 여배우의 삶에서의 한 위기」에서 그는 루이세 헤이베르(Johanne Luise Heiberg)가 늙어감에 따라 그 찬미를 약화시키는 "대중"의 변덕스러운 잔인함이 작가들—다시 말해 대중의 천박한 취향에 영합하지 않는(이 여배우의 남편과 같은) 작가들—에게도 해를 끼칠 수 있다는 사실에 주목했다.

> 만일 상당한 정도의 사상도 가진 게 없고 그렇다고 성실하지도 않은 어떤 작가가 오랜 공백 기간 후에 특별히 장정이 화려하고 또 눈이 번쩍 뜨일 정도로 너무나도 많은 여백을 담은 세련된 책을 출판한다면, 군중은 이 세련된 물건을 경악과 찬탄으로 바라보면서 저자가 그렇게도 많은 시간을 들여 이 책을 저술했는데도 지면에 여백이 많다면 그 책에는 정말로 뭔가 특별한 것이 있는 것이 분명하다고 생각한다. 반면에 이와는 달리, 사상도 풍부하고, 세련됨이나 환상을 이용해 이익을 취하는 것과도 다른, 생각할 뭔가를 가지고 있는 저자가 그 어느 때보다도 엄청난 근면함으로 진력하면서 비범할 정도로 숨 가쁘게 저술하고 있다면, 대중은 곧 그에 익숙해져서 이렇게 생각한다. 이것은 대충대충 쓴 물건이 틀림없어. 물론 대중은 어떤 것이 제대로 만들어졌는지 아닌지 판단할 수 없다. 대중이 집착하는 것은 환상이다.[36]

그는 날마다 자신의 실망과 싸웠고, 그러한 도전이 최상의 방어 수단임이 거듭 입증되었다. 『기독교적 강화집』이 거의 주목을 받지 못하고 마르텐센 교수와 뮌스테르 감독에게도 무시당했지만, 그는 여전히 세심하게 주의를 기울여 저술을 계속하고 있다. 만일 저술활동이 지금 끝나야 한다면, 그것은 완벽하게 종결되어야 할 것이다. 정확하게 그가 원하는 바대로. 어스레한 불빛이 로센보르가데로 느릿느릿 스며들면서 그는 이제 잠 잘 생각을 포기한다. 새벽 다섯 시가 가까워지고 또 다른 하루의 동이 트고 있다.

8. 인생관 없이 살다

그는 로센보르가데와 토네부스키가데가 만나는 모퉁이에서 닐센(Rasmus Nielsen)에게 작별을 고하고 타오르는 8월의 햇살을 피해 집으로 들어가 서늘하고 그늘진 방으로 계단을 올라간다. 도시의 이 구역에서는 로센보르가데를 따라 늘어서 있는 무두질 공장에서 풍겨 나오는 불쾌한 악취가 개방된 하수구에서 바람을 타고 올라오는 썩은 생선, 부패한 고기, 해초, 오물 등 도시의 다른 냄새를 무력하게 한다. 지주인 그람 씨(Mr. Gram)가 소유하고 있는 무두질 공장의 마당에서 풍겨 나오는 악취는 무더운 날씨에 견딜 수 없을 정도로 고약해져서 키르케고르의 하인들은 그가 산책에서 돌아와 귀가하기 전에 검게 칠한 창문을 닫으라는 지시를 받았다. 그는 심신이 모두 피폐해진 상태인데도 흥분해 있다. 본능적으로 손을 뻗어 펜을 잡고 방을 가로질러 이리저리 걷는다. 「위기 그리고 어느 여배우의 삶에서의 한 위기」가 『조국』에 게재된 이후, 지난 몇 주 동안 그는 이 기고문 때문에 고민해왔다. 이 "별 것 없는 미학적 기고문"이 그의 창작활동의 대미를 장식하기에 적절한 것인가? 이 글은 어떻게 해석될 것인가, 혹은 어떻게 오해될 것인가? 1848년의 이 여름 내내 그는 일지의 지면을 그 기고문을 발표해야 할 것인가 말 것인가와 관련된 자신의 의구심에 답하는 내용으로 채워왔다. 불안에 사로잡혀 조만간 자신이 죽을 거라고 굳게 믿고 있는 그는, 이 기고문이 자신의 저술활동 전체를 왜곡시킬지도 모른다고 걱정하고 있다.

그는 보잘것없는 위인으로 생각되거나 자신의 최근 종교적 저작들의 영향력을 감소시키는 것을 원치 않는다.[1] 또한 사람들이 그가 처음에는 물불 가리지 않는 심미가로 출발했으나, 단순히 나이가 들었기 때문에 종교적 저술가가 되었다고 생각하는 것도 원치 않는다. 이런 현상은 다수의 초기 낭만주의자들에게 일어난 일인데, 이들은 패기만만한 범신론적 반항 후에 중년이 되어 다시 정통 기독교로 복귀했다. 스테펜스는 보수적인 루터교도가 되었고, 프리드리히 폰 슐레겔은 가톨릭으로 개심했다. 당연히 키르케고르는 진부한 낭만주의자로 간주되는 것을 원치 않는다. 심지어 스캔들을 몰고 온 『이것이냐 저것이냐』조차 하나님에 대한 독자의 관계를 심화시키는 것을 목적으로 삼았었기 때문이다. 그의 미학적 관심과 종교적 진지함은 늘 함께 있었다. 헤이베르 부인에 대한 최근의 기고문이 바로 그 증거이다.

그러나 사람들이 이런 방향으로 보아 **줄 것인가?** 자신을 드러내는 것은 심지어 간접적일 때조차도 얼마나 고통스러운 일인가! 또 오해를 받는 것은 얼마나 고통스러운 일인가! 인간으로 존재하고자 하는 투쟁을, 자신이 그처럼 치열하게 삶의 차원에서 탐구하는 물음을 전달하는 데 자신의 전력을 쏟아 붓고 있는데도 말이다. 저술활동과 관련한 이러한 불안들이 그를 엄습할 때면, 그는 닐센의 우정과 신실함을 생각하며 스스로 위안을 얻으려고 노력한다.[2] 그가 코펜하겐 대학의 철학교수인 닐센을 높이 평가한 적은 전혀 없으며, 사실을 말하자면, 닐센의 평범함을 종종 조롱하곤 했다. 그러나 최근 몇 달 동안 그들은 매주 함께 산책을 하며 더 친밀해졌다. 닐센은 키르케고르가 쓴 저서의 진가를 온전히 인정하고 그의 철학적 견해에 관해 더 많은 것을 열심히 배우고 있다. 키르케고르는 자신이 세상을 떠나면 닐센이 자신의 명성을 옹호하고 자신의 학문적 유산을 안전하게 지킬 것이라는 희망을 품기 시작했다. 그러나 이런 생각은 새로운 불확실성을 유발하고 있다. 닐센이 자신의 저작을 충분히 이해하는 것일까, 그리고 정말로 그가 믿을 수 있는 인물일까?

> 그러나 이와 관련해 가장 나쁜 것은 내가 그런 사안을 너무나도 복잡하게 생각하고 반성하는 탓에 정작 내가 하고 있는 일을 나 자신이 거의 알지 못한다는 것이다. 또 그렇기 때문에, 설령 그렇게 할 다른 이유가 없었다손 치더라도, 나는 조처를 취하지 않으면 안 될 것이다. 소극적인 결

심만큼 나를 피폐하게 하는 것은 없다. 처음에는 뭔가를 할 준비가 되어 있고 그것이 전적으로 옳고 바람직하다고 생각하지만, 이내 그다음에는 갑자기 엄청나게 많은 반성들이 거기 파묻혀 죽을 수 있을 정도로 이리저리 떠돌며 겹겹이 쌓이고 만다. 그 자체 무의미한 것이 갑자기 무시무시한 실재를 얻게 될 수 있다는 것은 결코 옳은 일일 수 없다. 그것은 반성이 병들어 버렸다는 징조이다. 이런 일이 일어나면 생명을 보존하기 위해 조처를 취해야만 한다. 그때 증상이 적절히 치유되지 않으면 소극적인 방법이 결국은 최선이었다고 계속 상상하게 될 것이다. 그러나 이것은 새빨간 거짓말이다. 취해야 할 유일한 조처는 하나님에게서 도피처를 찾는 것, 그리고 실천에 옮기는 것이다.[3]

자신의 그 많은 불안의 한가운데에서 카페인, 니코틴 그리고 죽음과 불멸에 대한 생각에 사로잡힌 채, 그는 자신의 저술활동과 관련한 강박적인 상념들이 어떻게 자기중심주의와 자기과대평가에 의해 주도되고 있는지를 얼핏 보고 있다. 그는 자신이 신경 써야 한다고 스스로 생각하는 이상으로, 또 (그의 자부심 때문에) 그가 받기를 원하는 정도 이상으로, 세상의 평판에 대해 노심초사하고 있다. 처음도 아닌 것이, 그는 자신이 고통을 겪는 이유를 믿음이 부족한 탓이라고 보고 있다. "하나님을 믿지도 않고 또 내 본래의 자기로 존재하지도 않으면서 오히려 나를 특별한 존재로 만들어 주기를 원하는 것은 반성이다."[4] 그럼에도 불구하고 그는 자꾸만 이러한 반성의 습관에 빠져들고 있다.

그런데 언제 그는 "본래의 자기"가 되었는가? 이 정체성은 그의 저술과 불가분의 관계에 있다. 그가 저술활동을 시작하기 전의 시간들은, 지금에 와서는, 그의 저술가로서의 삶에 대한 예비기간으로 생각된다. 그렇지만 그의 저술활동은 결말에도 몇 번의 시행착오가 있었지만 시작에도 그에 못지않게 몇몇 문제가 있었다. 사실 그의 전성시대는, 그의 몇몇 저서들처럼, 처음 시작하는 어려움과 끝을 맺는 어려움에 의해 확장되어왔다.

* * *

1830년대 중반에 그가 『코펜하겐 플라잉 포스트』에 처음 기고한 「여성의 위대한 능력에 대한 또 다른 변론」을 가장한, 여성 해방에 대한 무례한 비난 이후로 헤이베르의 저널에 세 편의 또 다른 글들이 게재되었다. 이 글들은 진보 언론을 비판했는데, 이 주제 덕분에 그는 두 명의 젊고 야심만만한 작가들인 레만(Orla Lehmann)[5]과 하게(Johannes Hage)를 상대로 이들이 밀어붙이고 있었던 진보적 의제에 대하여 논쟁적인 위트를 과시할 수 있었다. 이 글들은 매우 세련되고 또 대단히 감동적이어서, 게다가 헤이베르의 문체와 너무나 비슷해서, 독자들은 헤이베르가 직접 쓴 것으로 착각했다.

키르케고르는 묄레르가 한동안 헤이베르가 쓴 것 중에서 최고의 글이라고 생각했다는 말을 보에센에게 듣고서 매우 기뻐했다. 이 성공 후에 그는 몇 달에 걸쳐 첫 번째 주저로 파우스트 소론을 기획해 왔으나, 이는 마르텐센에게 먼저 기선을 제압당하는 결과로 끝나고 말았다.

다시 시작하는 것은 어려운 일이었다. 1837년 여름 내내 화를 삭이지 못하다가, 그해 9월에 뉘토르브의 생가를 나와서 몇 블록 떨어진 뢰브스트래데(Løvstræde)의 아파트를 얻었다. 새 집은 마르텐센이 살던 광장의 모퉁이에 있었다. 창문에 서면 경쟁자의 집을 훤히 볼 수 있었다. 아버지는 그에게 충분한 경비를 대주었으며, 그가 책, 원고지, 의복, 신발, 담배를 구입하고 빈번히 극장에 드나들고 또 커피숍과 레스토랑에 단골로 다니느라 쌓인 거액의 채무를 대신 갚아주었다. 약간의 독립성을 얻으려는 노력의 일환으로, 그는 그해 가을 학기에 모교로 돌아가 라틴어를 가르쳤다. 이윽고 그는 시민 미덕 학교에서 학생들에게 설명해야 했던 문법을 철학적으로 활용하고 있었다. "근대 철학은 순전히 가정법적이다"라고 그는 그해 9월에 일지에 썼다. 10월에 그는 자신에게도 똑같은 잘못이 있음을 깨닫고 있었다. "불행하게도 나의 삶은 그보다 훨씬 더 가정법적이다. 하나님에 대한 직설법적인 능력을 지니고 있다면 얼마나 좋을 것인가!"[6]

학생으로 7년을 보낸 후 그는 가능성의 거품에 빠진 채 세상의 겉을 떠돌면서 그 속으로 들어갈 수 없다고 생각했다. 학문적 연구를 통해서 그는 자신의 삶을 몰락하는 시대의 한 징후라고 생각하게 되었지만, 그러면서도 어떻게 해야 서둘러 세상 속으로 들어가 뭔가를 일어나게 할 수 있는지는 여전히 알지 못하고 있었다. 그는 아이디어로 넘쳐흐르고 있었지만, 그것들은 모두 제각각이고 단편적이며 산만할 뿐이었다. 이제 파우스트 기획은 포기해야 했기 때문에 그는 새로운 기획을 궁리하고 있었다.[7] 그중 하나는 "인간 영혼의 역사"를 쓰는 것이었는데, 이는 다양한 연령대의 사람들이 비웃는 것을 검토함으로써 "인간 본성의 전개 과정"을 추적하는 것이었다. 일주일 후에 그는 고대 로마의 풍자에 관한 논문을 쓰는 것을 고려했다. 또 다른 날에는 "짤막한 소설"을 생각했다. "주인공은 안경을 하나 습득한다. 안경의 한쪽 렌즈는 날카롭고도 흥미로운 현미경처럼 강력하게 사물을 축소시켜 보여주고, 다른 하나는 같은 배율로 사물을 확대시켜 보여주기 때문에 주인공은 모든 것을 대단히 상대주의적으로 파악한다는 내용"이었다. 얼마나 자주 키르케고르는 이 소설 속의 주인공과 비슷한 적이 많았으며, 또 왜곡된 시선으로 자신을 바라본 적이 많았던가. 그러는 사이에 밤들이 밀려들고 계절이 바뀌었다. "내가 봄보다 가을을 더 좋아하는 이유는 가을에는 하늘을 바라보기 때문이다. 봄에는 땅을 보는데 말이다."[8]

이듬해인 1838년 봄, 그는 다시 뉘토르브의 생가로 돌아갔다. 4월에 그는 일지에 묄레르의 죽음을 기록하고 심기

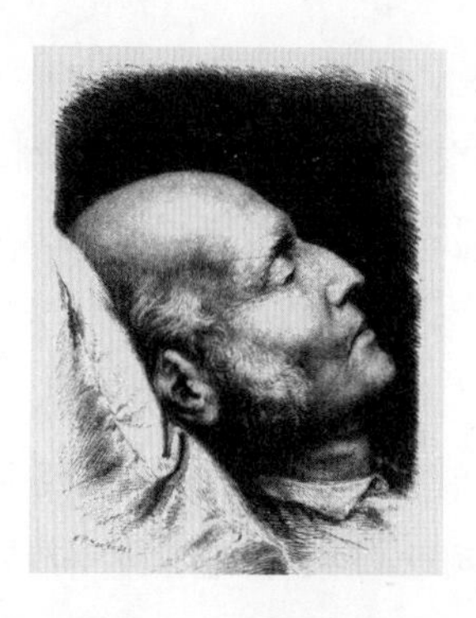

세상을 떠난 묄레르의 모습

일전하기로 결심했다. "또다시 아무것에도 정신을 집중할 수 없는 시간이 그렇게 많이 흘러가 버렸다. 나는 이제 다시 한 번 노력해야 하겠다."[9] 그는 안데르센(Hans Christian Andersen)의 새 소설 『외로운 바이올린 연주자』[10]에 대한 비평을 쓰기 시작했는데, 이 소설은 재능이 뛰어난 바이올리니스트가 환경 때문에 세상에서 자신의 음악적 재능을 발휘하지 못한다는 내용이었다. 이 비평으로 그는 그 전에 묄레르와 계속 토론해 왔던 철학적 사상 중 일부를 전개할 기회를 얻을 수 있었다. 그는 이 비평이, 마르텐센의 파우스트 관련 소론처럼, 헤이베르의 저널 『페르세우스』에 게재되기를 희망했다. 그러나 헤이베르는 그것을 읽은 후 양이 너무 많고 내용이 너무 복잡하다고 싫어했다.[11] 8월쯤 이 비평의 수정판이 거의 끝났으나, 그달에 『페르세우스』 2호이자, 나중에 밝혀지는 것처럼, 최종호는 그의 비평을 게재하지 않은 채 발간되었다.

1838년 8월 8일에 아버지 미카엘 키르케고르가 사망했다. 3일 후에 키르케고르는 일지를 다시 펴고 자그마한 검은색 십자가로 한 면을 표시했다.

> 아버지가 8일 수요일 오전 2시에 세상을 떠났다. 나는 아버지가 몇 해만 더 사시기를 간절하게 바랐다. 나는 아버지의 죽음을 나에 대한 사랑이 치른 마지막 희생이라고 생각한다. 왜냐하면 아버지는 나 때문이 아니라 **나를 위해서** 죽었으며, 그래서 그 어떤 일이 내게 생길 것이기 때문이다. 내가 아버지에게서 물려받은 것 가운데 가장 소중한 것은 아버지에 대한 기억, 아버지의 변화된 모습인데, 이러한 변화는 나의 시적 상상 때문이 아니라(그럴 필요가 전혀 없었다), 내가 지금에야 깨닫고 있는 많은 세세한 개인적인 성질들 때문이며, 또 이것을 나는 세상이 알지 못하도록 최선을 다해서 비밀로 지켜나갈 것이다. 왜냐하면 지금 이 순간 아버지에 관한 이야기를 나눌 수 있는 사람은 **단 한 사람**(보에센)뿐이라고 생각하기 때문이다. 아버지는 "선하고도 신실한 친구"였다.[12]

유년시절부터 막역지우였던 보에센은 키르케고르가 어째서 아버지를 그리스도와 같은 인물로, 예수를 찬미하는 저 오래된 경건주의 찬송가 구절에서와 같이 "신실한 친구"

로 생각했는지 이해할 수 있었을 것이다. 그의 친구들 중에서 오로지 보에센만이 그의 내면의 가장 깊은 곳에 뿌리박힌 것들을 알고 있었으며, 어릴 때부터 그의 가족이 살던 집을 드나들면서 스톰가데에서의 모라비아파의 집회에 대한 기억을 공유하고 있었다. 보에센은 키르케고르가 이전 삶을 벗어나 강의, 소설, 언론이라는 새로운 세계로, 철학, 예술, 문화비평의 세계로 들어간 것이 의미하는 바를 이해했다. 물론 키르케고르의 형 페테르 역시 이 모든 사실을 잘 알고 있지만, 자신의 영혼을 **그에게** 열어 보이려고 하지 않았다.

그는 얼마 안 있어 안데르센의 새 소설에 대한 소론으로 돌아왔으며, 1838년 가을에 『아직 살아 있는 자의 수기』라는 제목의 짤막한 책으로 발표했다. 그가 자신의 철학적 스승과 아버지를 여의고 나서 자신의 작품을 세상에 내놓을 용기를 얻었다고 해도 출판은 여전히, 시베른 교수의 말을 빌리면, "내면적으로 복잡한" 문제였다. 키르케고르의 뿌리 깊은 반성의 습관 때문에, 이 습관은 유년시절의 내적 갈등과 이중성에서 비롯되어 긴 학업 기간 동안 점점 더 심해졌는데, 그는 "언제나 항상 자신의 바깥에 존재하는 것"으로 생각하게 되었으며 또 지금 그가 뭔가 중요한 것을 저술했는데도 그것과 하나가 될 수 없었다. "아직 살아 있는 자"는 일종의 익명으로서 "친구"와 "또 하나의 자기"를 지칭하는 것이었으며, 표지에는 키르케고르가 이 저자의 의지에 반하여 책을 출판했다고 표시되어 있었다.

그는 서문을 쓰고 "출판인"으로 서명했는데, 이는 작가로서의 자신에 대한 그의 이중적 관계를 표현한 것이다.

> 우리의 의견은 거의 언제나 서로 갈라져 끊임없이 갈등을 빚지만, 그런 갈등 속에서 우리는 가장 깊고 가장 성스러운 불변의 유대감으로 하나가 된다. 그렇다. 비록 자석의 같은 극과 같은 반발 속에서 의견이 갈리지만, 우리는 여전히 이 개념의 가장 강력한 의미에서 불가분의 관계에 있으며, 우리 각자의 친구들은 좀처럼, 아마도 전혀, 우리 모두를 동시에 본 적이 없으나, 이런저런 사람이 더러 우리 중의 하나와 막 헤어지고 그와 거의 동시에 다른 하나를 만나 깜짝 놀랐을 수는 있을 것이다. 그렇기 때문에 우리는 시인과 웅변가들이 그들의 작품을 통해 되풀이되는 불멸을 이룩할 때 오직 단 한 가지만으로 표현하는 그런 합일관계 속에서 우정을 향유할 수는 전혀 없는바, 그 표현은 바로 한 영혼이 두 육체에 거주하는 것과 같다는 것인데, 우리에 관해서 말하자면 오히려 그것은 두 영혼이 하나의 육체에 거주하는 것과 같다고 해야 할 것이다.[13]

키르케고르는 계속해서 쓰기를, 인간이 모두 그런 것처럼 이 비평을 쓴 저자는 무수한 국면을 거쳐 온 영혼을 소유하였으며, 마치 지구가 황도대의 12궁을 거치며 회전하는 것처럼 그 축을 중심으로 회전하고 있다는 것이다. 저술이라는 몹시 격렬한 과정은 이러한 순환을 따랐다. 그의 영혼이 "희망과 갈망의 조짐" 속으로 들어섰을 때, 그는 자기 속으로 침잠하고 또 그다음에는 다시 부상해서, "반쯤 수줍어하면서", 그가 전에 자신의 "내면의 성소"에서 발견했던 쏜살같이 사라지는 생각 중 하나와 분투하면서 실랑이를 하는 것이다.

그의 영혼이 여러 차례 슬픔, 불안, 섬뜩한 놀람, 그뿐만 아니라 "축복의 순간"을 거치면서 바뀌고 난 후 이 글은 마침내 끝을 맺으며, 그다음으로 출판인(키르케고르), 혹은 "그가 세계와 신호를 주고받는 전달자"가 인쇄 과정을 정리했다. 그러나 저자는 "대단히 고결한 차원에서 볼 때 이 세상에서 무언가를 성취할 수 없다는 느낌으로" 고통을 겪어왔기에 출판에 반대하는 입장이었다.

> 책을 저술하는 일은 사람이 할 수 있는 일 중에서 가장 우스꽝스러운 짓이라고 내가 생각한다는 걸 그대도 잘 알고 있을 겁니다. 사람들은 운명과 환경의 힘에 완전히 굴복하고 맙니다. 그렇다면 사람들이 한 권의 책을 읽는 데 들이대는 그 많은 편견을 우리가 어떻게 피할 수 있겠습니까? 이 편견들이 낳는 왜곡과 혼란의 정도는 이루 말로 할 수 없을 정도입니다. 그것은 사람들이 누군가와 사귈 때 그들의 머릿속에 들어 있던 선입견이 엄청난 왜곡을 불러일으켜 그 결과 아주 극소수의 사람만이 자신들의 지인이 어떤

사람인지를 제대로 알 수 있는 그런 경우에 못지않습니다. 우리가 전적으로 즉흥적으로 [아무 기대도 없이] 독자의 수중에 맡겨질 때 도대체 어떤 희망을 생각할 수 있단 말입니까? 게다가 나는 최종적으로 이 글에 주어진 정돈된 형태에 얽매인 생각이 듭니다. 나는 다시 한 번 자유를 느끼기 위해 이것을 한 번 더 그것의 모태 속으로 집어넣어서, 그것이 나온 곳에서 다시 한 번 어렴풋한 빛 속으로 가라앉게 하고 싶습니다.[14]

또 저자는 덧붙이기를, 키르케고르가 이 비평을 출판하고 싶은 까닭은 단순히 그가 허영심에 눈이 멀었기 때문이라는 것이다. 그러나 "잠꼬대 같은 터무니없는 소리"라고 이 출판인은 반박했다. "나는 다시 말하지 않겠다! 이 소론은 내 손아귀에 있다. 전적으로 내 통제하에 있는 것이다."

자신의 내면이 겪는 갈등의 희극적 요소뿐 아니라 걱정까지도 모두 드러내 보인 후, 키르케고르의 비평은 안데르센이 쓴 『외로운 바이올린 연주자』의 문체, 구성 그리고 성격 묘사 등에서 약점을 열거했다. 그는 특히 이 작품에서 자신의 핵심적 주제인 천재를 "행운의 수태를 위해 따뜻함이 필요한 일종의 알과 같은 존재 (…) 이는 마치 바다 속의 진주가 자신의 모습을 드러내기 위해서는 자신을 햇빛 속으로 데려갈 잠수부를 기다려야 하거나 홍합이나 굴에 단단히 붙어 있어야 하는 것과 같다"[15]라고 묘사하는 것을 싫어했다.

안데르센은 그의 동화 속에 나오는 저 연주자처럼 가난한 시골 가정 출신이었으나 코펜하겐에서 유력한 친구들을 만나 그들 덕분에 출세할 수 있었다. 키르케고르는 천재가 연약하고, 수동적이며, 도움이 필요하다는 안데르센의 묘사에 동의하지 않았다. 그는 이런 묘사가 천재의 능력을 과소평가한다고 생각했다. 그는 안데르센과는 달리 언제나 당연한 것으로 간주해왔던 물질적 도움보다는 문학적 후원이 더 중요하다고 생각했다. 헤이베르에게 퇴짜를 맞은 그는 반항적이었다. "천재란 입으로 살짝만 불어도 꺼지는 촛불이 아니라, 폭풍이 불어와도 오히려 더 활활 타오르는 불길이다."[16]

더 근본적으로 그는 안데르센에게 "인생관"이 없다고 비판했다. 이것은 그가 묄레르와 자주 이야기하던 주제였는데, 묄레르는 사상가와 예술가가 작품 안에 자신이 겪어온 삶의 체험의 정수를 담아야 한다고 주장했다. 이러한 경험적 의지처가 없이는 학식과 박학다식, 심지어 아름다운 산문과 시 그리고 음악조차도 모두 공허하다는 것이다. "인생관은 체험 이상의 것인데, 왜냐하면 체험 그 자체는 늘 단편적이기 때문이다"[17]라고 키르케고르는 설명했다. "인생관은 체험의 승화이다. 그것은 모든 체험으로부터 얻어진, 자신에 대한 흔들리지 않는 확신이다." 그리고 그는 스토아학파의 철학과 같은 휴머니즘적 인생관을 "훨씬 깊은 체험"에서 이끌어낸 "종교적" 인생관과 비교했다. 사람이 스스로에 대한 **종교적** 확신—신뢰, 자신감, 믿음—을 가지고 있을 때 그

한스 크리스티안 안데르센

의 삶은 "천상의" 방향성뿐 아니라 "지상의" 방향성도 얻는다. 그는 또한 자신이 받아들인 낭만주의 문학 이론을 되풀이하면서, 진실한 시인은 자신의 인격을 이상적이고 영원히 젊고 "불멸의 영혼"으로 "성변화시킴으로써" 자신의 세속적 실존을 극복해야 한다고 시사했다. "[시적으로] 생산할 수 있는 것은 오직 세상을 떠나 성변화된 인격뿐이며, 다각적이고 세속적이며 손으로 만질 수 있는 인격이 아니다"라고[18] 그는 주장했다. 안데르센의 작품에서 "손으로 만질 수 있는" 안데르센을 식별하기는 용이했는데, 이 사람에게는 아무런 인생관도 없는 탓에, "그가 인생에서 행하는 단조롭고 또 아무런 감흥도 없는 투쟁이 이제 그 자체로 그의 시에서도 되풀이되고 있다"라고 키르케고르는 결론지었다.

악명이 높을 정도로 과민했던 안데르센은 이 비평을 애

타게 기다리고 있었다. 키르케고르는 학생회에서나 산책길에서 안데르센을 이따금 만났고, 『외로운 바이올린 연주자』가 발표되자마자 안데르센에게 자신은 이 소설에 감탄했고 그래서 비평할 생각이라고 말했다. 안데르센은 1838년 9월에 『아직 살아 있는 자의 수기』가 발표되자마자 이 책을 받았다. 그는 이 책이 "그 무거운 헤겔적 문체 탓에 읽기가 어렵다"[19]고 생각했지만, 그 가혹한 평가는 충분할 정도로 분명해 보였다. 추후 그는 1840년 코펜하겐 왕립극장에서 상연되는 자신의 〈보드빌 1막〉에 등장하는 헤겔과 닮은 미용사로 키르케고르를 희화화함으로써 여전히 우스꽝스럽게 쓸어 올린 머리 모양을 하고 있던 키르케고르에게 앙갚음을 했다. 이 미용사는 허세를 부리면서 철학을 빙자한 허튼 소리를 속사포처럼 쏟아내고, 『외로운 바이올린 연주자』에 대한 키르케고르의 비평에서 인용한 구절들을 던지면서, 자신을 "세상이 우울하게 만든 개인"[20]이라고 선언했다.

안데르센이 키르케고르의 철학적 분석의 대상이긴 했어도 이러한 분석은 현대 문화에 대한 그의 훨씬 포괄적인 비평을 반영하고 있었으며, 이는 다시 스스로에 대한 비판적 반성을 반영하고 있었다. 평소 묄레르는 현대에는 종교적 인생관을 확립하기가 특히 어렵다고 주장하곤 했는데, 키르케고르는 이러한 어려움을 직접적으로 경험했다. "아직 살아 있는 자"라고 씀으로써 그는 자신이 안데르센처럼 여전히 손으로 만질 수 있다는 것, 진정한 시인이라면 마땅히 해야 하는 것과는 달리, 자신은 아직 죽지도 않고 자신을 거룩하게 변화시키지도 못해서 불멸의 존재가 되지 못했다는 것을 암시했다. 그의 영적 삶은 1838년 한 해 동안 심오해졌는데, 그해 5월 어느 날 "형언할 수 없는 기쁨"의 특별한 체험을 했으며, 7월에는 "기독교에 대한 훨씬 더 내면적인 관계를 성취하기 위해 진력할 것을" 결단했다. 그러나 그는 아직도 타인에게 강한 인상을 주고자 하는 열망에 내몰리고 있었으며, 그가 언뜻 보았던 심연을 아직은 써내지 않고 있었다.

아버지가 세상을 떠나고 『아직 살아 있는 자의 수기』를 펴낸 후, 그는 마침내 신학사 학위과정을 끝내는 데 전력을 경주했다. 1840년에 그는 다시 뉘토르브를 떠나 뇌레가데(Nørregade) 소재의 아파트를 임대했는데, 이 아파트는 성모교회의 반대편에서 조금만 걸어가면 되는 거리에 있었다. 그해 여름, 대학에 들어간 지 거의 10년쯤 되어서, 그는 모든 자격시험을 통과했다. 9월에는 레기네에게 청혼했으며 몇 주 후에 왕립 목회자 양성 신학교에 등록했는데, 여기에서 학생들은 서로의 설교를 평가해야 했다. 키르케고르의 설교 내용은 사려 깊고 논리적이며, 그가 행한 설교는 품위 있고 강건하다고 평가받았지만, 그의 동료들은 그가 "침묵의 기도의 축복, 사색의 기쁨, 우리 안에 거하는 하나님"에 관해 성찰함으로써 "지나치게 신비적인 영역에서 진행했다"[21]라고 불평했다.

그해 가을 그는 박사학위 논문인 『아이러니의 개념에 관하여. 지속적으로 소크라테스를 참조하면서』를 작성하기 시작했다. 이것은 그가 처음으로 인정받은 철학적 저술이었으며, 그의 지적 발전에서 아주 중요한 국면이었다. 『아직 살아 있는 자의 수기』와 마찬가지로 이 논문 역시 묄레르의 영향을 받았다. 이 논문은 낭만주의적 아이러니의 광범위한 허무주의를 비판하면서 소크라테스적 아이러니가 세상의 가치들을 문제시했기 때문에 훨씬 분별력이 있다고 주장했다. 그는 낭만주의에 대한 비판의 초점을 프리드리히 폰 슐레겔의 실험 소설 『루친데』에 맞췄는데,[22] 이 작품은 정열적인 자유연애를 찬양하면서 결혼을 자연스러운 욕망을 계약에 의한 의무로 격하시킨 부르주아 도덕의 도구로 묘사했다.

그가 레기네와의 약혼 기간 동안 이런 내용의 연구를 하고 있었던 것이 단순히 우연이었을까? 그 자신의 낭만적인 상황이 『루친데』에 대한 그의 철학적 분석을 형성했을까? 아니면 그 반대였을까? 체험과 반성이 어떻게 서로 반영하는지를 알기란 쉽지 않다. 실제로 "관념"과 "현실", 이론과 실천 간의 연관관계에 대한 바로 이 문제가 그를 사로잡고 있었다. 모든 사람과 마찬가지로 그가 사람, 장소, 사물의 만질 수 있는 현실로부터 끊임없이 이끌어내는 관념과 의미 안에서 어떻게 진리를 식별할 수 있을까?

초창기에 그는 이것을 지적인 문제로 다루었다. 1848년에 이르러 그는 이제 이것을 자신의 문필 활동을 통해 점차 드러나고 있는 신성한 수수께끼로 간주하고 있다. 그가 믿기로는, 하나님의 섭리가 그의 개인적 삶과 철학적 노력을 엮어 놓았던 것이다. 이 모든 것은 그의 영혼이 성숙하기 위하여, 되어야 하는 바로 그 자기가 되기 위하여 꼭 거쳐야만 하는 문제들과 전환점들로 하나님이 그를 이끌어 가는 방식이다. 왜냐하면 인간이 기성품은 아니지만 그렇다고 스스로 창조하지도 않기 때문이다. 키르케고르의 삶이 전적으로 하나님에 의해 결정되는 것은 아니지만, 이제 그는 오로지 거룩한 섭리에 굴복함으로써만 세상을 가로지르는 자신의 진정한 길을 찾게 될 것이라고 생각한다.

그러나 1841년에 그는 굴복과 순종보다 통제와 지배에 더 관심이 있었다. 『아이러니의 개념에 관하여. 지속적으로 소크라테스를 참조하면서』의 말미에서 그는 아이러니의 "통제된" 사용을 옹호했다. 그는 주장하기를, 예술에서 셰익스피어와 괴테 그리고 헤이베르도 "아이러니의 대가"였는데, 왜냐하면 이 위대한 작가들은 아이러니의 비판적 효력을 특정의 세계관을 위하여 선택적이고 능수능란하게 이용했기 때문이다. 그런데 삶에서 아이러니를 숙달한다는 것은 어떤 것이겠는가? 라고 그는 물었다. 여기에서는 아이러니를 통제하는 것이 훨씬 중요했는데, 왜냐하면 아이러니는 회의가 학문에서 점하는 의의를 실존에서 점하고 있기 때문이다. "과학자가 의심 없이는 진정한 과학은 존재하지 않는다고 주장하는 것처럼", "아이러니 없이는 그 어떤 진정한 인생도

가능하지 않다고 주장할 수 있을 것이다"[23]라고 그는 역설했다. 숙련되고 분별력 있는 회의주의는 과학의 방법에 필수적이지만, 만일 **모든 것이** 의심된다면 과학은 불가능하게 될 것이다. 마찬가지로 소크라테스는 음미되지 않은 삶은 살 가치가 없다고 선언했지만, 그는 다른 누구보다도 삶은 현명하고 신중하게 음미되어야 한다는 것을 잘 알고 있었다. 키르케고르는 "삶을 시적으로 영위한다"는 낭만주의의 이상은 삶에서의 아이러니의 숙달로 재해석되어야 한다고 결론지었다. 가장 위대한 시인들이 그들의 예술에서 아이러니를 정복한 것처럼 말이다.

그는 1841년 봄에 논문을 완성했으며 그해 9월 하순에 논문 심사를 받았다. 심사위원회[24]를 구성하는 것은 시베른 교수 담당이었으며, 심사위원회에 외르스테드(H. C, Ørsted)가 포함되었는데, 당시 그는 1820년에 전자기를 발견한 공로로 유명인사가 되어 있었으며 코펜하겐 대학의 총장으로서 임기를 거의 마치고 있었다. 키르케고르의 심사위원들은 그의 철학적 통찰력과 독창성에 감탄했지만, 그의 풍자적 문체는 적절하지 않다고 생각했다. 외르스테드는 지적 장점에도 불구하고 『아이러니의 개념에 관하여. 지속적으로 소크라테스를 참조하면서』는 "장황함과 솔직하지 못함" 때문에 자신에게 "대체로 불유쾌한 인상"을 주었다고 기록했다. 그럼에도 불구하고 이 논문은 박사(Magister) 학위[25]를 취득하기에 합당한 것으로 결정되었다.

젠다르멘마르크트 광장, 베를린. 독일 돔과 왕립극장

키르케고르는 박사 학위를 취득하고 2주가 채 되지 않아 불명예를 안게 되었다. 10월에 그는 레기네와 최종적으로 결별했으며 곧바로 베를린으로 떠났다. 베를린에 도착해서 그는 잠시 호화로운 호텔 드 작세에 머물다 중앙 시장 광장인 젠다르멘마르크트 소재의 아파트로 옮겼다. 젠다르멘마르크트의 한가운데에는 그리스 사원의 양식을 본떠 20년 전에 세워진 왕립베를린극장(Königstädter Theatre)이 있었으며, 이는 낭만주의자들의 상상 속에서 프러시아의 가장 계몽된 도시의 고귀한 문화의 기념비로 재생되고 있었다. 왕립극장은 두 곳의 18세기 교회들 중간에 위치하고 있었는데, 하나는 독일의 종교개혁파 교회이고 다른 하나는 프랑스의 칼뱅파 교회였다. 고전적 영감을 받은 예술과 프로테스탄트 신학의 병치, 미학적인 것과 종교적인 것의 병존은, 그의 숙소에 난 창문 바깥에서 그의 영혼의 모양을 돌로 요약하고 있었다.

그때쯤에는 글쓰기가 그의 일상 습관이었다. 베를린에서는 고국에 있는 사람들과 소식을 주고받는 유일한 방법이기도 했다. 보에센과의 장시간의 산책은 장문의 편지로 대체되었다. 그는 보에센에게 2, 3주마다 꼬박꼬박 편지를 써서 레기네의 소식을 묻고, 자신의 영혼의 광포한 움직임을 고백했으며, 저술의 진척 상황에 관해 알려주고, 항상 보에센에게 답장할 것을 채근하면서 "절대적으로 비밀을 지킬 것"을 요구했다. 당연한 일이지만 코펜하겐 사람들은 키르케고르에 대해 수군거렸다. 그는 사람들이 뭐라고 말하고 있을지 상상하고서 그들의 비난에 대꾸했는데, 이런 비난은 코펜하겐 시내의 거실, 카페, 거리에서 실제로 발생한 것보다 훨씬 더 많이 그의 마음속에서 상상되었다. "내가 가끔 그리워한다고 말할 수 있는 단 한 가지는 우리의 대화라네"[26]라고 그는 보에센에게 썼다. "이따금 산책하면서 내 이야기를 꺼낼 수 있어서 얼마나 좋았던지. 그러나 자네도 알다시피 내가 말을 빨리 하더라도 그렇게 하는 데는 상당히 긴 시간이 필요하다네. 그럼에도 편지 한 통은 항상 아주 중요하다네. 특히 소식을 전달하는 유일한 수단이 이것뿐일 때는 더욱 그렇지."

대다수의 사람들과 달리 보에센은 그를 비판하지 않았지

만, 키르케고르는 그럼에도 불구하고 자신이 레기네와의 파혼을 결정한 것을 합리화하느라고 엄청난 분량의 편지를 써 보냈다. 그는 그 위기가 그를 뒤흔들어 심미적 영역에서 이탈시켜 버렸다고 설명했다. 다른 사람에게는 별것 아닐 수도 있는 이 문제가 그가 그토록 오랫동안 떠돌았던 가능성이라는 매력적이지만 헛된 거품을 터뜨려 버렸기 때문이다. "그녀를 시의 주제로 삼지도 않고 그녀를 생각하지도 않지만, 나는 스스로를 꾸짖는다네"[27]라고 그는 1841년 11월에 보에센에게 썼다. "나는 어떤 것도 시의 주제로 삼을 수 있다고 생각하지만, 의무, 책무, 책임, 채무 등에 관한 문제들을 시적 주제로 삼을 수도 없고 또 그렇게 하지도 않을 작정이네." 1843년에 베를린으로 다시 갔을 때 그는 그의 내면에서 자라난 레기네를 향한 쓰라린 분노를 그때쯤에는 느끼지 않게 되었다. 만일 그녀가 약혼을 파기했더라면 그녀는 "그를 위해 희생한" 것이 되었겠지만, 현실은 그가 그녀를 위해 희생하지 않으면 안 되었다. "만일 나에게 항상 그녀를 떠올리게 하도록 두 눈 부릅뜬 감시자들로 나를 포위하는 것이 그녀의 능력이었다고 하더라도, 그녀는 지금과 같이 그녀의 모든 정의와 모든 아름다움과 모든 고통 속에서 그렇게 선명하게 내 마음 속에 기억될 수 없었을 것이다."

그래도 이 편지에서 그의 깊은 회한은 승리감으로 끝이 났다. 그가 세상의 요구에 승복하기를 거부함으로써 세상을 상대로 승리를 거두었다는 그런 느낌이었다. "최근 이러한 사건들을 겪으면서 내 영혼은 꼭 필요한 세례를 받은 셈이지. 하지만 그 세례가 물을 뿌리는 것에 그치는 것은 확실히 아닌데, 왜냐하면 내가 물속으로 들어가 버렸기 때문이라네. 모든 것이 내 눈앞에서 암흑으로 변해 버렸지만 이제 나는 다시 수면으로 올라간다네. 그 어떤 것도 세상 전체를 상대로 도전하는 계획을 고수하는 것만큼 사람을 발전시키는 것은 없다네."[28] 물론 그는 자신이 보에센의 인내심을 시험하고 있다는 것을 잘 알았다. "사랑하는 친구여, 만일 자네가 화가 나더라도 제발이지 나에게 숨기지 말아주게"라고 그는 이 편지의 말미에 당부했다. "내 영혼이 그런 일을 겪기에 지나치게 이기적인지 아니면 너무나 위대한 것인지 나는 모르겠네만, 그런 것이 나를 성가시게 하지는 않을 걸세. (…) 내가 자네에게 바라는 것은 오직 한 가지, 자네가 불쾌해 하지 않는 것, 자네가 자네의 영혼과 일체감을 느끼는 것뿐일세. (…) 나는 이 세상에서 많은 것을 잃었거나 빼앗겼지만, 자네를 잃지는 않겠네."[29]

베를린 체류 기간 동안 그의 영혼은 다양한 감정 상태를 경험했을 뿐만 아니라 서신 왕래로 인해 소환되는 다양한 자아들을 경험했다. 12월 중순에 그는 사흘 동안 세 편의 편지를 당시 12세인 조카딸 헨리에테에게, 친구 보에센에게, 그리고 시베른 교수에게 잇달아 써 보냈다. 조카딸 헨리에테에게는 베를린의 웅장한 신고전주의풍 박물관, 극장, 오페라하우스의 그림으로 장식되어 있는 "특별한 종류의 종이"를 동봉하여 상냥하고도 재미있는 생일축하 편지를 보냈다.[30] 그다음 날 그는 전지전능한 낭만주의 시인의 역할을 떠맡아 곤경에 빠진 보에센의 연애에 대해 모호한 조언을 쓴 다음, 그의 "너무나도 창의력이 풍부한 두뇌"가 생각해낸 새로운 "책략"을 이야기해 주었다. "그녀의 가족이 나를 미워하는 것은 잘된 일이네, 그것이 나의 계획이었다네. 그녀가 가능한 한 나를 미워할 수 있게 만드는 것도 나의 계획이었던 것처럼 말일세"[31]라고 쓰고서, 모차르트의 〈조반니〉에서 엘리바 역을 연기하고 있던 매력적인 빈 출신 여가수에 대한 요란스러운 추신을 덧붙였는데, 그녀가 꼭 레기네를 닮았다는 것이다. 시베른 교수에게 보내는 편지에서 그는 경의를 표하는 성실한 학생이 되어 자신이 수강한 스테펜, 마르하이네케, 베르더, 셸링 등의 철학 강의에 관해 일종의 보고서를 써 보냈다.[32]

삼촌으로서 키르케고르는 자신에게 있는 최고의 것을 끄집어냈다. 베를린에서 그는 코펜하겐에 있는 조카들 모두와, 세상을 떠난 그의 누이 페트레아와 니콜레네의 자녀들과 규칙적으로 서신을 주고받았는데, 그들에게 보내는 그의 편지는 사려 깊고 애정이 듬뿍 담겨 있었다. 그는 열네 살이던 소피가 무도회에 참석하게 되었다고 흥분해서 보내온 편지에 대해 짓궂지만 다정한 답장을 보냈다. 당시 열한 살이던 칼에게는 시골에서 우유를 싣고 오는 짐마차를 끌고 다니는 큰 개들의 이야기,[33] 티어가르텐 공원 이곳저곳을 시끄럽게 뛰어다니는 다람쥐들의 이야기, 그리고 운하에 사는 "셀 수 없이 많은 금붕어들"의 이야기를 써 보냈다. 그런가 하면 당시 열 살이던 빌헬름에게는 글씨가 단정하고 깨끗하다고 칭찬하면서 두어 군데 잘못 쓴 철자를 고쳐주는 편지를 보냈다.[34] 1841년 12월 하순에 키르케고르는 칼과 미카엘 형제에게 베를린의 크리스마스 소식을 전했는데, 그는 크리스마스를 벨베데레에서 생활하는 "모든 덴마크인들"과 함께 만찬을 즐기며 보냈다. "우리는 특별히 우리 자신을 응원했고 애플파이를 나눠 먹으며 고향에 대한 추억에 잠겼단다."[35] 그는 칼의 마지막 편지가 우스꽝스러울 정도로 짧았기 때문에, 칼에게 용기를 북돋아주면서 다시 편지를 써보라고 권유했다. "네 주변에 일어나는 일들에 대해 자유롭게 써 보렴, 부끄럽게 생각할 것 없단다. (…) 다음번에는 크리스마스 때 받은 선물들과 다른 모든 것 중에서 나한테 받은 것에 관해 이야기해 주렴. (…) 내 생각에는 코펜하겐에는 이미 오래전에 서리가 내렸을 것 같은데, 지금쯤은 너도 틀림없이 여러 차례 빙판에 나가 놀았을 테지. 나는 그 모든 것들이 궁금하단다. 이런 것들에 관해 네가 나에게 이야기해 줄 수 있겠지?"[36] 크리스마스가 지나고 "소름끼치게 추운" 날들이 가고 아름다운 겨울 날씨가 찾아왔으며, 1월 중순에 칼과 미카엘 형제는 얼음 위에서 스케이트 타는 이야기, 그리고 눈이 내려서 꽁꽁 언 베를린의 거리를 질주하는 썰매로 변신한 합승마차와 짐마차의 소식을 전하는 편지를 받았다. 그것은 "유쾌한" 장관이었지만, 키르케고르는 날씨가 너무나 추운 탓에 그렇게는 여행할 수 없다고 생각했다.

그의 관계 중 그 어느 것도, 그의 자아 중 그 어느 부분도 결코 레기네와 관련된 그의 불안에서 자유롭지 못했다. 그는 시베른 교수가 그녀와 여러 차례 접촉했으리라는 것과, 조카들이 그녀를 방문했다는 사실을 알고 있었다. 크리스마스가 지난 후 보에센에게 보낸 그의 편지는 훨씬 더 길어졌고, 심지어 갈등과 혼란으로 가득 차 있었다. 그는 보에센에게 말하기를, 마치 독백하듯이, 자신은 그 상황을 통제하고 있다고 했다. "나는 내 삶을 시적으로 통제하고 있다네. (…) 내 삶은 여러 장으로 나뉘는데, 그 각각의 장마다 나는 정확한 표제를 붙일 수 있고 또 각각의 표어도 정할 수 있다네. 현재의 장에는 이렇게 붙일 생각이네. '그녀는 나를 미워해야 한다.'"[37] 그의 설명에 의하면 모든 것이 이 목적을 향하고 있었다.

> 덴마크인들과 함께 지내며 여기 베를린에서 나는 언제나 유쾌하고 흥겹고 명랑하게 "즐거운 한때"를 보내고 있다네. 그리고 심지어 온갖 것이 내 안에서 부글부글 끓어올라서 마치 이따금 내 감정이 내가 나 자신 위에 덮어 씌워놓은 얼음을 깰 것처럼 보이더라도, 그리고 이따금 내 안에서 신음소리가 나더라도, 그 신음은, 다른 누군가가 나타나는 순간, 곧바로 아이러니한 것, 농담 등으로 바뀌어

버린다네. (…) [왜냐하면] 내 계획에 그렇게 되어 있기 때문이라네. 여기에서 내는 외마디 신음소리가 어느 덴마크 사람의 귀에 들릴지도 모르고, 또 그 사람은 그것을 고향에 편지로 써 보낼지도 모르고, 그러면 그녀가 어쩌면 그것에 관해 들을지도 모르고, 결국 그것이 아마도 과도기의 과정에 해를 끼칠 수 있을 테니까 말이야.

여러 주가 흘러가면서 베를린의 모진 겨울은 점점 더 견디기 어려운 지경이 되었다. 동풍은 살을 에는 듯이 추워서, 1842년 2월에 그는 보에센에게 불평을 늘어놓았으며, 며칠 밤낮을 좀처럼 정신을 집중시킬 수가 없었다. 온갖 불운이 그의 정신적 시련을 악화시켰다. 되풀이해서 레기네가 생각나곤 했다.

춥고, 잠도 이루지 못하고, 신경은 곤두서 있는데다, 셸링에 대한 기대는 실망으로 변해 버렸고, 내 철학적 생각들은 뒤엉켜 버렸고, 그렇다고 기분전환도 전혀 불가능하고, 나를 자극할 그 어떤 대체수단도 없다네. 그것이 내가 쓰라린 시련이라고 부르는 것이지. 사람은 스스로를 아는 것을 배운다네. (…) 나는 그녀를 위해 파혼했네. 그것이 나의 위안이 되었지. 그리고 내가 극도로 고통스러웠을 때, 내가 철저히 빼앗겼을 때, 그때 나는 내 영혼 깊은 곳에서 큰 소리로 울부짖었다네. "어떻게든 약혼을 파기한 것은 좋은 일이 아니었던가, 하나님께서 주신 선물이 아니었는가? 만일 이 약혼이 계속되었더라면, 나는 그녀에게 평생의 고문이 되어 있었으리라."[38]

그런데 이 편지 말미에서 그는 레기네에게 다시 돌아가는 상상을 했다. 이제 그녀에 관해 생각할 때면 반드시 도시 전체의 여론을 의식하게 되었다. 자신이 "증오와 혐오의 대상이" 되었을 거라고, 자신은 "웃음거리가 되어" 있을 거라고, 혹은 심지어는 사람들이 결국 자기 수준에 맞는 짓을 했다고 수군거릴 거라고 지레짐작하면서, 이것이 유달리 걱정된다고 강조했다. "베를린에서 보내는 금년 겨울은 내게는 줄곧 큰 의미가 있을 것이네"라고 그는 최종적으로 결론지었다. "나는 많은 작업을 해왔지. 매일 서너 시간의 강의에 출석하고 있고, 날마다 언어 학습도 꼬박꼬박 하고, 또 그러면서도 엄청난 분량을 저술했고 많은 것을 읽었으니 나는 불평할 수 없다네. 그런데도 내 모든 괴로움, 내 모든 독백은 여전하다니!"

2월 말 그는 망명지에서 마지막으로 보에센에게 편지를 보냈다. 그의 영혼은 이미 새 국면에 들어선 지 오래였다. 그는 단호하고, 명쾌하고, 상쾌한 상태였다.

친애하는 보에센에게

셸링은 끝도 없이 헛소리를 늘어놓는다네. (…) 나는 이제 베를린을 떠나 코펜하겐으로 달려갈 예정이지만, 자네도 알다시피 새로운 구속에 얽매여 있지는 않다네, 오, 전혀 아니지. 왜냐하면 자유가 필요하다는 것을 그 어느 때보다도 훨씬 강하게 느끼기 때문이라네. 나처럼 엉뚱한 구석이 있는 사람은 자신을 구속할 수 있는 힘을 인생에서 맞닥뜨릴 때까지는 자유로워야 하는 법이지. 코펜하겐으로 돌아가서 『이것이냐 저것이냐』를 끝마칠 생각이네. 그것은 내가 좋아하는 이념이고, 또 그 안에서 나는 실존한다네.[39]

몇 차례 시행착오를 겪은 후 저술작업은 저 첫 번째 베를린 여행 동안 시작되었으며, 그는 그가 지금 표현하고 있듯이 "본래의 자기"가 되기 시작했다. 그의 영혼은 더 이상 단순히 제자리에서 맴돌고 있는 것만은 아니었다. 그는 약혼의 위기로 추동되어 이미 새로운 종교적 실존의 영역으로 비약해 들어갔다. 하나님과의 관계를 열어 주고, 그가 그 속으로 성장해 들어가게 한 것은 신학도, 철학도, 예술도 아니고, 바로 레기네와의 파혼이었다. 자신의 저술의 시초를 1843년 초 『이것이냐 저것이냐』의 출판으로 기록하면서 그는 초기의 저작들을 무시하고 있었는데, 왜냐하면 그것들은 그가 『아직 살아 있는 자의 수기』에서 서술했듯이 심오한 개인적 체험에서 만들어지는 종교적 인생관을 표현하지 않았기 때문이다. 『아직 살아 있는 자의 수기』의 저자는 "자신에 대한 흔들리지 않는 확신"에 관해 이론화할 수는 있었으나,

아직 그런 확신을 지니고 있지는 않았던 것이다.

* * *

레기네와의 파경이 저술가로서의 그의 저술활동의 시작과 불가분의 관계에 있었던 것처럼, 그녀는 저술활동의 마지막에도 얽히게 되었다. 1848년의 이 견디기 힘든 여름 동안 그의 생각은 자꾸만 그녀에게로 돌아가 버렸다. 자신의 저술활동을 종결짓는 것과 관련된 그의 불안은 지난 10년 동안 그가 레기네에 관해 느껴왔던 엄청난 불안을 모두 포함하고 있는 것처럼 보인다. 그 모든 것의 밑바탕에는, 지속적으로 그의 의식을 교묘하게 벗어나는 그 무엇에 대한 갈망이 있다. 바로 며칠 전에 그는 마차를 타고 프레덴스보르(Fredensborg)까지 시골길을 줄곧 달렸는데, 여기에 올센가의 사람들이 머물고 있음을 알고 있었기 때문이다. "어떤 불가해한 예감이 나를 그곳으로 데려갔는데, 나는 아주 기뻤고 또 그곳에서 그 가족들을 만날 거라고 거의 확신했다."[40] 그리고 그가 레기네의 아버지와 마주친 것은 거의 확실하다. "나는 그에게 가서 말한다. 좋은 날입니다, 올센 의원님. 잠시 말씀을 나누어도 되겠습니까? 그는 모자를 벗고서 내게 인사를 했지만 곧바로 나를 스치고 지나가면서 말했다. 나는 자네하고는 말하고 싶지 않네. 아아, 그는 눈물을 흘리면서 이 말을 고통스러운 표정으로 내뱉었다. 나는 그에게 다가갔지만, 그가 너무나도 빨리 달려가기 시작한 탓에 설령 내가 그를 따라잡으려고 했더라도 그렇게 하기는 불가능했을 것이다."

과거를 따라잡는 것, 과거를 붙잡는 것, 과거를 바꾸는 것, 과거를 새롭게 변화시키는 것은 불가능한 일이다. 그가 할 수 있는 일이란 그저 과거를 회상하는 것, 과거를 모두 글로 분출해 내는 것, 그리고 그 의미를 찾아내려고 노력하는 것뿐이다. "언젠가는 저술가로서의 나 자신에 대하여, 내 스스로 내가 누구라고 말하는 바에 대하여, 나는 나 자신을 처음부터 종교적 저술가였던 것으로 이해하고 있다는 것에 대하여 명쾌하게 해명하지 않으면 안 된다"[41]라고 그는 결심한다. 이 8월의 몇 주 동안 로센보르가데의 숨 막힐 것만 같은 아파트를 서성이면서, 그는 과거 그 어느 때보다도 더 명확하게 자신이 어떻게 자신의 저술에 의해서 "교육되어" 왔는지 이해하게 되었다. 학창 시절 이후 줄곧 그는 인격 형성과 영적 성장에 지속적으로 관심을 두어오면서, "건덕"과 "각성"에 대한 경건주의적 강조를 자기계발의 수단으로서의 예술에 대한 낭만주의적 확신과 결합시켰다. 이제 그는 자신이 어떻게 저술가가 되었는지, 또 어떻게 자신이 저술을 통하여 종교적으로 성장해 왔는지를 이해하고 있다. "나는 내 작업 과정을 통해서 양육되고 계발되었으며, 또 개인적으로 나는 더욱더 기독교에 깊이 헌신하게 되었다."[42] 그리고 헤이베르 부인과 그녀의 두 번에 걸친 줄리엣 연기에 관한 글로 자신의 저술을 끝맺음으로써, 그는 사람들이 자신의 저술은 처음부터 종교적이었다고, 『이것이냐 저것이냐』를 예비한 것은 그리고 그 자신의 "출발"을 예비한 것은 종교적 위기였다고 이해해 주기를 원했다. "나는 가장 심오한 종교적 영향과 더불어 출발했다. 오호라, 첫 출발을 떼었을 때 나는, 타인의 삶에 대한 모든 책임을 떠맡고 또 이것을 나에 대한 하나님의 징벌로 이해한 당사자였던 나는 (…) 결정적인 의미에서 나는 『이것이냐 저것이냐』를 집필하기 전에 세상으로부터 나를 떼어놓은 압력을 이미 경험한 상태였다."

자신의 저술에 관한 성찰로 녹초가 되었으면서도, 그는 자신의 내면에서 떠오르는 새 출발의—새로운 생각들, 새로운 지면들의—설렘을 느끼고 있다. "지금 막 나에게 일어난 일이 과거에는 얼마나 자주 일어나지 않았던가? 그럴 때 나는 우울이라는 가장 깊은 고통 속으로 빠져든다. 내 입장에서 이런 혹은 저런 생각들이 너무나도 뒤엉켜버리는 탓에 나는 도저히 갈피를 잡을 수가 없으며, 그것이 내 자신의 실존과 이어지는 탓에 나는 형언할 수 없을 정도로 고통을 겪는다. 하지만 약간의 시간이 흐르고 나면, 그것은 마치 종기가 곪을 대로 곪아서 터져 버린 것과도 같은 상태가 되고, 내면에는 가장 놀랍고도 결실이 풍부한 생산성이 있는바, 그것이 정확히 내가 바로 지금 필요한 것이다."[43] 그가 자신의 저술활동을 해명할 필요가 있는 까닭이 최종적인 후기 한 편으로 저술활동을 중단하기 위한 것인지, 아니면 최근 5년

간에 걸친 저술의 장을 마감하고 새 장을 열기 위한 것인지는 아직 분명하지 않다.

9. 기독교계의 소크라테스

때는 1848년 9월, 키르케고르는 성모교회의 금요성찬예배에서 세 번째로 설교를 하고 있다. 작달막하고 연약해 보이는 인물이 토발센이 조각한 그리스도 상 앞에 서서, "높은 곳에서 그분은 모든 사람을 그분께 끌어올리실 것이다"라는 요한의 복음서의 구절을 강화의 주제로 택하여 그리스도를 따름으로써 세속적인 걱정 근심을 벗어날 거라고 소수의 청중에게 설명하고 있다. "만일 사람의 삶이, 살아 있는 동안은 덧없는 것이고 삶이 끝난 다음에는 아무 흔적 없이 사라져 버리는 것에 헛되이 사로잡히거나, 혹은 그 순간은 떠들썩하지만 영원에서는 아무런 반향도 없는 것에 분주히 사로잡혀서 낭비되어서는 안 된다면, 삶을 끌어당길 뭔가 고귀한 것이 있어야만 합니다"라고 그는 회중을 향하여 부드러우면서도 설득력 있는 음성으로 말한다.

조용한 교회의 바깥에는 거리마다 그리고 신문마다 선거로 시끌벅적하다. 10월 5일은 모든 사람이—심지어 농부들조차—덴마크의 새 정부를 이끌어 갈 국회의원을 뽑는 날이다. 그러나 키르케고르의 유일한 관심사는 "단독자"의 영적 삶이다. 그는 이것을 "정치에 정반대로 대립되는 것"[1]이라고 믿고 있는데, 왜냐하면 그것은 "세속적인 보상, 권력, 명예"와는 아무런 관계도 없는 까닭이다. 대중이 이런 것들에 관해 더 목청을 높여 소리칠수록, 그는 더욱더 단호히 그것들과 대립각을 세운다. 종교적으로 중요한 것은 모든 인간의 "내면성"이지, "바깥세상에서 권력자가 되기를 추구하는 것이 아니다"라고 그는 역설한다.

그는 용감하게 그린란드로 항해한 모라비아 형제회 선교사들의 일화와 더불어 성장했으며, 이제 스스로를 일종의 선교사로, 그래서 거룩한 부르심에 응하는 것으로 간주한다. 그렇지만 그의 특수한 선교의 대상은 멀리 떨어진 덴마크 식민지가 아니라 코펜하겐의 한 교회이며, 이 교회에서 그는 평생 동안을 기독교인으로 살아오고 있는 사람들에게 기독교를 소개해야 한다. "기독교계의 선교사는 이교 세계의 선교사와는 항시 달라야 할 것이다. 만일 그가 기독교도들에게 설교한다면, 그들을 기독교도가 되게 한다는 것이 의미하는 바는 무엇이겠는가?" 여러 해에 걸친 저술활동을 통해서 그는 하나님과의 관계가 아직 응답되어야 하는 문제이자 삶에서 실천적으로 영위되어야 하는 과업으로 존재하는 자신의 이웃들에게 말을 걸려고 노력해 왔다. 그의 특별한 문학적 재능, 철학적 탁월함, 강력한 상상력은, 그가 믿기에는, 하나님이 그에게 주신 것인데, 그것은 저명한 교수가 되거나 혹은 비평가의 상찬을 받게 하려고 주신 것이 아니라, "기독교계의 환상을 명명백백하게 드러내고 또 기독교인이 된다는 것이 무엇인지에 대한 통찰력을 제공하게" 하기 위함이었다. 그의 모든 자원은 매일매일 이러한 종교적 소명에 기여하기 위해 총동원되지 않으면 안 된다.

보통 그의 불안은 글쓰기로 해소되어 왔다. 이제 그가 저술활동을 종결지은 지금, 이러한 해소방안은 과거 그 어느 때보다 더 치밀해질 필요가 있었다. 그의 최근 불안은 자신의 저술이 어떻게 해석될 것인가에 관한 것이며, 이 불안에서 벗어나는 유일한 방법은 그의 저술에 관한 책을 쓰는 것이다. 그의 익명의 저서들의 출판인인 레이첼은 1846년 이후 계속해서 『이것이냐 저것이냐』 2판을 출판하자고 이야기해오고 있었는데, 1846년에 초판이 모두 매진되었는바, 만일 이 책이 재발매된다면 그는 이 저서의 부도덕함과 심미성이 어떻게 항상 종교적 목적에 기여하고자 의도되었는지를 입증해야 할 것이다. "이제 나는 내 과거의 저술에 대하여 가능한 한 간단하면서도 신중한 설명을 쓸 수 있는 나만의 방법을 알고 있다."[2] 그가 출판한 모든 것은 기독교의 "간접 전달"이며, 그래서 저술활동이 종결된 지금에서야 비로소 그는 마침내 자신의 종교적 관여를 직접적으로 표현할 수 있는 것이다. "바로 이런 이유 때문에 나는 이제 간접 전달을 조명하고 해석할 수 있다. 예전에 나는 줄곧 막연했었다. 사람은 모름지기 자신이 해석하기 원하는 것을 뛰어넘지 않으면 안 된다."

『저술가로서의 나의 저술활동에 대한 관점』이 출판될 것이냐 안 될 것이냐 하는 것은—물론 새로운 불안들이 내재된—또 다른 문제이지만 그가 저술하고 있는 동안은 아직 그에 관해 걱정할 필요는 없다. 그는 멀지 않아 세상을 떠날 거라고 굳게 믿고 있다. 아마도 닐센이 그의 저작과 관련된 유산을 지키는 일을 도울 테지만, 그것을 그의 손에만 맡길 수는 없다. 그의 저작은 세대를 거쳐 읽힐 것이고, 사람들이 그의 저작을 오해하고 그의 삶을 오해하게 방치해서는 안 된다. 그래서 자신이 직접 자기 자신의 "역사에 대한 보고서"를 남기지 않으면 안 된다. 문학적 속임수를 썼던 여러 해를 보낸 후, 이제 그는 자신의 낯선 소명과 독특한 방법을 『이것이냐 저것이냐』에서부터 시작하여 하나하나 설명할 것이다. 설령 그가 그날을 볼 때까지 살아 있지 못하더라도, 언젠가는 1848년에 성모교회에서 강단에 서서 조용조용하게 설교하던 사람이 1842년에 베를린에서 "유혹자의 일기"를 창조해낸 사람과 그 영혼에 있어서 전혀 다른 인물이 아니라는 사실이 명확하게 밝혀질 것인데, 왜냐하면 이 두 사람은 동일한 사명을 공유하고 있었기 때문이다.

저술가로서의 그의 과업은 신학을 해설하거나, 교리를 가르치거나, 혹은 이단을 비난하는 것이 아니었다. "기독교는 교리가 아니라, 실존 전달이다. (이것이 정통적 교설을 성가시게 만드는 모든 것의 근원이자 이런저런 것들에 대한 불화의 원인이지만, 반면에 실존은 여전히 전혀 변화되지 않은 채 남아 있다.) 기독교는 실존 전달이어서 오로지 실존함으로써만 제시될 수 있을 따름이다"[3]라고 그는 몇 주 전에 일지에 썼다. 그렇지만 그는 결코 타인들이 따라야 할 전형을 제시한다는 주장을 하지 않을 것인데, 왜냐하면 그는 모라비아 형제회가 그런 것처럼 "모든 인간은 하나님과의 관계에 있어서 전적으로 평등하다"[4]라고, 그리고 예수만이 유일한 모범이라고 믿기 때문이다. "사람에게 의견을, 신념을, 믿음을 강요하다니, 그런 짓은 나는 영원토록 할 수 없다. 다만 한 가지만을 나는 할 수 있을 따름이다. 나는 사람을 다그쳐 깨어나라고 독촉할 수는 있다."[5]

* * *

『이것이냐 저것이냐』는 "일련의 심미적" 저작들 가운데 첫 번째로서, "자신이 기독교인이라고 생각하지만 여전히 순전히 심미적 범주 안에서 살아가고 있는"[6] 부류의 독자들을 염두에 두고 저술되었다. 이것은 기독교계에 널리 퍼져 있는 "환상"이다. 19세기의 덴마크처럼 그렇게 기독교에 깊이 빠진 문화에서조차 기독교인에게서 기대되는 것들을 모두 행하면서도 평생, 어쩌면 평생보다 더 걸려야 완수할 수 있는 신앙의 과업에 관해서는 결코 착수조차 하지 않는 것이 가능한 것이다.

저술활동을 시작하기 전에, 키르케고르는 이미 소크라테스로부터 "환상의 제거만큼 신중한 치료법을 요구하는 것은 아무것도 없다"는 것을 배웠는바,[7] 왜냐하면 직접적인 대면은 사람들을 더 방어적이고 반항적으로 만들 뿐이며, 또 그들의 자기기만을 강화시킬 뿐이기 때문이라는 것이다. 한 인간의 전 실존에 관계되는 잘못을 교정하는 것은 쉬운 일이 아니다. 소크라테스적 선교사로서 그가 독자에게 가르치려고 노력해 왔던 것은 "기독교를 이해시키는 것이 아니라, 그들이 기독교를 이해할 수 없다는 사실을 이해시키는 것"[8]이었다. 또 그래서 그는 그들의 환상 속으로 들어가서 그들을 그 속에서 이끌어내고자 했다. "자신이 전달하고자 원하는 바에서 직접적으로 시작하지 않고, 타인의 미혹을 있는 그대로 받아들이는 것으로 시작한다. 그래서 다음과 같은 방식으로, 즉 내가 분명히 보여주고자 하는 것은 기독교인데, 그대는 순전히 심미적 범주 안에서 살고 있다, 라고 시작하지 않는 것이다. 아니다, 이렇게, 즉 심미적인 것에 대해서 이야기해 보자, 라고 시작하는 것이다."[9]

이것은, 그가 지금에야 인정하는바, 일종의 "기만"인데, 왜냐하면 그가 심미적 영역에 들어간 것은 오로지 "종교적 영역으로 나아가기 위함"에서였기 때문이다. 그래서 이러한 기만은 가장 높은 진리, 기독교의 진리에 봉사하기 위한 것이었다. "사람은 오직 참된 것 때문에만 사람을 기만할 수 있는 것이며—노년의 소크라테스를 상기해 보라—사람은 사람을 진리를 향해 인도하기 위해서만 기만할 수 있는 것이다. 그렇다, 오직 이런 방법에 의해서만 기만당한 사람은 실제로 참된 것 속으로, 기만당함으로써 나아갈 수 있는 것이다."[10] 기독교계의 선교사는 비밀정보원처럼 세계를 잠행해서 "신분을 감춘 채" 사명을 수행해야 하는데, 왜냐하면 만일 그가 자신의 종교적 신분을 드러낸다면, "세상은 천 개도 넘는 핑계와 환상을 가지고 있기에 이 환상을 놓치지 않으려고 사람들은 선교사를 저지하고 더 나아가서 제거하기 때문이다."[11]

베를린에서 『이것이냐 저것이냐』를 시작했을 때, 그는 그 자체의 한계를 알리는 한편, 또 철학으로도 예술로도 포착될 수 없는 뭔가를 가리키는 저술형태를 얻으려고 애쓰고 있었다. "인생은 낭만적 소설과 같은 것이 아니다"[12]라고 그는 『이것이냐 저것이냐』의 서문에서 썼다. 이 책은 낭만주의에 대한 비평의 형식을 취했는데 그는 이것을 아이러니를 다룬 학위논문에서도 시도한 바 있거니와, 이 저서에서는 새로운 방향으로 전개하였다. 학위논문은 낭만주의적 아이러니의 결함을 이론적으로 고찰하였지만, 『이것이냐 저것이냐』는 이 아이러니를 인생관으로 채택한다면 어떻게 될 것인가를 보여주었다. 또한 이제 이러한 "심미적" 인생관에 단순히 낭만주의만 포함시킨 것이 아니라, 물질적 편안함, 관능적 쾌락, 지적 자극처럼 세속적 욕망들을 추구하면서도 정작 윤리적 삶의 요구들과 하나님을 향한 그들 자신의 필요성은 회피하는 인간 존재의 훨씬 일반적인 경향까지 포함시켰다.

물론 키르케고르는 그 자신의 심미적 경향들을 잘 알고 있었다. 『아직 살아 있는 자의 수기』의 짤막한 서문처럼, 『이것이냐 저것이냐』는 그의 영혼의 두 부분 간의 논쟁을 연출하여 제시했다. 이번에는 논쟁이 수백 쪽 분량으로 늘어났는데, 그것은 책을 출판하는 문제와 관련된 것이 아니라, 결혼하는 문제와 관련된 것이었다. 이 논쟁의 한쪽 편에는 그저 "A"로만 알려진, 재담 잘 하고 우수에 찬 지식인이며 문예 비평가이자 실험적 시인인 심미가가 있다. 그는 에세이, 비평, 단편과 경구를 썼는데, 다방면에 걸친 그의 글들이 『이것이냐 저것이냐』의 1부를 구성했다. 그것들 가운데 "유혹자의 일기"가 있었는데, 이는 계산적이면서도 매우 매력적인 요하네스가 쓴 것으로, 이 등장인물을 보고서 필경 레기네는 키르케고르와 헤어진 것이 오히려 더 잘 되었다고 생각했을 것이다.

요하네스와 마찬가지로 심미가 "A"는 그가 경험한 것은 무엇이든 모두 지적 반성의 대상으로 삼거나 혹은 시적 영감의 자료로 삼았다. 그는 가능성의 거품을 타고 모든 것 위로, 심지어 그 자신의 실존 위로 부유했다. 세상은 그 앞에 늘어선 끝없는 풍경이었으며, 이 풍경을 그는 끊임없이 변하는 관심 내지 무관심을 갖고서, 즐거움 내지 권태를 느끼면서, 쾌락 내지 짜증을 맛보면서 관찰했다. 그는 이 세상 어디에도 뿌리내리고 있지 않다. 관여도, 투자도 하지 않으며, 도덕규범도 없고, 자신을 단단히 붙들어 맬 종교도 없다. 그 자신의 행위는 그에게 아무런 의미도 없다. 그가 무엇을 하든, 혹은 하지 않든 아무런 차이도 없었다. 쉽게 싫증을 느끼는 탓에, 그는 이것—하나의 이념, 한 가지 기분, 한 명의 여성—에서 다른 것으로 옮겨갔다. 프리드리히 폰 슐레겔의 소설 『루친데』처럼 그의 글은 부르주아 도덕 일반을, 그리고 특히 결혼을 경멸했다. "결혼하거나 결혼하지 말라, 그대는 어떻게 하든 후회할 것이다. (…) 세상의 어리석음을 비웃거나 아니면 그것을 슬퍼하라, 그대는 어떻게 하든 후회할 것이다. (…) 처녀를 믿든지 아니면 믿지 말라, 그대는 어떻게 하든 후회할 것이다. (…) 자살하거나 자살하지 말라, 그대는 어떻게 하든 후회할 것이다. 이것이, 신사 여러분, 모든 삶의 지혜의 정수이다."[13]

논쟁의 다른 쪽에는 판사 윌리엄이 있었는데, 나이가 지긋하고 훨씬 성실한 사람으로, 자녀가 있는 기혼자였으며 시민 윤리의 전형이라고 할 만한 사람이었다. 그는 윤리적 영역을 상징하는 인격이었는데, 이 영역에서 사람은 세상 안에서 자신의 위치를 성취해 나갈 수 있었다. 의미 있는 결정과 인내하는 헌신과 신심 깊은 관계를 통해서 견실한 가정과 안정된 자기를 만들어 나가는 것이다. "A"에게 보낸 두 통의 편지에서, 그 각각이 한 권의 짧은 책에 상당하는 분량인데, 그는 결혼생활의 의무와 기쁨을 상찬했다. 판사 윌리엄은 "A"에게서 대단한 잠재력을 보았지만, 그의 인생관 때문에 혼란을 겪었다. 그는 "A"에게 자신은 그를 아들처럼, 형제처럼, 친구처럼 사랑한다고, 그의 모든 "별스러운 면들"에도 불구하고 그의 열성, 정열, 약점들을 사랑한다고 말했다. 그는 자신이 "잘못된 것들을 알기 때문에, 종교적 인간의 두려움과 떨림으로써" 그를 사랑한다고 썼다.

이 두 문학적 인격들은 모두 스칸디나비아의 박력 없는 영혼의 소유자였지만, 서로 전적으로 달랐다. "그대에게 광포한 바다는 삶의 상징이다. 나에게 바다는 잠잠하고 심오한 바다이다"라고 판사 윌리엄은 그의 젊은 친구에게 편지를 썼다. 윌리엄이 지닌 내면의 존재는 바람 한 점 없는 날의 페브링에(Peblinge) 호수와 비슷했으며, 그는 자신의 결혼을 이 호수로 흘러드는 시냇물 같은 것으로, 부드럽고 한결같으면서도 삶으로 가득 차 있는 것으로 보았다.

> 가끔 나는 졸졸졸 흐르는 작은 시냇물 곁에 앉아 있곤 했다. 시냇물은 언제나 한결같았다. 변함없이 부드럽게 졸졸거리며, 바닥에는 물풀들이 언제나 똑같이 조용조용 재잘거리면서 물결치고, 또 수면 아래에는 늘 똑같은 귀여운 생명들이 헤엄치고 있는데, 물에 피어 있는 꽃잎들 아래에서 살짝살짝 왔다 갔다 하는 작은 물고기들은 흐르는 물결을 거스르며 지느러미를 펼치고 조약돌 아래 숨는다. 이 얼마나 한결같으며, 그러면서도 이 얼마나 그 변화가 다채

> 로운가! 마찬가지로 결혼의 가정생활도 이와 같다. 조용하고, 수수하고, 그러면서도 다망하다. 결혼의 가정생활에는 많은 '변화'가 없지만, 그럼에도 저 흐르는 물과 같이 흘러가고, 그러면서도 저 흐르는 물과 같이 선율이 있어서, 그것을 아는 이에게는 아주 사랑스럽고, 또 그런 이에게 사랑스러운 까닭은 그가 그것을 정확히 알기 때문이다. 그것은 눈에 보일 정도로 화려하지는 않지만, 이따금 그것은 광채를 지니고 있으면서도 그 일상적인 과정을 흐트러뜨리지는 않는데, 이는 마치 달이 수면 위에 반짝이면서 달빛 자체의 선율을 연주하는 악기를 펼쳐 보이는 것과 같다.[14]

윌리엄 판사는 젊은 심미가에게 "영혼의 신실함"을 촉구했으며, 이것 없이는 "그대는 가장 고귀한 것, 진실로 삶에 의미를 부여하는 유일한 것을 놓칠 것이며, 전 세상을 얻고도 정작 그대 자신을 잃을 것"[15]이라고 경고했다.

두 인생관 사이의 이처럼 한없이 길어지는 대화는 단순히 아이러니한 자기음미의 실천도 아니었으며, 그렇다고 그 목적이 오로지—일차적으로 그런 목적이었다고 해도—레기네의 상처받은 마음을 치유하려는 것에만 있는 것도 아니었다. 이러한 기묘한 글쓰기의 문장들 사이에는 시대 전체에 대한 통렬한 비평이 있었다. 마르텐센과 헤이베르는 헤겔 철학을 당대의 영적 위기에 대한 해결책으로 옹호하면서,

그런 위기를 낭만주의가 드러내고 악화시켰다고 주장했다. 그러나 『이것이냐 저것이냐』는 헤겔 사상을 마찬가지로 허무주의적이고, 낭만주의와 다를 바 없이 심미적 영역에 속하는 것으로 에둘러서 서술했다. 물론 많은 사람이 심미적으로 삶을 영위하면서도—그들에게는 윤리적 혹은 종교적 인생관이 결여되어 있었는바—낭만주의 문학이나 헤겔 철학에 대해서는 전혀 알지 못했다. 그럼에도 불구하고 키르케고르는 이러한 지적 추세를 시대의 상징으로, 영적 허무의 징후로 간주했다.

낭만주의는 그 자체의 시, 학문 그리고 형이상학에서 세계의 무한한 다양성의 근저에 존재하는 훨씬 심오한 통일성을 추구했으며, 헤겔의 철학은 이러한 통일성에 대한 범신론적 요청에 논리적 구조를 부여했다. 인간은 대개의 경우 존재자들 간의—밤과 낮, 삶과 죽음, 남성과 여성, 주인과 노예, 흑과 백 사이의—차이를 인식함으로써 자신의 세계를 이해하고 또 거기에 질서를 부여한다. 그런 특징들의 근저에 놓여 있는 것이 "이것이냐 저것이냐"라는 암묵적 논리이다. 지금 낮이 아니면 밤이 틀림없다. 동물은 암컷 아니면 수컷이다. 사람은 살아 있거나 아니면 죽었으며, 주인이 아니면 노예이다. 이러한 논리적 원리는 옛날에 아리스토텔레스에 의해 형식화되었으며, 오랜 세월 동안 철학적 추론을 위한 기본 원리를 제공해 왔다. 그런데 헤겔은 이러한 차이들이 존재자들을 나눠 놓을 뿐만 아니라 함께 결합시키기도 한다고 강조하였는데, 왜냐하면 대립자들은 서로 의지하고 있기 때문이라는 것이다. 낮이 낮으로 알려진 것은 밤에 비교되어서이다. 노예가 노예일 때는 오직 그들에게 주인이 있을 때이고, 주인이 주인일 때는 오직 그들에게 노예가 있을 때이다. 남자는 여자와의 관계에서만 남성성을 의식하게 되고, 여자는 남자와의 관계에서만 여성성을 느낀다. 삶의 과정은 죽음의 과정과 불가분의 관계에 있다. 그리고 두 인간 간의 차이 또한 그들 각자의 내면에 포함되어 있으며, 내부로부터 그들의 정체성을 구성하고 있다.

상식적 사유가 지닌 이원적 논리를 역동적이고 변증법적인 논리로 대체시킴으로써 헤겔은 역사에 대한 새롭고 대담한 이론을 세웠다. 아이티에서 기나긴 혁명적 투쟁이 진행되던 와중에 글을 쓰면서[16]—이 투쟁은 이 식민지에 사는 노예들이 나폴레옹 정부로부터 독립을 쟁취함으로써 1804년에 종결된다—헤겔은 주인과 노예 등의 범주들이 지금까지는 고정된 자연적 질서로 간주되었으나 시간의 흐름 속에서 바뀌었다고 주장했다. 압제적인 사회적 관계는 상호 인정과 존중에 기반을 둔 균형 잡힌 시민국가로 발전될 수 있을 것이다. 이것은 진보의 철학이었다. 헤겔은 우리가 현실을 더 높은, 훨씬 객관적인 관점에서 볼 때—역사가가 세계의 주요 시대들을 개관하거나, 혹은 과학자가 자연 내부에 존재하는 통일의 원칙을 드러낼 때처럼—우리는 낮과 밤, 삶과 죽음, 남성과 여성 등이 끊임없이 이어지는 과정의 계기들이라는 것을 이해한다고 주장했다. 이러한 과정의 목적은, 헤겔의 주장에 의하면, 정신적 자유이다. 계속해서 더 많은 지식을 얻을수록 인간들은 더욱더 신과 같이 될 것인데, 신은 시간과 공간의 바깥에 존재하기 때문에 모든 것을 알고 있으며, 우주 전체와 우주의 역사를 단 한 번의 일별로 파악한다는 것이다.

『이것이냐 저것이냐』를 저술할 때쯤 키르케고르는 헤겔의 철학 체계가 지닌 거대한 야망을 마르텐센이 파우스트에 관한 1836년의 에세이에서 논했던 근대적 오만의 한 징후로 간주했다. 『이것이냐 저것이냐』의 1부는 이러한 프로메테우스적 이상을, 키르케고르가 생각하기에 특히 자신의 세대가 젊어지고 있던 이상을 풍자적으로 모방했다. "유혹자의 일기"에서 요하네스는 자기 자신의 실존을 내려다보면서, 하나님이 자신이 창조한 세계를 조망하는 것처럼, 혹은 헤겔파 철학자가 세계사를 조망하는 것처럼, 자신의 영혼을 조망하는 그 자신을 묘사했다.

> 내 정신은 정열의 태풍 속에서 광포한 바다처럼 포효한다. 만일 다른 누군가가 이런 상태에 있는 내 영혼을 볼 수 있었다면, 그에게는 내 영혼이 한 척의 범선처럼 머리를 들이밀고 바다로 뛰어드는 것으로 보였을 것이다. 마치 무시무시한 전속력으로 저 심연의 한가운데 속으로 돌진해 가야 하는 것처럼 말이다. 그는 돛 위에 높은 곳에서 선원이

> 망을 보고 있다는 것은 알지 못한다. 포효하며 나아가라, 그대 거친 힘이여, 포효하며 나아가라, 그대 정열의 힘들이여. 설령 그대의 파도가 구름을 향하여 거품을 뿜어 올리더라도, 그대는 여전히 내 머리 위로 그대 자신을 쌓아 올릴 수 없을 것이다. 나는 산의 왕처럼 냉정하게 앉아 있다. 나는 거의 발판을 찾을 수가 없다. 한 마리 물새처럼 나는 내 정신이라는 포효하는 바다에서 상륙할 곳을 헛되이 찾고 있다.[17]

아마도 키르케고르 자신이 약혼의 위기 이전에는 이렇게 항상 자신의 바깥에서, 자신의 세계 위를 떠다니면서 살았을 것이다. 또 그때 그는, 몇 거리 떨어진 곳에서 살고 있던, 그를 사랑하고 그와 결혼할 작정이던 젊은 여인, 자신의 두 눈으로 직접 그 자신의 눈을 응시하던 여인, 그가 손을 뻗치면 닿을 수 있는 눈물의 주인공이던 여인, 바로 그녀의 피 끓는, 반박할 수 없는 실존에서 난파했던 것이다. 레기네에게서 그는 그 어떤 철학 체계도, 삶에 대한 그 어떤 단순한 지적인 연구도, 인간이 이 세상에서 삶을 영위하는 것을, 결단을 내리는 것을, 자기 자신이 되는 것을 도울 수 없다는 것을 체험적으로 알게 되었다.

자신의 내적인 혼란과 씨름하는 것을 넘어서 키르케고르는 헤겔 철학을 물리치고 싶어 했다. 또한 그는 마르텐센의 항해에서 바람을 제거하고 싶어 했다. 그렇게 풍부하게 묘사된 심미가 "A"의 성격을 통하여—이는 그가 자신의 영혼을 내부로부터 속속들이 잘 알고 있었기 때문에 가능했다—그는 헤겔의 사유를 형성하고 그의 백과사전적 철학의 모든 차원에서 스스로를 재생산하는 특유의 변증법적 논리가 하나의 인생관으로 채택될 때는 우스꽝스러운 것이 되어버린다는 것을 보여주었다. 이 심미가는 자신의 선택이 아무런 의미가 없다는 것을 알게 되는데, 왜냐하면 그가 생각하는 모든 결정에서 대안들은 항상 똑같은 결론에 이르기 때문이다. "결혼하거나 결혼하지 말라, 그대는 어떻게 하든 후회할 것이다." 헤겔도 또 마르텐센도 자신들의 철학적 논리를 이렇게 윤리적 삶에 적용할 생각은 전혀 없었다. 그러나 이때 키르케고르의 논지는 그 누구든 자신이 이 세상에서 삶을 영위하는 데 전혀 도움이 되지 않는 철학을 추구하는 사람은 실존의 극도로 절박한 문제들을 외면하고 있다는 것이었다.

『이것이냐 저것이냐』의 심미적 저술이 마르텐센의 헤겔 사상뿐만 아니라 낭만주의의 훨씬 모호한 시적 이상들을 희화화했다면, 윌리엄 판사의 서한들은 뮌스테르 감독에 의해 설파된 종류의 윤리적 인생관을 표현했다. 사실상 심미가에 대한 윌리엄 판사의 질책은 마르텐센의 신학에 대한 뮌스테르 감독의 비판과 닮아 있었다. 키르케고르가 『이것이냐 저것이냐』를 저술하기 직전에, 뮌스테르는 헤겔 철학의 장점에 관하여 마르텐센과 격론한 적이 있었다. 이 두 신학자는 철학과 신앙의 관계에 관한 일련의 학술적인 기고문을 교환했다. 다른 학자들은 이 둘의 논쟁의 양편에 편을 지어 늘어섰으며, 그래서 "이것이냐 저것이냐"라는 구절은 그 두 편을 갈라놓은 주제에 대한 일종의 표어가 되었다. 마르텐센은 헤겔 변증법을 이용하여 대립적인 신학적 입장들이 철학적 관점에서 어떻게 일치 혹은 "매개"될 수 있는가를 보여주었다. 뮌스테르의 경우, 가장 문제가 되었던 것은 개인적인 종교적 관여였다. 그는 각 개인은 자신의 신앙을—"범신론"인지 "초자연주의"인지, 유대교인지 기독교인지, 하나님에 대한 헌신인지 아니면 무신론인지—고백해야 하며 각자의 삶에서 그 고백에 충실해야 한다고 주장했다.

윌리엄 판사의 서한들은 결혼 문제가 어떻게 뮌스테르 감독의 입장을 명확하게 만들었는지를 보여주었다. 남자는 결혼하거나 결혼하지 않는데, 만일 그가 결혼한다면 그는 동시에 두 아내를 둘 수는 없다. 여성에 대한 윌리엄 판사의 태도는 기독교에 대한 뮌스테르의 태도와 같았다. 그는 이미 한 아내를 선택했으며 그녀에 대한 충실성을 유지하고 있는 것이다. 자신의 저서를 『이것이냐 저것이냐』로 부름으로써, 키르케고르는 자신이 마르텐센과 뮌스테르의 논쟁 속으로 들어가고 있음을 알려주었다. 그렇지만 이 논쟁에—명백히 뮌스테르의 편을 들면서—기여하는 것에 더하여 그는 논쟁 자체를 풍자하고 있었다. 『이것이냐 저것이냐』는 일종의 철학적 희극이었으며, 그러면서도 유머 안에는 심오한 진지함이 있었다. 격식을 갖춘 학술 토론을 인생관들의 충돌로 전환시킴으로써 그는 이러한 학술적 논쟁이 삶의 영역에서 실천적으로 영위되기 전까지는 대답될 수 없는 실존의 문제를 제기했음을 보여주었다.

비록 윌리엄 판사가 뮌스테르 감독처럼 이러한 실존적 문제를 진지하게 다루었지만, 마지막 결론은 그의 입을 빌려 제시되지 않았다. 윌리엄 판사가 심미가에게 보내는 두 편의 장문의 편지 다음에 한 편의 설교문이 이어지는데, 이 설교문은 인간이 하나님과의 관계 안에서 살아갈 때 어떻게 자신을 다르게 이해하는가를 서술하고 있다. 이 설교문에는 저자가 윌리엄 판사의 연로한 친구이자, 지금은 유틀란트의 자그마한 시골교구에서 이름 없는 목사로 봉직하고 있는 사람이라고 설명하는 각주가 붙어 있다. 그는 "체구가 작고 땅딸막한 인물로, 유쾌하고 낙천적이며 또 매우 드물게 쾌활하다. 비록 저 깊은 곳에서 그의 영혼은 심각하지만, 겉으로 드러나는 그의 삶은 기분 좋게 비논리적이다." 그가 윌리엄 판사에게 말하기를, 자신은 히스가 무성한 유틀란트의 광야가 "목사에게는 비할 데 없는 연구공간"이라는 사실을 알게 되었다는 것이다. "나는 토요일마다 그곳에 가서 설교를 준비하는데, 모든 것이 내 앞에서 넓어진다. 나는 실제의 청중을 깡그리 잊고 이상적인 청중을 얻으며, 완전한 무아지경에 들어간다. 그래서 내가 설교단에 올라설 때는 마치 내가 아직도 광야에 서 있어서 단 한 명의 영혼도 발견하지 못하고, 또 그곳에서 있는 힘을 다하여 목청을 높여서 맹렬한 폭풍을 이겨내고 있는 것만 같다."[18]

시골 목사의 설교는 단순한 것으로 보이지만, 사실 『이것이냐 저것이냐』에 그것을 포함시킨 것은 일종의 파괴적인 행위이다. 마르텐센을 심미적 영역에 위치시키고 뮌스테르를 윤리적 영역에 위치시킴으로써 키르케고르는 대담한 물음을 제기한 것이다. 즉 덴마크 기독교계의 이 최고위 성직자 둘은 각자 삶을 **종교적으로** 다루고 있는 것인가? 그들의 기독교에 뭔가 참으로 기독교적인 것이 있었는가? 그리고 만일 저 신학교수도 또 셸란섬의 감독도 실존의 종교적 영역에 도달하지 못했다면, 도대체 코펜하겐에서 그 누가 진정한 종교적 삶을 예증하고 또 가르친단 말인가? 『이것이냐 저것이냐』의 말미에서 키르케고르는 도시의 성벽 저 너머에서 들려오는 종교적 영역의 목소리를 상상했다. 마치 성벽 내부에서는 아무도 어떻게 하나님과의 관계 안에서 사는지 모르는 것처럼 말이다.

비록 그들이 키르케고르에게는 영감의 주체이자 논적으로 특별히 커 보였을지라도, 뮌스테르와 마르텐센이 1840년대 초반에 코펜하겐에서 독보적인 기독교 교사들은 아니었다. 또 다른 영향력 있는 인물로 클라우센(Henrik Nicolai Clausen)이 있었는데,[19] 이 사람은 1822년부터 대학에서 신학을 가르쳐 왔다. 그는 신약학 학자이자 18세기 계몽 사회의 합리론자였다. 클라우센 교수는 엄격한 훈육을 통해 학생들에게 성경 읽는 훈련을 시켰다. 키르케고르도 그중 하나로, 1830년대를 통틀어 그의 강좌를 수강한 바 있다. 1825년에 클라우센은 『가톨릭교와 개신교: 각각의 교회 제도, 교리와 의식』을 출판했는데, 이 저서는 가톨릭교도들은 교회를 가장 높은 영적 권위로 인식한 반면, 프로테스탄트들은 그들의 신앙을 성서에 두고 있다는 익히 잘 알려진 루터파 주장을 제시했다. 더욱 논쟁적인 것으로, 그리고 루터의 고유한 가르침으로부터의 이탈이 분명한 것으로, 클라우센은 하나님의 말씀은 단순히 강단에서 선포되기만 해서는 안 된다고 주장했다. 말씀은 이성의 빛에 비추어 해석되고, 역사적 연구에 의해서 안내될 필요가 있다는 것이었다. 그리고 이것은 히브리어와 그리스어의 전문가이면서 신학과 철학 분야에서 훈련받은, 자신과 같은 성서학자들의 과제라는 것이었다. 그의 세대의 많은 사람들이 합리론에 대하여 이런저런 방식으로 반감을 가지고 있었던 반면, 클라우센은 인간의 이성이—교조적 독단에 의해 강력해져서 과거 너무나도 오랜 암흑의 세월 동안 기독교의 평화를 깨뜨렸던—미신과 무지로부터 그들의 신앙을 벗어나게 할 수 있을 거라는 확신에 차 있었다. 클라우센에게 전문적인 신학자는 기독교 진리의 조용한 안내자이자 루터파 교회의 계몽가였다.

거의 모든 면에서 클라우센과 대립한 인물이 그룬트비(N. F. S. Grundtvig)였는데, 그는 정력적인 신부, 시인, 찬송가 작사가이자 정치적 선동가로서 덴마크 국교회의 한계를 시끄럽게—그리고 효과적으로—열정을 다해 밀어 붙였다. 젊은 시절 그의 민족주의는 고대 스칸디나비아의 신화에 대한 낭만적 향수에서 그 표현을 찾았다. 욀렌슐레게르에 의해 영감을 받아 그룬트비는 스칸디나비아 사람들, "거인족의 후예들"을 위한 영광의 회복을 상상하는 시를 썼다. 그러나 개인적인 영적 위기를 겪은 후에 그는 덴마크 낭만주의의 이교적, 범신론적 사상과 결별하고 욀렌슐레게르와 외르스테드를 모두 공격했다. 키르케고르가 출생한 지 얼마 되지 않은 시기에 덴마크가 나폴레옹 전쟁에 의해 직격탄을 맞고 파산했을 때, 그룬트비의 민족주의적 열정은 "스칸디나비아의 영웅적 정신을 기독교적 실천으로" 일깨우고자 추구했던 시와 설교의 캠페인으로 꽃피웠다. 고대 이스라엘의 예언자와도 같이 그는 조국의 영적 타락을 통탄했다. 사리사욕이 우상이 되어버렸으며, 돈이 국가의 영혼이었고, 불신이 그 어떤 외국의 적보다도 덴마크에 대한 더 큰 위협이 되었다는 것이다.

1820년대 후반 그룬트비는 클라우센을 논쟁의 대상으로 삼았는데, 그를 얼마나 거칠게 공격했던지 명예훼손으로 피소될 정도였다. 성서학자들의 손아귀에서 영적 권위를 억지로 빼앗으려는 데 열중한 나머지, 그룬트비는 기독교 본래의 원천은 성서가 아니라, 예수가 직접 말씀하시고 세대를 거쳐 입에서 입을 통해 말씀으로 이어져 온—주기도문, 침례의 말씀 그리고 사도신경을 포함한—구술적 전통이라는 그 자신의 "비길 데 없는 발견"을 떠벌리며 돌아다녔다. 그의 주장에 의하면, 기독교적 진리는 유식한 학자들의 죽은 문자에서가 아니라, 회중의 이러한 "살아 있는 말씀" 안에서 구해져야 한다는 것이었다.

민중주의적이고 공동체주의적인 신학에 대한 그룬트비의 정력적인 설교는 국교에 비판적인 성향의, 키르케고르의 만형 페테르를 포함한 많은 사람들을 코펜하겐의 경건주의적인 기성 교회로부터 이탈시켰다. 모라비아파 경건주의자들이 독립된 공동체에 대한 믿음을 실천했던 반면, 그룬트비는 덴마크 국교회를 변화시키려고 열심히 선동했다. 1830년대 초에 영국에 다녀온 후, 그는 종교적 자유를 승인하고 정통 기독교 공동체, "살아 있는 말씀의 담지자"가 독자적 방식으로 번성하도록 허용하는 자유주의 시민국가를 옹호했다.

온건함에 대한 열의로 항상 클라우센 및 마르텐센과의 논쟁을 조절했던 뮌스테르 감독은, 그룬트비의 난폭한 행동주의를 견딜 수 없었다. 뮌스테르는 그룬트비의 성례전 집전을 금지시킴으로써 그를 꺾어놓으려고 했지만, 이런 조치가 효과가 없자—왜냐하면 그룬트비는 능수능란한 전략가였으며 그의 민중주의적 메시지가 그를 강력하게 만들었기 때문이다—그를 노약자들과 환자들의 교구인 바토브(Vartov) 교회의 목사로 임명함으로써 그를 포섭하려고 했다. 그렇지만 1840년대까지 그룬트비는 바토브 교회를 경건주의의 영적 활력뿐만 아니라 농부들 사이에서 점증하고 있던 사회적 불안의 물결까지도 활용한 운동의 중심으로 탈바꿈시켰다. 그는 강단에서 이러한 힘들을 조종했다. 그의 분기탱천한 찬송은 덴마크 사람들의 진실된 살아 있는 신앙의 영광을 위하여 울려 퍼졌다. 키르케고르의 만형 페테르 역시 그 때는 목회자였는데, 그룬트비의 가장 가까운 추종자 중 한 명이었다.

학장 시절 이후 계속해서 키르케고르는 그룬트비에 관해 항상 만형과 의견이 달랐다. 1835년에 그는 일지에다 "그룬트비는 기독교적 이해의 성장을 힘든 길을 따라 나아가는 여행으로 보지 않고 사도들이 불을 때서 얻어지는 증기로 철로를 달려가는 증기엔진과 같은 것으로, 그래서 기독교 이해가 완결된 기계장치 안에서 이미 준비되어 있는 것과 같은 것으로 보았다"[20]고 적었다. 그는 주류 기독교에 대한 그룬트비의 비판이 그의 정치적 야망과 결합되는 것처럼 보이는 방식을 불신한다. 이제 그 논란의 중심에 있는 목사는 1848년의 새로운 민주주의 정신을 이용하고 있으며, 덴마크 제헌의회 총선거에 입후보하고 있다.[21] 그리고 저술가로서의 자신의 종교적 목적을 강조하면서, 키르케고르는 자신의 사명을 그룬트비의 활동 경력과 차별화하려고 노심초사하고 있다. "나는 그들이 여기에서 줄기차게 특정의 정통파 집단과 각을 세운 채 소규모 집단으로 단결해서 자신들만이 유일한 기독교도라고 생각하며 서로 의기투합하는 것을 비판해 왔다." 이런 직접적인 논박은 정치적으로는 효과가 있을지 몰라도 기독교계에 살고 있는 기독교도들이 요구하는 복잡하고 예민한 영적 목회에서는 성공을 거둘 수 없다. "간헐적으로 종교적 열광자들이 출현한다. 그들은 기독교계를 맹폭한다. 그들은 요란하게 소란을 떨고, 거의 모든 사람들을 기독교인이 아니라고 비난한다. 그런데도 성취하는 것은 아무것도 없다. 그들은 환상이란 그렇게 쉽게 없앨 수 있는 것이 아니라는 사실을 간과하고 있다."[22]

『이것이냐 저것이냐』를 저술하기 전에, 키르케고르는 그룬트비의 부상을 바로 곁에서 지켜보았다. 마르텐센이 대학에서 초고속 스피드로 영향력 있는 위치로 올라가는 것을 본 것처럼 말이다. 물론 뮌스테르와 클라우센은 이미 그들의 전문 분야에서 정상에 서 있었다. 키르케고르는 이들—아버지의 고해목사, 자신의 신학교수, 가장 가까운 경쟁자, 그리고 맏형의 영적 스승 등—4인이 각자의 세속적 지위에 의해 얻은 영향력으로써, 기독교의 진리에 대한 상이한 해석을 가르치는 것을 들었다. 심지어 그가 개인적으로 공감했던 뮌스테르조차 정치체제와 불가분의 관계에 있는 덴마크 국교회의 지도자로서의 역할 때문에 체면이 크게 손상되었다. 『이것이냐 저것이냐』에서 그는 이들 모두에게 반대하면서, 기독교계에서 영향력이 엄청난 이 사람들 가운데 아무도 종교적 영역에 속해 있지 않다는 것을 보여주었다.

물론 키르케고르는 그 자신이 종교적 영역에서 직접적으

로 발언한다고 주장하지는 않았다. 그렇지만 『이것이냐 저것이냐』의 말미에 있는 설교는 윤리적 영역이라는 가혹한 관점으로 끌려들어갔던 경험에 의존하고 있었던바, 이 영역에서 그는 사람의 눈으로 판단되었으며 또 그 자신의 도덕적 실패와 맞닥뜨렸다. 그는 불안을 유발하는 이런 경험을 통하여 인간은 자신이 하나님을 필요로 한다는 사실을 알게 된다고 주장했다.

그의 설교는 "불안한 마음, 두려운 마음이 안식처를 찾게 해주소서"라는 기도로 시작되었다. 그다음 그는 뮌스테르가 설교한 종류의 윤리적 종교에 수반되는 불안과 의심을 묘사했다. 뮌스테르는 인간이란 "연약하고 불완전한 피조물"임을 인정하면서도 자신의 회중을 향하여 각자 최선을 다하고 가능한 한 명예롭게 처신할 것을 권면한 바 있다. 키르케고르는 이런 사고 방식은 신실한 사람을 호도하여 자신이 어느 정도나 옳은가, 또 어느 정도나 그른가에 관하여 끝없이 계산하게 만든다고 설교에서 주장했다. 당연한 일이지만 사람은 모두 스스로 그런 계산을 하는 것만큼이나 쉽사리 타인에 대해서도 이러한 계산을 한다. 윤리적 영역에서 사람들은 이웃의 행위와 비교하여 자신들의 행위를 평가하고, 자신들의 상대적인 불완전성을 비교하고, 또 정의로움에 대한 자신들의 몫을 주장한다. 이렇듯 끝없이 불안에 찬 판단으로부터의 안식은 오직 하나님 안에서만 찾을 수 있으며, 하나님 앞에서는 모든 사람이 똑같은 정도로 확실하게 용서가 필요한 죄인임을 설명하면서, 설교는 『이것이냐 저것이냐』의 독자들에게 윤리적 영역을 넘어서라고 권유했다.

이 설교는 목사의 시골 교구 신도들에게 직접적으로, 그리고 키르케고르의 도회지 독자들에게 간접적으로 다음과 같이 호소하면서 끝을 맺는다.

> 어쩌면 내 목소리가 여러분 내면의 생각에까지 뚫고 들어가기에 충분한 힘과 진정성이 없을지도 모릅니다. 그러나 여러분 자신에게 물어보세요. 단 한 마디의 말로써 삶에서 여러분의 행복을 결정할 수 있었던 바로 그 사람에게 말을 걸 때의 그 엄숙한 불확실성으로 물어보세요. 그보다도 더 엄숙하게 여러분 자신에게 물어보세요. 왜냐하면 진실로 그것은 구원의 문제이기 때문입니다. 여러분의 영혼이 훨훨 날아오르는 것을 막지 마시고, 여러분 내면의 더 나은 격려를 슬퍼하지 마시고, 어중간한 소망과 어중간한 생각으로 여러분의 영혼을 마비시키지 마시고, 스스로 물어보시고, 또 계속해서 여러분이 답을 찾을 때까지 스스로 물으십시오. 왜냐하면 사람은 한 가지를 여러 번 알았고 또 그것을 인정했으면서도, 여러 번 그것을 원해 왔고 또 그것을 시도했더라도, 여러분이 이미 알고 있던 바로 그것이 여러분의 것이라는 것을, 그 어떤 권능도 여러분에게서 그것을 빼앗을 수는 없다는 것을 처음으로 확신하는 것은 저 깊은 내면의 운동에 의해서만, 오로지 마음의 형언할 수

없는 감동에 의해서만 가능할 뿐이기 때문입니다. 왜냐하면 오직 우리의 덕을 키우는 진리만이 여러분에게 진리이기 때문입니다.[23]

키르케고르는 코펜하겐에서 1842년 봄, 여름 그리고 가을을 거치면서 『이것이냐 저것이냐』를 끝마쳤다. 그는 당시 『조국』에서 근무하던 친구 죄드바드(Jens Finsen Giødvad)에게 자신의 저서를 익명으로 출판할 수 있게 도와달라고 요청했다. 그때도 지금처럼 그는 죄드바드가 자신의 저술의 비밀을 지켜줄 것으로 믿었다. 원고를 교정 보는 일은 엄청난 짐이었지만, 그는 조바심을 쳤다. 날마다 그는 쾨브마게르가데(Købmargergade)에 있는 『조국』 사무실로 한 움큼의 원고를 가지고 갔다. 그는 왕왕 아침나절을 그곳에서 보내곤 했는데, 그때는 그 사무실을 "일종의 클럽"으로 생각했던 죄드바드의 다른 친구들도 함께 있었다. 이것은 이 언론사의 편집장이던 플로그(Carl Ploug)의 심기를 불편하게 만들었다. 그리고 키르케고르는 특히 마음에 걸리는 인물이었다. "우리는 딱 정해진 시각에 신문을 발간해야 한다는 것, 또 그 시절에는 경찰 검열관이 신문이 배포되기 전에 먼저 신문을 살펴보아야 했기 때문에 이른 오후까지 마쳐야 했거니와, 실정을 모르는 매우 자기도취적 성향이 강한 사람이 사무실에 앉아서 자신이 관계자들을 얼마나 불편하게 만들고 있는지는 전혀 의식하지 못한 채 끊임없이 강의하고 떠드는 것을 보아야 하는 것이 어떤 일인지 생각해 보아야 한다. 아무리 그가 매력적인 인물이라고 생각하더라도, 그리고 아무리 자주 자리를 권해서 이야기를 듣고 싶은 마음이 들더라도, 플로그는 그럼에도 불구하고 자신의 일상 업무를 (…) 수행해야 했는데, 반면에 쬐드바드는 박사에게 매료되어 예의 바른 자세로 앉아서 경청하고 있었다."[24]

『이것이냐 저것이냐』는 마침내 1843년 2월에 빅터 에레미타(Victor Eremita)라는 익명으로 출판되었다. 이 익명은 고물 책상의 비밀 서랍에 흩어져 있던 심미가 "A"의 원고를 발견해서 윌리엄 판사의 편지들과 함께 묶어 책으로 편집한 인물인 것으로 설정되었다. 쬐드바드의 신중성에도 불구하고, 실제 저자의 정체는 순식간에 주지의 사실이 되었다. "최근에 책 한 권이 여기에서 출간되었는데, 제목이 『이것이냐 저것이냐』이다!"라고 불프(Henriette Wulff)가 친구 안데르센에게 그해 2월에 편지를 써 보냈다. "이 책은 아주 희한한 것이라고들 하는데, 1부는 돈 후안 이야기, 회의주의, 기타 등등으로 채워져 있고 2부는 1부보다는 강도가 덜하고 또 회유적인데, 마지막은 아주 훌륭하다는 평을 듣는 설교로 끝을 맺고 있어요. 이 책 전체가 이미 많은 주목을 받았답니다. 실제로 이 책을 쓴 이는 키르케고르라는 사람이라고들 하는데 그 사람이 익명을 내세웠다네요. 선생님, 혹시 그 사람을 아세요?"

2, 3주 뒤에 안데르센은 또 다른 친구인 래쇠에(Signe

Læssøe)에게서도 자신은 지금 "키르케고르가 쓴 『이것이냐 저것이냐』"를 읽고 있다는 말을 들었다. 그녀는 그 책이 "천재적이면서도" 엄청나게 흥미로운 것이라고 생각했다. "선생님은 이 책이 얼마나 화제가 되고 있는지 아마 짐작도 못 하실 거예요"라고 그녀는 안데르센에게 써 보냈다.

> 제 생각으로는 루소가 그의 『고백록』을 제단에 봉헌한 이후로 이 책만큼 저렇게 대소동을 일으킨 책은 다시없을 거예요. 이 책을 다 읽은 사람은 누구나 저자에게 역겨움을 느끼면서도 그럼에도 불구하고 그의 지성과 재능을 뼛속 깊이 인정하게 된답니다. 하지만 우리 여성들은 특히나 그에게 분노해야 해요. 꼭 이슬람교도처럼 그는 우리 여성에게 유한성의 영역을 할당하고, 또 우리 여성의 가치를 우리가 출산하고, 즐겁게 해주며, 남자라는 족속들을 **구원해준다**는 것만으로 평가한답니다. 1부에서(이 부분은 8절판으로 864쪽이나 되는데) 그는 심미적이며, 다시 말해 악한이에요. 2부에서 그는 윤리적이며, 다시 말해 정도가 덜한 악한이고요. 사람들은 너나 할 것 없이 모두 2부를 칭찬하는데, 그것은 말하고 있는 화자가 그의 분신, 더 나은 반쪽이기 때문이라는 거예요. 나한테 2부는 저자에게 더 화가 나게 할 뿐이에요. 그가 여성을 유한성에 결부시키는 것이 **바로 이 부분**이거든요. 사실 저는 이 책을 아주 조금만 이해하고 있어요. 이 책은 도대체가 너무나 철학적이거든요.

예를 들자면, 저자가 말하기를, "절망에 빠지는 것 말고는 그 어떤 행복도 없다. 서둘러서 절망하라, 그대는 절망하기 전까지는 어떤 행복도 찾지 못할 테니"라는 거예요. 또 다른 곳에서는 "사람의 행복이 있을 수 있는 것은 오로지 자기를 선택함으로써뿐이다"라고도 말해요. 이게 무슨 말이에요?[25]

딱한 안데르센은, 『아직 살아 있는 자의 수기』로부터 받은 상처가 채 아물지 않은 상태에서, 그의 비평가가 그의 문학적 경쟁자가 되어 버렸다는 것을 직감했다. "나에게 키르케고르의 책을 보내다니 도대체가 나는 아무런 관심도 없습니다"라고 그는 래쇠에에게 답장을 써 보냈다. "모든 사정을 다 무시해 버리고 자신의 영혼과 모든 거룩한 정서를 발기발기 찢어버리는데도 재능이 풍부해 보인다니 참 칠칠치 못하군요!"

한편 키르케고르는 동료들의 의견에 대하여 안데르센보다 그 민감성이 덜하지 않았다. 아무리 그가 자주 내면으로, 하나님을 찾아서 세상으로부터 멀어져 침잠해 들어갔더라도, 그는 타인들이 자신에 대해서 어떻게 생각하는지에 관한 그 자신의 불안으로부터 벗어날 수가 없었다. 실제로 『이것이냐 저것이냐』가 불러일으킨 스캔들은, 아무리 한 은둔자의 명의로 출판되었더라도, 그를 유례를 찾아볼 수 없을 정도로 대중에 노출시켰다. 윤리적 영역은—아직도 그의 파혼 이후로 그를 수치스럽게 만들고 또 상처 주었던 세간의 평판으로 자자한 상황에서—한층 더 확장되고, 훨씬 사람들로 붐비게 되었으며, 또 그 영역에 대한 호의는 갈수록 더해졌다.

* * *

여기 성모교회에서 이번 주 금요일 아침, 그는 전혀 다른 종류의 주목의 대상이 되고 있다. 군중들이 교회 바깥에서 그룬트비를 환호하게 내버려 두라. 여기에 극소수의 사람만이 말없이 모여 앉아서 성찬식을 치를 준비를 하고 있으며, 그가 할 일은 그들을 도와서 세상으로부터 멀어져 내면으로 향하게 하는 것이다. 그는 그 자신의 내면성을 제시함으로써, 자신의 영혼을 내면에서 내보임으로써, 이 과업을 행한다. 만일 그가 이웃들에게 내보일 무엇이라도 가지고 있다면, 그것은 그의 세속적인 걱정거리로부터—자신의 기대가 충족되지 못한 실망, 산산조각 난 희망, 쓰라린 회상 등으로부터—그 자신을 떼어놓고자 하는 그의 오랜 투쟁에서 비롯되는 것이다.

"만일 저 높은 곳으로부터 그리스도가 기독교인들을 자신에게로 이끌 수 있다면," 그는 소규모 회중에게 이렇게 말하고 있다.

잊어야 할, 무시되어야 할, 멀리 해야 할 많은 것들이 있습니다. 어떻게 해야 이런 일들이 이루어질 수 있을까요? 만일 여러분이 여러분의 미래, 인생에서의 여러분의 성공에 마음이 쓰여 왔다면, 뭔가를—실망으로 끝난 기대, 산산조각 난 희망, 가슴 아픈 비참한 회상 등을—잊을 수 있기를 희망해 왔다면, 혹은 여러분 영혼의 구원에 대한 관심 때문에, 여러분이 뭔가를—줄기차게 여러분에게 달려든 죄의 불안, 좀처럼 여러분을 떠나려 하지 않는 끔찍한 생각 등을—잊을 수 있기를 너무나도 간절히 희망해 왔다면, 그렇다면 여러분은 세상이 "잊어버리려고 노력해 봐"라고 말하면서 여러분에게 주는 충고가 얼마나 공허한 것인지를 의심의 여지없이 직접 경험해 봤을 것입니다. 왜냐하면 여러분이 불안에 떨면서 "내가 잊으려고 어떻게 노력해야 하겠는가?"라고 묻고 있는데 그 대답이 "그대는 잊으려고 노력하지 않으면 안 된다"일 때, 그것은 기껏해야 공허한 헛수고일 뿐이기 때문입니다. 아닙니다. 만일 여러분이 잊기를 원하는 뭔가가 있다면, 기억해야 할 다른 뭔가를 찾으려고 애를 쓰십시오. 그러면 여러분은 틀림없이 성공할 것입니다.[26]

그들은 그리스도를 기억하기 위하여, 예수가 체포되기 전날 설교했던 말씀을 다시 듣기 위하여, 그리고 예수가 가르치신 대로 "나를 기억하며" 빵과 와인을 먹기 위하여, 그 교회에 모여 있다.

"그분은 만인을 자신에게 이끌고자 하십니다. 모든 사람을 자신에게로 **이끄시는데**, 왜냐하면 그분은 그 누구라도 자신에게 오게 만들려고 **꼬드기려고** 하지 않기 때문입니다." 예수는 자신을 따르는 사람들을 입에 발린 위안으로, 혹은 "권능과 명예와 영광"의 약속으로 꼬드기지 않았다. 예수가 살았던 진리는 "모욕당하고, 조롱받고, 또 성서가 증언하고 있듯이, 증오의 대상이 되었지만", 오로지 이런 것들에 대해서만 강조하는 것 역시 옳지 못하다. 기독교인들은 예수의 연약함과 불행과 모욕까지, **그리고 또** 그의 영광까지도 사랑해야 하는데, "왜냐하면 우울은 부질없는 짓보다 기독교에 결코 더 가깝지 않기 때문입니다. 그것들은 둘 다 똑같이 이 세상적인 것들, 똑같이 진리와는 동떨어진 것들, 똑같이 마찬가지로 개심이 절실한 것들입니다." 그리스도에게로 나아가는 정말로 많은 길들이 있지만, 그것들 모두는 한 곳에서, 즉 죄의 의식에서 만나며, 모든 인간은 각자 자신의 마음속에서 이곳을 거쳐 가지 않으면 안 된다.

> 나의 청중이신 여러분, 내 강화를 듣는 이들이시여! 오늘 그분은 진정으로 여러분과 함께하시되 마치 이 땅에 더 가까이 하시고, 말하자면 마치 이 땅에 손을 내밀어 만지시는 것과 같습니다. 그분은 여러분이 그분을 찾고 있는 이 제단에 임재하십니다. 그분은 거기에 현존하십니다.

그러나 그것은 오로지 다시 한 번 저 높은 곳에서 오셔서 여러분을 그분에게 이끌기 위함입니다. (…) 오, 또 이것은 사실이 아닙니까, 바로 오늘 그리고 다름 아닌 여러분이 오늘 그분에게 이끌리는 것을 느끼기 때문에, 바로 그 이유 때문에 여러분은 의심의 여지없이 오늘 스스로에게 그리고 그분에게 기꺼이 고백할 것입니다. 저 높은 곳에서 그분이 여러분을 완강하게 붙잡고 있는 모든 비천한 것들과 온갖 세상적인 것들로부터 벗어나도록 여러분을 그분에게로 완전하게 이끄셨다는 것이 얼마나 사실과 동떨어진 것인지, 아직도 얼마나 많이 떨어져 있는지 고백할 것입니다. 오, 나의 청중이시여, 이것을 말하거나 혹은 말하려고 하거나 혹은 감히 용기를 내서 말하는 것은 나도 아니고 또 다른 어떤 인간도 분명히 아닙니다. 결단코 아닙니다. 인간은 어느 누구라도 그것을 고작해야 스스로에게 말할 따름입니다. 그리고 만일 그가 어떻게든 충분히 감동을 받아서 그것을 스스로에게 말하게 된다면 하나님에게 찬양을 돌려야 할 것입니다. 나의 청중이시여, 여러분이 어디에 있는지, 그분이 여러분을 그분에게로 어느 정도나 이끄셨는지, 기독교인으로 존재한다는 면에서 여러분이 나보다 그리고 다른 많은 사람들보다 얼마나 더 나아갔는지, 나는 알지 못합니다. 그러나 하나님은 오늘 여러분이 어디에 있건 그리고 여러분이 누구이건 상관하지 않으시고, 오늘 여기에 주님의 성찬식의 성스러운 성찬에 참여하기 위하여 출석하신 여러분에게, 오늘 진실로 여러분을 위한 축복을 내리시는 것을 허락하십니다.[27]

10. 반복: 새로운 삶의 철학

계절은 바뀌고 정부의 통치 세력도 교체되었다. 그는 새 창문으로 바깥을 내다보지만, 밤하늘은 바뀌지 않은 채 여전히 그대로이다. 그리고 그는 이 고요한 밤에 의지하여 가까이 있는 바다를 상상할 수 있다. 그는 영혼의 눈을 뜨고, 별들 아래 깊고도 투명한 바다를 보려고 노력한다. 잠시 동안 그 자신이 "하나님 안에서 투명하게 안식"하게 하는 것이 가능한데, 이미 그는 『죽음에 이르는 병』에서 신앙 체험을 묘사한 바 있다. 이것은 그가 좋아하는 생각 중 하나이다. "바다가 자신의 모든 힘을 쏟아놓으면, 그때는 하늘의 모습을 비추는 것이 불가능하다. 가장 사소한 움직임조차도 반사가 전혀 순수하지 않음을 의미하기 때문이다. 그러나 바다가 고요하고 심원할 때, 하늘의 모습은 바다의 무(無) 속으로 깊이 빠져든다"[1]라고 그는 1844년에 썼다. "고요하고 심원하며 투명한 바다가 저 높은 하늘을 갈망하는 것처럼, 순수해진 우리 마음 역시 선을 갈망한다. 그리고 바다가 그 순수한 심오함으로 하늘의 둥근 천장을 비추는 것처럼, 고요하고 깊이 투명해진 우리 마음 또한 그 순수한 심오함으로 선이 지닌 천상의 숭고함을 비추는 것이다"라고 작년, 그러니까 1847년에 썼다. 이러한 고요함에는 늘 갈망이 있기 마련이다. 그것이 갈망하는 바를 만지고, 그것을 더욱더 욕망하는 그런 갈망 말이다. 그가 하나님을 향한 자신의 갈망을 채우고 자신의 영혼을 확장시키면, 다른 모든 것은 깊은 정적에 빠져든다.

때는 10월, 또 이달 초순에 그는 1848년 들어서 두 번째로 거주지를 바꿨다. 길 아래에 있는 무두장이들의 뒷마당에서 풍기는 악취를 견딜 수 없어서, 그는 로센보르가데의 같은 도로에 "상쾌하지만 비싼" 아파트를 임대했다.[2] 코펜하겐 사람들은 "이사 가는 날"에만 집을 옮기는데 그날은 매년 4월과 10월로, "이때는 도시의 모든 가구들이 구역마다 이리저리 오고가며 거리는 시시한 것들, 하찮은 것들, 흙먼지들 그리고 온갖 지겨운 것들로 가득하다."[3] 어떤 점에서는 이런 현실적인 방해거리들이 그에게 도움이 되어 왔는데, 왜냐하면 그런 것들 때문에 저술작업의 강도를 줄일 수밖에 없었기 때문이다. "여기에서도 섭리가 나를 도와주었고, 내 잘못을 좋은 것으로 전환시켜 주었다. 내가 덜 생산적으로 되고 활동량을 줄이고 전체적으로 나를 제한하는 데 도움이 되는 것이 있다면, 그것은 유한한 것들에 대한 불안과 불편이다."[4] 그는 또한 돈에 대해서도 걱정해 왔다. 그가 뉘토르브 2번지의 생가를 판 수입으로 구입한 채권은 덴마크의 정치적 상황이 불안정하게 되자마자 순식간에 평가절하 되었으며, 그래서 그는 상당한 액수의 손해를 보았다. "내가 그 사정을 때 맞춰서 철저히 알게 된 것은 의심의 여지없이 다행한 일이었다. 그것은 나와 내 작업에 숨어 있는 이기심을 모두 없애 버리는 데 도움이 된다"라고 그는 생각했다.

이러한 격변과 혼란에도 불구하고 그는 10월의 선거가 오고 가는 동안 『저술가로서의 나의 저술활동에 대한 관점』을 저술했다. 『이것이냐 저것이냐』의 정신적 기원을 설명한 후, 그는 이제 방향을 바꾸어 1843년 봄에 『이것이냐 저것이냐』의 뒤를 이어 출판했던 전혀 다른 작품, 즉 두 편의 설교문을 담은 소책자를 언급했다. "가장 중요한 것이 이따금 너무나도 무의미한 것으로 생각되곤 한다."[5] 그가 첫 번째로 출판한 두 편의 강화는 "울창한 삼림으로 뒤덮여 있는 한 송이 작은 꽃"이었으며, 그래서 그것은 거의 주목을 받지 못했다. 비록 그가 『이것이냐 저것이냐』가 출판된 이후 두 달 혹은 세 달 동안만큼 "대중"과 관계가 좋았던 적은 결코 없었지만, 그 기간 동안 그가 생산해낸 것은 흥분한 상태에서 "유혹자의 일기"를 철저히 탐독한 독자에게는 전혀 중요한 것으로 생각되지 않았다. 그러나 그 고요하고 젠체하지 않는 지면에는 그의 핵심적인 철학적 "범주", 즉 **단독자**[6]가 소개되어 있었다. 이 범주에는 "온전한 인생관과 세계관이 압축되어 있다." 그리고 바로 그 순간 그는 "대중과 단절했다." 이것은 새로운 범주가 아니라 고대의 범주이다. 그는 이 범주를

"인간 중에서 가장 괴짜"인 소크라테스로부터 차용했다. 그러나 1848년에 그것은 과거 그 어느 때보다 더 중요한 것이 되었는데, 왜냐하면 "만일 군중이 악이라면, 만일 그것이 위협이 되는 혼돈이라면, 오로지 딱 한 가지의 것, 즉 단독자가 되는 것에 구원이 있을 뿐"이기 때문이다.

* * *

그가 자신의 두 편의 설교집을 필립센(P. G. Philipsen)이 출판하도록 결정한 것은 1843년 5월에 두 번째로 베를린 여행을 떠나기 직전이었다. 필립센은 쾨브마거가데 소재의 개업한 지 얼마 안 된 서점과 출판사의 경영자로서,[7] 주로 통속과학 분야의 책들을 전문적으로 다루었다. 설교문 한 편은 "신앙의 기대"를 주제로 한 것으로,[8] 이 주제는 또한 『공포와 전율』의 핵심 주제가 되었다. 다른 한 편은 그가 즐겨 읽는 신약성서의 야고보의 편지에서 따온 구절, "모든 선하고 완전한 선물은 하늘로부터 광명의 아버지에게서 오며, 그분에게는 변화도 없고 변화의 그림자도 없다"를 주제로 한 것이었다. 『두 편의 건덕적 강화』는 성경 구절을 주제로 하는 학술적 설교문으로 구성된 몇 권 중 첫 번째였으며, 그 이후 그는 계속해서, 레이첼에서 출판된 익명의 저작들과는 별개로, 자기 자신의 실명을 서명한 종교적 강화들을 발표했다.

그는 『두 편의 건덕적 강화』를 세상을 떠난 아버지에게 헌정하면서도, "**나의** 독자"에게 보내는—그의 서른 번째 생일인 1843년 5월 5일자로 서명된—짤막한 서문을 붙였다. 여기에서 그는 자신의 강화를 설교라고 부를 수 없다고, 왜냐하면 그가 성직을 받지 않은 탓에 설교할 권위를 갖고 있지 못하기 때문이라고 설명했다. 그는 자신의 소책자가 "기쁨과 감사의 마음으로 내가 **나의** 독자라고 부르는 저 단독자, 말하자면 내 책이 두 팔을 뻗어 찾고 있는 저 단독자"[9]를 만나러 먼 길을 떠나고 있다고 묘사했다.

키르케고르가 그의 생일에 "단독자"에게 첫 번째 호소를 하는 것으로 시작해서, 그해 5월에 베를린에서 집필을 계속 진행하며 자신의 개인적 체험에서 가장 심오한 철학적 교훈들을 이끌어 낸 것은 바로 이 풍요로운 시기 동안이었다. 그렇지만 그는 『두 편의 건덕적 강화』 서문에서 "이 책이 그녀에 대한 작은 암시를 담고 있었기 때문에" 그가 특별히 레기네를 "**나의** 독자"로 생각하고 있었다는 사실을 1843년에도, 그리고 지금 1848년에도 밝히지 않았다. 레기네를 염두에 두고서 애정이 듬뿍 담긴 친밀함과 갈망이 한데 뒤섞인 채로 "단독자"에게 글을 썼지만, 그는 곧바로 자신이 이런 식으로 많은 미지의 독자에게도 말을 걸 수 있다는 것을 깨달았다. 1843년 4월 말경에 그는 자신의 원고를 다루는 식자공과의 놀라운 조우를 경험했다.

참 희한한 일이지만, 정말 그랬다. 나는 "두 편의 설교"에 대한 저 간단한 서문을 바꾸기로 결정했는데, 왜냐하면 그것이 어떤 숨겨진 영적 관능성을 품고 있다는 생각이 들었기 때문이다. (…) 나는 인쇄소로 달려간다. 무슨 일이 일어났느냐고? 식자공이 나에게 서문을 바꾸지 말라고 사정했다. 나는 적잖이 그를 비웃었지만, 속으로 이렇게 생각하고 있었다. 그렇지, **그**가 그 "단독자"가 되게 하자! 바로 이 생각을 하고 기뻐서 나는 맨 처음에 딱 두 권만 인쇄하게 해서 그중 한 권을 그 식자공에게 주기로 마음을 정했던 것이다. 그의 흥분을 접하다니 정말 굉장한 일이었다. 식자공이, 도대체 사람들은 틀림없이 저자만큼이나 원고에 신물이 났을 거라고 생각했을 식자공이 말이다![10]

자신의 글쓰기가 얼마나 셀 수 없이 많은 단독자에게 영향을 끼칠 것인가에 대한 이러한 새로운 깨달음에 흥분한 상태에서, 그는 베를린을 향해 출발하며 그 도시에 대한 첫 번째 방문의 기분 좋은 생산성을 되풀이하기를 희망했다. 그러나 그곳에 도착했을 때, 그는 원래의 "단독자"에게로 되돌아가고 말았다. 낯익은 풍경과 소음이 1841년에 처음 왔을 때, 그가 레기네와의 파경으로부터 아직 도망치고 있었던 바로 그때의 기억들을 되살려냈으며, 오래전의 감정들을 소환했다. 상실감과 비애감, 죄책감과 수치심, 자기 회의와 불안, 일상적인 삶으로부터 추방당했다는 생각, 그리고 자기 연민과 반항적인 자기 합리화로의 습관적인 탐닉 등등.

베를린의 호텔 드 작세에서 바라본 슈프레강과 루스트가르텐의 모습

"도착한 다음 날 나는 상태가 아주 좋지 않아서 쓰러지기 직전이었다네"라고 그는 보에센에게 1843년 5월 10일에 편지를 써 보냈다. 코펜하겐을 출발해 증기선을 타고 도착한 슈트랄순트에서 이미, 그는 "한 어린 소녀가 베버의 마지막 왈츠를 피아노로 연주하는 것을 듣고서 거의 미칠 지경"이었는데, 왜냐하면 이 곡은 그가 전에 베를린에 왔을 때 처음으로 티어가르텐 공원에서 "어떤 맹인이 하프로 연주하는 것을" 들었던 음악이었기 때문이다.

도시 전체가 공모해서 그에게 막 상처 입었던 젊은 시절의 자기를 상기시켰다. 전과 같이, 그는 처음 이틀 밤을 슈프레강변의 호화 호텔 드 작세(Hotel de Saxe)에서 묵었다. "객실에서는 배들이 죽 늘어서 있는 강이 바라다보인다. 오 하나님, 그것이 얼마나 옛 생각을 나게 하는지! 호텔 뒤로는 교회가 있다. 그리고 교회가 시간을 알릴 때면 그 종소리가 내 뼛속 깊이 파고든다."[11] 그는 그 이후 젠다르멘마르크트의 모퉁이에 있는 숙소로 돌아왔는데, 이곳에서 그는 첫 번째 베를린 방문 동안 묵었었다. 이번에는 3층에 숙소를 잡았다. "그러나 주인이 결혼해서 나는 방 한 칸에 은둔자처럼 생활하고 있다네. 이 방에서는 내 침대조차도 서 있어야 할 정도라네."[12]라고 그는 보에센에게 써 보냈다.

과거의 습관들이 즉시 되살아났다. 마치 이 도시가 그를 위해 그것들을 보관해 오면서 그의 귀환을 기다린 것만 같았다. 그는 날마다 운터 덴 린덴(Unter den Linden, 보리수거리)을 따라 걷는 습관을 다시 회복했다. 그것은 "마치 모든 것이 추억을 되살리기 위해 설계된 것처럼" 보였는데, 왜냐하면 심지어 그의 첫 번째 여행 이후로 바뀌어 버린 것들까지도 과거의 감상을 유발했기 때문이다. 결혼한 지 얼마 안 된 그의 숙소 주인은, 2년 전만 해도 "오갈 데 없는 홀아비"였었는데, 자신의 심경 변화를 이렇게 해명했다. "누구나 인생을 딱 한 번 사는데, 자신을 이해할 수 있는 누군가가 있어야겠더라고요. 거기에 얼마나 많은 것들이 있는지요. 특히 절대적으로 아무런 가식 없이 이야기할 때 말입니다. 그때는 그게 더 확실하게 와 닿더라니까요."

레기네를 떠나고 일 년 하고도 반년이 지났건만, 그는 여전히 자신의 심경 변화를 이해하려고 애를 쓰고 있었다. 그녀에게 청혼하고 난 후 그는 자신이 결혼할 수 없을 거라는 심각한 확신에 직면했고, 자신에게 충실한 상태로 남아 있기 위하여 약혼을 깰 수밖에 없었다. 자신이 누구인지, 그리고 자신의 삶이 어떠해야 할지에 대한 점점 확실해지는 의식에 충실하기 위해서 말이다. 그런데도 그의 생각은 계속해서 레기네에게로 되돌아가고 있었으며, 그는 그녀의 약혼반지를 다이아몬드 십자가 형태로 개조하여 끼고 있었다. 그들이 결별한 이후로 그는 그녀를 위해 날마다, 어떤 때는 하루에 두 번씩 기도해 왔다.[13] 게다가 이번의 두 번째 베를린 여행은, 그를 사로잡은 충실성의 문제와 뒤엉켜 있는 철학적 문제 하나를 살려냈다. 자신은, 쇠렌 키르케고르는 누구이며, 또 어떻게 시간을 견뎌내고 있는가? 그를 과거로 이어주는 추억의 실타래들은 끊이지 않고 계속되는 체험들과 만남들 사이에서 그의 정체성을 확고하게 해주기에 충분할 정도로 강렬했을까? 그가 변화하는 풍경들 사이를 전전할 때 영원한 영혼은 그의 내면에서 안식을 찾았을까? 오로지 과거로 회귀함으로써만, 그리고 과거의 자신의 모습을 상기함으로써만 그는 스스로를 찾을 수 있었을까? 삶이 미래를 향해 영위되어야 할 때에, 그는 그렇게 과거에 얽매여 있어야 한단 말인가?

과거의 삶이 티어가르텐 공원에서, 젠다르멘마르크트에서, 운터 덴 린덴 거리를 따라 늘어서서 꽃을 피우고 있는 나무들 아래에서 그를 엄습할 때, 그는 어떻게 반복을 통해 불변성을 찾을 수 있을까를 생각했다. 성실한 남편은 매일 밤 아내에게 돌아온다. 성실한 기독교인은 날마다 기도에서, 일요일마다 교회에서 하나님에게 돌아온다. 어머니의 생각은 끊임없이 아이에게 돌아온다. 그런 반복을 통해 사람들은 약속을 지키고, 시간을 견뎌낸다. 그들은 스스로에게 돌아오지만, 머릿속에서 과거로 돌아감으로써가 아니라, 한 발 한 발 앞으로 나아감으로써만 그럴 뿐이다. 그리고 이것이 바로 인간이 자신의 사랑에 충실하게 남아 있을 수 있는 방법이다. 모리아산으로 가는 긴 여정 동안 한 걸음 한 걸음 내딛으면서, 아브라함은 신앙의 도약을 반복했다. 집으로 가는 길에서 한 발 한 발 걸으면서, 그는 이삭이라는 은총을 다시 향유했다. 모든 작은 운동 속에서 그는 하나님에 대한 그의 믿음을 새롭게 했다.

그렇지만 키르케고르가 반복을 숙고하면 할수록 그것은 그를 더 당혹하게 만들었다. 엄밀히 말하자면 무엇이든 반복한다는 것은 불가능한데, 왜냐하면 처음에는 새롭던 것도 두 번째에는 익숙한 것이 되고, 그렇게 변해가며, 세 번째는 두 번째로부터 기억 내지 습관을 강화하기 때문이다. 바로 그 반복의 행위가 이러한 차이를 낳는다. 마치 반복이 끊임없이 스스로를 좌절시키기라도 하는 양! 베를린에서의 이전의 경험을 반복하는 것은 그를 이전의 자기와 연결시켰지만, 또한 그로 하여금 이미 지나가 버린 시간을, 그리고 그가 그 사이에 끼어 있는 시간 동안 어떻게 변화되었는가 하는 것을 의식하게 만들기도 했다. 이런 친숙한 장소로 돌아감으로써 그는—반복을 너무나도 파악하기 어려운 것으로 만드는—불변성과 변화, 동일성과 차이의 심오한 역설과 직접 접촉하게 되었다.

자신의 철학적 발견들에 영감을 받아 키르케고르는 그해의 봄날들을 베를린에서 맹렬하게 글을 쓰면서 보냈다. 매일 아침마다 그는 그 도시를 처음 방문했을 때 자주 들렀던 카페에 다시 돌아갔는데, 이 카페는 "코펜하겐에 있는 카페보다 훨씬 좋아서 신문도 많이 비치되어 있고 서비스도 아주 훌륭"[14]했다. 그런 다음 그는 저술을 시작했다. 일단 그가 오랜—밤을 꼬박 새우는 증기여객선, 끔찍한 합승마차 그리고 신기한 기차 등의—여독에서 회복하자 그는 풍경의 변화가 자신에게 유익하다는 것을 알게 되었다. "내가 그런 것처럼 사람에게는 인생에서 특별한 직업을 가지고 있지 않을 때는 지금과 같은 중단이 가끔 필요하다. 다시 한 번 더 나의 내부 기계장치가 온전히 작동되고, 느낌도 좋고, 균형이 잡혀 있다"[15]라고 그는 5월 15일에 보에센에게 편지를 썼다. 그때는 베를린에 도착하고 채 한 주가 지나지 않은 때였지만, 그는 친구에게 "나는 원하는 것을 이미 성취했다네. (…) 지금 나는 서서히 상승하고 있다네."라고 말할 수 있었다.

그는 반복과 회상에 대한 자신의 체험을 빠른 속도로 철학적인 글로 변형시켰으며, 두 권의 노트를 가득 채워서 『반복』 초고를 완성했다. 자신의 기억들을 풀어놓으면서 그는 플라톤의 상기론에 대한 독창적인 비판에 착수했으며, 베를린에 올 때 소지했던 기록들을 이용했다. 1843년의 처음 몇 달 동안 그는 플라톤 이전과 이후에 활동했던 그리스 철학자들을 연구함으로써 플라톤에 대한 훨씬 깊은 이해에 도달했다. 그는 엘레아학파, 회의주의자들, 견유학파, 스토아학파 그리고 아리스토텔레스 등을 읽었다. 그는 "철학"이라는 표제가 붙은 공책을 이용해서[16] 그리스인들이 제시한 형이상학 이론들의 세세한 내용들을 기록했다. 이는 독일어로 된 철학사 교본에서 옮겨 적은 것들이다. 또한 이 공책은 답변이 없는 일련의 물음들도 담고 있는데,[17] 그 각각의 물음은 아무것도 적혀 있지 않은 면의 상단에 이렇게 적혀 있었다. 경험으로부터 나는 무엇을 배우는가? 보편적으로 인간적인 것은 무엇이며, 또 보편적으로 인간적인 것이 있기는 한가? 사람이 전 우주를 잃고서도 아직 자기는 잃지 않았을 때 뒤에 남는 자기란 도대체 무엇인가?

이 마지막 물음은 1837년에 그가 처음 레기네를 만난 날 일지에 적어놓은 마르코의 복음서의 한 구절과 비슷하다. "사람이 온 세상을 얻는다 해도 제 목숨을 잃는다면 무슨 이익이 있겠느냐?" 6년 뒤, 이 물음은 거꾸로 된다. 최소한 하나의 세상이 상실되었다. 그런데 그가 얻고자 희망했던 자기는 어디에 있는가? 그는 이런 심오한 철학적 물음들이 자기 영혼의 내부에서 고대 그리스인들 간의 논쟁을 되풀이한다는 것을 깨달았다. 이들 고대 그리스인들은 우주를 성찰

카페에서 독서하는 키르케고르의 모습, 1843년

하듯이 스스로를 성찰했으며, 실존의 비밀을 발견하려고 노력했다.

첫 번째로 헤라클레이토스가 있었다. 헤라클레이토스는 만물이 변한다고 가르쳤다. 자연의 모든 것은 강물처럼 흐르고, 불처럼 타오르며, 실체가 없고, 본질도 없다. 이것이 그가 알았던 유일한 진리였는데, 왜냐하면 그가 그것을 경험할 수 있었기 때문이라는 것이다. 자신의 주의를 내면으로 돌려서 헤라클레이토스는 감각이 흐르고, 감정이 불꽃처럼 타오르는 것을 느꼈다. 반면 파르메니데스는 수학에서 영원한 진리를 찾았다. 그는 이러한 고정된 관계들이 진짜로 실재하는 것이며, 또 자신의 감각에 나타난 모든 변하는 것들은—바람들, 파도들, 별들은—단지 환상에 불과하다고 믿었다. 그의 추종자들인 엘레아학파, 그중에서도 제논은 그의 유명한 역설을 이용해서 운동과 변화는 논리적으로 불가능하다고 주장했다. 어떻게 새로운 것이 생성될 수 있단 말인가? 아무것도 없거나 뭔가가 있거나 둘 중 하나일 뿐이다. 부재와 현존이라는 이 대립적인 상태들 사이의 그 어디에 생성의 순간이 있는가? 플라톤의 제자 아리스토텔레스는 변화를 잠재적 존재에서 현실적 존재로의 운동으로 정의함으로써 이러한 역설을 해결하려고 시도했다. 한 그루의 묘목이 자라나 큰 나무가 되는 과정에서 출현하는 새로운 성질들, 즉 가지, 잎사귀, 열매는 이미 잠재적으로, 아직 현실화되지 않은 상태로, 씨앗 속에 존재하고 있었다. 그리고 나무가 가지를 뻗어나가고 잎사귀들이 빛을 찾아 자라듯이, 이러한 운동은 사람에게 자신의 고유한 본성을 보여준다. "모든 존재의 비밀, 곧 운동"[18]이라고 키르케고르는 공책에 적어 놓았다.

고대 그리스 철학에 대한 이러한 연구 덕분에 그는 앎은 상기라는 플라톤의 이론이 어떻게 운동과 진리의 관계에 대한 고대의 물음에 대답했는가를 이해할 수 있었다. 플라톤은 인간의 삶은 시간과 영원 사이에서, 곧 헤라클레이토스의 변화하고 생성하는 세계와 파르메니데스의 관념적이고 영원한 진리 사이에서 펼쳐진다고 가르쳤다. 플라톤은 진리는 불변의 것이라는 점에서 파르메니데스와 의견을 같이했다. 그러나 우리의 육화된 삶은 이 변화하는 세계 안에서 시작되고 펼쳐졌다가 종결된다. **이곳이** 우리의 배움의 터전, 우리의 학교이다. 영원으로 귀환하는 여정에서, 각각의 영혼은 생성의 세계를 통과하면서 여행을 하는바, 이곳은 영원한 진리를 상기시켜 주는 것들을 제공한다. 아름다운 여인을 보면서, 영혼은 불멸의 부패하지 않는 아름다움을 상기한다. 인간 행위의 부분적이고 상대적인 선에 접하게 되면, 영혼은 흠 없고 치우침 없는 절대적인 선의 이데아를 상기한다. 플라톤은 앎은 불변하는 것에 관계한다고 주장했지만, 또한 앎의 행위는 그 자체가 영원을 향한 운동, 영원에 대한 추구라는 것을 강조했다. 소크라테스에게 영감을 받아서, 그는 진정으로 인간다운 삶을 영위하는 것은 이러한 상기의 운동을 하는 것을 의미한다고 가르쳤다.

이처럼 유럽 철학의 여명기에 대한 통찰로 무장하고서, 키르케고르는 고대 그리스 철학부터 근대 독일 철학에 이르는—왜냐하면 헤겔 또한 앎의 운동을 분석하면서, 어떻게 한 개념이 또 다른 개념으로부터 논리적으로 출현하는지를 점진적으로 절대적 진리를 향해 나아가는 변증법적 형태로 보여주었기 때문이다—전통 전체에 대한 축약된 비판으로 『반복』을 시작했다. 『반복』에서 키르케고르는 플라톤의 용어 "상기"를, 삶을 이해하기 위하여 삶을 관념으로 전환시키는 사유 과정의 통칭으로 바꾸었다. 상기가 지식의 형태로 진리를 낳는 데 반해서, 사람이 어떻게 타인에게, 하나님에게, 혹은 자신에게 **진실될** 수 있는가를 물을 때 그가 관계하는 것은 알려지는 진리가 아니라, 삶의 차원에서 영위되어야 하는 진리이다. 이러한 진리는 충실성, 불변성, 통합성, 진정성의 문제이다. 자신의 영혼 안에서 동요를 자각하고 여전히 자신이 누구인가 그리고 어떤 존재가 될 것인가에 관해 오리무중인 상태에서, 키르케고르는 자신의 마음이 바뀔 수 있음을 알면서도 어떻게 타인에게 신실하겠다고 약속할 수 있는지 궁금해했다. 게다가 자신의 실존이 끊임없이 변화 중일 때 어떻게 그 누가 도대체 하나님과의 관계 안에서 항상성을 성취할 수 있단 말인가?

이 모든 물음, 그가 작고 경사진 손으로[19] 젠다르멘마르크트에 있는 저 1인용 거실에서 또박또박 써 내려간 이 모든 물음에 대한 답은 반복이다. 관계는—타인과의 것이든, 하나님과의 것이든, 아니면 자기 자신과의 것이든 간에—결코 고정된, 붙박이의 것이 아니다. 시간의 흐름을 견뎌내려면, 그것은 반복해서 다시 새로워져야만 한다. 그리고 각각의 인간의 자기는 모두 그런 관계들로 이루어져 있다. 반복이라는 "새로운 범주" 덕분에 궁극적으로 철학은 삶의 진리에 관해 의미 있는 뭔가를 말할 수 있을 거라고 키르케고르는 주장했다.

한편 그는 그 자신의 삶에 대한 진리를 재구성하려고 투쟁하고 있었다. 왜냐하면 『반복』은 실존주의의 선언일 뿐만 아니라 그의 약혼의 위기에 관한 각색된 이야기였기 때문이다. 그는 실험적인 심리학적 서사 안에 자신의 형이상학적 반성을 끼워 넣었으며, 다시 한 번 자신을 두 작중인물로 분리했다. 즉 베를린에 두 번 다녀온 경험이 있는 철학 애호가 콘스탄티우스(Constantin Constantius)와 그의 친구이자 자신의 약혼자와 파혼하고 작가가 되고 싶어 하는 젊은이로 말이다. 둘은 모두, 물론 그 방식은 서로 달랐지만, 어리석은 인물들이었다. 그들은 키르케고르의 삶의 일화들로부터 구성된 이야기를 연기했는데, 이는 괴테의 초기 서한체 소설로 낭만주의 문학의 초석이 된 『젊은 베르테르의 슬픔』을 자유롭게 따라했는바, 괴테의 이 작품에 영감을 받은 과거 키르케고르의 철학교수였던 시베른은 일찍이 비슷한 종류의 소설을 쓴 적이 있었다.

『반복』의 화자 콘스탄티우스는 새로운 진리론을 제안하지만, 그의 박식에도 불구하고 그는 자신의 이론을 온전히 이해하지 못하고 있다. 이 작중인물을 내세워 글을 씀으로써 키르케고르는 철학자로서의 자신의 요구를 내세우는 한편, 실존의 문제에 대한 순전히 이론적인 접근법의 한계를 지적할 수 있었다. "반복의 문제는 근대 철학에서 매우 중요한 역할을 담당할 것이다"[20]라고 콘스탄티우스는 라이프니츠의 형이상학을 심드렁하게 한 구절 언급한 후에 대담하게 선언하는바, "왜냐하면 **반복**이야말로 '상기'가 그리스인들에게 의미한 바에 대한 핵심적인 표현이기 때문이다. 그리스

1.

IV B 97,3

[illegible]

『반복』의 초고. 첫 장

인들이 모든 앎의 행위는 상기라고 가르쳤던 것처럼, 근대 철학은 삶은 모두 반복이라고 가르칠 것이기 때문이다. (…) 반복은 앞으로 발견될 새로운 범주이다!

몇몇 수수께끼 같은 구절로 반복에 대한 자신의 이론을 개괄한 후에, 콘스탄티우스는 베를린으로 돌아가서 그 이론을 시험해 보기로 결정한다. 베를린은 그가 전에 한 번 방문한 적이 있었던 곳이다. 다른 유복한 덴마크인들이 유명 관광지를 돌아보거나 기차를 타보기 위하여, 혹은 런던에서라면 템스강의 지하도로[21]를 마차로 달려 보기 위하여 외국 여행을 떠나는 반면, 콘스탄티우스는 사람들을 관찰하고 철학하기 위한 것을 제외하고는 그 어떤 특별한 목적 없이 여행하는 것을 좋아한다. 그의 "탐구 여행"은 "반복의 가능성과 의미"[22]에 대한 실험이 될 것이다.

베를린에 와서 콘스탄티우스는 젠다르멘마르크트에 있는 자신의 이전 숙소로 돌아가는데, 이는 "반복이 가능한지 여부"를 알기 위함이다. 그는 이 장소에 얽힌 좋은 추억들을 간직하고 있다.

> 젠다르멘마르크트는 확실히 베를린에서 가장 아름다운 광장이다. 극장 다스 샤우스필하우스와 두 곳의 교회가 특히 장관인데, 창가에 서서 달빛에 비친 모습을 볼 때는 더더욱 그렇다. 이런 것들에 대한 회상이 내가 여행한 중요한 이유였다. 가스등 불빛으로 환한 건물에서 계단을 따라

이층으로 올라가 작은 문 하나를 열고 입구에 선다. 왼쪽으로는 작은 방으로 나 있는 유리문이 하나 있다. 정면 바로 앞으로는 작은 방이 있다. 그 너머에는 똑같이 생긴 방이 둘 있는데, 비치된 가구도 같은 것이어서 누가 보면 꼭 방 하나가 거울에 비친 것처럼 생각될 정도이다. 내실의 등은 우아하게 빛나고 있다. 나뭇가지 모양의 촛대 하나가 책상에 서 있다. 우아하게 디자인된 안락의자 하나가 붉은색의 비단으로 덮인 채 책상 앞에 놓여 있다. 첫 번째 방은 불이 꺼져 있다. 여기에서 창백한 달빛이 내실에서 흘러나온 밝은 빛과 뒤섞인다. 창가에 의자를 놓고 앉아 드넓은 광장을 내다보고, 담을 따라 바삐 오가는 행인들의 그림자를 바라본다. 모든 것이 무대 배경으로 바뀐다. 꿈속의 세상이 영혼의 배경에 어렴풋이 나타난다. 급하게 소매 없는 외투를 걸쳐 입고 이리저리 살펴보며 온갖 소리에 신경을 쓰면서, 담을 따라 조심조심 남몰래 가보고 싶은 생각이 든다. 그러나 그렇게 하지는 않고 그저 다시 젊어진 자신이 그렇게 하는 것을 상상할 뿐이다. 시가를 한 대 핀 다음, 내실로 다시 가서 작업을 시작한다. 자정이 넘었다. 촛불들을 모두 끄고 작은 취침용 촛불 하나를 켠다. 이제 그 힘을 거의 잃은 채 달빛은 마지막까지 온 세상을 비춘다. 외로운 그림자 하나 더욱 검게 드러난다. 쓸쓸한 발걸음이 느릿느릿 사라져간다. 구름 한 점 없는 둥그런 하늘은 마치 세상의 종말이 이미 닥쳐왔는데도 전혀 흐트러지지 않

> 은 채 오로지 자신에게만 몰두해 있는 것처럼 슬프고도 시름에 겨운 모습을 하고 있다. 다시 한 번 복도로 나간 후 저 작은 방으로 들어가서—만일 잠들 수 있는 행운이 있다면—잠들기 위해 자리에 눕는다.[23]

그러나 현실은 세상에 대한 한적한 전망이 있는 그의 베를린 숙소—일부는 극장이고, 일부는 플라톤의 동굴이고, 일부는 저술하기 위한 은둔처인—에 대한 콘스탄티우스의 꿈속의 회상과는 어울리지 않는다. 그의 첫 번째 방문 때와 달리, 숙소 주인은 결혼했으며, 그래서 오직 방 하나만 임대할 수 있을 뿐이다. 이보다 더 큰 실망이 곧바로 이어진다. 콘스탄티우스는 쾨니히스슈태터 극장(왕립베를린극장)에 가서 지난번 방문 때 즐겁게 보았던 예전과 동일한 레퍼토리의 소극을 똑같은 배우들이 연기하는 것을 관람한다. 그는 정숙한 분위기의 극장에서 특등실에 혼자 앉아 웃느라고 정신없었던 것을 기억한다. 그러나 이 두 번째 관람에서는 극장은 혼잡한데다 특등실은 모두 예약되어 있어서 잡지도 못한 탓에 마음 편히 있을 수가 없으니 연극도 전혀 즐겁지가 않다. 30분쯤 지나 결국 포기하고 극장을 나온다. 방으로 돌아오는 통로에서는 붉은 비단으로 덮인 의자의 화려함이 비좁은 숙소를 조롱하는 것만 같다. 조명도 모두 다르다. 그는 그날 밤 거의 잠을 이루지 못한다.

다음 날 아침, 작업을 하기 위해 애를 쓰지만 과거에 대한 상념들이 철학적 사유를 방해한다.

> 내 마음은 황폐해졌고, 내 상처 입은 상상력은 지난번에 생각들이 저절로 떠올랐던 것에 대한 기대만발의 매력적인 회상을 줄기차게 생각해 냈으며, 또 이러한 회상들이 뻗어나가서 생각들을 처음부터 질식시켰다. 나는 시인의 가르침에 따라 "순수하고 뜨겁고 강렬하고 제대로 이용될" 때는 시인이 비유하듯이 우정과 언제나 동행할 수 있는 음료를 즐기기 위해 지난번 방문 동안 매일 들렀던 카페로 나갔다. 어쨌건 나는 커피 애호가이다. 아마 커피는 지난번과 같았을 것이다. 그러나 예상하겠지만 내 마음에 든 것은 아니었다. 카페 창으로 들어오는 햇빛은 뜨겁게 타올랐다. 실내는 스튜 냄비 속에 들어앉은 것처럼 눅눅했으며 사실상 끓는 것 같았다.[24]

자신의 회상을 되살리려는 그의 모든 시도가 좌절된 채, 콘스탄티우스는 "반복에 진저리를 치게" 된다. "내가 발견한 것은 아무 의미도 없었지만 흥미로운 것이었다. 왜냐하면 나는 과거에도 단도직입적으로 반복 같은 건 존재하지 않는다는 것을 깨달은 바가 있었고, 또 그것을 온갖 가능한 방법으로 되풀이해 봄으로써 그 깨달음을 확인까지 했었기 때문이다"라고 그는 기록하고 있다.

한편 콘스탄티우스의 친구는 전혀 다른 종류의 회상에 사로잡혀 있다. 이 젊은이는 "풍채가 당당하고 커다란 두 눈은 강렬하며 또 무례한 기색까지 있는 것이"[25] 콘스탄티우스의 흥미를 끄는데, "깊이 그리고 열렬하게 그리고 아름답게 게다가 겸손하게 사랑에 빠져" 있다. 그러나 그는 우수에 젖어 있다. 정혼녀에 대한 그의 사랑은 곧장 갈망으로, 심지어 슬픔으로까지 변해 버렸으며, 그래서 그는 "자신의 사랑을 회상하기" 시작한 지 오래다. 그녀를 불변의 관념으로 전환시켜 버린 탓에, 이 관념을 자신의 의지에 따라 소환할 수도 있고 또 슬퍼할 수도 있지만, 그는 더 이상 살아 있는 사람으로서의 그녀와는 관계하지 않는다. 콘스탄티우스는 그의 친구가 비록 본인 자신은 아직 이 사실을 모르고 있지만 "본질적으로는 모든 관계가 끝장 났다"고 말하고 있다. "그가 불행의 길로 들어서리라는 것은 명백했다. 또 그녀가 불행하게 되리라는 것 역시 못지않게 명백했는데, 그렇다고 구체적으로 어떤 과정을 거쳐서 그렇게 될지는 그때 당장은 알 수 없었다. (…) 그 어떤 것도 그를 우울한 갈망에서 벗어나게 할 수 없었는데 이 갈망 때문에 그는 연인에게 더 가까이 가기는커녕 오히려 그녀를 포기하게 되었다. 그의 잘못은 정정할 수가 없었으며 그의 잘못은 바로 여기에 있었다. 그가 사랑의 출발점에 서 있는 대신에 그 종착점에 서 있었다는 그 사실에 말이다."[26]

그 젊은이는 자신과 연인 사이에 "어떤 오해"가 있었다는 것을 차츰 의식하며, 또 그녀가 "그에게 거의 짐이" 되다시

피 함에 따라 콘스탄티우스는 친구에게서 "놀라운 변화"를 목격한다. "시적 창의성이 그의 내면에서 깨어났는데 내가 한번도 가능할 거라고 생각하지 못했던 정도였다. 이제 나는 상황 전체를 쉽게 파악했다. 그 젊은 여성은 그의 연인이 아니었다. 그녀는 그 안에서 시적인 것을 일깨워서 그가 시인이 되게 한 하나의 계기였다. 그것이 바로 그가 오직 그녀만을 사랑할 수 있었던, 결코 잊을 수 없었던, 결코 다른 여성을 사랑하려고 하지 않았던, 그리고 그러면서도 줄기차게 그녀를 연모하기만 할 수 있었던 이유였다. 그녀는 그의 전 존재 속으로 끌려들어갔다. 그녀에 대한 기억은 영원히 살아 있었다. 그녀는 그에게 너무나 많은 의미를 지니고 있었다. 그녀는 그를 시인으로 변모시켰다. 그리고 그렇게 함으로써 그녀는 그녀 자신의 사형 선고에 서명해 버린 것이다."[27]

이것을 읽으면, 레기네는 키르케고르의 행위에 대한 새로운 설명을 발견할 것이다. 『이것이냐 저것이냐』가 그가 그녀를 무정하게 이용한 거라는 기만을 영속케 했다면, 『반복』은 그가 오로지 그녀만을 사랑했다는, 그러나 그가 여성을 사랑할 수 있는 방식으로만 그러했다는 것을 암시했다. 이 책은 또한 그가 이전에 써먹었던 속임수 책략을 드러냈다. "그대를 경멸당해 마땅한 사람으로 탈바꿈하라"[28]라고 콘스탄티우스는 그의 친구에게 조언한다. 이것이 그의 약혼자를 "승리자"가 되게 해줄 것인데, 왜냐하면 그럴 때 "그녀는 절대적으로 옳고 또 그대는 절대적으로 잘못한 자이니 말이다."

레기네를 향한 키르케고르의 원한과 분노는 이러한 자기 희생의 생각 속에서 얼핏 나타났다. "내가 점차 그 젊은이의 연인을 편견에 사로잡힌 눈으로 보게 되었다는 사실, 그녀가 그 어떤 것도 주목하지 않는다는 사실, 그의 고통에 대해서 그리고 그 고통의 이유에 대해서 아무런 낌새도 채지 못했다는 사실, 설령 그런 것에 대해 어렴풋하게라도 짐작했더라도 그녀는 아무것도 하지 않았을 거라는 사실, 그에게 필요한 그리고 그녀만이 그에게 줄 수 있는 단 한 가지의 것, 즉 그의 자유를 줌으로써 그를 구하려는 아무런 노력도 하지 않았을 거라는 사실을 나는 부정할 수 없다"라고 콘스탄티우스는 인정한다. 그는 여성의 사랑은 희생적이어야 한다고, 여성은 모름지기 "그녀가 자신의 연인을 포기하지 않고 오히려 끝까지 그를 고수함으로써 사랑의 충실성을 입증한다"고 상상하기에 충분한 "자부심"을 가지고 있을 때 용감해진다고 믿는다. 그런 여성은 "삶에서 매우 용이한 과업을 가지고 있는데, 이 과업 덕분에 그녀는 신실하다는 평판과 자각뿐만 아니라 가장 훌륭한 사랑의 정수까지도 함께 향유할 수 있는 것이다. (…) 하나님은 그런 충실성으로부터 남자를 지켜 주신다!"라고 그는 주장한다. 그리고 어쨌건 콘스탄티우스는 이 여성이 유독 더 특별하다고는 생각하지 않았다. 그는 자신의 친구에게 그녀가 그런 의미를 지니고 있다는 사실에 아연했는데, "왜냐하면 정말로 마음을 뒤흔들고 황홀하고 창의적인 것에 대한 아무런 흔적도 없었기 때문이다. 그에게 그것은 우수에 젖은 사람에게 으레 존재하는 경우나 같았다. 그런 사람들은 스스로를 옭아맨다. 그는 그녀를 이상화했으며, 또 이제 그는 그녀가 실제로 그랬다고 믿고 있다. (…) 그를 옭아매는 것은 결코 그녀의 사랑스러움이 아니라 그녀의 삶을 엉망으로 만들어 놓음으로써 그녀를 망쳐 버렸다는 후회였다."[29]

『반복』의 이 부분은 1843년 5월 17일 베를린에서 작성된 일지를 그대로 옮긴 것 같았는데, 여기에서는 관념적 사랑과 낭만적 후회가 레기네의 "자존심"과 "오만"에 대한 분노 혹은 자기합리화하는 불만과 다툼을 벌이고 있었다. 파경 기간 동안 그리고 그 이후로, 키르케고르는 악역을 자임하여 무관심과 잔인함을 가장하고, 또 자신의 평판을 희생하여 그녀로 하여금 그를 잃는 것을 차라리 다행이라고 생각하게 만듦으로써 영웅 행세를 하려고 했다. 그는 이런 역할에 뒤늦게 분노했으며, 레기네가 자신을 조금 덜 고통스럽게 하지 않은 것에 대하여, 자기가 그처럼 죄책감이 들고 그렇게 죄가 있는 것처럼 보이게 만든 것에 대하여 화가 났다. 늘 그렇듯이, 그가 타인들에게 연민을 느끼게 하는 감수성이 또한 그의 모욕감을 되새겼다. 방어심리가 그의 아량을 억눌렀으며, 그래서 그는 모질게 반발했다. "인간적으로 말해서 나는 그녀에게 할 도리는 다 했다"[30]라고 그는 단언했다. "기사도적 의미에서 나는 그녀가 나를 사랑한 것보다 훨씬 더 훌륭하게 그녀를 사랑했는데, 왜냐하면 만일 내가 그렇지 않았더라면 그녀는 나에게 자존심을 드러내지도 또 나중에 나에게 비명을 질러서 나를 오싹하게 만들지도 못했을 것이기 때문이다. (…) 나는 그녀가 내 고통을 짐작도 못하게 함으로써 그녀에게 더 이상 어떻게 할 수 없을 정도로 더할 나위 없이 고결하게 처신했던 것이다."라고 그는 항변했다.

콘스탄티우스가 레기네의 허구적 버전을 비판하는 반면, 『반복』의 젊은 영웅은 그녀를 보낼 수가 없다. 키르케고르의 내면에 있는 갈등과 혼란은 이 두 작중인물 간의 양면적 관계 속에서 굴절되었다. 콘스탄티우스는 그의 친구가 "다른 우울증 환자들처럼 상당히 과민하며, 그렇지만 이런 과민성 때문이라기보다는 오히려 그것에도 불구하고 지속적인 자기모순의 상태에 빠져 있다"[31]라고 생각한다. "그는 내가 자신의 막역지우이기를 바라지만, 그러면서도 또한 그것을 원하지 않는다." 젊은이는 그의 상황에 대한 콘스탄티우스의 냉정하고 무관심한 태도에 섬뜩함을 느낀다. 그는 도회지를 떠나서 콘스탄티우스에게 편지를 쓴다. 그는 자신의 연인에 대한 회상에 빠져 있으며, 자신은 구약성서의 욥 일화를 읽은 적이 있는데, 욥은 하나님이 그에게서 모든 것을 빼앗았을 때 자신의 정의로움을 항변했다고 이야기한다. 또한 자신은 "인생에 염증을 느낀다"며, 약혼을 파기한 것에 대한 죄책감 때문에 괴롭지만, 겉으로 보이는 온갖 것에도 불구하고 자신은 옳다고 이야기한다.

"나는 내 한계의 극한에 서 있습니다"[32]라고 말하며 편지 한 통은 시작된다.

> 내 전 존재는 자기모순 속에서 비명을 지르고 있습니다. 어떻게 하다 내가 이토록 떳떳하지 못한 입장이 되었단 말입니까? 아니면 나는 결백한 것입니까? 내 모든 실존이 변화를 겪을 거라는 사실을, 내가 다른 사람이 될 거라는 사실을 예견할 수 있었을까요? 내 영혼에 은밀하게 숨겨진 뭔가가 갑자기 폭발적으로 터져 나오다니 도대체 이게 가능한 일인가요? 그러나 만일 그것이 비밀스럽게 숨겨져 있다면, 어떻게 그것을 미리 알 수 있단 말입니까? 만일 내가 그것을 예견할 수 없다면, 그렇다면 분명히 나는 결백합니다. 내가 불성실한 것입니까? 만일 그녀가 나를 계속 사랑하고 그래서 다른 사람을 결코 사랑하지 않는다고 한다면, 그녀는 확실히 내게 정절을 지키는 것일 겁니다. 만일 내가 여전히 그녀를 사랑하기를 원한다면, 그래도 내가 불성실한 것입니까? 어째서 그녀는 옳고 나는 틀리단 말입니까? 설령 전 세계가 들고 일어나서 나에게 반대한다고 하더라도, 설령 모든 철학자들이 나와 논쟁을 벌인다고 하더라도, 설령 그것이 생사의 문제라고 하더라도, 그래도 나는 여전히 떳떳합니다. 아무도 내게서 정당성을 앗아가지는 못할 것이며, 설령 내가 그것을 말할 수 있는 언어가 존재하지 않는다고 하더라도 말입니다. 나는 떳떳하게

처신했습니다. 내 사랑은 결혼으로는 표현될 수 없습니다. 만일 내가 그렇게 한다면, 그녀는 짓눌리고 말 겁니다. 아마도 그 가능성은 그녀에게 유혹적인 것으로 보였을 것입니다. 나는 그것을 막을 수 없습니다. 그것은 내게도 그러했으니까요.

고뇌에 찬 젊은이의 격정적인 편지를 읽으면서, 콘스탄티우스는 반복이 "종교적 운동"이라는 것을 이해한다. 그는 자신이 외적인 것들에서, 즉 극장, 커피숍, 집필용 책상과 비단으로 뒤덮인 의자 등에서 반복을 찾는 어리석음을 범했다는 것을 깨닫는데, 왜냐하면 진정한 반복은 인간이 자기 자신을 새롭게 갱신하는 내면의 영적 운동인 까닭이다. 욥이 반복을 획득했을 때 그는 자신이 잃은 모든 것을 다시, 심지어 과거보다 더 풍요롭게 회복했다. 아브라함이 반복을 획득했을 때 하나님은 이삭이라는 그의 은총을 새롭게 하셨으며, 그래서 그는 "두 번째로 아들을 얻었다." 콘스탄티우스는 또한 자신은 그러한 반복을 성취할 수 없다는 사실을 알고 있다. "나는 종교적 운동을 수행할 수 없거니와, 그것은 나의 본성에 반하는 것이다."

한편 젊은이는 그가 낭만적으로 올가미에 걸리게 되었을 때 상실한 자유를 다시 회복할 내면의 반복을 희망하고 있다. 아마도 그가 정당하다고 주장하는 것을 그만두고, 자신의 잘못에 대한 용서를 빈다면 그는 이 자유를 다시 얻을 수 있을 테지만, 이것은 그의 본성에 반하는 일로 보인다. 그 대신, 욥기에 영감을 얻어서, 그는 하나님의 기적을 바란다. "나로 하여금 좋은 남편이 되게 해주시고, 내 모든 인격을 남김없이 부수어서 나 자신에게도 전혀 알아볼 수 없게 나를 변화시켜 주옵소서."[33] 자비가 베풀어지기를 기다리면서, 그는 스스로 변화되려고, 자신의 사랑에 진실할 수 있는 사람이 되려고 애를 쓴다. "나는 자리에 앉아 나 자신을 끌어 앉고서, 측정 가능한 존재가 되게 하려고, 헤아릴 수 없는 온갖 것을 제거한다. 매일 아침 나는 내 영혼의 모든 조급함과 무한한 추구를 폐기한다. 그러나 그것은 도움이 되지 않는데, 왜냐하면 다음 날 아침이면 다시 제자리로 돌아와 있기 때문이다. 매일 아침 나는 바보 같은 나 자신을 수염 깍듯이 깨끗이 없앴다. 그러나 그것은 도움이 되지 않는데, 왜냐하면 다음 날 아침이면 내 수염은 다시 한 번 꼭 그만큼 길어져 있기 때문이다."

『반복』의 말미에서 이 약혼자는 욥만큼 자신도 정당하지만 반복이 불가능하다는 생각으로 인해 절망에 빠진다. 결국 개선에 실패하여 절망하고 해방되지 못한 탓에 절망해서, 그는 괴테의 낭만적 영웅 베르테르의 전례를 따른다. 베르테르는 이미 감수성이 예민한 많은 젊은이들을 부추겨서 자살하게 만들었다. 앞으로 나가는 길을 전혀 찾지 못하고 모든 희망은 사라진 채 키르케고르의 또 다른 자아는 권총을 집어 들어 머리에 발사한다.

1843년 5월 말에 베를린에서 기차에 올라탔을 때, 그는 휘갈겨 쓴 한 무더기의 아이디어들과 뒤엉켜 있는 음울한 감정들이, 그것들 중 몇몇은 세대를 거쳐 오랫동안 내려온 것이었지만, 이 짤막한 원고에 얼마나 응축되어 있는지를 거의 알지 못했다. 그것은 거의 식별이 불가능했다. 그것의 생소함과 모호함은 아마도 철학과 경험을 한데 결합시키려는, 그 자신의 삶을 형성시키는 동시에 부숴버리는 물음들의 보편적 의의를 이끌어 내려는 그의 노력의 불가피한 결과였을 것이다.

그는 과연 어떻게 자신의 사랑에 지속적으로 충실성을 지켜갈 수 있는가 하는 문제를 해결한 것일까? 그는 상기는 오직 유리 너머의 전시처럼 그것을 진열함으로써만, 아니면 유골함에 보관된 한 타래의 머리카락처럼 보존함으로써만, 그것의 생명을 부정하고 미래를 닫아 버리는 대가를 치르고써만 사랑을 유지한다는 것을 보여주었다. 그는 또한 철학적 사유가 진리를 붙잡아야 하는 하나의 이념으로 다루거니와, 마찬가지로 인간 실존을 이해해야 하는 대목에서 빈약하기 짝이 없다는 것도 시사했다. 그리고 그는 인간이 순간순간마다 삶의 모든 미세한 변화와 중요한 격변을 거치면서 스스로에게 진실한 존재가 되고자 한다면, 이런 종류의 이론적 진리는 종교적 운동에—"선하고 완벽한 은총"을 간절히 받고자 하는 이에게 하늘로부터 반복적으로 주어지는 그런 은총에—길을 내어 줄 필요가 있다는 점도 암시했다.

그때쯤 자신에게 진실한 존재가 되고자 하는 그의 노력은 그 어떤 세속적인 의미에서도 레기네에게 진실되고자 하는 이상을 넘어선 지 오래였다. 그해 그는 일지에 『크라튈로스』에 나오는 소크라테스의 "아주 훌륭한" 언급, 즉 "스스로에게 기만당하는 것이 가장 나쁜 일인데, 왜냐하면 기만자가 절대로 심지어 단 한 순간도 사라지지 않고 언제나 같이 있는데 어떻게 끔찍하지 않겠는가?"라는 언급을 적어놓았다.[34] 물론 자신에게 정직하다는 것이 꼭 편안한 것만은 아니었다. 이러한 불합리한 에고를 어깨에 짊어지고 허약한 거인처럼 허리가 구부정한 채, 도처에서 그 자신의 잘못과 마주치며 여전히 자신을 사랑한 젊은 여인을 향한 깊은 원한으로 지면을 채우면서, 그가 도달한 결론은 "중요한 것은 우리가 하나님에게 추호도 거짓됨이 없다는 것, 그 어떤 것으로부터도 도망치려고 하지 말고 오히려 그 자신이 해명할 수 있을 때까지 밀어붙인다는 것이다. 이것이 우리가 그렇게 되기를 원하는 것이건 혹은 그렇지 않은 것이건 간에, 그것이 그래도 최선이다."[35]

* * *

이제 1848년 가을, 그의 새로운 아파트에서 그는 아직도 "밀어붙이고 있으며" 여전히 레기네와의 사이에서 일어난 일에 대한, 그의 저술에 대한, 지금 변화된 그의 정체성에 대한 "해명"을 찾아 헤매고 있다. 그는 자신의 영혼을 하나님에게 간헐적으로 이렇게—집에서 정적에 싸인 시간에, 고독한 가운데—드러낼 수 있을 따름이다. 고대의 영적 교사들은 "기도하는 것이 호흡하는 것이다"라고 가르쳤으며, 또 그렇기 때문에 왜 기도해야 하는지를 묻는 것은 아무런 의미가 없다. "왜냐하면 나는 기도하지 않으면 죽을 것이기 때문이다. 기도하는 것이란 그런 것이다. 마찬가지로 숨쉬기를 통해서 나는 세상을 바꾸려고 하는 게 아니라, 단지 내 생명력을 갱신하고 또 **새로워지려고** 하는 것일 뿐이다. 그것이 하나님과의 관계 안에서 기도하는 이유이다."[36] 그는 대부분의 시간을 또 다른 방식으로 "해명"을 구하는 데 쓰고 있다. 일지에서 그렇게 하듯이, 이제는 『저술가로서의 나의 저술활동에 대한 관점』에서 그렇게 하고 있다. 그러나 그가 애지중지하는 펜을 손에 쥐고 있을 때, 독자에 대한 온갖 생각이—그 독자가 레기네이건, 뮌스테르 감독이건, 마르텐센 교수이건, 아니면 저 먼 미래의, 그가 세상 떠나고 한참 지난 후의, 누구인지도 모를 미지의 독자이건 간에—그 자신과 하나님 사이에 여러 겹의 반성을 개입시킨다. 곤충 날개들처럼 재빠르고도 섬세하며 식별도 거의 불가능해서 이렇게 팔랑거리는 생각들이 오만 가지 방향으로 그의 시선을 잡아끈다. 그러면 그의 영혼은 미풍이 부는 바다처럼 혹은 안개에 싸인 밤하늘처럼 그 투명성을 잃는다. 이 모든 그의 생각들, 모든 일지들은 "내게는 너무나 장황하고, 그러면서도 그것들은 내가 나의 내면의 자기에 갖다 놓는 모든 것을 다 처리하지도 못하지만, 그러나 나의 내면에서는 나를 하나님 면전에서보다 훨씬 더 잘 이해하는데, 왜냐하면 거기에서는 모든 것을 한데 모을 수 있고, 그러면서도 결국에는 모든 것을 하나님에게로 내맡김으로써 나 자신을 가장 잘 이해할 수 있는 까닭이다."[37]

11. 어떻게 해야 불안할 수 있는가

"나는 아직도 너무나 지쳐 있지만, 거의 내 목표에 도달해 있다"[1]고 그는 1848년 11월에 『저술가로서의 나의 저술활동에 대한 관점』을 마무리 지으면서 일지에 쓰고 있다. "요즈음 나는 오로지 글 쓰는 데만 전념해 왔다. 내 정신과 영혼은 충분히 강건하고, 유감스럽게도 내 육신에 비해서 너무나 지나치게 건강하다. 어떤 의미에서 내가 이렇게 빈약한 건강 상태를 견딜 수 있도록 도움이 되는 것은 바로 나의 정신과 영혼이다. 또 다른 의미에서 나의 육신을 압도하는 것 역시 나의 정신과 영혼이다." 그의 생각들이 어찌나 넘쳐흐르는지 그는 밤낮을 가리지 않은 채 쉬지 않고 글을 쓸 수 있을 정도였다. 물론 그가 실제로 이렇게 한다면 얼마 못 가서 쓰러지고 말 테지만 말이다. "저술가가 된 다음에 나는 실제로 남들이 한탄하는 대상, 곧 생각이 부족하다든가, 아니면 그 생각들이 모습을 나타내지 않으려 한다는 것 등을 결코 한 번도 경험한 적이 없다. 만일 그런 일이 내게 일어난다면, 나는 아마도 십중팔구 마침내 하루 휴가를 얻었다고 좋아할 것이다."[2]

그는 『저술가로서의 나의 저술활동에 대한 관점』을 "나의 저술활동에서의 섭리의 부분"에 관한 장으로 끝맺고 있다. 거기에서 그는 자신이 글을 쓰기 위하여 얼마나 "하나님의 도우심을 날이 갈수록, 해가 갈수록 지속적으로 필요로 했는지" 서술하고 있다. 저술 작업을 시작할 때 그는 초조감과 불안한 열정, 자신의 영혼에서 "시인의 조바심"을 느낀다. 그는 펜을 집어 들지만 쉽게 움직일 수는 없다. 그때 그는 스스로에게, 마치 선생이 학생에게 숙제를 하라고 이야기하는 것처럼, 말을 거는 목소리가 들리는 것 같은 느낌이 든다. "그때 나는 절대적으로 침착해진다. 더디게 움직이는 펜으로 아주 꼼꼼하게 온갖 편지를 쓸 시간이다. 그럴 때 나는 그 일을 할 수 있고, 감히 다른 무엇을 하지 못하며, 단어 하나하나를 쓸 때 다음 단어와 다음 문장을 거의 의식하지 못한다. 그런 뒤에 나는 결과물을 나중에 꼼꼼히 읽어보고, 그것에서 전적으로 상이한 만족감을 얻는다. 설령 어떤 번쩍하고 떠오르는 표현들을 혹 놓치더라도, 그때까지 창작해 온 것은 그것과는 무관한 다른 무엇이다. 그것은 시인의 열정이 깃든 작업이나 사상가의 정열이 들어간 작업이 아니라 하나님에게 바치는 헌신이며, 또 내게는 거룩한 예배이다."[3]

저술활동에 대한 이러한 설명을 통해서 키르케고르는 세상과 반항적으로 떨어져 단호하게 자신을 정립하고, 세속적인 성공에 대한 경멸을 드러내고 있다. 그는 "세상은, 악은 아니라고 하더라도, 좋지도 나쁘지도 않다"[4]고 믿게 되었다. 그럼에도 불구하고 이 세상의 유혹은 강력하고, 작가로서 그는 "비진리" 속으로 타락하지 않으려고 발버둥치지 않으면 안 되었다. "늘 그렇듯이 나에게 돈, 명예, 존경, 인정 등을 보장해 주었다는 비진리, 내가 말해야 했던 것이 '시대의 요구'였다는, 그 말이 높이 존경받는 사람들의 자비로운 판단에 굴복했다는, 게다가 그것이 성공한 것은 동시대인들의 인정과 지지와 갈채 덕분이었다는 비진리"를 벗어나야 했다. 아니다, 그는 자신의 전 생애가 그에게 의심의 여지없이 확실한 것으로 만들어 주는 진리, 즉 "신이라는 존재가 있다는 것"을 표현하는 데 자신의 노력을 쏟았다. 그는 모든 단독자 각각에게 속하는 "이러한 **인간다움**"을 철학적으로, 영적으로, 종교적으로 탐구함으로써 "인간으로 존재한다는 것이 의미하는 바"를 이해하려고 애를 써왔다. 그렇지만 이처럼 외롭고 좁은 길은 도시의 중앙을 뚫고 나갔으며, 그를 대중의 시야에 철저하게 노출시켰다.

레기네와 결별한 후 그는 은퇴하려고 했다. 만일 그가 세상의 끝에 서 있는 낯설고 외로운 인물이 될 운명이었다면, 어쩌면 남들 몰래 지평선 너머로 슬며시 넘어가 시야에서 사라지는 것이 더 나았을 것이다. 그는 예수도 사막으로 들어가고 싶었으며 은둔자가 되고 싶은 유혹을 받았다고 상상하면서, 자기도 그처럼 시골 외딴 곳으로 물러나고 싶은 유혹을 지속적으로 느끼고 있다. "내 계획은 『이것이냐 저것이냐』를 출판하는 즉시 시골 교구에서 목회자를 구하는 곳을 찾는 것과 내가 지은 죄를 애통해 하는 것이다. 나는 내 창작 능력을 억누를 수가 없었으며, 그것에 몰두했다. 자연히 그것은 종교적인 것으로 옮겨갔다."[5]

레기네를 떠난 후 이 7년의 기간 동안 코펜하겐에 남아 있는 것, 그리고 저술가가 됨으로써 덴마크 기독교계의 심장부에서 기독교 선교사로 일하는 것은 그가 스스로에게 부과한 "벌"이었다. 자신의 잘못 때문에 윤리적 영역 바깥으로 내던져진 후, 그는 세상을 괴로움과 희생의 장소로 보게 되었다. 그리고 그는 이 세상에 살면서 대중의 시야에 노출되기로 마음을 굳혔다. 그의 마음은 자꾸만 은퇴 생각으로 돌아가곤 했어도, 끝에서는 늘 이러한 결단을 새롭게 하고서 계속 코펜하겐에 머물러 있었다. "나는 내가 해야 할 일이, 실질적으로 무거운 짐이 되는, 인간적으로 말하자면 모든 것을 희생하고서도 아무런 대가도 따르지 않는 노동이 되는 그런 방식으로 진리에 봉사함으로써 참회를 하는 것이라는 사실을 이해했다."[6] 그는 하나님은 사람들이 자신들을 벌하는 것을 원치 않는다는 것, 또 그런 것에는 아무런 장점도 없다는 것을 알고 있다. 그러나 그는 달리 어찌 할 수 없을 것 같은 참회에 대한 "맹렬한 욕구"를 느껴왔으며,[7] 그렇게 하면 용서받을 거라고 희망한다. 그 모든 어려움에도 불구하고 이 길에는 기쁨도 찾아볼 수 있다. 이 길을 가는 것은 그의 가장 심원한 자기―오로지 하나님에게만 보이고 또 알려지는 자기—에 대해 정직하고, 신실하며, 순종하는 유일한 방법으로 여겨진다. 이제 이러한 광포한 해가 끝나가면서, 그는 "이것이 내가 기독교에 봉사하는 길이다. 내 모든 비참함 가운데서도 하나님께서 나를 위해 행하신, 내 예상을 훨씬 뛰어넘는, 형언할 수 없는 선을 생각만 해도 행복하다"[8] 라고 철석같이 생각하고 있다.

이 말들은 그가 5년 전에 『공포와 전율』에서 아브라함에 관해 쓴 것과 비슷하다. 아브라함은 하나님으로부터 그의 예상과는 전혀 반대되는 엄청난 은총을 받았지만, 그에게 모든 것을 포기할 것을 요구하는 가장 혹독한 시련을 감당한 후에야 비로소—이 세상에서 아버지로서, 남편으로서 그리고 가장으로서 자신의 위치를 다시 회복한—"신앙의 기사"가 되었다. 그래서 키르케고르는 이러한 종교적 운동을 수도원으로 은둔하거나, 아니면 이 세상에서 평화를 얻으리라고 전혀 기대하지 않으면서도 여기에 남아 있는, 누군가의 단순한 "체념"과 비교해 보았다. 그는 아브라함의 신앙은 자신으로서는 도저히 닿을 수 없는 것이라고 느꼈다. 그러나 복음도 가르치고 있듯이 하나님에게는 모든 게 가능하다고 할 때, 그는 하나님께서 자신에게 성취와 평화를 허락하실 수 있다는 것을 믿어야만 했다. 사실상 그때 이후로 몇 년 동안 그의 일상생활은 은퇴—수도원이나 변두리 교구가 아니라, 독서와 기도에 전념하는 고요한 시간들과 셸란섬 북부의 삼림 지역에서의 평화로운 시간들로의 은퇴—와 세상으로 동화됨 사이에서 갈피를 못 잡고 요동치고 있었다.

* * *

『공포와 전율』의 집필을 끝낸 직후인 1843년 여름, 그는 레기네가 슐레겔(Johan Frederik Schlegel)이라는 정부 관리와 약혼했다는 소식을 들었다. 슐레겔은 과거 그녀의 음악 강사이자, 그녀가 태어난 이후로 그녀를 사모해 왔던 사람이었다. "나는 그녀가 자신과 관련해 나에게 말해 주면서 즐거워했던 모든 중요한 것을 그대로 믿음으로써 그녀에 대한 나의 신뢰를 그녀에게 보여주었다"[9]라고 그는 일지에 통렬하게 적어놓으면서, "참 희한하구나! 한 여성이 자기 자신의 눈에 그렇게 대단해 보일 수 있다니. 그녀가 자신의 사랑을 주는 (아니 차라리 약혼해 주는) 명예를 내게 베풀다니! 그것이 또 나를 이렇게 뒤흔들어 놓다니!"라고 덧붙였다. 훗날 그는 이 구절을 짙은 색 잉크로 덮어 읽을 수 없게 만들었다. 그러나 그는 이보다 훨씬 뻔뻔스런 구절은 바꾸지 않고 놔두었는데, 거기에서 그는 레기네와의 우연한 조우를 상상했다. "유머감각을 지닌 한 개인이 한 여성을 만나는데, 그녀는 한때 만일 그가 자신을 떠나면 죽고 말 거라고 그에게 철석같이 장담했었다. 그가 이제 그녀를 만나보니 그녀는 약혼한 상태이구나."[10] 그는 "감사의 표시로" 그녀에게 동전 몇 개를 내어줌으로써 그녀를 "분노로 말문이 막히게" 만든다.

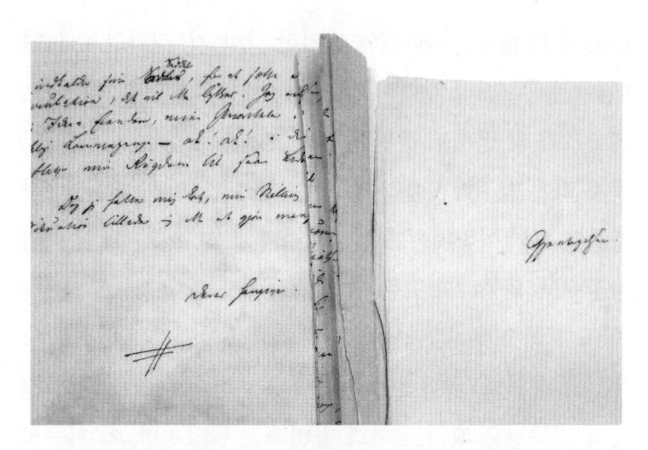

『반복』의 초고, 여기에서 키르케고르는 젊은이의 자살을 삭제했다

그는 『반복』의 초고를 끄집어내서 결말을 바꾸었다. 바람직한 남편이 되지 못한 까닭에 절망에 빠져서 스스로 목숨을 잃는 대신에, 이 작품의 젊은 영웅은 자신이 사랑하는 여인이 다른 누군가와 약혼했다는 사실을 알게 된다. 예상치 못한 이 소식 때문에 그는 정체성의 위기에서 벗어날 수 있으며, 또 자신에게 자유를 허락하신 하나님에게 고마워한다. 여기에, 마침내 그가 오랫동안 갈망해 온 "반복"이 존재한다. 다시 한 번 그의 미래가 그의 앞에 열려 있다. 그에게 인생에서 자신의 길을 선택할 수 있는 또 한 번의 기회가 주어진 것이다.

『반복』과 『공포와 전율』은, 키르케고르 자신의 명의로 쓰인 『세 편의 건덕적 강화』와 함께, 1843년 10월 같은 날에 물론 각기 다른 익명 아래에서 동시 출판되었다. 계속해서

1843년 12월에는 『네 편의 건덕적 강화』가, 그리고 1844년 3월에는 『두 편의 건덕적 강화』가 잇따라 출판되었다. 키르케고르가 첫 번째로 출판한 강화 모음집처럼, 여기에서 "단독자"라는 범주가 도입되었는바, 분량이 얼마 안 되는 이 작품들은 그의 아버지에게 헌정되었다. 그리고 레기네의 바뀐 상황에도 불구하고 그는 이 작품들에도 그녀를—그가 "나의 독자"라고 부른 "단독자"를—넌지시 언급하는 비슷한 서문들을 붙였다. 현실적인 관점에서 보건대 이제 그녀와 결혼할 가능성은 과거로 사라져 버리고 말았지만, 이 가능성은 그의 영혼에게는 여전히 현실로 남아 있었다. 그리고 그것은 계속해서 그의 자기 이해를 구체화했다. 저술가가 되는 것은 그녀를 떠나는 것과 불가분의 관계에 있었지만, 저술을 통해서 그는 그녀에 대한 자신의 영속적인 충실성을, 아마도 그 혼자만이 이해할 수 있는 의미로 표현했다.

이제 기반을 잡은 저자가 된 지금, 그는 저술작업에 푹 빠져 살았다. 그의 작업은 그의 낮과 밤에 리듬을 부여했다. 그는 뇌레가데의 아파트와 코펜하겐의 거리들을 오갔고, 창작 작업의 흥분과 신체적 기진맥진 사이를 오락가락했다. 그가 집에 있는 동안 어둡게 해놓은 그의 창은 햇빛을 차단하기 위해 항상 닫혀 있었다. 그가 외출했을 때 하인들은 창을 열고 공기를 신선하게 하고 난로에 불을 피운 다음 거실 온도를 정해진 대로 한 치의 오차도 없이 맞춰 놓았는데, 왜냐하면 그는 아버지가 그랬던 것처럼 가사에서 엄했으며, 또 귀가해서는 늘 온도를 점검하곤 했기 때문이다. 그는 숙달된 언어 전문가 레빈(Israel Levin)을 비서 겸 교정자로 고용했다. 레빈은 어떤 때는 거의 하루 종일을 그의 집에서 보내며 그의 원고를 교정하고 그의 작업을 도와주었는데, 이는 "엄청난 분량의 작업"이었다. 요즈음 이 둘은 함께 수프, 생선, 멜론 그리고 아주 좋은 스페인산 백포도주 셰리로 식사를 하고 후식으로 은주전자에 담긴 턱없이 비싼 커피를 마셨다. 키르케고르는 이 커피를 크림과 함께 거의 한 스푼 가까이 설탕을 넣어 마시곤 했다. 레빈은 "그는 매일 설탕이 녹는 것을 바라보는 것을 좋아했다"[11]라고 전하면서, "그러나 커피가 어찌나 강한지 저러다 죽지 않을까 싶을 정도였다"라고 말했다.

이러한 격렬한 작업으로 쌓인 피로는 거의 날마다 친구들과 함께하는 산책으로 풀었다. 성령교회 목사인 스팡(Peter Johannes Spang)이나, 키르케고르를 말할 수 없이 존경하면서 그를 "매우 친절하다고" 생각한 젊은 철학자 브뢰크너(Hans Brøchner)와 자주 산책했다. 그들은 코펜하겐 이곳저곳을 가고, 호숫가를 따라 걸으며, 성벽 위를 올라가 다니기도 했으며, 혹은 야외로 나가 프레데릭스베르(Frederiksberg)까지 가기도 했다. 그가 집에서 우정을 나누고 싶을 때는 보에센을 만찬에 초대했지만, 극소수의 다른 방문객도 받았다. 당분간 그는 소화를 촉진시키기 위해 승마를 하기도 했는데, 키르케고르는 "마상에서는 특별히 두각을 나타내지는 못했다."[12] 왜냐하면 그는 뻣뻣하게 앉아서 마치 성실하게 승마 교사의 지시를 머릿속으로 되새기기라도 하는 것처럼 보였기 때문이다. 간헐적으로 그는 아침에 마차를 임대해서 마부에게 가능한 한 빠른 속력으로 교외로 갈 것을 주문했는데, 거기에서는 숲속을 이곳저곳 산책한 다음 선술집에서 점심을 들면서 그곳 토박이들과 수다를 떨다가, 코펜하겐으로 서둘러 돌아와서 다시 "공기 목욕"으로 심신이 상쾌해진 상태에서 작업을 시작했다.

1844년 초에 그는 『불안의 개념』을 마무리 지으면서 『철학적 단편』을 시작하는 한편, 『서문들』이라는 제목의 익살스러운 작품을 기획하고, 게다가 또 다른 종교적 강화 모음집 초고를 작성하고 있었다. 그러면서도 그는 여전히 자신의 소명에 대한 확신이 없었으며, 저자로 존재하는 것과 관련해서도 애매한 상태였다. 자신의 책들이 어떻게 받아들여질 것인지에 대한 끝없는 걱정들로 휩싸이지 않은 채 그것들을 출판하는 것은 사실상 불가능한 것처럼 보였다. 그의 자존심은 그가 그렇게도 오랫동안 무관심해지려고 열망하던 존경, 성공, 위상 등에 대한 불안들로 성이 나서 신경이 곤두섰다. 그가 자신의 뛰어난 감수성을 심오한 것들에만 한정시킬 수 있다면 좋으련만! 그는 여전히 시골 교구로 은둔할 것을 생각하고 있었으며, 1844년 2월에 삼위일체교회에서 적격자 선발을 위한 설교를 행했는데, 바로 이 교회는 그가 유년시절에 뮌스테르 감독에게 견진성사를 받은 곳이었다. 이 설교에 의해 그는 덴마크 국교회에서 성직 임명을 위한 자격을 인정받았다. 설교의 주제는 바울로가 고린토인들에게 보낸 첫째 편지 제2장에서 따온 것이었는데, 이 구절은 『공포와 전율』의 표제에 영감을 주었던 바로 그 구절이었다. 바울로는 여기에서 설명하기를 기독교의 지혜는 "인간의 지혜"도 아니고, "이 시대의 지혜도, 이 시대의 지배자들의 지혜"도 아니며, "하나님의 지혜로서 은밀하고도 감춰져 있는" 것이라고 하였다. 거룩한 지혜와 세상의 잘못된 지혜에 대한 이러한 대조를 이끌어 냄으로써, 바울로는 하나님에게 봉사하는 것과 세속적인 것—존경, 성공, 사회적 위상 등—을 추구하는 것은 우리가 살아가야 하는 두 개의 전혀 다른 길, 즉 이것이냐 저것이냐라고 주장했다.

세상을 사람들을 하나님으로부터 벗어나게 하는 비진리와 파멸의 장소로 보는 이러한 신약성서적 세계관은, 지금은 다소 희미해졌을지 몰라도 수천 년 동안의 기독교 역사를 관통하면서 확연하게 울리고 있다. 1844년 동안 키르케고르가 읽은 종교적인 독서 목록에는, 루터파 신학자로서 그의 저술이 경건주의의 씨앗을 뿌리고 또 그 성장을 촉진시켰던 아른트(Johann Arndt)의 『진실한 기독교』도 포함되어 있었다. 아른트는 특히 아 켐피(à Kempi)의 『그리스도 닮기』와 타울러(Johannes Tauler)의 설교집 등을 포함하여 중세의 저서들에 대한 새로운 편집본들을 출판했다. 『진실한 기독교』는 거룩한 삶에 대한 그 자신의 지침으로서, 1605년부터

아른트와 그의 저서 『진실한 기독교』의 18세기판에 있는 삽화
이는 키르케고르가 소유한 것과 같은 종류이다. 여성이 단도를 들고 있는
위로 "나는 날마다 나를 죽인다"라는 모토가 있다

1740년 사이에 백 번도 더 넘게 중판되었다.[13] 자신들의 수도원 안에서 바울로의 신학을 스스로 연구하고, 삶에서 실천하고, 정성들여 다듬어놓았던 가톨릭 선조들의 신비주의적 통찰과 금욕적 수행에 영감을 받아서, 아른트는 프로테스탄트 기독교인들의 세대들에게 자기 부정을 실천하고 "속세를 버림"으로써 각자의 영혼을 정화할 것을 촉구했다.[14] 『진실한 기독교』에서 키르케고르는 세상을 향한 그 자신의 양면성을 심화시킨 영적 가르침을 발견했다. 그는 이 오래된 경건한 책에서 "기독교인은 진실로 이 세상에 있지만 이 세상에 속해 있는 것은 아니다"[15]라는 구절을 읽었다. "그는 정말로 이 세상에 살지만 이 세상을 사랑하지는 않는다. 이

세상의 화려함, 명예, 허영, 영광, 눈의 욕망, 육신의 정욕, 삶의 과시 등은 기독교인에게는 아무 쓸모없는 것, 그림자 같은 것으로, 그것들에는 아무 관심도 두지 않는다."

아른트, 혹은 그의 중세의 자료들은, 혹은 심지어 바울로 자신은, 키르케고르의 세계를 어떻게 생각했을 것인가? 그의 생전에 코펜하겐은 도시 생활의 특징들을 획득했는데,[16] 키르케고르가 언론에서 읽는 바에 따르면, 이런 특징들은 이미 프랑스와 영국의 대도시들, 즉 그가 소돔과 고모라에 비유하는 도시들을 변화시켜 놓았다. 19세기의 국제도시는 육체의 영원한 욕망을 만족시킬 뿐만 아니라 자신을 과시하고 타인의 삶의 관찰자가 되라는 새로운—뚜렷하게 근대적인—유혹을 제안하기도 한다. 코펜하겐은 더욱 끊임없이 자신의 이미지를 생산하는 기계처럼 되고 있다. 이 도시의 신문은 도시 생활의 하찮은 잡동사니를 제공하고, 도시의 온갖 구석에서 바삐 뒷담화의 조각들을 이리저리 이어 붙인다. 매번 발행될 때는 새롭고 매력적이지만, 며칠만 지나면 케케묵은 따분한 것이 되고 만다. 헤이베르의 덴마크식 희가극은 극장 관객들에게 자신들에 대한 풍자극을 즐기는 습관을 들였다. 외스터가데(Østergade)의 더없이 호화로운 가게들은, 하수도 배수로를 덮어 놓은 거리에서, 코펜하겐 시민들에게 쇼윈도 진열이라는 근대적 예술을 소개하고 있다. 유행의 첨단을 걷는 젊은 숙녀들의 옷차림새처럼, 이 가게들의 진열은 자주 바뀌어서 행인들의 관심을 끌고 있다. 외스터가데의 거리를 따라 "비단으로 된 온갖 종류의 어깨 망토와 여성용 작은 망토, 꽃과 깃털로 장식된 하얀 멋쟁이 모자들이"[17] 2륜 마차, 선원들 그리고 여점원들로 북적이는 가운데 오간다.

1844년에는 이러한 일상적인 풍경들에 훨씬 이국적인 것이 추가되었다. 파리와 런던의 유사한 시설을 본따 명명된 티볼리-복스홀(Tivoli-Vauxhall)이라는 놀이공원이다. 이 시설은 신문사 소유주 카르스텐센(Georg Carstensen)이 1843년 여름에 개장했는데, 수십만의 사람들이 1844년 첫 시즌 내내 하루도 빠짐없이 몰려들었다. 카르스텐센의 티볼리는 말하자면 세계 속의 세계여서, 전 지구적 문화를 시장의 형태로 도시의 거주자들에게 옮겨 놓았다. 방문객들은 동양 스타일의 저잣거리에서 장을 볼 수도 있고, (함부르크의 티볼리에서 온 그림을 보여주는) 파노라마, 디오라마, 불꽃놀이, 증기엔진으로 가동되는 회전목마, 은판 사진관, 그리스도 생애의 장면들을 보여주는 자동 밀랍인형 등 여가를 즐기는 최신 기술을 맛볼 수도 있으며, 요지경 상자, 무언극, 음악회처럼 훨씬 전통적인 여흥시설들을 함께 경험하고 놀랄 수도 있다. 여기에서 부르주아 가족들은 과거에는 귀족 젊은이들을 위해서만 예비되었던 여흥을 즐길 수 있다. 그들은 여행객도, 연극 관람객도, 레스토랑의 만찬자도 될 수 있다. 티볼리는 코펜하겐 시민들에게 세상의 새로운 모습만 제공하는 것이 아니라 그들 자신의 새로운 모습도 보여준다. 설령 그들이 은판 사진을 찍을 여유가 없더라도 말이다.

오랫동안 카르스텐센을 교양이 부족한 오락의 공급자라고 경멸해 왔던 헤이베르처럼, 키르케고르 역시 티볼리에서 제공되는 것들의 유혹을 경멸한다. 그러나 그는 자신의 도시에 만연하고 있는 구경꾼의 문화에 동참하기 위해 저 새로운 놀이공원을 방문할 필요가 없다. 스트로이에트의 최신식 카페에 앉아 있는 것은 가게 유리창에, 혹은 디오라마에 전시되는 것 같은 기분이다. 그리고 키르케고르처럼 자기의식이 강한 사람에게는 도심을 걷는 것이 언제나 일종의 공개적인 수행이다. 이제 『저술가로서의 나의 저술활동에 대한 관점』을 마무리지으면서, 그는 어떻게 자신이 저술활동의 초창기에 코펜하겐의 거리에서 게으름뱅이인 척했는지를 회상한다.[18] 그의 책들은 뭐랄까 어느 정도 이른바 눈요기하는 것처럼 저널을 대충 읽는 독자들의 시선을 붙잡기 위해 언론에서 광고되고 비평되어 왔다. 그리고 1834년에 『코펜하겐 플라잉 포스트』에 저술가로 데뷔한 이래 계속해서 그는 간헐적으로 신문 칼럼을 게재해 오고 있었다. 당대인 가운데 몇몇은 그를 "재능이 뛰어나고 많이 읽히는 신문 문예란 기고자에 불과"[19]하다고 생각한다. 심지어 일지를 쓸 때조차 그는 자신이 그 자신의 내면의 삶을 후대에게 공개하고 있다는 것을 안다. 따라서 그는 자신이 **어떻게** 보여야 하는가라는 문제에 매일 직면해 있음을 알게 되었다. 이 새로운 유행의 세계, 전면이 유리로 된 세계에서 그는 어떤 존재가 되어야 할 것인가? 그는 어떤 가면을 써야 할 것이며, 어떤 이미지를 연출해야 할 것인가? 그리고 타인들은 그를 어떤 이미지로 생각할 것인가?

아마도 이런 물음들은, 그의 극심한 반성적 성격 때문에, 『이것이냐 저것이냐』가 그를 지역의 유명인사로 만들었기 때문에, 그리고 아버지의 죽음 이후로 그의 선택이 눈에 띄게 환경에 얽매이지 않게 되었기 때문에, 특별히 키르케고르에게는 긴급하고 중대할 것이다. 그는 생계를 벌 필요가 없으며, 아들 노릇이나 남편 역할을 할 필요가 없고, 또 아버지가 될 필요도 없다. 그러나 도시 자체는 주민들에게 그런 물음을 던지는 것처럼 보인다. 그는 근대적 국제도시에서 사는 것은 그가 보편적으로 인간적인 것이라고 생각하는 불안의 경험을 심화시킨다는 사실을 발견하게 되었다. 아담 이래로 계속해서, 그가 믿기로는, 인간은 불안을 느껴 왔다. 그리고 지금, 도시의 온갖 거울들에 포착된 채, 그들의 불안은 스스로 그들 자신의 삶의 불편한 구경꾼이 됨에 따라서 배가되고 있다.

"그 어떤 위대한 재판관도 불안이 가지고 있는 것만큼의 그런 끔찍한 고문에 대비하고 있지 못하며", "또 그 어떤 비밀 요원도 용의자의 가장 취약한 순간에 그 용의자를 공격하거나 또는 그가 붙잡히게 될 함정을 매력적으로 만드는 법을 불안만큼 교활하게 알지 못하며, 또 분별력이 아무리 뛰어난 재판관이라 할지라도 피의자를 불안이 하는 것만큼 그렇게 심문하고 문초하는 법을 알지는 못하거니와, 불안은 피고를 도망치게 놔두는 법이 결코 없다. 놀고 있을 때도, 소음에 의해서도, 일하는 동안에도, 또 낮에도 밤에도 그 어떤 경우에도 말이다."[20]라고 1844년에 그는 『불안의 개념』에서 쓰고 있다.

『아이러니의 개념』처럼, 『불안의 개념』 역시 난해하고도 벅찬 학술 논문이었다. 이 책은 최근의 독일 철학, 특히 헤겔학파인 로젠크란츠(Karl Rosenkranz)의 철학적 심리학과 소크라테스의 숭배자이자 계몽사상의 비판자인 하만(Johann Georg Hamann)의 단편적인 저서들을 다루고 있었다. 그러나 키르케고르는 또 그 자신의 인생 체험을 이용하고 있는데, 이 체험을 그는 당대 철학자들과 신학자들에 의해 빈번하게 격찬을 받은 "과학적" 방법과 대비시켰다. "그리고 이것이 삶과 관련된 놀라운 일인바", "스스로에게 주목하는 사람은 모두 그 어떤 과학도 모르는 것을 아는데, 왜냐하면 그는 자기 자신이 누구인지를 알고 있기 때문이다"[21]라고 그는 쓰고 있다.

불안은 사람이 자신의 자유를 의식하게 될 때 그의 내면에서 피어오른다. 그래서 하만이 불안을 "신성한 우울증"이라고 부른 것이다. 그것은 동물들에게는 부재하는 영적 자각인데, 왜냐하면 동물들은 단순히 물질적 피조물이기 때문이다. 그러나 인간은 또한 천사도 아니다. 우리는 중력에 단단히 묶인 채 땅에 두 발을 딛고 현실에—필멸의 운명을 짊어진 우리의 육체에, 우리를 둘러싸고 있는 환경에, 우리의 삶의 사실들에—뿌리박혀 이 세상에서 살아간다. 그러면서도 우리는 가능성의 공기를 호흡하며, 또 중력의 힘은 우리가 가능성의 공기 속으로 발을 들어 올려 어떻게든 한 걸음 내딛지 못할 정도로 그렇게까지 강하지는 않다. 우리 모두는 저마다의 자유를 되찾기를 열망하고, 현실이 늪으로 변하게 되면 필사적으로 공기를 호흡하려고 헐떡거린다. 그런데 바로 이 똑같은 자유가, 우리가 그것을 경험하는 순간, 현기증을 일으키면서 그 가능성을 무한대로 증식시키며, 우리를 불안으로 채운다. 열려 있는 미래는, 죽음의 무와 마찬가지로, 미지의 심연이다. 흘긋 내려다보면서 떨어질까 두려워하며, 우리는 불안에 싸여 숨이 막힌 채 우리 자신을 흔들리지 않게 하려고 눈에 보이는 유한한 것을—재산, 돈, 음식, 술, 타인 등을—아무것이나 붙들고 늘어진다. 그렇게 우리는 이 세상에서 살면서 사물들을 붙잡으려고 애를 쓰는 것이다. 우리에게 유익한 것인지 아닌지, 혹은 그것들에게 좋은 것인지 아닌지는 무관심한 채 말이다. 그러나 우리는 오직 꽉 붙잡고 있는 것을 놓아 버린 후 추락할 때 벌어지는 사태를 겪음으로써만, 오직 그럴 때에만 불안해하는 것을 알 수 있을 뿐이다. "이것은 모든 인간이 반드시 거쳐야만 하는 모험이거니와, 우리는 불안해하는 법을 배워야 비로소, 결코 한 번도 불안에 싸인 적이 없는 탓에, 또는 불안 속에서 굴복해 버린 탓에 타락하게 되는 상황을 막을 수 있는 것이다. 왜냐하면 제대로 불안해하는 것을 온전히 배운 사람은 누구든 궁극적인 것을 배워 안 것이기 때문이다."[22]

키르케고르는 불안에 대한 이런 심리학적 분석을 원죄에 대한 기독교 교리와 연결시켰는데, 그럼으로써 물려받은 죄와 개인의 가능성을 거북하게 결합시키고 있다. 아우구스티누스는, 이 문제에 관한 한 당시에도 정설로 인정받고 있었거니와, 아담과 이브가 에덴동산에서 범죄한 이후에 그들의 죄를, 그리고 그에 따른 수난과 필멸의 운명을 생물학적으로 전 인류에게 유전하였다고 가르쳤다. 키르케고르는 이 설명에 이의를 제기한다. 그는 아담이 죄에 빠진 성서의 일화를 모든 인간의 삶을 통하여, 자유의 계기가 나타나는 모든 순간에, 거듭 반복해서 발생하는 타락을 극화하는 것으로 해석하고 있다. 그럼에도 불구하고 그는 인간은 타고나기를 불안한 존재이고, 이 세상에서는 결코 온전히 편하지 못하며, 오로지 하나님 안에서만 진정한 안식을 찾을 수 있다는 아우구스티누스의 견해에 동의한다. 아우구스티누스는 사람들이 하나님 이외의 어떤 다른 것에서—어떤 유한한 것, 관능적인 기분 전환, 덧없는 체험 등에서—구원이나 만족을 추구할 때 죄를 범한다고 생각했다. 비록 그의 언어는 더러 교화적인 부분이 있었으나, 아우구스티누스는 죄를 도덕적 잘못이라기보다는 영적인 방향감각 상실로 간주했다.

키르케고르는 『불안의 개념』에서 이런 생각을 전개했다. 물론 경건주의가 유년기부터 그 자신의 죄에 유의하라고 가르쳤지만, 대부분의 경건주의자들과는 달리, 그는 도덕적 순결함의 계발을 설교하지는 않는다. 그 대신 그는 정확한 판단 아래 자신의 불안과 용기 있게 맞서고, 또 그 불안이 자신을 휩쓸고 가도록 내버려두어서 그 모든 효력과 미묘함을 경험하려고 애쓰고 있다. 그는 불안을 저주일 뿐만 아니라 축복으로, 고통일 뿐만 아니라 특권으로, 영적 고귀함의 상징으로 생각하는 것이다. 어쨌든 예수도 죽음을 맞이하기 전에 겟세마네 동산에서 불안에 싸여서 기도했으며, 소크라테스는 독약에 의한 사망을 선고받은 뒤 마치 그 자신의 불안을 건배하기라도 하는 듯이 독약이 든 잔을 들어 올렸다. "더 깊이 불안에 빠져 있을수록 사람은 그만큼 더 위대하다."[23] 왜냐하면 불안은 "모든 유한한 목적들을 다 태워버리고 그것들이 얼마나 거짓된 것인지를 밝히기 때문이다." 인간이 "가능성의 불안을 겪을 때",[24] 이는 그 어떤 세상적인 발판도 찾지 못하는 실존에 대한 불확실한 공포인데, 왜냐하면 모든 발걸음마다 그 아래에서 무한한 무를 느끼기 때문이다. 그러나 그는 "불안을 전혀 느끼지 않는 법을 배우게" 될 터인데, "그것은 그가 삶의 무서운 것들을 피할 수 있기 때문이 아니라 이것들이 가능성의 그것들과 비교했을 때는 무력한 것이 되기 때문이다." 키르케고르는 그런 사람이 나는 이제 준비가 되었다라고 말하는 것을 상상했다. 마치 환자가 고통스러운 수술이 막 시작되려는 순간에 주치의에게 말하는 것처럼 말이다. "그때 불안은 그의 영혼 속으로 들어가서 온갖 것을 다 찾아내어 집요하게 모든 유한하고 사소한 것들을 온통 휘저어 놓는다."[25]

"우리는 분명 사람이나 유한한 것에 대해 불안에 빠져서는 안 된다"라고 그는 1844년에 단언했다. 그럼에도 불구하고 그는 자주 그런 일들로 괴로워했다. 냉대나 비판은 그의 마음속에서 며칠, 몇 주, 몇 달 동안 육신의 가시와도 같이 고통스럽게 자리 잡는다. 타인의 눈에는 무의미한 것으로 생각되는 사건들이 그의 자존심의 거울에는 엄청난 비율로 커지는 것이다. 매일 하루를 마감하는 시간에 속을 털어놓을 아내가 없는 탓에, 그는 자신의 상처와 분노를 일지에 쏟아 놓는다. 그러나 종이는 공감하면서 들어주는 사람보다 훨씬 공감도가 덜하며, 또 잉크는 사람보다 훨씬 완강하다. 일단 적어 놓으면 그의 걱정은 굳어진 채 반대로 그를 빤히 노려보고, 후렴처럼 딱 달라붙어서 그의 마음속에 계속 메아리쳐 울린다. 그의 가까운 친구들, 보에센과 브뢰크너 등은 이 사실을 이해하고 있다. "어떤 사소한 것을 생각하다가 그것을 세계사의 한 부분으로 전환시켜 놓는 경우가 키르케고르에게는 비일비재했다. 그의 현실 감각이 늘 그의 특출한 반성 능력과 보조가 맞는 것은 아니었으며, 또 그래서 그는 사실들을 기묘하게 변칙적인 차원으로 옮겨지거나 혹은 바뀌진 것으로 생각하게 되었다."[26]

1844년 초 키르케고르가 『불안의 개념』의 저술에 전념하고 있는 동안, 브뢰크너는 학생회에서 공연된 희극 〈기엔보에네〉(*Gjenboerne*)에서 키르크(Søren Kirk)라는 배역[27]을 연기했다. 극작가 호스트룹(Jens Christian Hostrup)의 창작 의도는 원래 누구를 인신공격하려는 것이 아니었다. 키르크는 『이것이냐 저것이냐』에 도취된 젊은 신학도였으며, 그래서 그는 그 책이 직접 풍자한 종류의 철학적 허식을 풍자했다. 그러나 키르케고르는 〈기엔보에네〉로 심히 고통받았다. 그러나 물론 브뢰크너와 호스트룹에게는 그것을 전혀 신경 쓰지 않는 척했다.

1844년 여름에 그는 세 권의 저서와 한 권의 새 강화집을 모두 끝낸 상태였다. 『불안의 개념』과 『철학적 단편』의 최종 원고를 준비하는 동안, 그는 이 두 권의 표지에서 자신의 본명을 삭제하고 각각 익명의 저자를 내세웠다.[28] 불안을 주제로 한 보고서를 위해서 그는 비길리우스 하우프니엔시스(Vigilius Haufniensis), "코펜하겐의 야경꾼", 즉 혼수상태에 빠진 영혼들의 도시에서 잠 못 이루며 신경이 곤두서 있는 가상의 인물을 선택했다. 그는 『철학적 단편』을 일련의 소책자 중 첫 번째 저서로 생각했었으나, 최종적으로 그것을 요하네스 클리마쿠스(Johannes Climacus)에 의한 독립적인 저서로 내놓았는데, 클리마쿠스는 그가 2년 전에 미완성인 채로 남겨 두었던 헤겔 철학에 대한 풍자에서 등장한 젊은 영웅이었다. 이 익명은 『이것이냐 저것이냐』의 빅터 에레미타(Victor Eremita)의 닮은꼴이었는데, 왜냐하면 클리마쿠스라는 원래 인물은 은둔자로 살기 위하여 시나이 소재의 자신의 수도원을 떠난 7세기경의 수도사였기 때문이다.

세 번째 저서는 『서문들』이었는데, 이는 코펜하겐의 문화계에 대한 풍자였다. 그 익명의 저자는 니콜라스 노타베네(Nicolas Notabene)였는데, 이 인물은 기혼자로서 그의 아내는 책을 쓰는 일을 일종의 불신앙 행위인 것으로 생각한다. "당신은 아침부터 저녁까지 생각의 고치 속에 들어앉아 있고," "저녁식사 시간에는 꼭 유령처럼 식탁에 앉아서 허공만 바라보고 있네요"[29]라고 노타베네 부인은 불평한다. 일종의 화해의 조치로, 그녀는 노타베네에게 그의 저서의 서문만 쓰게 하는데, 그래서 이 책은 여덟 편의 그런 서문 모음집이었다. 이것들 중에서 하나 이상이 키르케고르가 헤이베르를 새로운 방법으로 자극하는 것이었다. 헤이베르는 1843년 말에 장식용 연보 한 권을 출판했는데, 이 연보는 산뜻한 새해 선물용 구입 대상으로 제작된 것으로, 이 책에는 『반복』에 대한 짤막한 비판적 평론이 포함되어 있었다. "책 한 권을 다 쓰다니 이 얼마나 즐겁단 말이냐!" 노타베네의 첫 번째 서문은 이렇게 시작된다. "설명할 수 없는 내면의 요구에 그 기원을 두지 않는, 그래서 그것이 세상에 적합한지 여부에 대해서도 알지 못하는 그런 책은, 사실 비밀에 싸인 연애사에 대한 모호한 증인처럼 수줍어하고 부끄러워한다. 아니다, 그것은 출판업자와 대중 간의 편의에 의한 정략결혼의 결과물인 책이다."[30] 고결한 얼빠짐을 가장하고서 그는 천문학에 대한 헤이베르의 관심을 조롱하고 있다. 그는 또 지적 수준이 낮은 언론을 공격하면서 신문에 기고하는 것을 폐수 방류에 비유하는데, "왜냐하면 만일 대중의 잡담이 헛되이 낭비된다면 그것이야말로 정말 대단히 잘못된 일일 것이기 때문이다."[31] 그는 학술 서적, 설교 모음집, 그리고 새로운 철학 잡지 창간호 등과 관련해서 서문을 쓰고 있다. 또 다른 서문은 코펜하겐의 새로운 금욕과 금주 협회를 비아냥대고 있다. 1844년 1월에 키르케고르는 『조국』에서 "타락한 영혼들을 사회와 가정으로, 하나님과 미덕으로 복귀시키려는" 이 협회의 "고상한 노력"[32]을 선전하는 기사를 냉소적으로 읽었던 적이 있다.

1844년 6월의 며칠 동안 노타베네, 하우프니엔시스, 클리마쿠스 그리고 『세 편의 건덕적 강화』의 저자인 키르케고르는 세상 속으로 던져졌다. 키르케고르의 내면의 삶의 사자들인 이들 네 명의 저자들은 그의 영혼을 해명하는 데 있어서 서정적일 뿐만 아니라 그 속임수에 있어서 가히 예술적이었다. 이들 각각은 그들의 창조자의 특정 측면을 담지하고 있었다. 그러나 그들은 그의 "관념성"이었으며, 세상에 대놓고 무관심했다. 그들 중 그 누구도 거리를 걸어야 하거나, 남들의 의견에 귀를 기울일 필요가 없었다. 그들은 성공에 대한 그 어떤 은밀한 갈망도 느끼지 않았으며, 실망의 아픔을 초래하지도 않았다. 그들은 무수히 많은 사소한 모욕을 감내할 필요가 없다. 그들은 결코 자기연민의 폭풍 속으로 들어가지도 않았고, 세상일들이 제대로 되지 않을 때 마음에서 일어나는 분노와 실랑이하지도 않았다. 그들은 자신들이 어떻게 보일 것인가 염려하지 않았다. 심지어 "키르케고르"조차 오래된 신앙 수양서에 나옴직한 수도원의 은둔적 환경에서 거주하는, 현실에서 유리된 존재였다. 겸손하고 평온하게 그는 성서에 대해 묵상하고, 자신을 성찰하며, 인간의 마음과 하나님에 대한 그 마음의 연모에 관하여 확신에 찬 명료함으로 글을 썼다. "덴마크에서 저술가로 존재한다는 것은 뭇 사람들이 바라보는 곳에서 사는 것만큼이나 골치 아프고, 접시 위에서 자신을 감추는 것만큼이나 문제가 많다"[33]라고 『서문들』에서 노타베네는 쓰고 있다. 키르케고르의 익명들은 그의 정체성을 감추려 하지 않았지만, 알려지고 싶은 그의 욕망을 감추는 데 일조했다.

6월에 이 저서들이 발표된 후, 그는 건덕적 강화의 집필을 중단하겠다고 결심했다.[34] 그 대신 그는 결혼식, 장례식, 고해, 성찬식 등과 같이 상상 속의 의례를 위한 강화들을 저술할 생각이었다. 그럼에도 불구하고 먼저 그는 『네 편의 건덕적 강화』의 최종적인 모음집을 완성했고, 8월 말에 출판했다. 이 강화들은 특별히 심오하고, 연민을 담고 있으며, 통렬했다. 그것들은 수난과 인간의 연약함을 강조한다는 점에서 아른트의 『진정한 기독교』와 유사했다. 아른트는 "불행이 없이는 하나님은 인간에게 나타나지 않으며, 불행에 대한 앎이 없이는 우리는 하나님의 은총을 찾지 못한다"라고 역설했다. 자신의 강화 「하나님을 필요로 하는 것은 인간의 가장 고귀한 완전성이다」[35]에서 키르케고르는 심원한 영적 욕구가 "삶을 더욱 힘들게 한다"는 것을 인정했지만, 사람은 그 자신의 불안, 혼란, 절망에 대한 "조금씩의 경험"을 통해서 하나님을 알게 된다고, 그리고 "이러한 어려움 속에서 인간의 삶은 또한 훨씬 심오하고도 심오한 의미를 얻는다"라고 설명했다. 하나님에 대한 필요성을 절감하게 되면, 고통받는 인간은 더욱더 "세상을 버리게 되고, 외적인 것, 삶이 주고받는 것, 그 자신이 외적인 세계에서 성취하도록 허용되어 있는 것을 훨씬 덜 중요시하게 되며, 오히려 내적인 것과 하나님과의 소통에 더욱더 관심을 기울이는 법"을 알게 된다는 것이다.

* * *

아른트를 읽음으로써 『공포와 전율』에서 이미 표현된 확신, 즉 기쁨은 수난의 다른 면에 놓여 있다는 것, 투쟁이 위안에 선행되어야 한다는 것, "오직 불안에 빠져 있는 자만이 안식을 찾는다"[36]라는 것이 더욱 명료해지고 심화되었다. 키르케고르는 믿기를, 그때뿐만 아니라 지금도, 고통과 의심의 체험은 온전히 인간답게 되는 것에 있어서 핵심적인 수련이라는 것이다. 그리고 그는 수난과의 그 자신의 개인적인 앎을 그의 저술에서뿐만 아니라 우정에서도 소통한다. 왜냐하면 그는 코펜하겐에서 유일하게 고뇌에 찬 영혼일 뿐만 아니라 비탄에 빠진 타인들에게 민감하기 때문이다. 보에센이 과로한다는 것을 알고 그는 공감을 표현하는 글을 써 보내면서, "자네는 모든 것을 한꺼번에 모아서 그것으로 자네 주변에 빙 둘러싸고는 그 무게를 이기지 못해 넘어진다네. 그러나 실존은 조금씩 조금씩 이해될 것을 요구한다네"[37]라고 말했다.

지난해인 1847년에 그는 형수 헨리에테에게 장문의 편지를 써 보냈는데, 그녀는 심각한 우울증을 겪고 있었다. "형수 자신을 사랑하도록 하세요"[38]라고 그는 역설했다. "사람이 고통을 겪고 있어서 남들에게 별 도움이 되지 못할 때는, 자신이 이 세상에서 불필요한 존재라는 우울한 생각에 빠지기 쉽답니다. 마치 타인들이 이따금 그에게 이해하게 하는 바대로 말이에요. 그럴 때는 **하나님 앞에서는 모든 사람이 똑같이 중요하고, 무조건적으로 똑같이 중요하다**라는 것을 기억해야 한답니다. 사실, 만일 사람들 사이에 어떤 차이가 있다면, 가장 심하게 고통을 겪는 사람은 하나님의 애정에 가장 가까운 대상이어야 하겠지요." 친구인 스팡 목사가 세상을 떠났을 때, 그는 빈번하게 미망인을 방문해서 비탄에 젖어 있는 그녀를 위로했다. "그는 거의 필적할 자가 없을 만큼 이해력이 뛰어나며, 또 슬픔을 감추지 않고 먼저 당사자가 정면으로 슬픔을 의식하게 함으로써, 그것을 절대적으로 확실하게 해줌으로써 사람들을 위로한다"[39]라고 브뢰크너는 회상하곤 한다. 영혼을 탐색하고 그 자신의 불안과 수난을 탐구하는 키르케고르의 작업은 인간으로 존재한다는 것에 대한 그의 이해를 심화시켰으며, 그의 철학에 남들을 감화시키는 효력을 부여했다. 그는 이 철학을 내면적으로 살아가고, 자주 고통스럽게 삶의 차원에서 실천적으로 영위하고 있으며, 또 그것을 더할 나위 없이 막역한 이들과의 관계 속에서 표현하고 있다.

12. 삶의 미로

그해 말 한겨울이 깊어갈 때, 코펜하겐의 밤은 일찍 찾아온다. 로센보르가데를 따라 가로등과 난로 그리고 촛대에서 퍼져 나오는 불빛들이 오후 네 시의 창문을 가득 채운다. 혹한의 거리를 개의치 않는 행인들은 환하게 빛나는 방에 장식되어 있는 크리스마스 트리를 흘끗 보고, 한바탕 노랫소리와 아이들 웃음소리를 듣는다. 키르케고르의 방은 정적에 싸여 있으며, 그는 혼자 있다. "1848년은 나를 또 다른 수준으로 끌어올렸다"[1]라고 그는 일지에 쓰고 있다. "이 해는 나를 종교적으로 산산이 부수었다. 하나님은 나를 지치게 만드셨다."

일 년 내내 그는 결말—저술활동의 결말, 삶의 결말—에 대해 생각해 왔으며 죽음에 대한 냉정한 인정과 자신의 문학적 유산에 대한 극심한 불안 사이에서 오락가락했다. 여기 로센보르가데에서 그는 지금까지 저술해 온 것 중에서 "최고의 것들"[2]을 창작해 냈다. 양철상자에 조심스럽게 담겨진 새 원고들은, 그가 느끼기에, 자신의 삶의 "완성"이다. 그

런데도 여전히,

> 여기 덴마크에서 환경이 너무나도 열악한 탓에 만일 지금 하나님이 나에게 마무리짓도록 허락하신 모든 것을 한꺼번에 출판하기로 한다면, 나는 단연 사람들의 비웃음을 살 것이며 또 거리의 모든 불한당들에게 시달리게 될 것이다. 자비로우신 하나님이시여, 내가 과거에 실행한 것이 불의한 것이었단 말인가? 바로 지난해에 다시 한 번 내가 그렇게 공들였는데도? 하나님이 나에게 이러한 능력을 허락하셨는데도? 그것이 그렇다면 죄악이었단 말인가? 그리고 내가 이 시장바닥에서 사람들이 두렵다고 해서 하나님을 부정해야 한단 말인가! 다른 어떤 나라에서 이런 정도로 수난을 당해 온 저술가가 있으면 내게 보여 다오! 만일 그대가 나에게 그런 사람을 보여줄 수 있다면, 그건 정말 좋은 일이다. 그렇다면 내게는 내가 심심한 위로를 표할 수 있는 누군가가 있을 것이다.[3]

『저술가로서의 나의 저술활동에 대한 관점』은 이제 금속 상자에 있다. 그것은 완성이 되었다. 그러나 그것을 출판할 것인지 여부는 아직 확신하지 못하고 있다. 아마도 하나님은 그가 오랫동안 감춰온 내면의 삶을 공개할 것을, 그를 둘러싸고 있는 짙은 가시더미 속으로 끌고 갈 것을, 그래서 세상에 그를 내보일 것을 촉구하고 있을 것이다. 이러한 결말은 고통스러울 것이다. "그런데도 여전히," 그는 이렇게 성찰한다.

> 그것이 아마도 하나님에 대한 나의 의무일 것이며, 또 나의 내면의 삶의 폐쇄성은 내가 그것에 관해 말하기에 충분할 정도로 성장할 때까지 하나님이 나에게 허락하신 것인지도 모른다. 불행한 유년기, 끝없이 깊은 우울, 작가가 되기 전의 개인적인 삶의 불행. 이 모든 것이 비밀에 싸인 나의 내면에 기여해 왔다. 지금까지 하나님은 그것을 허락하셨지만, 어떤 점에서 그것은 응석을 받아주는 한 가지 형태였다. 하나님은 지금까지 나에게 더할 나위 없이 좋으시고 또 지극한 사랑으로 대해 주셔서, 하나님과의 교제가 내가 믿는 유일한 관계였다는 것을 진심을 담아 말할 수 있다. 그리고 하나님은 내 모든 불행 한가운데에서 내가 그 모든 것을 견뎌 낼 수 있는 힘을 찾는 것을 허락하시고, 그렇다, 그 모든 불행 속에서 구원을 찾을 수 있도록 허락하셨다.[4]

그가 1848년의 이 격렬하고 힘든 기간 동안 발견했던 "구원"의 순간들은 그에게 첫사랑을 상기시켰다. 부드럽고 위안이 되는 모성애적인 포옹 말이다. 이제 30대 중반에 들어선 지금, 그는 초기의 유년시절이 다시 회복된다고 생각하고 있다. 그는 날마다 "아버지(어머니)에 대한 아들처럼 하나님과의 관계 안에서"[5] 살고 있다. 과거의 고통스러운 기억들이 떠오를 때 더러 그런 과거에 대해 이해가 새로워지는 경우가 있으며, 그래서 그렇게 오랫동안 저주인 것처럼 생각되던 것이 이제는 축복으로 받아들여질 수도 있다. 뉘토르브에서 생활하던 초창기 동안의 끊임없는 불안은 평화에 대한 깊은 갈망의 원인이 되었다. 그리고 바로 이 갈망이, 그가 생각하기로는, 인간을 하나님에게 더 가까이 가게 하는 것이다. 아버지와의 관계와 너무나도 깊이 얽혀 있는 기독교에 대한 모든 불안과 이중적인 감정에도 불구하고, 그는 이따금씩 "거의 모든 내 삶이 그렇게 끔찍하게 낭비된 것은 하나님과의 관계 안에서 그것을 두 번째로 훨씬 진실되게 경험하기 위함"[6]이었다고 느끼곤 한다.

그렇지만 레기네의 문제는 여전히 해결되지 않은 채로 남아 있다. 최근 두서너 달 동안 자신의 삶과 저술활동에 대한 이야기를 수정했을 때, 그는 자주 그녀에 관해, 그리고 그녀의 "상황"에 관해 생각했다. 그녀는 얼마 전에 첫 번째 결혼기념일을 축하했는데, 그녀는 결국 1847년 11월에, 그것도 성모교회에서 슐레겔과 결혼했다. 키르케고르는 그녀를 위해 결혼의 기치가 낭독되던 일요일에 이 교회에 출석하고 있었다.[7] 그녀의 결혼식 날 그는 마차를 임대해서 교외로 나갔다. "그녀의 결혼의 요지는 현재 내가 악당이거나, 아니면 최소한 세상에서 중요한 인물로 존재하기를 원하는 아무개라는 사실이고 또 앞으로도 계속 그럴 것이라는 점이다."[8]라고 그는 최근에 일지에 기록했다. "만일 사태의 진실을 안다면 그녀는 완전히 혼란에 빠지고 말 것이다." 그는 레기네와의 관계가 그들을 갈라놓은 환경보다 더 오래 지속될 거라고 믿고 있다. "내가 세상을 떠나는 순간 (나는 이 순간이 조만간 닥칠 거라는 사실을 한 시도 생각하지 않은 적이 없는데) 그녀는 마땅히 그녀의 소유가 되어야 할 것을 당연한 일이지만 갖게 될 것이다. 그녀의 이름은 저술가로 내가 이루어 놓은 업적의 일부가 될 것이며, 내가 기억되는 한 그녀도 기억될 것이다."[9]

미래가 무엇을 예비하고 있든지, 과거는 아직도 물러나지 않고 있다. 잘못된 약혼을 회상하는 매 순간마다 그는 자신의 죄를 거듭 새롭게 발견한다. "그녀가 나 때문에 그렇게 모욕을 당해야 했던 일이 이 얼마나 오랫동안 내게 끈질긴 고통이 되고 있단 말인가"[10]라고 그는 1848년 가을, 그녀의 약혼반지를 돌려준 지 7년 후, 그리고 그녀가 슐레겔과 결혼한 지 몇 달 후, 이렇게 썼다. 여전히 그는 그녀가 그와의 관계를 너무나 자랑스럽게 생각했다고, 그녀가 그를 훨씬 마음 편히 보내 주었어야 했다고 생각했지만, 그러면서도 "나와의 관계에서 그녀의 잘못을 가려 버릴 만큼 그녀와의 관계에서 내 잘못이 너무나도 크기 때문에, 그럼에도 불구하고 모든 것은 여전히 내 탓"[11]이라고 확신하고 있다. 그는 스스로를 이해하지 못했기 때문에 레기네에게 잘못을 저질렀다. 그 자신이 기독교와 "이미 약혼한"[12] 상태였다는 것을, 이것이 함축하는 모든 복잡한 것들을 이해하지 못했던 것이다. 1840년에 그녀에게 청혼했을 때, 그는 그가 남편이 되고, 아버지가 되고, 부르주아 시민이 되는 데 자신의 본성이 방해 요소가 된다는 것을 명확히 알 수가 없었다. 그런데다 아직도 자신이 세상에서 어떤 존재가 될 수 있을지를 확신하지 못한 상태였다.

이번 크리스마스에 가족들이 모두 각자의 집에 모였을 때, 그는 자신의 약혼을 회상하면서 외로움을 느꼈다. 그는 일지에 "이른바 기독교 세계에서 지금 축하되고 있는 크리스마스 축제는 순전한 이단이며 신화에 불과하다. 그 이념 내지 사상은 다음과 같다. 아이는 구원하는 존재이며, 아버지와 어머니가 된다는 것은 두 번째의 생명이자 정화하고 고귀하게 하는 그 무엇이다. 생명의 진지함이 진실로 시작되는 것은 훨씬 심오한 의미에서 우리가 우리 뒤에 새로운 세대를 남겨놓을 때이며 또 오직 그때에만 자녀들의 양육을 위한 책임을 짊어지고, 자녀에 대한 사랑 가운데 훨씬 심오한 의미에서 삶을 영위하게 된다."[13]라고 적었다. 덴마크의 크리스마스는 유년시절의 향수를 일깨우는 축제가 되었는데, "크리스마스 트리를 중심으로 원을 그리며 춤추고, 보드 게임을 하고, 페퍼누스 쿠키를 먹는 때로 생각된다." 이것은 그가 크리스마스에 대해 하는 생각이 아니다. "아니다, 아기 그리스도는 인간이 된다는 것의 영적 범주와 관련이 있으며, 또 그렇기 때문에 결혼, 아버지, 어머니, 아이와는 무관하고, 오히려 정신으로서의 모든 사람 각자와 관계된다."

그리고 지금 1848년 연말에 그는 만일 레기네와 결혼했더라면 그녀는 필경 불행하게 되었을 거라고 다시 생각한다. "그녀와 나 사이에는 무한한 차이가 있다. 그녀는 세상에서 반짝반짝 빛나고 싶어 했다. 그런데 나는 우울증이 있고, 또 수난에 대한, 그리고 수난을 겪어야 한다는 우울한 생각을 한다. 얼마간은 그녀가 나와의 관계를 좋아했을 테지. 나와의 관계가 그녀를 빛나게 해서 만족을 주었을 테니 말이다. 그러나 그러다가 내가 별 볼일 없게 되거나 또는 현실적인 기독교적 수난을 향하여 나아가거나 하면, 그런 인생에는 명예도 존경도 없으며, 그렇게 되면 그녀는 좋은 유머 감각도 금방 잃어버리고 말 것이다. 그리고 나는, 그렇게 되면, 결코 나 자신이 되지 못할 것이다."[14]

약혼은 여전히 인생의 분기점으로 남아 있다. 그는 레기네에게서 멀어지는 길을 선택했고, 뒤로 돌아서지 않았으며, 발걸음을 되돌릴 수도 없다. 그런데도 여전히 그가 선택한 외로운 길은 계속해서 그녀에게로 맴돌며 되돌아가고 있다. 돌이켜보건대 그가 레기네에게 청혼한 1840년 9월 바로 그날은, 세계에 대한 그의 관계가 다시 한 번 바뀌게 된 1846년의 사건들과 일직선으로 연결되어 있는 것처럼 보인다. 그리고 그때부터 과거를 회상하는 연말의 바로 이 순간까지, 새로운 시작의 전야까지.

* * *

1844년 여름, 그가 레기네와 직접 연관되지 않았던 저서들인 『불안의 개념』 『철학적 단편』 그리고 『서문들』을 출판한 후, 그의 저술은 『이것이냐 저것이냐』와 『반복』을 지배한 결혼의 문제로 돌아갔다. 그때 그는 여성, 사랑, 약혼, 결혼에 관한 두 권의 독립적인 저서의 초고를 집필하고 있었다. 이것은 복잡한 집필 계획이었다. 첫 번째 작품은 심미적 부분과 윤리적 부분으로 나뉘는데, 1843년의 저작들에서 차용한 등장인물들을 모아서 정리했다. 두 번째 작품은 파경으로 끝난 약혼 이야기를 되풀이했지만, 새로운 익명인 프라터 타키투르누스(Frater Taciturnus)를 등장시켜 『반복』보다 훨씬 더 종교적인 방향으로 논의를 진행시켰다. 1845년에 그는 두 권의 작품을 서책상 힐라리우스(Hilarius)라는 익명을 편집자로 내세워 단 권으로 묶어 『인생길의 여러 단계』라는 제목으로 출판하게 된다. 800쪽이 넘는 분량의 이 작품은 『이것이냐 저것이냐』 이후 가장 방대한 저작이었다.

"나는 끊임없이 부분들을 고쳐 쓰고 있지만, 그런데도 내 마음에 들지 않는다"[15]라고 그는 1844년 8월에 일지에 적고 있다. "현재 창작능력에 문제가 생긴 탓에 내가 원하는 것보다 항상 더 많은 것을 쓰게 된다." 오랫동안 그는 서른셋의 나이가 되는 1846년이 되면 세상을 떠날 것으로 예상했었는데, 그때가 이제 채 2년도 남지 않았으며, 그래서 이 작품들

여름날의 홀테 인근의 겔 언덕

을 끝내고 뭔가 "훨씬 더 중요한" 것을 쓰고 싶어 했다. 허송세월할 시간이 없었다. "여기 도시에서는 그것을 쓸 수가 없다. 그래서 여행을 떠나지 않으면 안 된다"라는 결론에 그는 도달했다.

그날 그는 코펜하겐 북쪽으로 대략 10마일 정도 거리에 있는 링비(Lyngby)로 마차를 몰고 갔다. 그다음해 5월까지 덴마크를 떠나지 않았지만, 1844년 여름 내내 그리고 초가을까지 교외로 마차를 타고 자주 나갔는데, 대부분은 링스비를 지나 대략 2마일 정도 더 가는 니홀테(Nyholte)로 갔으며, 한두 번은 멀리 에스롬 호수의 저편에 있는 프레덴스보르(Fredensborg)까지 가곤 했다.

탁 트인 전망 속으로 마차를 몰고 가고, 평화로운 숲속을 산책하는 등 교외에서 보내는 시간들은 그의 상상력을 키워 주었으며 또 그의 저술을 더욱더 서정적으로 만들어 주었다. 마치 상쾌한 공기로 밝아지기라도 한 것 같았다. 『인생길의 여러 단계』의 각 부분은 전원풍의 배경을 설정하고 있다. 이 책은 "숲의 외로움 속에서" 시작되며, 여기에서 아프함(William Afham)이라는 그림자 같은 익명이 지난밤의 술자리를 회상하는데, 이는 플라톤의 『향연』을 모델로 한 것이다. 이 모임에는 『이것이냐 저것이냐』의 에레미타와 유혹자 요하네스, 『반복』의 콘스탄티우스, 어떤 패션 디자이너, 그리고 이름이 밝혀지지 않은 세상 물정 모르는 젊은이 한 사람이 자리를 같이했다. 그들이 돌아가면서 여성을 찬미하는 연설을 했다고 아프함은 회상하며 나무들 사이에 앉아 사색을 하고 있다.

"지금까지 나는 조용함을 찾는 데 밤 시간이 꼭 필요한 것은 아니라는 것을 배웠다." 그는 설명한다. "왜냐하면 여기에서는 항상 조용하고, 항상 아름다운 때를 찾을 수 있기 때문이다. 특히 지금 내가 보기에 가장 아름다운 때는 가을날의 태양이 저물어 가는 오후의 식사 가운데 하늘이 권태로운 푸른빛으로 변해갈 때, 열기가 사그라져 삼라만상이 잠시 숨을 고를 때, 서늘한 바람이 불기 시작하고 초원의 풀들이 숲이 물결치는 대로 관능적으로 가볍게 떨리는 때, 태양은 저녁 무렵 대양 속으로 들어갈까 고민하고 있을 때, 대지가 휴식을 취할 준비를 하면서 작별인사를 나눌까 생각 중일 때, 그것들이 헤어지기 바로 전에 숲을 어둠으로 물들이고 초원을 더 짙은 녹색으로 바꾸면서 부드럽게 하나로 녹아들어가며 피차간에 한 마음이 될 때이다."[16] 이 황금 시간에는 "지금까지 많은 고생을 해서 과로에 지친 사람은 위안을 찾을 수 있는데, 왜냐하면 한낮의 햇빛의 점차 약해지는 광휘보다 더 부드럽고 더 평화롭고 더 고요한 것은 없는 까닭이다."라고 그는 덧붙이고 있다. 이곳은 그의 불안으로부터, 비판의 눈으로부터, 시끌벅적하고 경멸스러운 길거리로부터의 도피처였으며, 키르케고르가 레기네와의 파혼 이후로 오랫동안 꿈꿔왔던 곳으로, 그가 은퇴해서 자신의 죄를 애도할 수 있을 그런 곳이었다.

『인생길의 여러 단계』의 첫 부분은 밤 새워 술을 마시며 여성에 관해 담론을 주고받은 후 새벽녘에 마차를 같이 타고 교외로 떠나는 익명들의 향연으로 끝을 맺는다. 들판을 걷다가 그들은 윌리엄 판사가 자신의 전원주택의 정원에서 아내와 다정하게 대화를 나누는 장면을 목격한다. 그리고 이 부부가 아침 차를 즐기는 동안 에레미타는 판사의 서재로 살그머니 들어가 판사의 책상에 있는 결혼에 관한 새로운 에세이를 발견한다.

이 에세이는 결혼을 수도원 생활에 비유하며, 모성애의 겸허한 아름다움과 나이든 여성의 깊어지는 아름다움을 찬미한다. 노타베네와 마찬가지로 윌리엄 판사 역시 남편이자 작가가 되는 길을 찾아냈다. 그의 에세이는 저녁에 아내가 서재에 조용히 걸어서 다가오는 소리가 들리며 끝이 난다.

> 일 분만 더, 내 사랑이여, 딱 일 분만 더—나의 영혼은 너무나 풍요롭고, 내 머릿속에서는 지금 이 순간 너무나도 생각들이 터져 나올 것만 같아서 그것을, 당신, 내 사랑스러운 더 나은 반쪽에 대한 찬미를, 종이 위에 적어서 온 세상이 결혼의 정당성을 확신하게 하고 싶다오. 그래도 이제 머지않아 내일, 모레, 한 주가 지나면, 이 가련한 펜이여, 나는 너를 던져버릴 것이다—내 선택은 행해졌으며, 나는 유혹과 초대를 따른다. 행운의 순간에 가엾은 저술가가 전율하면서 생각이 저절로 떠오를 때면, 누군가가 그를 방해하지 않도록 몸을 떨면서 앉아 있게 내버려두라—나는 아무것도 두렵지 않다. 나는 사람의 마음속에 있는 가장 기발한 생각보다 더 나은 것이 무엇인지, 그리고 종이 위에 적혀 있는 가장 기발한 생각보다 더 나은 것이 무엇인지, 그리고 불쌍한 저술가가 자신의 펜으로 소유할 수 있는 그 어떤 비밀보다 무한하게 더욱 소중한 것이 무엇인지 알고 있다.[17]

정원의 이 감동적인 장면과 애처가의 가정생활 예찬 후에 "유죄냐 무죄냐?"가 뒤따른다. 이것은 파경으로 끝이 난 약혼을 자세히 이야기하는 고도로 공들여 작성된 일련의 일기 기록들로서, 이것 다음으로는 종교적 실존에 관한 긴 반성이 이어진다. 이 모든 것은 수도사 타키투르누스라는, 수사 느낌이 나는 익명의 명의로 되어 있는데, 타키투르누스는 길렐라이에의 북부지역 해안으로의 여행 동안 쇠보르(Søborg) 호수에 빠져 있던 밀봉된 나무 상자를 자신이 발견했다고 말한다. 상자 안에 일기가 있었는데 기름 먹인 천으로 둘둘 말려 있었으며, "그뿐만 아니라 날짜가 새겨진 순금 반지, 밝은 푸른색 비단 띠에 단단히 고정된 다이아몬드 십자가가 달린 목걸이, 성서에서 잘라낸 종이 한 장, 그리고 은도금된 작은 상자 안에 들어 있던 시든 장미 한 송이"[18]가 있었다. 그러나 수도사 타키투르누스는 훗날 그가 일기를 "상상에 의한 구성"으로, 일종의 사고 실험으로 직접 꾸며냈다고 실토한다.

이 "수난의 이야기"는 『인생길의 여러 단계』의 가장 자전적인 부분이었다. 여기에서 키르케고르는 자신의 영혼의 비밀을 발견하기 위하여 영혼의 호수 속으로 깊이 잠수해 들어가는 것처럼 보였다. 그는 또한 1841년 레기네에게 약혼반지를 돌려보냈을 때 그가 레기네에게 써 보낸 글을 단어 하나 남기지 않고 모두 표현을 바꾸었다.[19] "무엇보다도 이것을 쓰는 사람을 부디 잊으라. 설령 그가 어떤 능력이 있다고 하더라도, 그럼에도 불구하고 한 처녀를 행복하게 해줄 능력은 없었던 사람을 용서해 주기 바란다." 그는 자신의 죄를 인정했지만, 그 사건 전체에서 "섭리"의 거룩한 통제를 감지했다. 그의 삶은 어떤 "실수"를—어쩌면 그의 삶 전체가 실수인지도 모르지만—포함하고 있다. 그러나 이 실수는 그럼에도 불구하고 어떤 진리를 표현하고 있다.

> 6월 18일 **자정**. 그렇다면 나는 유죄인가? 그렇다. 어째서? 실천할 수 없는 것을 시작했기 때문이다. 그것을 지금 어떻게 이해하는가? 이제 나는 그것이 나에게 왜 불가능했는지를 훨씬 명료하게 이해하고 있다. 그렇다면 나의 죄는 무엇인가? 내가 그것을 빨리 이해하지 못했다는 것. (…) 무엇이 변명에 도움이 될 수 있단 말인가? 내 모든 개인적 성격이 내가 모든 면에서 철저하게 확증된 바로 그 무엇에 빠질 소질을 미리 예비했다는 것. 만일 내가 막역한 친구를 찾아 나섰더라면, 나는 확실히 깨달았을 것이다. 우울한 사람은 자신의 괴로움으로 아내를 괴롭혀서는 안 되며 남자답게 그 괴로움을 자신의 내면에 담아두어야 한다는 것을. 그대의 위안거리는 무엇인가? 이 책임을 인정하면서 나는 또한 그 모든 것에서 섭리를 감지한다는 것. (…) 그대의 희망은 무엇인가? 그것이 용서될 수 있다는 것. 설령 여기에서는 아닐망정 그렇더라도 그럼에도 불구하고 영원의 시간 안에서라도.[20]

또 따른 짧은 불면의 여름 밤 동안, 이 일기 작자는 "내 모든 힘을 다하여 내 영적 체험에 계속해서 신실할 것"[21]을 결심한다. 만일 자신이 "그녀에게 계속 신실한 존재로 남아 있을 수 있었더라면 훨씬 좋았을 것이다. 만일 나의 영적 실존이 결혼 생활에서의 일상적 습관과 별 마찰이 없었더라면 사정이 훨씬 좋았을 것이며, 또 내가 삶을 더 확신을 가지고 더 편하게 이해했을 것이다."라는 점을 그는 인정한다. 그렇지만 그는 과거는 지워질 수도 다시 고쳐 쓸 수도 없다는 것을 알고 있다. 그의 삶은 마치 "일단 인쇄되면 다시 인쇄될 수 없는, 그래서 교정을 할 여지가 전혀 없는 그런 책"과 같다. 그렇지만 작가는 자신의 책에 잘못 쓰고 빼 먹은 글자들의 목록을 나중에 추가할 수 있고, 이 목록에는 심지어 "그 책의 같은 곳에 있던 것보다 훨씬 의미심장한 읽을거리"가 포함되어 있을 수도 있다. "그럴 때 그것은 인쇄상의 오류들 속에서도 그 의미심장함으로 만족스럽게 남아 있을 수 있을 것이다."

키르케고르는 레기네 없이는 자기 자신이 되지 못했을 것이라는 사실을 알았다. 그렇지만 그는, 지면 위에 잉크로 써진 글들과 별도로, **어떤 존재**가 되었단 말인가? 이 물음은 결코 대답을 찾은 것 같지 않았다. 심지어 『인생길의 여러 단계』의 수백 쪽, 『이것이냐 저것이냐』 『반복』 『공포와 전율』 『서문들』 『철학적 단편』 그리고 『불안의 개념』이 모두 계산된다면 수천 쪽이 되겠지만, 그조차도 그의 존재의 모든 것을 표현하지 못했다. 어쩌면 그 대답은 끝이 없을 것이었다. 아마도 그는 격렬한 낮과 휴식 없는 밤의 와중에서 가끔 빠져들곤 했던 깊은 침묵의 순간들에서 자신에게 너무나 가까이 다가간 것일지도 모른다.

1843년 2월, 1843년 10월, 그리고 1844년 6월의 그의 저작들과 마찬가지로 『인생길의 여러 단계』에서 그는 한 무리의 상상 속 자기들을 모아서 그것들을 세계 속 각기 다른 방향으로 파견했다. 이번에는 총 여덟 명이었다. 아프함, 에레미타, 유혹자 요하네스, 콘스탄티우스, 패션 디자이너, 순진한 젊은 청년, 윌리엄 판사와 수도사 타키투르누스. 이들 가운데 그 누구도 키르케고르는 아니다. 그들은 그 자신의 실존의 문제에서 모이는 길들이다.

그는 이러한 길들의 원천인가, 아니면 그것들의 목적지인가? 프레덴스보르로 향하는 길에서 벗어나 있는 그립스(Gribs) 숲에는 여덟 길의 피난처로 일컬어지는 장소가 있다. 그의 영혼은 이 알기 어려운 곳과 닮아 있다. "오직 훌륭하게 구하는 자만이 그것을 찾는데, 왜냐하면 그 어떤 지도에도 그것은 표시되어 있지 않기 때문이다. 사실 그 이름 자체가 모순을 함축하고 있는 것처럼 보인다. 어떻게 여덟 길의 합류가 피난처를 만들 수 있단 말이며, 어떻게 밟아 다져져서 사람들의 왕래가 잦은 길이 길에서 벗어나서 숨어 있는 것과 합류될 수 있단 말인가? 그러나 사실이다. 거기에 실제로 여덟 길이 있지만, 그럼에도 불구하고 그 외진 곳은 매우 적막하다. (…) 그 누구도 이 길을 다니지 않고 오직 바람만이 오가는데, 바람은 어디에서 오는지 또 어디로 가는지 전혀 알려져 있지 않다."[22] 만일 그 모든 길들, 그 모든 익명들,

그 모든 책들이 단 하나의 진리를 전달한다면, 그것은 곧 사람들이 걸어가는 동안에는 삶으로 통하는 그 어떤 확실한 길도 찾을 수 없다는 점 바로 그것이다. 숲 안에서 사람은 결코 멀리 앞쪽을 보지 못한다. 그리고 『인생길의 여러 단계』 그 자체는 링스비, 홀테(Holte), 회르솔름(Hørsholm)을 지나서 프레덴스보르까지 멀리 나가는 여행 같은 그런 단순한 여정이 아니다. 이 책은 미로여서 사람을 혼란에 빠지게 만든다. 키르케고르는 이해하기가 어려울 거라는 사실을 알고 있었다.

1844년 10월에 그는 뇌레가데에 있는 자신의 아파트를 나와 뉘토르브 2번지로 가는 길을 따라 가족들이 살던 집으로 되돌아갔는데, 거기에서 그는 1층 아파트를 소유하고 있었다. 하인 아네르스가 모든 것을 처리했으며, 그의 서고도 다시 정리해 놓았다. "사실을 말하자면, 아네르스는 나의 분신이라네"[23]라고 키르케고르는 브뢰크너에게 농담조로 말했다. 그의 나머지 부분, 즉 영혼, 정신, 펜 등에 관해서 말하자면, 그는 그저 계속 글을 썼다. 『인생길의 여러 단계』의 원고는 더욱 분량이 늘어만 갔으며, 하도 많이 수정을 해서 이해하기가 어려울 정도로 문장 사이가 빽빽했다. 레빈은 여러 주 동안 계속해서 출판을 위해 원고를 준비하는 일을 뉘토르브 2번지에서 매일같이 도와야 했다.

『인생길의 여러 단계』는 1845년 4월 말에 발표되었는데, 이때 키르케고르의 명의로 된 『상상의 행사에 관한 세 편의 강화』도 같이 출판되었다. 5월 6일, 그의 서른두 번째 생일 다음 날, 이 두 권에 대한 익명의 비평이 『벨링 타임스』(*Berling's Times*)에 게재되었다. 그리고 거기에서, 인쇄물로는 처음으로, 그가 익명의 저작들의 실제 저자로 거명되었다. 이 비평가는 그의 "진정한 시적 천재성"과 엄청난 창작 능력에 찬사를 보냈다. "사람들은 키르케고르 박사가 일종의 마술 지팡이를 가지고 있어서 그 지팡이로 순간적으로 그의 저서를 만들어 낸다고들 말할 정도로, 도저히 믿을 수 없을 만큼 많은 저술 작업이 최근 몇 년 동안 이루어져 왔다. (…) 이 책들 각각이 사유의 깊이라는 면에서 훌륭하여 그 주제를 가장 세세한 맥락까지 밀고 나갈 뿐만 아니라 그 유례를 찾아보기 힘든 언어의 미학과 품격, 그리고 특히 당대 덴마크 작가 그 누구도 필적할 수 없는 유창함을 펼쳐 보이고 있다."[24] 만일 그가 이 "훌륭한 작품들"에 부정적인 비평을 받는다면, 그것은 "저자가 자신의 성찰을 공들여 다듬는 데 있어 실상 너무나 많은 시간을 들이는 탓에 그의 성찰이 더러 장황하게 되기도 하는 까닭이다"라고 이 익명의 비평가는 덧붙였다.

이 엄청난 찬사에도 불구하고 키르케고르는 자신의 저술이 공개되고 말았다는 사실에 격노했다. 그는 3일 후에 『조국』에 게재한 글에서 자신이 익명의 저작들을 저술해 왔다는 "근거 없는" 주장을 반박했는데, 왜냐하면 오직 저자 자신만이 그런 선언을 할 자격이 있기 때문이라는 것이다. 더욱이 이 비평가는 심지어 그의 저서를 언급할 자격도 없었다. 자신의 저서가 훨씬 영향력 있는 독자들에게는 별 주목을 받지 못한 것에 대한 좌절감이 그의 경멸에 묻어나고 있었다. "예컨대 발언하는 이가 헤이베르 교수와 같은 덴마크 문단의 정통한 지도자일 때, 말하는 이가 익명 Kts를 쓰는 저 오만하고 가장 존경받는 작가[이 사람은 뮌스테르 감독이었다]일 때, 그런 경우에는 손짓 하나도 의미가 있으며, 그런 경우에는 격려하는 말 한마디가 효과가 있을 테고, 그 경우에는 다정한 문어적 인사가 기쁨일 것이다."[25]

그 뒤로 한 주가 채 지나지 않아서 그는 며칠 일정으로 베를린 여행을 떠났다. 그때쯤 그는 새 책 『결론으로서의 비학문적 후서』에 열중하고 있었는데, 이 책은 『철학적 단편』의 후편격이었다. 이것은 그의 가장 변증법적인 익명 요하네스 클리마쿠스의 이름으로 발표되게 되는, "기독교인이 되어야 하는 과제"를 주제로 한, 획기적인 논문이었다. 비록 그 자신은 기독교인이 아니지만, 클리마쿠스는 기독교에서 발생하는 철학적 문제들을 훌륭하게 다루었다. 그는 레싱과 야코비를 상대로 논쟁하고, 헤겔의 체계에 대하여 훨씬 강하게 반론을 제기하였으며, "주체적 개인과 기독교의 관계"를 다룰 새로운 방법을 제안했다. 키르케고르는 이미 이 "후서"를 그의 마지막 저서로 삼을 것을 결심했으며, 그래서 자신의 명성을 확보해야만 했다. 그는 『벨링 타임스』의 비평가로부터 자신의 저술작업의 통제권을 빼앗아 자신이 모든 익명의 저서들 배후에 있음을 인정하는 "최초이자 최후의 선언"으로 책을 끝맺었다.

그해 여름 덴마크로 돌아왔을 때 폭풍우를 품은 구름이 몰려들고 있었다. 그의 저작은 언론에서 아주 많은 찬사를 받았다. 그러나 그가 원하는 것처럼 헤이베르나 뮌스테르 감독에게서가 아니라, 평판이 좋지 않지만 코펜하겐에서 가장 많은 부수가 팔리는 주간지 『코르사르』(*Corsair*)로부터 찬사를 받았다. 7월에 『코르사르』는 『인생길의 여러 단계』의 편집자인 서책상 힐라리우스에 대한 찬사를 게재하였으며, 11월에는 "에레미타는 결코 죽지 않을 것이다!"라고 선언함으로써 『이것이냐 저것이냐』에 경의를 표했다. 이러한 경박한 발언들이 키르케고르의 신경을 자극했으며, 이 주간지의 배후에 있는 인물과의 충돌의 씨앗을 뿌렸다.

『코르사르』는 파괴적인 젊은 작가 골슈미트(Meïr Aron Goldschmidt)가 암암리에 편집했는데, 그는 약관 20세일 때 이 주간지를 창간했다. 파리의 공화주의 및 사회주의 경향의 풍자적 언론에 자극받아서,[26] 『코르사르』는 덴마크의 기득권층을 풍자했으며 왕을 비판하는 한편 악의적인 험담을 유포했다. 골슈미트는 오만불손한 필멸의 인간들을 벌한 여신 네메시스에 얽힌 그리스 신화에[27] 매료되었다. 나르시스를 연못으로 유혹해 물에 비친 자신의 모습에 반하게 하여, 그가 사랑한 이미지와 떨어질 수 없는 탓에, 물가에서 죽게 만든 장본인이 바로 네메시스였다. 『코르사르』는 상이한 징벌의 방법을 사용해서 코펜하겐의 명사들을 비웃음으로 응징했으며, 또 이 언론의 풍자화가 클래스트룹(Peter Klæstrup)은 이 근대의 필멸의 존재들의 더할 나위 없이 추한 모습을 그려냈다. 1845년에 골슈미트는 코펜하겐 정부에 의해 색출되어 투옥되고 벌금형에 처해진 다음 검열 대상이 되었지만, 그 뒤에도 『코르사르』는 계속 발간되었다. 그해 골슈미트는 그의 첫 번째 소설 『어떤 유대인』을 발표했는데, 이 작품은 덴마크의 유대인 차별에 대한 개인적인 체험을 바탕으로 한 것이었다.

골슈미트는 키르케고르의 저술을 찬미했으며, 이 둘은 그때까지는 학창 시절 이후 계속해서 친밀한 관계를 유지하고 있었다. 그런데 또 다른 야심적인 작가 묄레르(Peder Ludvig Møller)가[28] 골슈미트에게 가담해서 『코르사르』 편집을 도왔다. 묄레르와 키르케고르의 관계는 훨씬 우호적이었다. 묄레르는 2류 시인이자 악명 높은 호색가로서, 『이것이냐 저것이냐』 제1부에서 한 자리 차지하지 못하지는 않았을 것이다. 그는 바이런과 같이 씩씩하고 유혹자 요하네스와 상당히 흡사한 이미지에 탐닉했다. 그는 욀렌슐레게르가 재직하던 코펜하겐 대학의 미학교수 자리를 물려받고 싶어 했으며, 그래서 자신의 앞으로의 경력을 보호하기 위해 『코르사르』에서 익명으로 활동했다.

1845년 12월, 『결론으로서의 비학문적 후서』가 인쇄업자에게 넘겨졌을 때, 묄레르는 자신의 문학 연보 『괴아』(*Gæa*)

『코르사르』의 편집자들. 묄레르(왼쪽)와 골슈미트(오른쪽)

를 출판했는데, 이 책에는 『인생길의 여러 단계』에 대한 비평[29]이 포함되어 있었다. 키르케고르를 "많은 이름을 가지고 있는 철학자"로 언급하면서 묄레르는 그의 더욱 심미적인 면들을 상찬하고 그의 "뛰어난 재능", "철학적 천재성", "찬란하게 빛나는 재치", "놀랄 만큼 풍부한 사상과 감성", 그리고 "좀처럼 유례를 찾아볼 수 없는 훌륭하고 설득력 넘치는 글쓰기"를 인정했다. 그러나 묄레르는 키르케고르가 "대중의 시선에 자신의 내면의 모든 성장 과정을 노출시키는" 경향에 불쾌감을 토로했는데, 이 경향은 특히 『인생길의 여러 단계』에서의 수도사 타키투르누스의 결론에서 공표되었다. "사람들이 순수한 문학적 즐거움에 몸을 맡길 수 있다고 생각할 때마다 저자는 그 자신의 개인적인 윤리적, 종교적 성장으로써 방해자가 되는데, 이는 그 누구도 실제로 청하고 있지 않는 것이다."

그럼에도 불구하고 묄레르는 이러한 "개인적인" 주제들에 관심을 가지고 있는 것으로 드러났다. 왜냐하면 그의 비평이 문학적 비평에서 인격 살해에 대한 심리학적 평가로 표류했기 때문이다. 진짜 해적처럼 으스대면서 그는 키르케고르의 창작이 역겨운—불건전하고 변태적이며 비겁한—본성의 효과라는 것을 암시했다. "글쓰기와 창작은 그에게 신체적 욕구가 되어버린 것처럼 보이고, 그게 아니라면 그는 그것을 치료제로 사용하는 것인데, 이는 특정 질병에서 우리가 사혈, 부항, 증기욕, 구토제, 그리고 기타 등등을 쓰는 것이나 같아 보인다. 마치 건강한 사람이 수면을 취함으로써 휴식하는 것처럼, 그는 펜을 내달리는 것으로 휴식을 취하는 것으로 생각된다. 먹고 마시는 대신, 그는 글쓰기를 통해 만족을 느낀다. 보통 사람이 일 년에 자녀를 한 명 낳음으로써 자신의 대를 잇는 것과는 달리, 그는 물고기의 본성을 가지고 있어서 산란하는 것처럼 보인다." 묄레르는 키르케고르가 그의 저술에서 여성을 학대한다고 비난했으며 그의 삶에서도 그랬다는 것을 암시했다. "실험실의 선반 위에 놓인 여성의 본성은 그의 책에서 변증법으로 변해 사라지지만, 실제 삶에서 그녀는 필경 미치고 말든지 아니면 페블링에(Peblinge) 호수로 뛰어들어 가야 한다."

"만일 그대가 인생은 해부용 실험실로 그리고 그대 자신은 해부용 시신으로 간주한다면, 그렇다면 좋다, 맘껏 그대 자신을 갈가리 찢어 놓으라"라고 묄레르는 직접적으로 거명하며 격렬한 비난을 계속해서 퍼부어댔다. "그러나 또 다른 피조물을 그대의 거미집에 짜넣는 것은, 산 채로 해부하거나 실험이라는 수단을 통해 고문해서 한 방울 한 방울씩 영혼을 뽑아내는 것이다. 그런 짓은 벌레를 대상으로 하는 것 외에는 허용되지 않는 것이며, 또 건강한 인간 정신에게는 심지어 그런 생각을 하는 것조차 끔찍하고 역겨운 것이 아닌가?" 그의 도덕적 성실성과 남성성에 의문을 제기함으로써, 묄레르의 발톱은 키르케고르가 레기네와 결별하고 저술 활동을 시작한 이후 내내 그렇게 격렬하게 그리고 복잡하게 애를 써서 보호하려고 해왔던 저 은밀한 감성 속으로 깊이 파고들었다.

묄레르가 말하기를, 이 도착적인 저자의 반성은 "내게는 꼭 은판 사진술과 비슷해서 일반적인 회화에서처럼 가장 중요하고 특징적인 요소들만 묘사되는 것이 아니라, 가능한 모든 것이 다 포착되어서 사태 전체가 뒤엉켜 길을 찾을 수 없는 미로가 되고 만다. 그의 모든 지성에도 불구하고 반성이 그에게는 심각한 질병이 되어 버렸다. 그의 종교성은, 이는 그 자체에 몰두하기 위해 세계 전체를 부정하거니와, 내 생각에는 일종의 비겁함인 것으로 보이는데 우리 주님과 그의 천사들은 그것을 비웃을 것이 틀림없다. (…) 만일 그가 그 자신의 변덕이 아닌 다른 어떤 것에 종사할 수밖에 없는 환경 속에서 살았더라면, 그는 의심의 여지없이 훨씬 더 고상하게 자신의 재능을 계발했을 것이다."

묄레르의 비평을 읽자마자 이렇게나 지독한 독설이 키르케고르의 영혼을 덮쳐 그의 기억 속에 새겨지고, 그의 사고를 뒤덮고, 그의 심장을 꿰뚫었다. 또 일말의 날카로운 진실은 마치 상처 난 곳에 뿌려진 소금과도 같았다. 그는 즉시 응수했으며, 수도사 타키투르누스의 이름으로 『조국』에 장문의 글을 게재했는바, 타키투르누스는 묄레르를 오만하게 무시했다. "그런 인간들은 내 환경의 일부가 아니며, 그들이 아무리 중뿔나게 굴고 또 무례하더라도 그런 것은 아무 차이도 없다. 이것은 내 환경을 구성하고 있는 그 작은 세상에 대한 나의 기쁨을 방해하지 않는다." 그는 『코르사르』와 묄레르의 관계를 폭로하며 반은 빈정거리는, 반은 진지한 도발로 끝을 맺었다. "내가 조만간 『코르사르』의 진상을 알게 된다면! 한 불쌍한 저술가가 덴마크 문학에서 학대받지 않는(우리 익명들이 동일인이라고 가정한다면) 유일한 인물로 뽑히기는 참으로 어려운 일이다."[30]

그 후 얼마 지나지 않아 그는 거리에서 골슈미트와 마주쳤는데, 마치 그들 중 그 누구도 사적으로 무관한 것처럼 행세하면서 요즘의 문학적 적대관계를 논했다.[31] 골슈미트는 수도사 타키투르누스가 묄레르를 『코르사르』와 관련 있는 인물로 거명함으로써 문학 분야에서 지켜져야 할 명예를 존중해야 한다는 규칙을 위반해 버렸다고 언급했다. 키르케고르는 수도사 타키투르누스의 "권리"는 "훨씬 고귀한 관점"

에서 평가되어야 한다고 응수했다. 골슈미트는 이의를 제기했고, 그런 다음 그들은 전혀 다른 주제를 이야기했다.

1846년 1월 2일에 『코르사르』는 수도사 타키투르누스가 『조국』과 결탁해서 『코르사르』 편집자의 정체를 폭로했다는 풍자적 이야기를 게재함으로써—"타키투르누스는 대단하고 또 유명한 은둔자이자 철학자, 이름이 또 있어서 그 이름으로 매일 거리를 어슬렁거리는 사람일 게다. 그렇지만 그 이름을 거명하는 것은 지각없는 처사다."—키르케고르의 전투적 함성에 대응했다. "내 책 한 권이 헤이베르 목구멍에 처박혔더라면 느꼈을 행복을 지금 나는 느낀다"라고 수도사 타키투르누스는 일단 폭로가 실천되자 환호성을 올리며 말하면서, 불쌍한 이들을 위하여 뭔가를 함으로써 축하할 것을 제안한다. "아이가 다섯 있는 불쌍한 여인에게 은화 한 닢을 주었다는 사고실험을 상상할 것이다. 그녀의 기쁨을 상상해보라! 그 천진난만한 아이들이 은화를 본다고 생각해보라!" 그다음 주에 이 언론은 "키르케고르"를 주인공으로 하는 소묘를 게재하고, 키르케고르의 굽은 등을 강조하는 만화도 같이 실었다.

1월과 2월 내내 『코르사르』는 매주 계속해서 그를 비아냥거렸고, 진위가 모호한 그의 철학적 주장과 바지통 길이가 서로 다른 짝짝이 바지를 입은 그의 홀쭉한 다리를 조롱했다. 클래스트룹의 그림은 말에 올라탄 키르케고르, 결투를 하는 키르케고르, 『코르사르』 사무실에 들어가기를 기다리

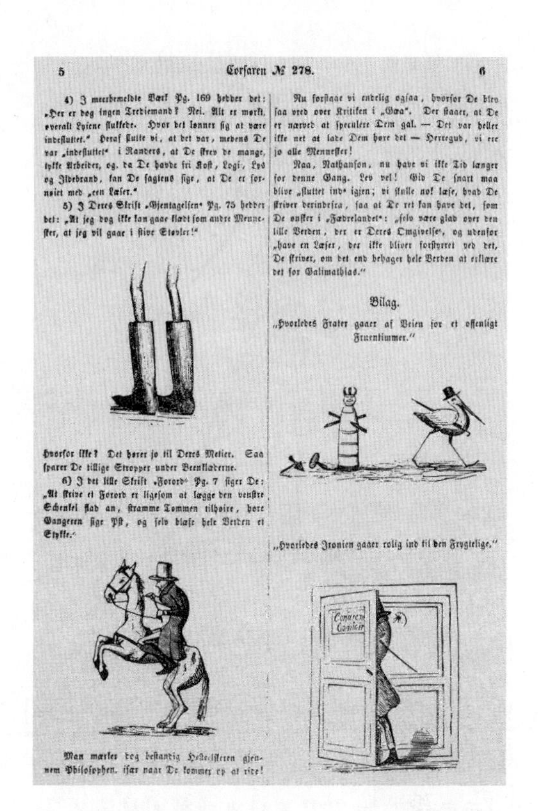

5 Corsaren № 278. 6

4) I meerbemeldte Værk Pg. 169 hedder det: „Her er dog ingen Trediemand? Nei. Alt er mørkt, overalt Lysene slukkede. Hvor det lønner sig at være indesluttet." Heraf slutte vi, at det var, medens De var „indesluttet" i Randers, at De skrev de mange, tykke Arbeider, og, da De havde fri Kost, Logi, Lys og Ildebrand, kan De sagtens sige, at De er fornøiet med „een Læser."

5) I Deres Skrift „Gjentagelsen" Pg. 75 hedder det: „At jeg dog ikke kan gaae klædt som andre Mennesker, at jeg vil gaae i stive Støvler!"

Hvorfor ikke? Det hører jo til Deres Metier. Saa sparer De tillige Stropper under Beenklæderne.

6) I det lille Skrift „Forord" Pg. 7 siger De: „At skrive et Forord er ligesom at lægge den venstre Schenkel flad an, stramme Tommen tilhøire, høre Gangeren sige Pst, og selv blæse hele Verden et Stykke."

Man mærker dog bestandig Hestecilsteren gjennem Philosophen, især naar De kommer op at ride!

Nu forstaae vi endelig ogsaa, hvorfor De blev saa vred over Kritiken i „Gæa". Der staaer, at De er nærved at speculere Dem gal. — Det var heller ikke net at lade Dem høre det — Herregud, vi ere jo alle Mennesker!

Naa, Nathanson, nu have vi ikke Tid længer for denne Gang. Lev vel! Gid De snart maa blive „sluttet ind" igjen; vi skulle nok læse, hvad De skriver derindefra, saa at De ret kan have det, som De ønsker i „Fædrelandet": „selv være glad over den lille Verden, der er Deres Omgivelse", og udenfor „have en Læser, der ikke bliver forstyrret ved det, De skriver, om det end behager hele Verden at erklære det for Galimathias."

Bilag.

„Hvorledes Frater gaaer af Veien for et offenligt Fruentimmer."

„Hvorledes Ironien gaaer rolig ind til den Frygtelige."

1846년 1월 16일자, 『코르사르』 제278호 지면 일부

면서 바깥에 앉아 있는 키르케고르를 묘사했다. 『인생길의 여러 단계』에 나오는 그 "젊은 여성에 대한 작위적인 실험"은 말 훈련에 비유되었다. 이 글에 첨부된 삽화는 키르케고르가 한 여성의 어깨 위에 올라탄 모습이었는데, 이는 키르케고르가 문학적 명성을 추구하느라고 레기네를 이용했다는 묄레르의 비난을 되풀이한 것이었다.

1846년 1월 16일자, 『코르사르』 제278호 삽화

『인생길의 여러 단계』보다도 분량이 더 많은, 또 다른 방대한 저작인 『결론으로서의 비학문적 후서』가 2월 말에 출판되자, 『코르사르』는 그의 저서에 대한 찬사를 거부하는 키르케고르의 오만함을 조롱했다.

> 3릭스달러 64실링이나 주고 사는 책을 자기 마음대로 하지 못한다니 참으로 알 수 없는 일이다. 만일 키르케고르 박사가 사적으로 친구들에게만 주려고 책 한 권을 인쇄해서 나누어 준다면, 그는 무엇보다도 다음과 같이 요청할 수 있다. 이 책이 완벽하다는 것, 너무나도 순수하고 또 예

민한 탓에 조금이라도 인간적인 판단에 노출되면 그것을 더럽힌다는 것을 인정하는가? 그러나 누군가 거짓 없이 올바르게 3릭스달러 64실링을 치렀는데, "성경 읽는 것처럼 이 책을 읽으시오. 만일 이해가 안 되면, 두 번 세 번 계속해서 읽으시오. 만일 두 번째도 이해가 안 된다면, 차라리 당신 머리를 날려버리는 편이 나을 것이오."라는 말을 듣는다면, 아주 괴상한 느낌이 그를 엄습할 것이다. 그는 마음이 혼란스러워지고 또 코페르니쿠스가 지구는 태양 주위를 돈다고 주장했을 때 그가 참 바보였다는 생각이 들게 된다. 오히려 그와는 반대로, 천체는, 태양은, 행성들은, 지구는, 유럽 그리고 코펜하겐은 그 자체가 키르케고르를 중심으로 회전하는데, 이 사람은 한가운데에 말없이 서서 사람들이 그에게 표하는 경의에 대한 답례의 표시로 단 한 번도 모자를 벗지 않는다.[32]

매일 하는 산책에서 『코르사르』의 편집자와 두 번째로 조우했을 때 키르케고르는 그에게 인사를 하는 대신, "격렬하고 아주 냉혹한" 시선으로 그의 눈을 쏘아보았다. 골슈미트는 웃음이 터져 나오려는 충동을 억제했다. "그 시선의 냉혹함에는, 꼭 키르케고르의 개인적 외모와 매너 전체에서도 그런 것처럼, 거의 희극적인 것에 가까운 뭔가가 있었다."[33] 그렇지만 갑자기 희극성이 "고상함으로, 그의 인격에도 또한 섞여 있는 이념성으로" 바뀌었다. 왜냐하면 골슈미트는

Liv har smagt. Men De skal være aldeles stum af Henrykkelse, De maa ikke rose den — den Eneste, der har Lov at rose min Kaffe, er Bisfop Mynster; De maa heller ikke finde Noget at udsætte paa den, thi da sparker jeg Dem ned af Trapperne — saa er Magister Kierkegaard i sin gode Ret; vil Manden ikke indgaae paa Betingelserne, faaer han heller ikke Kaffen. Ligesaa, naar Hr. Magisteren lader en Bog trykke som Manuscript for Venner og forærer den bort, da kan han først spørge: Erkjender Du denne Bog for noget saa Fuldendt, saa Reent og Zart, at den blotte Aande af menneskelig Dom besmitter den? Aflægger Mennesket sin Salighedsed derpaa, saa faaer han Bogen, indbunden i Maroquin med Guldsnit.

Sub poena praeclusi et perpetui silentii. Men, naar man ærlig og redelig har betalt sine 3 Rbd. 64 ß og da faaer den Besked: Læs den som Din Bibel, forstaaer Du den ikke, saa læs den om igjen, forstaaer Du den heller ikke anden Gang, da kan Du ligesaa godt først som sidst skyde Dig en Kugle for Panden — da bliver man ganske underlig tilmode. Der er Øieblikke, hvori Ens Tanke forvirres og man synes, at Nicolaus Copernicus var en Nar, da han paastod, at Jorden dreiede sig om Solen, tvertimod dreier Himlen, Solen, Planeterne, Jorden, Europa, Kjøbenhavn sig om Søren Kierkegaard, der staaer taus i Midlen og ikke engang tager Hatten af for den beviste Ære.

Hvem, hvad er da egenlig Søren Kierkegaard? — spørge vist Tusinder, der have hørt tale om ham og om hans uhyre Bøger.

Magister artium Søren Kierkegaard, mine Herrer og Damer, er et Menneske paa to Been ligesom vi Andre. Hvad angaaer hans Virksomhed, deels som Menneske, deels som Skribent, da kan den bedst oplyses ved et Exempel. Han kommer f. Ex. gaaende i Gothersgade, og en Mand falder og brækker Benet udenfor Urtekræmmeren, hvor Konen forleden kom til Skade. Magisteren bliver øieblikkelig staaende og observerer: 1) Mandens Skræk og Overraskelse, der paa en pudseerlig Maade maler sig i hans Ansigt, idet han falder; 2) hans Rædsel, idet han vil reise sig og mærker, at det ene Been ikke vil med, fordi det er brækket; 3) Smerten, der indfinder sig i Benet, og som nu forjager alle andre Udtryk fra Ansigtet. — Nu var det Tid at træde til og hjælpe Manden, hvis ikke Observationens andet Stadium indtraf: 1) De tililende Menneskers comiske Travlhed og Bespyttelse; 2) deres forskjellige Spørgsmaal til den Lidende og indbyrdes Strid om, hvorledes han skal bringes bort; 3) deres Forbandelser over Brolægningscommissionen og over de Huusbeboere, der ikke have strøet Aske paa Fortouget. — Naar Observationen er tilende, gaaer Magisteren hjem for at nedskrive Resultatet. Du for-

1846년 3월 6일자, 『코르사르』 제285호 지면 일부

"그 격렬하고 거친 시선에서 뭔가를 보았는데 그 시선은 키르케고르가 일찍이 역설했었던, 그리고 나는 이해할 수 없었던, 아니, 차라리 이해하고 싶지 않았던, 물론 나는 그것을 어렴풋이나마 짐작했지만, 그런 훨씬 고귀한 권리를 감추는 시선이었다. 그 시선은 나를 비난했으며 또 우울하게 만들었다." 바로 그날 골슈미트는 『코르사르』 경영을 그만두기로 결심했다. 그는 두서너 달 후에 『코르사르』를 팔았으

며, 일 년 예정으로 신대륙으로 여행을 떠났다. 귀국해서 그는 『남과 북』을 창간했는데, 이것은 정치와 문예 관련 저널로서, 묄레르는 비웃었지만 뮌스테르 감독이 인용할 정도로 수준이 있었다. 묄레르 자신은 1847년 말에 덴마크를 떠나서 다시는 돌아오지 않았다.

1843년에 키르케고르는 코펜하겐을 "내가 사랑하는 수도이자 나의 거처"[34]로 기술했었다. 그의 적대자들이 논쟁을 그만두었음에도 불구하고 코펜하겐은 『코르사르』의 비난 이후로 그에게 과거와는 다른 도시가 되었다. 그 비난은 『코르사르』의 지면에서 시작되어 이 도시의 거리 곳곳으로 퍼져 나갔다. 이제는 날마다 하는 산책을 나가면 낯선 이들도 그를 비웃고, 어린 아이들도 그에게 야유를 퍼부었다. "주방 심부름하는 애들도 모두 『코르사르』의 주문에 따라서 나를 모욕하다시피 하는 것을 떳떳한 일로 생각했다. 젊은 학생들은 킥킥거리며 이를 드러내고 노골적으로 비웃었으며 저명한 인물이 유린되는 것을 보고 즐거워했다. 교수들은 드러내지는 않았지만 질투심에 사로잡혀 그런 공격에 동조했으며, 그런 비난을 유포하면서도 그런 짓은 부끄러운 일이라고 물론 덧붙이기까지 했다. 내가 하는 극히 소소한 일까지, 그것이 단순히 방문하는 것이라고 해도, 뒤틀리고 거짓으로 왜곡되어 도시 전역으로 퍼져 나갔다. 만일 『코르사르』가 알게 되면 그것을 언론에 게재해서 만인이 읽게 된다. (…) 나를 가장 고통스럽게 만드는 것은 어중이떠중이들의 야비함이 아니라 상대적으로 나은 사람들이 그런 짓에 은밀히 가담하는 것이다"라고 그는 1846년 봄에 일지에 쓰고 있다. 그는 친구들이 그를 옹호하는 적극적인 입장을 취하는 게 아니라, 『코르사르』의 조직적인 공격이 무의미하며 별것 아닌 일이라고 그를 안심시키려고만 하는 친구들에게 배신감을 느꼈다. 또한 그는 특별히 뮌스테르 감독이 그에 대해 지지를 표명하기를 원했다. 그가 공격받아 온 까닭이 다름 아닌 기독교에 헌신하는 맥락에서 창작한 저술 때문이 아니던가? "하늘에 계신 하나님이시어, 만일 당신과 소통하면서 그 모든 것이 망각될 수 있는 내면의 장소가 인간에게 없다면 이것을 누구인들 견딜 수 있겠습니까!"라고 쓰면서, 작가로서의 자신의 활동이 이미 끝난 것을 감사드렸다고, "지금까지 그 활동을 내가 직접 끝맺을 수 있게 허락하신 것을, 언제 그 활동이 중단되어야 하는지를 알게 허락해 주신 것을, 그다음으로는 『이것이냐 저것이냐』를 출판하게 허락해 주신 것 바로 그것을 하나님께 감사드린다."라고 덧붙였다. 그는 한 번 더 시골 교구의 목회자가 되어야겠다고 결심하고, 여가 시간에는 다소간의 저술활동을 하는 상상을 했다. "도심을 벗어나 평온하게 활동하면서 느긋하게 휴식하겠다. 물론 현재의 삶이 만족스럽기는 하지만 말이다."[35]

그는 『코르사르』의 공격이 개인적 시련 이상의 것이라고 생각했다. 황폐화된 그 자신의 자존심과 쓰라린 분노를 넘어서 그것에는 정치적 의미가 담겨 있었다. 언론은 근대 도시의 거울이자 더러운 웅덩이로서 허영심 강한 대중이 그 안에 비치는 자신의 모습을 바라보고 있다. 그리고 『코르사르』는, 그가 믿기로는, 덴마크가 겪고 있는 퇴락의 징후였다. 이 투기장의 중심에 있는 것은 모욕적인 일이지만, 그럼에도 불구하고 그는 "가능한 한 문학계에서 올바른 위치에 있는 것으로, 또한 저자가 되는 일이 일종의 행위가 되는 방식으로"[36] 도전적인 태도를 유지했다. 왜냐하면 이제 그는 "시대에 대항하여 논쟁을 벌이며 전진하고" 있었기 때문이다.

저술활동의 종결을 선언한 후 그는 서평을 쓰는 데 몰두했다. "이렇게 나는 여전히 저술가가 되는 것을 회피할 수 있다."[37] 1846년 5월에, 『코르사르』가 계속 그를 비아냥거리자, 그는 『두 시대』에 대한 "짤막한 서평"을 출판했다. 『두 시대』는 『일상생활 이야기』를 썼던 무명의 작가가 쓴 새 소설로서, 이 작품을 그는 『아직 살아 있는 자의 수기』에서 칭찬한 적이 있었다. 두 편의 소설 모두 헤이베르를 편집자로 표기하고 있었는데, 그것들의 저자가 헤이베르의 어머니 귈렘부르(Thomasine gyllembourg)[38]라는 것은 어렵지 않게 짐작할 수 있었다. 그녀의 새 소설은 당대 코펜하겐을 무대로 하고 있었으며, 1844년 여름을 기점으로 시작되는데, 이때 남자 주인공 루사르(Charles Lusard)가 30년간의 외국생활을 마치고 귀국해서 코펜하겐이 많이 변화된 것을 발견한다. 루사르는 번쩍번쩍 빛나는 불빛, 시끄러운 음악 그리고 새롭게 문을 연 티볼리 정원에서 벅적대는 군중들에 충격을 받았으며,[39]

"거기에 모이는 다양한 계층의 너무나 많은 사람들"의 광경을 그의 세기에 이뤄진 위대한 전진의 상징으로 간주했다. "과학의 발견들, 우리 삶을 더 편리하게 그리고 더 유쾌하게 해주는 발명품들을 생각하면 놀라지 않을 수 없다. 과거에 그 누가 증기선을, 철도를, 인간이 날개가 없는 것을 보상해주는 뭔가를 꿈이나 꾸었을 것인가?" 그렇지만 『두 시대』의 다른 등장인물은 "보이기 위해서" 도심으로 나가는 사람들의 "끔찍한 허영심"과 "과거 그 어느 때보다 마치 전염병처럼 유행하면서 가정의 본래의 고결함을 파괴하는 오락에 대한 갈망"을 통탄한다.

키르케고르는 『두 시대』에 대한 비평을 이용해 현대에 대한 비판을 전개한다. 그는 헤이베르의 1842년 에세이 「사람들과 대중」[40]을 이용했는데, 이 에세이는 "사람들이 대중 속으로 용해되는 것"에 대하여 "대중 그 자체가 유기적이고 대표적인 집단에서 아무것도 대표하지 않는 파편화된 군중으로 바뀌는 상황"을 경고했다. 그러나 근대적 삶에 대한 키르케고르의 분석은 언론의 치명적인 영향력을 강조했다. 비평의 서언에서—이는 백 쪽이 넘게 확장되었으며, 한 권의 책으로 출판되게 되는데—그는 이 비평이 "신문에 대한 심미적이고 비판적인 독자들을 대상으로 한 것이 아니라 합리적인 인간들을 대상으로 한 것"[41]이라는 점을 역설했다. 묄레르와 『코르사르』는 질투 때문에 자신을 공격한 것이라고 그는 믿었으며, 또 그의 비평은 질투가 "정열도 없고" "나태하며" "반성적인" 자신의 시대를 "하나로 묶어주는 원리"라고 규정했다. 그는 저질의 무례한 언론을 대중이 즐거움을 위해 키우는 "성질 사나운 개"라고 혹평했다. 이 개가 자신보다 "우월한" 희생자를 공격할 때, "대중은 부끄러워할 줄 모르는데, 왜냐하면 결국 대중은 대중이 아니라 사실은 개였기 때문이다. 그리고 대중은 부끄러워할 줄 모르는데, 왜냐하면 결국 그것은 진정한 비방이 아니었기 때문이다. 그것은 약간의 재미였을 뿐이다."라고 그는 썼다.

그렇지만 만일 누군가가 이것을 비극적으로 생각하고 공격을 받은 사람에 대한 연민을 느낀다면, 그는 계속해서 말하기를,

> 나는 거기에 전혀 동의할 수 없다. 왜냐하면 가장 고귀한 것에 도달하는 데 있어 도움을 얻고 싶어 하는 사람은 그런 일을 경험함으로써 이익을 얻고, 비록 다른 사람들이 그를 대신해 방해를 받더라도 오히려 그것을 욕망해야 하기 때문이다. 아니다, 끔찍한 것은 다른 어떤 것, 즉 낭비되거나 쉽사리 낭비될 수 있는 많은 인간의 삶에 대한 생각이다. 나는 길을 잃었거나 미혹되어 타락한 사람들, 보수를 받고 개의 역할을 자임하는 사람들은 언급조차 하지 않겠지만, 많은 불안정한 사람들, 천박한 사람들, 심미적인 사람들, 속물근성의 게으름에 젖어 바보처럼 이를 드러내고 비웃는 것 말고는 삶에 대한 그 어떤 깊은 인상도 받지

못하는 사람들, 자신들의 한계 탓에 자신의 중요성조차 그 공격의 희생자들에게 연민의 정을 품는 데서 찾는 까닭에 새로운 유혹 속으로 빠지는 모든 이류 인간들에 대해서 언급하고자 한다. 그들은 그 상황에서는 희생자들이 언제나 가장 강한 자라는 사실을 알지 못한다. 또 여기에서는 "그를 위해 울지 말라, 오히려 그대 자신을 위해 눈물을 흘려라"라고 말하는 것이 두려우면서도 오히려 아이러니하게도 옳다는 사실을 깨닫지 못한다.[42]

1846년 5월 초 그는 연례행사처럼 베를린 여행을 떠났다. 그는 생일날 멀리 떠나 있는 것을 좋아했다. 코펜하겐으로 돌아온 직후 그는 아들레르(Adolph Peter Adler)의 사건에 몰두하게 되었는데 아들레르는 목사로 작년에 뮌스테르 감독에 의해 면직되었었다. 키르케고르는 20년 이상 아들레르와 알고 지내는 사이였다. 그들은 시민 미덕 학교에서 급우였으며, 대학에서는 신학 대학 동창이었다. 아들레르는 학창 시절에 "열광적인 헤겔학도"가 되었으며, 1842년에 그가 했던 헤겔 논리학 강의를 출간했다. 그런 후 어느 날 밤 아들레르는 계시를 받았다. 예수가 그에게 나타나서 타락에 대한 새로운 교리를 받아쓰게 했다는 것이다. 이 교리에 의하면 아담이 범죄한 것은 생각에 너무 빠졌기 때문이었다. 그런 다음 그에게 그의 책들을 모두 불태워 버리고 오직 "성경을 고수할 것"을 명령했다. 매주 그는 설교단에서 이 계시를 선포했다. 1843년에 영감을 받은 이러한 설교집을 출판한 후, 그는 키르케고르를 방문해서 그중 하나를 큰 소리로, 일부는 속삭이면서 읽어 준 다음, 자기와의 관계에 있어서 키르케고르가 세례 요한과 같은 존재라는 것, 하나님의 말씀을 담고 있는 살아 있는 그릇이라는 것을 암시했다.

1846년 6월, 교회에서 쫓겨나고 몇 달 후, 아들레르는 네 권의 저서를 출판했다. 키르케고르는 그것을 모두 구입했으며, 그해 가을과 겨울 내내 방대한 분량의 에세이를 작성했는데 이는 문예비평만 쓰겠다는 스스로의 맹세를 확대 해석한 것이다. 그의 『아들레르에 관한 책』은 "현대의 종교적 혼란, 한 현상으로서의 아들레르 박사에 의하여 예증된"이라는 부제가 달려 있었다. 아들레르의 상황은 무엇이 하나님으로부터 오는 것이고, 무엇이 단순한 망상인지, 또 세상과 교회가 거룩한 계시를 받는 누군가에게 어떻게 대응해야 하는지에 관한 물음들을 제기했다.

아들레르의 경우에는 아브라함을 떠올리게 하는 요소가 있었으며, 키르케고르는 이처럼 논쟁적이며 기이하게 다산적인 기독교 저술가와 자신 사이에서 기묘하게 전도된 대칭성을 보았다. 그는 언제나 자신의 저술에 대한 권위를 부인했지만, 아들레르는 그리스도의 증인으로서 지고의 영적 권위를 주장했다. 그는 아직도 목사로서의 서임을 얻으려고 하고 있지만, 아들레르는 목회자의 삶을 상실했다. 그는 아들레르가 혼란에 빠졌다고 생각했지만, 그를 후원해 줘야겠다는 생각이 들었다.[43] "우리는 역동적인 인격들, 일, 아내, 아이들에 대한 끝없는 고민 속에 빠져들어 기진맥진해지지 않는 사심 없는 사람들이 필요하다."라고 그는 지난해인 1847년 여름에 일지에 썼다. 그는 그해의 대부분을 아들레르에 관한 책을 고치는 데 보냈으며, 다양한 가능한 익명들의 이름으로 출판하는 것을 고려하고 있었다. 그러나 이 책이 아들레르에게 해를 끼치게 될까봐 염려하고 있으며, 그래서 그 원고는 여전히 서재에 있는 양철 상자에 들어 있다.

그 대신 그는 『사랑의 역사』를 출판했다. 이 저서는 자신의 이름으로 그 전에 발표했던 종교적 강화들의 한 종류처럼—물론 그 양은 훨씬 방대하지만—보인다. 그러나 『두 시대』에 대한 그의 비평과 마찬가지로, 『사랑의 역사』 역시 『코르사르』 논쟁의 상처를 지니고 있다. 그것은 "사랑이 무엇인지를 사람이 정말로 아는가"를 묻는, 그리고 "그들의 편리한 사고방식을 뒤집으려고" 노력하는 논쟁적인 책이다. 강화 한 편은 사랑의 헌신적 성질에 대한 세속적인 이해를 진실한 기독교적 사랑과 대조한다. "**자기 부정에 대한 순전히 인간적인 생각은** 바로 이것이다. 그대의 자기애적 욕망, 갈망, 그리고 계획을 포기하라. 그리하면 그대는 정의롭고 현명한 자로 존경받고 명예롭게 여겨지고 또 사랑받을 것이다. **자기 부정에 대한 기독교적 생각은** 이렇다. 그대의 자기애적 욕망과 갈망을 포기하라, 자기를 구하는 계획과 목적을 포기하고 영원히 이타적으로 선을 위하여 진실되게 일하고 또 그런 다음에는, 바로 그 이유 때문에, 거의 범죄자 취급을 받으면서 증오의 대상이 되고 모욕당하고 조롱의 대상이 되는 것을 견디라."[44]

* * *

『코르사르』 사태 이후, 세상에 대한 그의 모호한 의심은 외골수의 호전적인 반항으로 굳어져 버렸다. 1848년 연말이 다가오자 이웃들이 크리스마스 트리 주위에 모여서 사과 푸딩을 같이 즐기고 올해가 가져온 모든 변화들, 즉 혁명, 선거, 덴마크 헌법을 위한 계획, 언론의 자유에 관한 새 법률들, 국가와 교회를 분리하는 것과 관련된 논쟁들, 덴마크 식민지에서의 노예제 폐지 등에 관해 활발하게 이야기를 나눈다. 키르케고르의 경우, 요즈음 길고 어두운 밤 덕분에 "폭도, 사람들, 대중, 간단히 말해 저 일간지가 들추어 낼 수 있는 인간쓰레기에 의한 박해"[45]를 회상할 수 있는 시간이 충분하다. 그는 이제 신문을 "악의 한 형태"[46]로 간주하며, 그래서 분노한 어조로 『코르사르』를 덴마크의 "타락", "분열", "질투, 변덕, 편협함"[47]에 대한 징후라고 선언한다. 어조를 바꿔서 그는 "내가 겪어온 온갖 모욕과 지금까지 당해온 배신을 생각해도 전혀 마음이 아프지 않다. 나는 이 모든 것을 단번에, 다시 말하자면, 죽음에 의해서 벗어날 생각이 전혀 없다. 만일 영원 속에 농담할 시간과 장소가 있다고 한다면, 내

삐쩍 마른 다리와 조롱의 대상이 된 바지자락을 생각하는 것이 내게 유익한 즐거움을 주는 원천이 될 것이다."[48]라고 말할 수 있다. 그러나 이번 생에서 그의 바지는 너무나 많은 주의를 끌어 왔고, 그의 저술은 너무나 적은 관심을 받았다.[49] 그의 노력은 그것을 평가할 조건을 갖춘 사람들에게, 헤이베르, 마르텐센, 그리고 무엇보다도 뮌스테르에게 무시되어 왔는데 그 까닭은 "그들이 질투심을 느끼기 때문"[50]이다. 형 페테르는 그의 가장 가까운 혈육이며, 그래서 그를 위해 적극적으로 열광적인 응원을 하기는 쉽지 않다. 키르케고르는 페테르가 어떤 반응을 보였는지를 회상한다. 그가 일 년 전에 "나는 저술가로 존재하는 것을 완전히 그만두고 승마나 그 비슷한 일을 할까 생각 중이야"라고 농담하자, 페테르는 (너무나도 진지한 표정으로) "그렇게만 한다면 더할 나위 없이 좋겠지"라고 대꾸했다. "그것은 내 노력이 그에게 얼마나 무의미하게 보이는지를 보여주는 방증이다."[51]

시베른 교수가 키르케고르의 학창 시절에 이미 논평한 것처럼, 그는 천성이 논쟁적이며, 또 뛰어난 유창함과 위트 덕분에 문예 분야에서 무서운 논객이다. 그는 여전히 은퇴를 생각 중이다. 『결론으로서의 비학문적 후서』를 출판한 이후 그는 익명의 저술을 추가하지 않았다. 이번 여름 그에게 그렇게 격심한 고뇌를 유발한—헤이베르 여사에 관한—『조국』에 게재한 글을 제외하면 말이다. 그렇지만 1846년의 사건들은 수난을 겪는 그 자신이 그 도시에 대한, 그 시대에 대한, 세계에 대한 일종의 고발일 수 있다는 것을 보여주었다. "그들에게 나를 짓밟는 것이 허용되어야 하겠지만, 그들은 붙잡히고 나는 그들보다 강하다"[52]라고 그는 지금 쓰고 있다. "물리적인 측면에서는 어떤 개인도 군중을 상대로 승리할 수 없다. 그러나 만일 단 한 명의 개인이 진실로 정당한 사람이라면, 그는 무한한 차원에서 강자이다. 아아, 그 어떤 것도, 결단코 그 어떤 것도 흔들 수 없다는 확신을 가지고, 나는 그렇게 해서 내가 무한의 차원에서 강자라는 사실을 알고 있다. 모든 학대는 단순히 이 사실에 대한 확신을 강하게 해줄 뿐이다." 물론 그의 시련은 예수가 겪은 수난에 비하면 아무것도 아니다. 그는 만인이 보는 앞에서 십자가에 매달려 처형당한 것도 아니고, 『코르사르』의 이빨이 진짜 피를 흘리게 만든 것도 아니다. 그럼에도 불구하고 그는 계속해서 조롱당해 왔고 경멸의 대상이 되어 왔으며 대중의 구경거리가 되어 왔다. 그는 순교의 파괴적인 효력을 충분히 경험했다.

이 모든 것에도 불구하고 그는 이제 여유롭게 웃을 수 있다. 그는 가장 심오한 실존적 물음을 제기하고, 인간 마음의 가장 깊은 곳을 더듬어 탐색하는 저서들을 고향에서 내놓았다. 그는 자신의 영혼을 탐색하고 드러냈으며, 시적 능력과 철학적 천재성을 남용하고, 재산을 모두 소진했으며, 기독교계를 되살리고, 다시 영성을 회복하기 위한 이 엄청난 노력에 육신을 모두 피폐시켰다. 그런데 사람들은 그의 허약한 두 다리를 야유하고 있는 것이다. 그는 미래의 독자들을 상상한다. "그들은 내가 여기에서 실존하며 그 표적이 되어 코펜하겐 전체가 공연했던, 순전히 지적으로 무한히 희극적인 연극을 고요한 가운데 평화롭게 앉아서 즐길 수 있을 것이다."[53] 오직 그것만이 그렇게 오랫동안 지금까지, 하루도 빠짐없이, 해를 거듭하면서 계속되어 오고 있는 것이다. 이것은 관객에게 아무 재미거리도 아닐 것이며, 또 그에게는 더 나쁜데, 주인공 역에 발탁되었기 때문이다. "시적인 관점에서 보건대, 그것은 마땅히 생략되어야 한다. 그리고 장차 나의 독자들에게는 그렇게 될 것이다. 다른 한편 종교적인 것이 일과 속에서 그리고 일과와 함께 시작되고, 또 그것이 내가 나의 삶을 이해하는 경위이다. 나와 관련해서 말하자면, 이 무한히 희극적인 연극은 일종의 순교이다." 만일 그가 코펜하겐에 머무는 것을 의무로 생각하지 않았다면, 그는 어떤 고립된 지역으로 떠나 멀찌감치 떨어진 채 그의 보잘것없는 도시를 바라보면서 "웃고 또 웃을" 것이다.

"죽는 것이 그 분위기를 일소할 수 있는 유일한 해결책이다"[54]라고 그는 그 해 초에 일지에 쓰고 있다. 그의 실존은 만인에게 두통거리이다. 그가 세상을 떠나면 그의 심오하고 기묘하며 얽히고설킨 감동적인 저술은 자유롭게 떠다니며, 더 이상 실제 인물의 비틀거리는 장애에 구속되지 않을 것이다. "바로 이 순간에 나는 나의 관념성에 존재할 텐데, 왜냐하면 문제는 내가 너무나도 관념적으로 계발되어서 시장속 같은 도시에서는 살 수가 없기 때문이다. (…) 내가 사는 매일매일, 나는 단순히 시장바닥 같은 도시의 질투심에 점점 더 부담이 될 따름이다." 그는 "모든 세속적인 혜택을 부정함으로써 진정으로 이타적"[55]이었다고 스스로에게 말한다. 아름다운 여성과의 결혼, 아버지가 되는 것, 크리스마스를 같이 보낼 가정, 그리고 헤이베르, 마르텐센, 혹은 뮌스테르의 경력과 쌍벽을 이루었을 경력 등. 그가 대중의 찬성에 기꺼이 굴복하기만 했더라면 그런 혜택을 누릴 수 있었을 것이다. 그러나 그는 이기심의 발동 역시 잘 알고 있으며, 휴식을 갈망한다. 영혼을 해방시키고 육신을 진정시켜 줄 관대함은 결코 쉽사리 찾아오지 않았다. 그리고 사유 속에서 부드럽게 그를 불러내며, 하루 할 일을 다 했다고 말해 주고, 재판관 윌리엄의 인내심 많은 아내처럼 다정하게 잠자리로 인도할 아무도 존재하지 않는다. 그는 여전히 자기주장이라는 속박의 끈을 팽팽히 잡아당기고 있다. 이 끈은 결코 느슨해지지 않을 것이며, 오히려 뒤틀려서 자기희생으로 변할 것이다.

3부

1849년-1855년: 앞으로 살아가는 삶

전함은 수심이 깊은 바다로 나가기 전에는 명령을 받지 않는다는 것을 내가 얼마나 많이 이야기했던가? 그렇기 때문에 그것은 전적으로 내가 저술가로서 원래 의도했던 것보다 훨씬 더 나아가기 위함인지도 모른다.[1]

13. 세상과 불화하다

"문제는 이것이다. 최근의 저작 모두를 언제 출판해야 할 것인가!" 1849년의 겨울과 봄 내내 이 문제는 키르케고르를 괴롭히고, 꼼짝 못하게 했으며, 마비시키다시피 했다. 1848년 동안 집필한 원고는 이미 준비가 되어 있었지만, 그는 자신의 미래에 관한 딜레마로 스스로를 몰아넣었다. 저술가로 계속 살 것인가, 아니면 교회에서 서임을 구할 것인가. 세상에서 물러나 고요한 시골교구로 은둔하고 싶은 유혹은 이제 그렇게 하지 않을 경우 수중의 돈이 모두 바닥날 거라는 두려움으로 더 강해졌다. 그렇지만 그의 재정 상태는 실존적 관심사보다 더 심각할 정도로 그렇게 절박한 것은 아니었다. "인간적으로 말해서, 안정적인 직업을 갖고 안락한 생활을 한다는 것은 기분 좋은 일이다. 생계를 위해 일하는 것은 유쾌한 일이다. (…) 그런데 정반대의 인생으로 분류되는 오직 두 계층의 사람들이 있을 뿐이다. 항상 취해서 몽롱한 자기들, 타락한 사람들, 그리고 이념을 위해 진지하게 그리고 진실되게 삶을 영위하는 사람들. 오호라, 그런데 세상의 눈에는 이 둘을 혼동하는 것이 너무나도 쉽게 일어나는 현상이다."[2]

키르케고르는 교구 목사가 되거나, 또는 1840년에 다녔던 목회자 양성 신학교에서 강의할 충분한 자격이 있었다. 그는 전문적인 신학자, 재능이 탁월한 설교자, 그리고 "보통 사람과 대화할 수 있는 특별한 재능"[3]을 지닌 상담사였다. 그러나 만일 성직 서임을 요청한다면 과연 그것이 주어질 것인가? 1848년에 저술된 저서들을 출판하는 것이 앞길에 장애물로 작용할 것인가? 또 만일 교회의 공식적인 자리를 확보한다면, 익명으로 권위 없이 창작되어 왔던 전복적인 저술 활동을 과연 어떻게 계속할 수 있을 것인가?

레기네가 그의 딜레마를 더 심화시켰다. 교회에서 그녀를 보거나 혹은 거리에서 그녀를 스쳐 지나갈 때마다 그녀의 출현이 그의 영혼에 물밀듯 밀려들었다. 그는 그녀의 조금도 대수롭지 않은 움직임조차 온 신경을 집중해서 의식하였으며, 이따금 자신을 바라보는 그녀의 시선을 느낄 때도 있었다. 그들은 서로 대화를 나누지도 않았고 편지를 주고받지도 않았으며, 이런 침묵 가운데 모든 사소한 몸짓들이 사적이고 무한히 의미심장한 춤의 스텝이 되었다. 그녀를 통해서 그는 과거에 저술가가 되었던 것이며 또 그녀는 그의 저서들에서 벗어날 수 없었다. 그렇지만 그가 지금 꿈꾸는 성직자의 삶은, 1840년으로 돌아가 보면, 그녀와 결혼하는 것과 함께 진행되던 것이었다. 목사 서임을 구하는 것은 이미 포기된 길로 돌아가는 것처럼 느껴졌으며, 레기네와의 화해를 바라는 그의 소망과도 어렴풋이나마 이어져 있었다. 그는 신부와 수녀 간의 영적 사랑처럼 그녀와의 오누이와도 같은 관계를 상상했지만 그런 우정까지는 아니더라도 용서를 바라고 있었다.

그는 여전히 글을 써야 한다는 압박감을 느꼈다. 거룩한 섭리가 그의 저술을 인도해 왔다는 의식은 깊은 불안을 누그러뜨리기 위해 글을 쓰고자 하는 욕구와 구별하기가 어려웠다. 게다가 수난을 당하는 기독교인의 역할—레기네와의 관계에서는 죄인이자 참회자 역할, 그리고 『코르사르』와의 관계에서는[4] 현대의 악한 힘들을 내쫓기 위하여 박해를 감수한 순교자 역할—을 아무리 진지하게 감당한다고 하더라도 글쓰기가 엄청난 즐거움을 주었다는 사실은 여전히 남아 있다. "어린 시절부터 계속 말할 수 없이 불행했다는 것은 분명히 사실이지만, 그럼에도 불구하고 나를 저술가가 되게 허락하심으로써 하나님이 나를 위해 예비하신 탈출 방법이 그 즐거움에 있어서 지속적으로 풍요롭고 또 풍요로웠다는 것을 고백하지 않을 수 없다. 그래서 나는 확실히 희생자가 되어 왔지만, 저술가로서의 나의 저술활동은 희생이 아니다. 그것은 정말이지 내가 절대적으로 계속해서 제일 하고 싶은 것이다."[5] 그리고 당연하게도 그의 자존심 또한 있었다. "더 이상 저술가로 존재할 여유가 없다고 단도직입적으로 선언하고 그런 다음 유한한 일들을 떠맡는 일이 더 모욕적일지, 아니면 뭔가를 출판한다면 부수적으로 따라올 온갖 것들에 나 자신을 노출시키는 일이 더 모욕적일지 결정하는 것은 참으로 어려운 일이다."[6] 그는 특별한 존재가 되는 것도, 악명이 높아지는 것도, 오해 받는 것도 원하지 않았으나, 그의 저술은 그에게 이런 것을 요구하는 것처럼 보였다. 자신의 딜레마와 씨름하면서 그는 하나님의 인도하심을 위해 기도했으며, 또 하나님의 응답의 징조를 찾아 헤맸다. 그는 하나님이 명령하는 곳은 어디건, 마치 아브라함처럼, 가겠다고 결심했다. "전함은 수심이 깊은 바다로 나가기 전에는 명령을 받지 않는다는 것을 내가 얼마나 많이 이야기했던가? 그렇기 때문에 그것은 전적으로 내가 저술가로서 원래 의도했던 것보다 훨씬 더 나아가기 위함인지도 모른다."

그는 사방의 벽이 모두 가능성들로 뒤덮인, 인적 없는 쓸쓸한 방처럼 출판의 문제에 파묻혀 있었다. 그 방에서 이리저리 서성이며 원고를 한심하게 이리저리 뒤섞고 그것들의 여백에 어설프게 손을 보면서, 여기에서 단어 하나를 지우고 저기에서 구절 하나를 고치고 또 일지에서 자신과 씨름하며 하루 이틀, 한 주 두 주, 한 달 두 달을 보냈다. 그는 이제 『저술가로서의 나의 저술활동에 대한 관점』을 출판할 수 있을 것인가, 아니면 그의 사후까지 출판을 기다리게 할 것인가? 『아들레르에 관한 책』은 어떻게 해야 할 것인가?[7] 당분간은 『죽음에 이르는 병』과 2부작으로 구성된 그 후속 저서(『나에게로 오라』와 『걸려 넘어지지 않는 자는 복이 있을 것이다』) 그리고 새로 집필한 에세이 『무장된 중립성』을 모두 합하여 『성취의 모음집』이라는 표제를 달아 단권으로 출판할 것을 고려했다. 그러다가 이것을 『완결판 선집』으로 수정했다. 왜냐하면 만일 이 작품들이 "기독교계로 기독교를 도입하고자 하는"[8] 그의 소명을 성취한 것이라면, 그것들은 동시에 그를 이미 소진시켰을 것이기 때문이다. 그는 기력이 다했는데도 글은 그의 생명력의 경쾌하고도 거침없는 활력으로 춤을 췄다. 그는 이 가능한 선집을 위해 짤막한 서문을 작성했다. "각료가 자리에서 물러나 한 개인이 되는 것처럼, 나 또한 저술가로서의 삶을 중단하고 펜을 내려놓는다. 나는 지금까지 실제로 명세표를 소유해 오고 있었다. 한 마디만 더, 그러나 아니지, 이제 더 이상 말은 그만, 왜냐하면 나는 이미 펜을 내려놓았기 때문이다."[9]

그렇지만 새로운 무엇인가를 창작함으로써 이러한 불안한 묵상으로부터 일시적으로 벗어날 수 있었다. 그는 1848년 초봄에 구상했던 들의 백합과 공중의 새에 관한 대단히 훌륭한 설교문 집필 작업에 복귀하여 그것들을 손질한 다음 『이것이냐 저것이냐』 제2판에 덧붙여 1849년 5월에 레이첼 출판사에서 출판했다. 그는 이러한 "경건한 강화들"을 바로 저 첫 번째 "건덕적 강화들"의 반복이라고 생각했다. "건덕적 강화들"은 1843년 『이것이냐 저것이냐』의 뒤를 이어 발표된 바 있다. 저 앞의 저작들과 마찬가지로 이 저작들 역시 그의 생일인 5월 5일로 서명된 서문을 포함하고 있었다. 그는 "유혹자의 일기"를 예수의 산상수훈에서 이끌어낸 영적 가르침으로 균형을 잡았으며, 걱정근심 없는 신앙심을 보여주는 자연의 좋은 예들에 관한 이러한 서정적 묵상은 미래에 대한 그의 걱정을 이겨냈다.

설교문 모음은 탄원의 기도[10]로 시작되었다. "하늘에 계신 아버지시여! 인간으로 존재한다는 것이 무엇인지 우리가 배워 알게 해주시옵소서." 키르케고르는 "백합을 보라"는 예수의 가르침을, 인간의 조건을 자연의 다른 부분과 비교해 생각해 보라는 권유로 받아들였다. 백합은 지금 이 순간, 내일에 대한 의문이나 염려 없이, 자연스럽게 하나님의 선하심을 드러내는 것이다. 백합과 새에서 침묵, 순종 그리고 기쁨을 배울 수 있다는 것을 그는 시사했다. 또 이러한 성질들은 배워서 실천될 필요가 있는데, 왜냐하면 인간의 삶은 언제나 그와는 정반대 방향을 향해 가려고 발버둥치기 때문이다. 우리는 우리를 둘러싸고 있는 끊임없는 잡담에 의해 그리고 우리 자신의 그칠 새 없는 잡념에 의해 침묵으로부터 멀리 이탈되며, 또 우리는 체질상 불순종하는 존재들이다. 심지어 가장 진지한 종교적 인간조차 하나님의 뜻을 행하는 것과 그들 자신의 성향을 따르는 것 사이에서 분열된다. 이러한 양면성을 전혀 모르는 백합과 새는 자신들에게 "주어진 처지에서"[11] 순종하며 머문다고 키르케고르는 썼다. 이는 그가 1848년에 일지에서 사용한 말들과 흡사하거니와, 그때 그는 코펜하겐에서 대중의 시선에 노출된 채 저술가로 사는 것이 자신에게 "주어진 처지"였다고 생각했다. 그리고 마지막으로 그는 기쁨에 관해서 썼다. 다른 살아 있는 것들은 자신들의 본성을 기쁨으로 받아들이는 반면, 우리는 불안하고 불만스러워한다. 그렇지만 우리는 백합과 새와 똑같은 은혜를 공유할 뿐만 아니라 심지어 그 외에도 훨씬 많이 가지고 있다. "그대가 존재하게 되었다는 것, 실존한다는 것, 오늘 그대가 실존의 필수적인 것들을 받는다는 것, 그대가 인간이 되었다는 것, 볼 수 있다는 것, 이것을 생각해 보라. 그대가 볼 수 있다는 것, 들을 수 있다는 것, 냄새 맡을 수 있다는 것, 맛을 지각할 수 있다는 것, 느낄 수 있다는 것. 태양이 빛나고 있다는 것, 그리고 태양이 지치게 되면, 그대를 위하여 달이 빛나기 시작하고 별들도 반짝인다는 것. 겨울이 된다는 것, 자연의 모든 것들이 모습을 바꾸고, 이방인인 것처럼 가장한다는 것, 그것도 그대를 기쁘게 하기 위해서 그렇다는 것. 봄이 온다는 것, 새들이 떼를 지어 날아온다는 것, 그런데 그렇게 하는 것은 모두 그대에게 기쁨을 주기 위함이라는 것. 초목이 움튼다는 것, 숲이 아름답게 성장한다는 것."[12]

그럼에도 불구하고 인간으로 존재하는 것이 꽃을 활짝 피운다거나, 혹은 날개를 활짝 펼치는 것처럼 단순한 문제가 결코 아니라는 것을 아무도 키르케고르보다 더 잘 알지 못했다. 아직 출판되지 않은 원고 중 또 다른 것인 『죽음에 이르는 병』에서도 그가 설명했듯이, 모든 인간은 그 자신이 되어야 하며 또 절망에 빠지는 것을 거의 피할 수 없다. 어떤 종류의 절망은 가능성이 너무 많은 탓에 발생하고, 또 다른 것은 가능성이 너무 적어서 생긴다. 무엇이 되었을지도 모르는 것과 앞으로 오게 될 것에 대한 생각에 압도되어서 "자기는 그 자신으로부터 도망쳐 달아나고"[13], "지칠 때까지 가능성 안에서 허우적거리며", 또 꼼짝도 할 수 없다. 그런데도 가능성이 없이는 "사람은 호흡할 수 없다." 오직 하나님만이 "능치 못함이 없는 유일한" 존재이며, 또 이 하나님에게 기도하는 것이 인간의 영혼을 살아 있게 하는데, 왜냐하면 "기도하는 것은 숨 쉬는 것인 까닭이다." 결정론자들과 운명론자들은 기도할 수 없다. 그들은 절망에 빠져 있어서 하나님을 상실한 지 오래라 모든 가능성도 따라서 사라져 버렸다. 『죽음에 이르는 병』 또한 연약함의 절망과 반항의 절망을 구분했다. 어떤 사람들은 자신들의 실존적 과제에 맞서지 못하고 우울증에 굴복하며 자기가 되기를 원치 않는 반면, 다른 사람들은 반항적인 자기주장을 통해 절망하여 하나님의 필요성을 인정하기를 거부한다.

키르케고르는 이러한 영적 질병 분류법을 자신의 영혼의 실험실 안에서 만들었으며, 또 자신의 미래에 대해 고뇌하면서 자신이 온갖 종류의 절망에 취약하다는 것을 느꼈다. 당분간 『이것이냐 저것이냐』 제2판과 『세 편의 경건한 강화』 이외에 다른 어떤 것도 출판하지 않겠다는 결정은 여전히 유효한 상태였다. 그는 목회자 양성 신학교의 교수직에 위촉되게 해달라고 기도했다. 그리고 레기네와 화해하게 해

달라고도. 그런데 1849년 5월, 서른여섯 번째 생일에 그는 저술활동으로부터 도망치게 만든 "우울증"과 "심기증적 회피증"을 유감으로 생각했다.[14] 매일매일의 경건한 독서를 통해서 그는 새로운 결단을 감행하게 되었다. 루터의 설교문을 읽고서 그는 세상에 맞설 준비를 갖추었다. 토마스 아 켐피스(Thomas à Kempis)는 평화는 자기 자신의 의지가 아닌 하나님의 뜻에 따를 때 온다고 조언했다. 페네롱(Fénelon)은 무엇이든 하나님이 그에게 바라고 있는 것보다 더 적게 행하는 것에 대하여 경고했다. "나는 더할 나위 없이 훌륭한 존재가 되기를 소망했다. 믿음과 기도에 의존하지 않고서 말이다."라고 키르케고르는 일지에서 고백하고 있다.

> 나는 안락한 미래를 확보하고 싶어 했다. (…) 주권자 역할을 하고, 스스로 심판하고 싶어 했다. (…) 위험에 대한 두려움, 심기증, 그리고 하나님에 대한 확신의 결여 탓에, 나는 나 자신을 내가 갖고 태어난 재능보다 더 열등하다고 생각하려고 했다. 마치 그런 재능들에 대한 소유권을 취하는 것이 진실을 사취하는 것처럼, 그리고 나 자신을 열등한 존재로 생각하는 것이 사실은 하나님과 진리를 사취하는 행위가 아닌 것처럼 말이다. (…) 인간적으로 말해서, 우리가 덴마크에서 맞닥뜨리고 있는 이러한 대단찮은 환경 안에서 특별한 존재가 된다고 해서 재미있거나 유쾌한 일은 단언컨대 결코 없다. 그저 고통스러운 존재가 되는

> 것이다. 그러나 하나님은 다정함으로 감싸 주시고, 기대한 것보다 훨씬 많은 것을 내게 허락하셨다. 그리고 그분은 (지나간 세월 동안 내게 허락하신 풍요로움과 수난을 통해서) 나로 하여금 운명을 이해하게 이끄셨다. 더할 나위 없이 진실로, 그것은 내가 원래 상상했었던 것과는 다르다. (…) 내가 다시 그 계기를 되찾기 전에 먼저 나는 멈추어야 한다는 생각을 해야만 했다.[15]

백합과 새의 영감에도 불구하고 이것은 오직 잠정적인 결단이었을 뿐이다. 봄은 빠르게 여름으로 변해 갔고, 키르케고르는 『완결판 선집』을 출판할 것인지 여전히 확신이 없는 상태였다. "내 삶을 이토록 힘들게 하는 원인은 내가 다른 사람들이 하는 것보다 한 옥타브 더 높여서 조정되었기 때문이다. 내가 어디에 있는가, 무엇이 나를 사로잡고 있는가는 특수가 아니라 원리 혹은 이념이다. 대부분의 사람들은—기껏해야—자신들이 결혼해야 하는 상대에 대해서 생각한다. 나는 결혼 자체를 생각하지 않으면 안 된다. 그리고 그것은 모든 것에 다 해당된다. 그것이 기본적으로 지금 나의 상황이다. 대부분의 사람들은—기껏해야—자신이 지원해야 하는 직업에 관해서 생각하는 반면, 나의 운명은 투쟁에, 이념의 전쟁에, 이른바 기독교적인 전문적 직무가 기독교에 올바른 것인지 여부에 관한 원칙의 문제에 깊이 관여해야 한다는 것이다."[16]라고 그는 생각했다.

한편 한 단계 낮은 옥타브에서는 덴마크 기독교계가 철저히 파괴된 후 재건되고 있었다. 뉘토르브 2번지에서의 마지막 한 주를 보내고 있던 1848년 봄에 발생한 혁명에 따른 여파였다. 1849년 6월 5일에 프레데릭 7세는 덴마크 왕국의 헌법에 서명했는데, 이 헌법은 모든 국민에게 종교의 자유를 부여했다. 그들의 인권은 더 이상 루터파 교회의 구성원 자격에 종속되지 않았다. 덴마크 국교회는 덴마크 국민교회가 되었다.[17] 그러나 제헌의회는 교회를 국가와 분리시키라는 그룬트비의 요구에 응하지 않았으며, 덴마크 국민교회(Danske Folkkirke)의 설립은 민법에 명문화되었다.

6월 하순에 키르케고르는 뮌스테르 감독을 성모교회 맞은편에 있는 감독관저로 방문해서 목회자 양성 신학교의 교수직 위촉에 관해 물어보았다. 개인적으로 그는 이제 뮌스테르가 "보통 사람이나 마찬가지로 세속성과 결탁"했다고 믿고 있었으며,[18] 그래서 일지에서 "기독교를 너무나도 평온한 부드러움으로 변질시키고 말았다"고 비난했다. 뮌스테르는 이제 70대의 고령이었다. "그는 조만간 세상을 떠날 것이다, 심판을 받기 위해서. 또 그는 잘못된 모습을 불러일으킴으로써 기독교에 얼마나 많은 해악을 끼쳤던가." 여러 해 동안 키르케고르는 교회에 대한, 세상에서의 그의 위치에 대한, 자신의 저술의 수용에 대한, 세상을 떠난 아버지를 향한 충심에 대한 자신의 관계와 관련한 불안의 원인을 이 사람에게 돌려왔었다. 이제 뮌스테르 감독이 그의 상상 속에서

뮌스테르 감독의 말년 모습

과거 그 어느 때보다 더 크게 보였으며, 또 그 자신의 실존적 불안으로 전율하면서, 교수직 위촉을 얻으려고 애쓰는 것과 관련된 내면의 분투로 여러 달을 보낸 후 키르케고르는 뮌스테르의 관저를 들어설 때 초조해하고 있었다. 뮌스테르 감독은 그를 친절하게, 부드럽게, 유능하게 대했다. "안녕하신가, 친애하는 친구, 친애하는 친구여! 그런 뒤 그는 자신이 나와 이야기할 시간이 별로 없다고 말했다. (…) 또 그다음에 그는 이 '친애하는 친구여'라는 말을 여섯 번 혹은 일곱 번이나 반복하면서 내 등을 찰싹 치며 어깨를 두드렸다. 말하자면, 그는 나와 대화를 나누는 것을 무서워했는데 그것은 나와 깊이 연루되는 것을 두려워했기 때문이다." 그는 키르케고르에게 "다시 한 번"[19] 오라고 말했다. 그러나 그것은 가까운 시일 내의 언제를 말하는 것은 아니었는데, 왜냐하면 뮌스테르는 코펜하겐을 떠나 셸란섬 교구를 방문할 예정이기 때문이었다. 키르케고르는 뮌스테르의 능란한 회피에 순순히 따랐으며, 그래서 자신의 요청에 대한 답을 듣지 못한 채 감독관저를 떠났다. 그리고 기독교계를 공격하는 자신의 캠페인을 다시 시작하겠다는 결심을 새로이 다졌다.

3일 후 그는 인쇄업자 비앙코 루노(Bianco Luno)에게 편지를 써서 『죽음에 이르는 병』을 인쇄해 달라고 부탁했다. 루노는 다음 날인 6월 29일 원고를 넘겨받기로 약속했다. 그날 저녁 키르케고르는 레기네의 아버지가 세상을 떠났다는 소식을 들었다. 그의 결심은 다시 한 번 약해져서 가능성으로 화해 버렸다. 만일 그가 올센 의원의 죽음을 더 일찍 접했더라면, 아마도 그는 이것을 레기네에게 다가갈 때가 되었다는 징후로 받아들였을 것이며, 인쇄업자에게 편지 쓰는 것을 보류했을 것이다. 그는 불면의 밤을 보냈으며,[20] 생각을 정리할 수도 없었지만, 레기네를 자신의 저술과 연결시킨 저 길고도 복잡하게 뒤엉킨 실타래를 파악하고 또 갈래를 타려고 애썼다. 그는 여러 시간을 어둠 속에서 누워 있었는데, 마음이 두 갈래로 나뉘고 있었다. 그는 다른 사람과 대화를 나누고 있는 것처럼 보였지만, 그러나 그중 어느 음성이 자신의 것인지 알 수가 없었다. "보게, 이제 그는 자신의 파멸을 고집하잖아. (…) 그대는 한 주 혹은 그 정도를 기다릴 수 있을 테지. (…) 그가 그라고 생각하는 게 도대체 누구이지?"

동이 틀 때쯤 그는 지칠 대로 지쳐서 극도로 혼란스러웠다. 몇 달 동안 출판 문제로 씨름하다 마침내 결정에 이르게 되고 루노와 계약했는데, 이제 그런 후 다음 날 마음을 바꾸다니 너무나도 바보 같은 짓으로 생각되었다. 그렇지만 그는 뭔가가 자신에게 경고를 발하고 있음을 느꼈다. 이것은 하나님의 신호일까, 아니면 단순히 그 자신의 겁에 불과한 것일까? 키르케고르는 언제나 자신의 저서를 세상에 내보내는 데 뭔가 두려움이 있다는 것을 알고 있었다. 이제, 새로운 전쟁이 시작되려는 찰나, 하나님은 그에게 쉬라고, 아마도 물러나라고 재촉하고 있는 것일까, 아니면 싸움을 위하여 용기를 내라고 하는 걸까? 그의 결정적인 생각은 이것이었다. "하나님이 사람을 무섭게 한다는 사실이 항상 이것이 그가 해서는 안 되는 어떤 것임을 의미하는 것은 아니며, 오히려 그가 꼭 해야 하는 바로 그것임을 의미할 때도 있는 것이다. 그러나 그는 그것을 두렵고 떨리는 가운데 실행하는 것을 배우기 위해서는 먼저 무서워하지 않으면 안 된다." 그래서 그는 『죽음에 이르는 병』을 인쇄업자에게 보냈으며, 또 하나님에게 자신이 어디까지 가야 하는지 인도해 주실 것을 기도했다.

"나는 이 무서운 일에서 나를 풀어 달라고 하나님에게 계속 기도하고 있으며, 지금도 여전히 그렇게 하고 있다"[21]라고 키르케고르는 그해 늦여름에, 사태가 좀 더 확실해졌을 때, 일지에 쓰고 있다. "게다가 나는 나 자신 인간이며 또, 인간적으로 말해서, 여기 지상에서 행복하게 사는 것을 원한다. 그러나 유럽 전역에 걸쳐 분명히 나타난 기독교 국가, 기독교계 때문에, 나는 기독교인이 되는 대가에 주의를 집중시키기로 하고, 먼저 여기 덴마크에서부터 시작하기로, 그것도 개념 전체, 즉 국가 교회, 공식적인 직위, 봉급 등을 날려 버리는 방식으로 하기로 결심했다. 지난 2~3년 동안 나는 손바닥만 한 나라의 배신과 배은망덕을, 존경할 만한 사람들의 질투와 군중의 조롱을 참아 왔다. 더 나은 누군가가 없기 때문에 나는 아마도 기독교를 선포할 자격이 있을 것이다. 뮌스테르 감독은 주단 외투와 대형 십자가를 걸치고 다니게 놔두자."

아마도 키르케고르는 기독교를 선포할 권리가 있었을 것이지만, 어쩌면 그렇지 않았을지도 모른다. 이것은 그의 저술의 문제가 되었으며, 그 자신의 실존의 문제와 분리할 수 없는 것이 되었다. 만일 그가 『죽음에 이르는 병』과 그 후속 저서, 지금은 『기독교의 훈련』이라는 표제의 단일 저작을 출판할 생각이라면, 그 문제를 어느 정도라도 해결해야 했다. 그에 대한 답은 최종적으로 안티 클리마쿠스라는 새로운 익명의 형태로 나타났는데, 이는 "특별한 정도의 기독교인"이라는 의미인바, 『철학적 단편』과 『결론으로서의 비학문적 후서』의 저자인 요하네스 클리마쿠스와 대비되는 익명으로서, 클리마쿠스는 기독교인이 아니라고 주장하면서 기독교에 관하여 철학적 성찰을 수행했다. 비록 키르케고르가 자신을, 추정컨대 "전적으로 하찮은 기독교인"을, 이러한 두 익명 사이의 중간에 위치시켰지만, 그 관계는 그것보다 훨씬 복잡했는데, 왜냐하면 익명들은 영혼 내부의 갈등을 표현했기 때문이다. 『죽음에 이르는 병』에 대한 서문의 한 초고에서, 안티 클리마쿠스는 자신과 요하네스 클리마쿠스가 형제이며, 정확히 동갑이고, 모든 것을 공유하며, 그런데도 전혀 다르다고 설명했다. "우리는 쌍둥이가 아니며, 서로 정반대이다. 우리 사이에는 기본적으로 깊은 관계가 있지만, 양쪽에서의 최선의 필사적인 노력에도 불구하고 우리는 결코 **반발적 접촉** 이상으로 더 가까이, 그 이상으로 다가가지 못한다. 우리가 접촉하는 지점과 순간이 있으나, 그와 동시에 우리는 서로에게서 빛의 속력으로 멀어져 간다. 산꼭대기에서 같은 지점을 향해 돌진하는 두 마리 독수리처럼, 혹은 절벽 꼭대기에서 수직으로 강하하는 독수리와 대양 깊은 곳에서 똑같은 속력으로 총알처럼 솟구쳐 오르는 포식성 물고기처럼, 우리는 둘 다 같은 지점을 추구한다. 접촉이 있고, 또 같은 순간 피차 각기 자신의 극한을 향해 돌진한다."[22] 분리된 자기, 분리 불가능한 적대자 사이에서 분열된 자기에 대한 이러한 이미지는 키르케고르의 바로 그 첫 번째 저서인 『아직 살아 있는 자의 수기』에 실린 그의 변증법적 서문과 흡사하다.

1849년의 겨울과 봄 동안, 키르케고르가 두 가지 가능한 미래, 그리고 두 가지 가능한 자기 사이에서 망설이고 괴로워하며 자신의 로센보르가데 소재의 아파트 주변을 서성이고 있는 동안, 브레메르(Fredrika Bremer)는 코펜하겐의 가장 유명한 저술가와 지식인을 방문하고 있었다. 브레메르는 스웨덴 출신의 저술가이자 페미니스트 개혁가로서, "스칸디나비아에서의 삶"을 주제로 하는 일련의 기사를 탐사하여 게재하고 있었다. 덴마크에 체류하는 동안 그녀는 뮌스테르 감독, 그룬트비, 욀렌슐레게르, 헤이베르, 하우시(Carsten Hauch), 안데르센, 외르스테드, 시베른 그리고 마르텐센 등과 대담했다. 키르케고르는 그녀와의 만남을 거절했으며, 그래서 그녀는 다른 대담자, 특히 마르텐센에게 그와 관련된 대담을 요청했는데, 마르텐센은 그녀를 집으로 여러 차례 초청했다. 1849년 8월에 키르케고르는 신문을 집어들고 자신의 이름이 마르텐센의 이름 바로 옆에 있는 것을 보았다.

> 찬란하게 빛나는 마르텐센이 그가 중심이 되는 관점에서 실존의 전 영역에 그리고 삶의 모든 현상에 빛을 비추고 있는 반면에, 키르케고르는 마치 고대의 주상고행자처럼 그의 고립된 기둥에 서서 시선을 한 점에 꼼짝도 하지 않은 채 고정시키고 있다. 그는 이 점 위에 현미경을 놓고서 헤아릴 수 없이 미세한 것들, 더할 나위 없이 쏜살같이 바뀌는 움직임들, 마음속 가장 깊은 곳의 변화들을 세심하게

조사하고 있다. 그가 말하는 것도 또 셀 수 없이 많은 분량을 쓰는 것도 모두 이것에 관해서다. 그에게는 모든 것이 이 점에서 발견되어야 한다. 그런데 이 점이라는 것은 바로 인간의 마음이다. 그리고 그가 쉴 새 없이 이러한 변화무쌍한 마음으로 하여금, "육신이 되고 또 우리 사이에 거하였던", 영원성과 불변성에 비추어 스스로를 반성하게 하는 까닭에, 심신을 지치게 만드는 변증법적 방황의 과정에서 신성한 것들을 이야기하는 까닭에, 그는 행복하고 쾌적한 코펜하겐에서 적지 않은 청중을, 특히 숙녀들 중에서 얻었다. 마음의 철학은 여성 독자들에게 중요한 것이 틀림없다.[23]

"이 문제에 대해 글을 쓰는 철학자에 관해서", 브레메르의 글은 계속되었다.

사람들은 말을 잘 하고 말을 못 하며, 또 괴상하게 한다. "단독자"를 위해 글을 쓰는 그는 가까이 하기 어렵게 혼자 살고 있으며 모든 것이 이야기되고 행해지는 때에는 누구에게도 알려져 있지 않다. 낮에는 코펜하겐에서 가장 번화한 거리를 한 번에 몇 시간씩 오르내리며 군중들 사이를 걷고 있는 그를 볼 수 있다. 밤에는 그의 외로운 집이 불빛으로 빛나고 있다고들 한다. 이런 행위의 원인은 그의 재력과 독립심이라기보다 감상적이고 과민한 성격 때문인 것으로 보이는데, 그의 이런 성격 탓으로 햇빛이 그가 원하지 않는 방향으로 빛날 때 태양 그 자체를 못마땅하게 여기는 경우가 있는 것이다.

그의 "감상적인" 성격에 관한 브레메르의 소견은 『인생길의 여러 단계』에 대한 묄레르의 악의적인 비평과 비슷한데, 묄레르의 비평은 『코르사르』 사태를 촉발시켰었다. 키르케고르는 오랫동안 마르텐센이 자신의 재능을 시기해서 『코르사르』의 공격에 수동적으로 은밀히 결탁했다고 믿었었는데, 이제 브레메르의 글이 그 가시를 더 깊이 박은 것이다. 마르텐센, 신학교수, 궁정 설교자, 다네브로 기사, 저 기독교의 모범이![24] 키르케고르는 그의 위선과 자기만족을 생각하면 견딜 수 없었지만, 그것을 어떻게든 생각했다. 1849년 여름과 가을을 거치면서 그는, 마르텐센의 성공에 대해 길고도 신랄한 글을 썼다.

그는 또 레기네에게 보내는 편지 초안을 작성하면서 몇 주를 보냈다. 용서를 빌고, 해명을 했으며, 그녀의 "사랑스러운 순진함"과 "정열적인 절망"에 대해 사의를 표했고, 이따금 그녀와 대화하기를 희망하는 자신의 바람을 표명했으며, 또 "나도 그리고 역사도 그대를 결코 잊지 않을 것"이라고 분명하게 말했다. 그가 최종적으로 11월에 완성한 편지는 짤막했다.

잔인했다 나는, 그것은 사실이오. 어째서? 사실, **그대는** 그것을 알지 못하오.

침묵을 나는 지금까지 지켰소. 그것은 확실하오. 오직 하나님만이 내가 받아온 수난을 알 뿐이오. 하나님이시여 내가, 심지어 지금도, 최종적으로 너무 빨리 말하지 않는 것을 허락해 주시옵소서!

결혼을 나는 할 수 없었오. 설령 그대가 여전히 자유의 몸이었다고 하더라도, 나는 할 수 없었오.

그렇지만 그대는 나를 사랑해 왔고, 나 역시 그렇소. 나는 그대에게 많은 빚을 졌소. 그리고 이제 그대는 결혼을 했소. 좋소, 나는 그대에게 두 번째로 제안할 수 있는 그리고 감히 제안하는 또 제안해야 하는바, 즉 화해를 제안하는 바이오.

나는 그대를 놀래키거나 당황하게 만들고 싶지 않기 때문에 이것을 글로써 하는 것이라오. 아마도 나의 인격은 한때 너무나도 강한 영향을 끼쳤을 것이오. 그런 일은 다시는 일어나서는 안 될 것이오. 그러나 아무쪼록, 부디 이것을 과감히 받아들일 것인지 진지하게 고려해 주기를 바라오. 그리고 만일 받아들인다면, 한번 만나서 대화로 할 것인지 아니면 차라리 먼저 편지를 몇 통 주고받을 것인지도 생각해 보오.

만일 그대의 대답이 "거절"이라면, 더 나은 세상을 위해서라도 내가 이렇게 제안했다는 사실을 기억해 주오.

어쨌건 처음과 같이

지금까지 계속, 진심으로 전적으로

한마음으로, 그대의 S. K.[25]

그는 이 편지를 봉한 다음 다시 다른 편지에 넣어 레기네의 남편 슐레겔에게 보내면서 이 편지를 그의 아내에게 줄 것인지를 결정할 것을 요청했다. 그것은 개봉되지 않은 채로 되돌아왔는데, 슐레겔이 보낸 "도덕적이고 분개한 서신 한 통"이 동봉되었다. 키르케고르는 자신의 일지에 고집스럽게 "'그녀'에 관한 마지막 단계—내 저서들은 나의 사후에 그녀와 세상을 떠난 내 아버지에게 헌정되는 것이 내 변함없는 뜻이다. 그녀는 역사에 남을 것이다."라고 기록했다.

그다음 달 키르케고르는 자신을 마르텐센과 비교하는 또 다른 신문 기고문을 읽었다. 이 글은 그의 형이 쓴 것이었다. 로스킬데(Roskilde) 집회에서 행한, 또 그 원고가 『덴마크 교회 타임스』에 게재된 연설에서, 형 페테르는 쇠렌 키르케고르가 "무아지경에 빠진" 사람인 반면 마르텐센 교수는 "자제심이 있는" 사람이라고 말했다. 계속해서 말하기를, 물론 키르케고르의 저술은 "단독자"를 향한 것이지만, 그에게는 모방자와 신봉자가 늘고 있는데, 닐센 같은 사람들이 바로 그렇거니와, 닐센은 학술 논문에서 키르케고르의 철학을 상술했다는 것이다.[26]

그해 겨울 키르케고르는 기독교계의 이러한 모든 세속적

인 성직자들에 대해 분노했다. 그는 형에게, 그는 1849년 말에 상원의원으로 선출되었는바, 정중하지만 모욕적인 편지를 보내서, 만일 형이 자신을 마르텐센과 비교하고 싶다면 둘 간의 "본질적인 차이"를 지적해야 할 것이라고 말했다. "내가 엄청나게 희생되어 왔고 마르텐센은 엄청나게 혜택을 보아 왔다는 사실" 말이다. 그는 "뮌스테르 감독에게 항의하라"라는 표제의 일지 기록으로 그 해의 마지막을 기념했다.[27] "그는 비겁하게 현실을 회피하면서 지도층 집단들로 구성되는 일종의 사적 세계를 형성해 왔는데, 이 세계에서는—어쨌든 그 자신이 아는 바와 같이—기독교가 정확하게 말해서 주된 요소가 아니었다. 그리고 그것이 그가 지금까지 살아온 세상이다"라고 그는 불쾌한 어조로 쓰고 있다. 뮌스테르는 "영광, 명예, 존경, 풍요, 쾌락, 영예의 삶"을 향유했지만, 기독교적 관점에서 그런 삶은 "거짓"이었다. 키르케고르는 코펜하겐에 싫증이 났다. 그곳은 "보잘것없고 닫힌 지역, 허튼소리의 본거지, 시골의 시장바닥"[28]이었으며, 그 공기는 일간지, 곧 "정부의 쓰레기 처리기"에 의해 오염되었다. 그가 더 노력해서 다른 뺨도 대 주어야 하는 걸까? 성 아우구스티누스는 심지어 예수조차 언제나 그 계명을 지킨 것은 아니라고 말했다고,[29] 그는 적어두었다.

그는 루터의 설교에서 무기를 발견했다.[30] 그는 루터의 설교를 다양한 신비주의 저술가들, 아른트(Johan Arndt), 18세기 시인이자 평신도 설교자 테르스테겐(Gerhard Tersteegen),

그리고 성 빅토르의 휴(Hugh)와 리처드(Richard) 등 중세의 수도사들과 함께 지속적으로 읽었다. 키르케고르는 이들의 책들을 기독교 신비주의에 대한 독일어 선집에서 발견했다. 중세 가톨릭의 영성과 루터의 영성 사이의 변증법의 기원을 조사하면서, 그는 그 자신의 과제를 훨씬 명료하게 깨닫기 시작했다. 루터가 16세기 교회의 타락과 무도한 행위들을 준엄하게 비판한 것처럼, 그렇게 그는 19세기 루터주의의 세속화를 질타해야 한다. 그리고 루터는 어떻게 해야 세상에서 기독교인으로 살 수 있는가에 관한 똑같은 문제와 씨름했었다. 설교자들을 개혁하기 위한 그의 모범적인 설교문 중 하나에서 루터는, "세상을 벗어나 사막이나 야생의 숲으로 들어가는 것은 터무니없는 대단한 바보짓이다. (…) 아니지, 그대는 그대가 처한 그 어떤 상태든지 또 그 어떤 상황이든지 그곳에 있어야 한다. 왜냐하면 결국 그대는 그대가 지상에 사는 시간 동안 내내 어딘가에 있어야 하기 때문이다. 그래서 하나님도 그대를 사람들**로부터 멀리** 떼어 놓지 않으시고, 사람들 **속에** 놓으신 것이다. (…) 또 그대는 외투를 두르고 외진 곳으로 몰래 숨어들거나 혹은 사막에 몸을 숨겨서도 안 될 것이다. 왜냐하면 그렇게 한다고 악마와 죄를 피하는 것은 아니기 때문이다. 그것들은 사막에서 잿빛 외투를 두르고 있어도 시장에서 붉은 코트를 입고 있을 때나 마찬가지로 그대를 발견할 것이다."[31]라고 주장했다. 그렇지만 루터는 또 영적 성취는 세속적인 성공과는 무관하다는 것을 역설하기도 했다. 기독교인은 "순례자가 자신이 여행을 하는 땅과 또 밤을 보내는 여인숙을 생각하는 것처럼 그렇게 지상에서의 이 삶을 생각해야 한다. 왜냐하면 순례자는 여기에서 머무는 것을 생각하지 않는 까닭이다. 여기에서 그는 시민이 되는 것도 시장이 되는 것도 기대하지 않는다." 루터의 말은 지금 세상에서의 그 자신의 처지에 대한 키르케고르의 견해를 공고히 했다.

마침내 봄이 왔고 날마다 태양은 하늘에서 조금씩 더 높이 떠올랐다. 그의 오랜 친구 보에센이 최근에 코펜하겐을 떠나서 유틀란트 반도에서 목사직을 얻은 후 성모교회에서 홀터만(Louse Holtermann)과 결혼했다. 보에센은 그가 홀터만을 방문해 줄 것을 간절히 바랐지만, 그는 마음 내키지 않아 했다.[32] 어느 햇빛 비치는 시원한 목요일에 성벽에 서 있는 활짝 꽃망울을 터트린 나무 아래서 매주 정기적으로 하는 산책 중에 그는 닐센과 말다툼을 벌였다. 1849년에 이 철학교수는 방대한 저서를 출판한 적이 있었는데, 이 책을 키르케고르는 "독창성이라고는 전혀 없는 모방"이라고, 또 자신의 저작과 대화를 "표절하고", "무단 차용한 무기로 평범한 사람들과 싸우며", 그리고 "저 모든 학술적인 기구로 모든 것을 망쳐 버렸다"고 생각했다. 거의 일 년 가까운 시간 동안 이것에 대해 마음앓이를 해 오다가, 그는 바로 그 목요일에 드디어 마음을 정하고 닐센에게 자신의 저작을 표절해서 그것을 "교리로" 바꿔 버렸다고, 그런데 그것은 원래 결코 그렇게 되어서는 안 되는 것이라고 비난했다.[33] 닐센은 화가 났고, 며칠 후에 그들의 산책을 "그만두겠다는" 편지를 써 보냈다. 그런 후 마르텐센의 주요 저작인 『기독교 교리론』 제2판이 출판되었는데, 키르케고르를 무색케 하는 새로운 서문이 달려 있었다. "우리 각자는 오직 특정의 한정된 정도로만 믿음을 지니고 있으며, 그래서 우리는 우리 자신의 개인적인, 어쩌면 훨씬 일면적인, 아마도 심지어 훨씬 구역질나는 신앙생활을 모든 믿는 자들에 대한 규칙으로 만드는 것을 확실하게 경계하지 않으면 안 된다."[34]

1850년 4월에 키르케고르는 뇌레가데의 더 저렴한 아파트[35]로 옮겼다. 로센보르그가데에서는 방이 여섯이고 부엌, 하녀의 침실과 다락방이 있었는데, 세는 6개월에 200릭스달러였다. 뇌레가데의 아파트는 방이 다섯이고 세는 140릭스달러였다. 그의 새 집에는 새로운 두통거리가 있었다. "오후에 반사되는 햇빛 때문에 너무나도 고통을 겪는 탓에 처음에는 이러다 눈이 멀지는 않을까 두려울 정도였다"[36]라고 그는 이사 온 지 몇 주 후에 일지에 적고 있다. 게다가 이층 거주자에게는 개가 있는데 이 개는 하루 종일 집에만 있었다. "개는 열린 창 바로 옆에 누워 있어서 모든 것에 관심을 보인다. 사람이 옆을 지나가면서 큰 소리로 재채기를 하면, 이 개가 짖는데 오랫동안 계속해서 짖는 경우도 있다. 마부가 마차를 몰고 지나가면서 찰싹 소리를 내며 채찍을 휘두르면, 또 짖는다. 만일 다른 개가 짖으면 따라 짖는다. 그렇기 때문에 거리에서 아주 사소한 일이라도 있으면 나는 이 개 덕분에 어김없이 두 번째 판본으로 그것에 접하게 된다." 세상과—그리고 이 개와—불화하면서 키르케고르는 세네카의 서한들, 파스칼의 『팡세』, 몽테뉴의 에세이들, 루소의 『에밀』에서 위안을 찾았다.

14. "이것이 나와 함께하는 방법이다"

아버지의 기일인 8월 9일과 레기네와의 약혼기념일인 9월 10일 사이의 몇 주는 언제나 일 년 중 가장 힘든 시기였다. 대부분의 덴마크인들은 "여름을 기다리며 빨리 오기를 기도했지만",[1] 키르케고르는 스칸디나비아의 혹독한 여름날들을 좋아하지 않았는데, 이때는 태양이 그에게 너무 강렬했기 때문이다. 그는 집 안에서 조명을 어둡게 조정해 놓은 거실에서 지냈으며, 그가 가장 좋아하는 동경과 회상으로 달콤 쌉싸름한 계절인 가을을 기다리면서 노인의 "고결한 지혜"와 "젊은 여성의 사랑스러운 미련함"[2]이 어떻게 자신을 훈련시켜 저술가가 되게 했는지를 기억했다. 이 둘 사이에서 그의 아버지와 레기네는 그의 영혼을 "연륜과 젊음의 통일체", 엄격함과 부드러움의 통일체로 형성시켰다. 어쨌거나 이제 그는 이처럼 양극단의 결합이 이미 그의 내부에 깊이, 언제나 자신의 "가능성"으로 존재하고 있음을 알고 있었다.

1850년에 그는 이 기간을 『기독교의 훈련』 원고를 인쇄업자에게 보내기 전에 마지막으로 정독하면서 보냈다. 그것은 새로운 익명인 안티 클리마쿠스의 명의로 9월 하순에 출판될 예정이었으며, 키르케고르는 겉표지에 편집자로 명기될 계획이었다. 날이 갈수록 가을의 온화하지만 울적한 황혼이 밀려드는 조수처럼 코펜하겐의 거리에 내려앉았고, 마치 모든 것을 용서하는 것처럼 날마다 어둠의 파도는 점점 더 그 색을 더해갔다. 조마조마한 심정으로, 키르케고르는 뮌스테르 감독에게 개인적 헌정의 문구가 인쇄된 새 저서 한 권을 보냈다. 『기독교의 훈련』은 『죽음에 이르는 병』보다 훨씬 대담하고 공격적인 전략을 채택했으며, 마르텐센은 물론이고 뮌스테르를 공격하는 의미 있는 조치를 취했다. 이 책은 어떻게 그리스도를 따를 것인가를 주제로 삼고 있었으며, 엄격한 기독교와 자비로운 기독교의 차이, 금욕과 세속적임의 차이, 수난당하는 예수를 닮는 것과 안전하게 멀리 떨어져서 그를 찬미하는 것의 차이를 논구했다.[3] 뮌스테르는, 『기독교 교의에 관한 관찰』의 저자로 잘 알려진 인물로서, 암암리에 그러나 의심의 여지없이 그리스도에 대한 관대하고 세속적인 "관찰자"의 역할을 맡은 것으로 간주되었으며, 친숙한 그의 설교 양식은 비-기독교적인 것으로 풍자되고 비난받았다. "기독교의 설교는 오늘날 대부분 '관찰'이 되고 말았다. **이 시간에 생각해 보자. 나는 청중 여러분을 …에 대한 논평에 초대하고자 한다. 우리가 생각해야 할 주제는 …이다**, 기타 등등. 그런데 '관찰한다는 것'은 어떤 의미에서는 무언가에 아주 가까이 간다는 것을 의미할 수 있다. 또 다른 의미로 그것은 아주 먼, 무한히 먼 거리를 유지한다는 것을 뜻한다. 다시 말하자면, 인격적으로 (…) 기독교적 진리는 진실로 '관찰'의 대상일 수가 없는 것이다."

지면마다 안티 클리마쿠스는 계속 이런 식으로, 명백하게 편집자인 키르케고르의 승인하에 주장하고 있다. 뮌스테르는, 아마도 토발센처럼, 그리스도의 형상을 끌로 조각하거나 그림으로 그리고 그런 다음 한 발 뒤로 물러나 자신의 작품을 음미하는 예술가와 비슷했다. 기독교에 대한 이러한 심미화는 일종의 회피, 사기, 방종, 위선 그 자체였다. "나는 예술가의 이러한 냉정함, 종교인의 종교적 인상에 대한 냉담함과 정말 똑같은 이러한 예술적 무관심을 이해하지 못한다. (…) 그런데도 예술가는 자신에게 감탄하고, 또 만인은 예술가를 찬미한다. 종교적인 것의 관점은 철저히 뒤죽박죽이 되고 만다. 바라보는 사람은 예술 전문가의 입장에서 그림을 보았다. 그것이 성공한 것인지, 대작인지, 색의 움직임과 그림자는 좋은지, 피는 저렇게 보이는 것인지, 수난에 대한 표현은 예술적으로 정확한지 등등—그러나 닮으라는 권유는 발견하지 못했다. 예술가는 찬미받으며, 실제로 수난이었던 것을 예술가는 어떻게든 돈과 찬탄의 대상으로 변질시켜 버렸다."라고 안티 클리마쿠스는 선언했다. 멀리 떨어져서 그리스도를 그저 찬미하기만 하는 사람은 "그 어떤 희생도 하려 하지 않고, 아무것도 단념할 생각이 없으며, 세속적인 그 어떤 것도 포기하려고 하지 않고, 자신의 삶을 바꿀 의향이 전혀 없으며, 찬미의 대상이 될 의지도 전혀 없고, 자신의 삶을 통해서 그것을 표현하려고는 더욱 하지 않는다. (…) 오직 닮으려고 하는 자만이 진실한 기독교인이다."라고 안티 클리마쿠스는 주장했다.

키르케고르 자신은 기독교의 이러한 두 해석 사이에 끼어 있었으며, 그중 어느 것을 가지고도 살 수가 없었다. "아아, 사람은 분명히 관대함을 선언할 수 있다. 자신을 아낄 수도 있다. 사람들에게 사랑받을 수도 있고, 그들의 사의를, 헌신적인 애정을 받을 수도 있다. 사람은 그가 선언하는 바에서 안식을 찾고 웃음 지으며 행복해하는 많은 사람을 자부심을 갖고, 혹은 적어도 평정심을 유지하면서 볼 수 있다"[4]라고 그는 『기독교의 훈련』이 출판되기 직전에 일지에 쓰고 있다. 그러나 그런 교사는 예수를 닮아가고 있지 않는 까닭에, "[자신의 제자] 중 단 한 명에게도 안전한 삶의 기쁨을 보장할 수가 없다." 제대로 된 엄격한 기독교 가르침을 선언하는 것은 "순전한 영적 시험"이다. "그대가 그것을 스스로 감당할 수 있는가, 없는가. 그대가 스스로를 아껴서는 안 되는 것이 아닌가. 건설적인 것이 아니라 붕괴시키는 것으로, 유익한 결과가 아니라 타락시키는 결과로 끝나는 것은 아닌가. 그대가 남들에게 너무나 많은 것을 요구하고 있지는 않은가라는 문제와 관련된 순전한 불안과 걱정과 공포와 전율. 그리고 그들의 분노와 빈정댐을 바라보는, 아무도 고마워하기는커녕 오히려 모든 사람이 그대에게서 벗어나기만을 열망하는 이러한 음울한 광경."

10월 어느 날, 키르케고르는 뮌스테르 감독의 장녀와 결혼한 성직자이자 신학자인 파울리(Just Paulli)에게서 뮌스테르 감독이 『기독교의 훈련』에 대해 "대단히 화가 많이" 났다는 말을 들었다. "이것이 그의 말인데, 그는 거실로 들어서자마자 이렇게 말했다. '이 책은 나를 너무나도 심하게 도발했다. 이것은 신성을 불경스러운 조롱거리로 만들고 있다.' 그래서 파울리가 그에게 더없이 정중하게, 혹시 나에게 그렇게 말할 것인지를 묻자, 왜냐하면 파울리가 생각하기로는 그는 나에게 직접 말하려고 할 것이기 때문인데, 뮌스테르는 '물론이지. 그리고 반드시 조만간 나를 보러 와야 할 텐데 그때 내가 직접 그에게 말할 걸세.'라고 대꾸했다." 다음 날 아침, 키르케고르는 불안으로 가득 차서 뮌스테르를 방문했다.[5] "파울리 목사가 어제 감독께서 가능한 한 빠른 시일에 저를 만나서 제가 최근에 낸 저서에 대해 질책하실 생각이라고 말해 주었습니다. 원컨대 감독께서는, 제가 그 소식을 듣자마자 이렇게 바로 감독님을 뵈러 온 것을, 제가 언제나 감독님에게 보여드려 왔던 존경심에 대한 새로운 표현으로 봐 주시기 바랍니다."라고 그는 말을 시작했다. 감독은 예전과 다름없이 외교적이고 친절했다. "그는 대답했다. '아니지, 사실 나는 그대를 질책할 아무런 권리도 없지. 전에도 그대에게 말한 바 있듯이, 나는 이른바 새들이 저마다 제 노래를 부르는 것에 대해서는 반대할 생각이 전혀 없네.' 그런 다음 그는 덧붙였다. '사실 사람들은 나에 관해서 하고 싶은 말을 얼마든지 할 수 있겠지.' 그는 조심스럽게 그리고 미소 지으며 이 말을 했지만 그럼에도 불구하고 나는 그가 덧붙인 말이 어느 정도 빈정거리는 뜻이 아닐까 두려워졌는데, 그래서 나는 얼른 그 상황을 벗어나려고 했다. 나는 이것은 내 의도가 아니었으며, 그래서 청컨대 만일 내가 어쨌든 그런 책을 출판함으로써 그를 심려케 했으면 제발 말씀해 달라고 대답했다. 그랬더니 그가 대답했다. '글쎄, 사실 나는 그것이 무슨 도움이 될 거라고는 생각하지 않네.'"

뮌스테르의 비난은 무덤 저 너머로부터의 그의 아버지의 판단을 바꾸는 것처럼 생각되었는데, 그러나 훨씬 더 무서웠던 것은, 지금 그리고 영원성의 차원에서, 하나님의 판단이었다. 예수가 그를 따르는 사람들에게 자비와 사랑을 제시하면서 그들의 짐을 덜어 주고 그들을 쉬게 하신다고 약속했지만, 사람들은 먼저 "공포와 두려움 속에서 마음이 산란해져 산산이 흩어졌다." 그리고 키르케고르 역시 자신의 영혼 속에서 이런 공포의 파문을 느꼈다. 가끔은 예수가 그에게 두려운 인물로 나타날 때가 있었다. "당신은 어머니의 심장을 찌르는 창이 되었고, 제자들에게는 추문이 되었습니다"[6]라고 그는 쓰고 있다. "오오, 어째서 당신은 그 희생을 줄이지 않으셨는지요? 나 자신에 대하여 의혹을 풀지 못할 때, 또 내가 무엇보다도 나 자신을 위하여 그 희생을 줄이지 않으면 안 될 것처럼 보일 때, 그리고 그 희생을 줄인 것을 다른 사람들에게 빚진 것처럼 생각될 때, 그럴 때 당신을 생각하면 불안해질 때가 있으니, 꼭 당신께서 화를 내시기라도 하는 것처럼, 당신께서, 절대로 희생을 줄이지 않으시지만 그런데도 불구하고 사랑이신 당신께서." 그는 자신이 이제 유일하게 참된 진리라고 믿고 있는, 그리고 그가 감히 직접적으로 언급하고 있는—물론 여전히 익명의 목소리 속에서이긴 하지만—기독교적 이상으로부터 "무한히 멀리 있음"을 느꼈다. 그는, 키르케고르는, 세상을 버린다는, 보통의 인생을 포기한다는 생각에 몸서리를 쳤다. "나로 말하자면, 나는 인간으로 존재하는 것을 사랑한다. 내게는 그렇게 온전히 영으로 살 수 있는 용기가 없다. 나는 아직 남들이 살면서 취하는 순전히 인간적인 즐거움을 누리는 것을 너무나도 좋아한다. 왜냐하면 내게는 그에 대한 시인의 안목이 있는 까닭에 평범한 사람들보다 훨씬 더 탁월한 분별력이 있기 때문이다."[7]

어쨌거나 더더욱 그는 기독교계의 상황이 속세를 버려야 한다는 것에 대한 새로운 강조를 요구하고 있다고 생각했다. 이런 이상은 아른트와 테르스테겐—그들은 상속받은 재산을 모두 나누어 주고 수행자처럼 빵과 우유, 그리고 물만으로 생계를 유지했다[8]—그리고 그들의 중세의 선조들이 그에게 강조한 것이었다. 근대의 기독교는 세상적인 것들에 너무나도 많이 기울어졌으며, 그래서 키르케고르는 정반대의 방향으로 더 많이 기울임으로써 이것에 대한 균형을 잡은 것이었다. 그는 계속해서 루터의 설교문들을 연구했으며, 일지에서 루터의 종교적 혁신과 후세의 기독교인들에게 미친 영향을 분석했다.

젊은 시절에 루터는 구원의 문제로 괴로워했다. 하나님의 자비를 얻으려는 노력의 일환으로, 그는 엄격한 아우구스티누스 수행교단에 들어가 금욕적 실천을 극한까지 실천하고 하루하루를 고행하며 보냈으며 눈 속에서 잠을 자기도 했다. 그러다가 이 똑같은, 게다가 전혀 약해지지 않은 열정이 그를 세상 속으로 몰아넣었다. 95개 조항의 반박문을 써 붙이고 보름스 의회에서 철회하기를 거부한 연후에야 비로소 루터는 최종적으로 교단을 떠났다. 또한 교회에 반항하고 대중의 여론에 대항해서 파계한 수녀 카타리나(Katharina von Bora)와 결혼했는데, 그녀는 그와의 사이에서 여섯 아이를 낳았다. 그렇지만 루터의 개혁은 세속성과 종교를, 이미 유럽 전역으로 스멀스멀 스며들고 있던 세속적인 정신에 딱 부합하는 방식으로 결합시켰다. "루터는 분명히 대립적인 것들을 실행하는 모험을 감행하였으며 동시에 그런 것을 행하면서도 아주 자유로울 수 있는 내면의 진리를 소유하고 있었다. 결혼했지만 그러면서도 마치 결혼하지 않은 것 같고, 세속적인 것의 내부에 있지만 마치 모든 것에 관여하면서도 세상에 낯설기라도 한 것 같았다. 오호라, 그러나 이것을 단순히 직접적으로 가르치는 것은 위험한 일이었는데,

왜냐하면 그것은 모든 세상적인 것들에 대해서 만사를 너무나 쉬운 것으로 변질시키기 때문이었다."[9]

1850년 가을과 겨울 내내 이러한 성찰들이 원인이 되어 키르케고르는 결혼의 문제를 다시 고민하게 되었다. 결혼은 10년 전에 이미 그의 삶의 전환점이 되었으며, 그의 가장 방대한 저작들의 주제가 되어 왔다. 이제 종교적 자유의 원칙이 덴마크 헌법에 명문화된 이상, 결혼은 개인적인 문제를 넘어서 정치적인 문제가 되었다. 코펜하겐에서 몇몇 영향력 있는 인물들이 민사결혼을 요구하고 있었는데, 어떤 이는 그들의 대의명분을 지지하기 위해 루터 자신의 사례를 인용하기도 했다. "우리가 국민교회의 모든 구성원에게 교회 결혼식을 치르라고 강요하는 것을 계속해야만 하겠는가? 성경에도 그에 관해서는 아무 근거가 없고, 또 루터 자신이 수도사와 신부의 결혼으로 그 시대 교회 결혼의 관념을 타파한 민사결혼을 감행함으로써 공공연히 무시해 버린 그런 결혼식을?"[10]이라고 그룬트비는 반문했다. 1848년 이후의 덴마크라는 생소한 새로운 세상에서, 자신들의 교회를 국가의 영향으로부터 보호하고자 애쓰던 열렬한 기독교인들, 그리고 교회의 통제로부터 시민의 삶을 해방시키는 운동을 주도하던 자유사상가들은 같은 개혁을 위한 상이한 주장을 제기했다.

당연한 일이지만 전통적 입장에 대한 옹호는 뮌스테르 감독에 의해 주도되었는데, 뮌스테르 감독은 루터와 카타리나의 결혼은 기독교적 결합이었지, 단순한 개인 간의 계약이 아니었다고 주장했다. 그러나 키르케고르는 이 결혼이 교회의 안에 혹은 바깥에 속해서가 아니라, 전복적이고 명예롭지 못한 종교적 행위로서 기독교 본래의 "신성한 추문"과 닮아 있기 때문에 중요한 의미를 지니고 있다고 보았다. 루터는 부엌의 하녀, 혹은 심지어 (여섯 자녀에도 불구하고) 문설주와도 결혼할 수 있었을 것인데, 왜냐하면 그의 유일한 목적은 "악마, 교황, 세상 전체에 대항하는 것"[11]이었기 때문이라고 그는 주장했다. 이 결혼은 19세기 덴마크의 성직자들이 향유하는 전통적인 가정생활과는 아무런 관련도 없었다. 키르케고르가 뮌스테르 감독을 루터에 비교했을 때, 그는 "영리하고 빈틈없는 사람, 하찮은 것에도, 정말 하찮은 것에도 움츠러들고, 추문은 말할 것도 없이 겁내는 사람"[12]이라고 보았다. 그는 지금은 결혼을 하지 않는 것이 훨씬 더 루터의 뜻에 충실한 것이라고 주장하는 데까지는—결혼하지 않겠다는 그 자신의 결단처럼 특히 대중의 여론을 도발하는 방식으로는—나아가지 않았다.

1851년 1월에 키르케고르는 『조국』에 루델바흐(Andreas Rudelbach)를 반박하는 글을 한 편 게재했다. 루델바흐는 신학자이자 교회사가로서 루터적 근거에 입각해 민사결혼을 옹호하는 주장을 전개했다. "분명히 우리 시대에 교회의 가장 심오하고 가장 고결한 관심은 정직하게 말해서 **관습적인 국가 기독교**라고 일컬어지는 것으로부터 특별히 자유롭게 되는 것이다"[13]라고 루델바흐는 그의 저서 『민사결혼론』에서 촉구했는데, 바로 그 앞부분에서는 "이것이 우리 시대의 뛰어난 저술가 중의 한 사람인 키르케고르가 설득하고, 각인시키고, 또 루터도 말하듯이, 귀 기울여 듣는 모든 이들에게 납득시키려고 애를 쓴 바로 그 요지이다"라고 덧붙였다. 『조국』에 실린 글에서 키르케고르는 자신은 결코, 자신의 저서 그 어디에서도, 개혁을 요구한 적이 없다고 반박했다. "나는 처음부터 기독교를 내면성이라고 이해했으며 또 내 과제는 기독교를 내면적으로 심화시키는 것으로 생각했기 때문에, 단 한 구절도, 한 문장도, 한 줄도, 한 마디도, 글자 하나도 삐끗해서 외적인 변화에 대한 제안을 시사하게 될까봐 엄청나게 주의해 왔다."[14] 개별적인 기독교인들은 사회적, 정치적 혹은 교회의 개혁에 찬성하라는 양심의 부름을 느꼈을 수도 있지만, "**본질적으로** 기독교는 내면성이다." 키르케고르는 그와 루델바흐 박사가, 그는 박사를 개인적으로 알았으며 학자로 존경했지만, 서로 종교적으로는 결코 이해하지 못할 거라고 생각했다. "그에게는 자신이 기독교인이라는 것은 이미 오래전부터 확정된 사실이다. 그리고 지금 그는 교회의 역사와 외적 형식들과 관련해서 매우 분주하다. 그는 결코 자신이 실제로 기독교인인지 여부와 관련한 문제로 인해 매일매일의 불안을 느껴본 적이 없다. 결코 그렇지 않다. 왜냐하면 그것을 한 번, 하루, 한 시간이라도 느껴 본 사람은 전 생애 동안 그것을 더 이상 개의치 않을 수가 없거나, 아니면 그것이 그를 결코 내버려 두지 않을 것이기 때문이다."[15]

5월 초에 그는 뮌스테르 감독을 다시 한 번 방문했다. 감독관저를 들어가면서 그는 또다시 초조해졌는데, 그러나 이번에는 두려워서가 아니라 분노해서 몸을 떨었다. 종교적 자유와 민사결혼을 주제로 한 뮌스테르의 최근 저서가 키르케고르를 골슈미트와 나란히 언급했는데, 골슈미트의 언론을—묄레르가 이미 1847년에 언급한 적이 있었듯이—뮌스테르 감독이 이제 호의적으로 언급한 것이다. 뮌스테르의 언급에 의하면, 골슈미트는 "우리 가운데 가장 재능이 뛰어난 저술가 중 한 사람"[16]이었으며, 키르케고르는 "정치와 기독교의 비참한 혼동"에 올바르게 반대한 "재능이 뛰어난 저술가"였다. 이렇게 나란히 놓은 것은 키르케고르를 분노하게 만들기에 충분했다. 방문하기 전 몇 주 동안을, 그는 뮌스테르에 대한 비판적 반응의 초고를 수없이 쓰고 또 씀으로써 자신의 분노를 연습해 보고 또 공들여 완성했다.

감독을 만나자 그는 자존심이 너무나 강한 탓에 골슈미트를 칭찬해서 상처받았다고, 그리고 5년 전에 자신이 『코르사르』의 공격을 받을 때 변론해 주지 않아서 깊이 상처받았다고 말할 수가 없었다. 그 대신 그는 뮌스테르의 명성에 대한 염려를 주제 삼아 그에게 열변을 토했다. "나는 두 번 세 번 되풀이해서 그의 명성이 골슈미트를 이런 식으로 표현함으로써 너무나 큰 손상을 입지는 않았을지 염려가 된다고 말했다. 나는 그가 골슈미트의 편에서 [『코르사르』의 기고문에 대한] 취소를 요구했어야 한다고. (…) 내가 그의 이러한 행위를 옹호하는 것은 불가능하다고 딱 꼬집어 말했다."[17] 뮌스테르는 교활했다. 철회를 요구하기 위해서는, 그가 말하기를, 골슈미트의 글 전부를 모두 읽어 봐야 할 거라고 했다. "그러니, M.은 사실은 『코르사르』라는 언론이 있었다는 사실, G.가 그것을 6년 동안 편집했었다는 사실조차 모를 수 있는 것이며, 또 M.은 이것이 내가 언급하고 있는 그것이라는 사실을 이해하지 못하는 것 같았다!" 한 번 더 키르케고르는 자신의 반박을 되풀이했다. "'나는 그 말을 그것도 명확하게 하기를 바라고, 내 양심이 거리낄 것이 없기를 바라건대, 그것을 인정할 수 없다고 말씀드렸음을 분명히 해야겠습니다' (이것을 말하면서 나는 탁자에 몸을 기댔고 말하자면 그것을 내 손에 쥤다) (…) 이것을 말할 때마다 나는 그가 그것을 다 들었다고 대답하고 또 분명히 말하는지 유의했다."

그해 여름이 끝날 무렵 그는 뮌스테르의 관저에 다시 찾아갔다.[18] 그에게 두 권의 새 저서 『저술가로서의 나의 저술활동』—『저술가로서의 나의 저술활동에 대한 관점』의 요약본—그리고 『금요일 성찬식에서의 두 편의 강화』를 보내고 며칠이 지난 다음이었다. (그는 헤이베르에게도 몇 권 보냈다. 헤이베르에게는 강화집을, 그리고 그의 아내 루이세에게는 저술활동에 관한 에세이를 보냈다.) 그는 이 짤막한 저서들에 대한 뮌스테르의 소감을 듣고 싶어 했지만, 감독은 그중 한 권을 검토해 봤을 뿐이었다. 키르케고르는 다시 골슈미트 이야기를 꺼냈으며, 그런 다음 "목회자 양성 신학교에 관해 몇 마디 말이 있었지만, 그는 이 주제를 회피하려고 했으며 최선은 내가 스스로 목회자 양성 신학교를 건립하는 것일 거라는 의견이었다." 감독은 그를 "잘 가게, 내 친구여"라는 말로 우아하게 퇴짜 놓았다.

뮌스테르에 대한 이러한 번거로운 방문들 사이에, 키르케고르는 코펜하겐 항구 입구에 있는 요새 내부의 요새교회에서 "하나님의 불변하심"을 주제로 일요일 설교를 행했다.[19] 그 일요일 아침에 그는 하나님에게 "새로운 것이 내 안에서 태어나게 해달라고" 기도했는데, 왜냐하면 이 교회 예배가 그의 "안수례"였기 때문이다. 설교는 그가 좋아하는 야고보의 편지의 구절—"온갖 좋은 선물과 모든 은사는 하늘로부터 옵니다. 빛의 아버지에게서 내려오는 것입니다. 그분께는 변화도 없고 변동에 따른 그림자도 없습니다."—에 관한 것이었다. 그는 설교를 "'그녀'를 생각하며" 준비했다.[20] 레기네에게 직접 말할 수는 없었지만, 그는 자신이 설교하는 것을 들으면 그녀도 기뻐할 거라고 생각했으며, 또 평소와는 다르게 그는 예배가 공지되었을 때 자신의 이름이 설교자로 명기되는 것을 허락했다. "미리부터 나는 온갖 종류의 정신적 긴장으로 고통을 겪었다. 내 몸을 써야 할 때는 늘 그런 것처럼."

아직 채 사십이 되지 않았지만, 키르케고르는 신도들 앞에 연약한 모습으로 서 있었다. 예전보다 등도 더 굽었고 더 홀쭉해졌으며, 머리카락은 드문드문 나 있었고, 안색도 피곤한 모습이었다. 회중에게 너무나도 약한 음성으로 말했기 때문에 그들은 온 신경을 집중해서 그의 설교를 들어야 했다. 그러나 그의 말은 열의로 가득 차 있었다. 그는 하나님의 불변하심을 생각할 때마다 "우리 경솔한 마음과 불안한 인간들이" 느끼곤 하는 "순전한 공포와 전율"에 관해서 길게 말했다.

> 그리고 이제 영원히 불변하시는 한 분과 이 인간의 마음! 아아, 이 인간의 마음이여, 그대는 그대의 은밀한 곳, 남들에게 알려지지 않은 곳에 무언가를 숨기지 않는가, 최악의 것은 아닐지라도, 때로는 그 자신도 거의 알지 못하는 것을! 사람이 몇 살 되자마자 거의 무덤같이 되는 이 인간의 마음! 거기에는 약속, 의도, 결단, 완벽한 계획과 계획의 단편들이 망각 속에 묻혀 있고 하나님은 무엇인지 아십니다. 그렇습니다, 그것이 우리 인간이 이야기하는 방식인데, 왜냐하면 우리는 우리가 말하는 바에 대해 거의 생각하지 않는 까닭입니다. 우리는 말합니다. 거기에는 하나님이 무엇인지 아는 것이 있다고. 또한 우리는 이것을 반쯤은 경솔하게, 반쯤은 삶에 지친 상태에서 말하며 또 그것은 너무나도 끔찍하게도 사실이어서 하나님은 무엇인지 아십니다. 그분은 그대가 까맣게 잊어버린 것을 아주 세세한 부

> 분까지 아시며, 그대의 기억 속에서 바뀐 것까지 아십니다. 그분은 그것이 변하지 않았다는 것도 아십니다. (…) 전지전능하신 한 분, 그리고 영원히 바뀌지 않는 기억, 그로부터 그대는 도망치지 못한다는 것, 영원히 단 한 발자국도, 그것은 두렵기 짝이 없는 일입니다!

그는 15분 동안을 이렇게 말했다. "그것은 거의 그와 같은 불변성에 휘말려 들 수밖에 없는 것이 인간의 능력을 한참, 한참이나 넘어선 것과도 같았습니다. 사실 이러한 생각이 사람을 불안과 걱정 속으로 몰아넣어 절망하게까지 만들고야 마는 것처럼 생각될 정도입니다." 그러다가 그는 멈추었다. 그렇지만 다시, "**이런 생각에는 또 기운을 돋우는 요소와 축복도 있습니다.** 여러분이 이 모든 인간적인, 이 모든 시간적이고 세속적인 불안정과 변화에 지치고, 여러분 자신의 불안정성에 지쳐서, 그대의 지친 머리를 쉴 수 있는, 그대의 지친 생각, 그대의 지친 마음을 안식하기 위한 편안하게 쉬기 위한 곳을 소망할 때, 그렇습니다, 아아, 하나님의 불변성 안에 안식처가 있는 것입니다!"

교회 전체에 정적이 흐르고, 모든 얼굴이 다 그를 향하고 있었으며, 그것은 마치 그들의 마음 또한 그를 향하고 있는 것만 같았다. "어린 아이처럼 되십시오. 어린 아이는 오직 한 가지, 순종하는 것이 도움이 되는 것은 진지하게 얼굴을 맞대는 곳에서라는 것을 진정으로 심오하게 알고 있습니다"

라고 그는 청중에게 말했다. "하나님의 불변성에 대한 생각이 축복이라는 것, 사실 그것을 누가 의심하겠습니까. 그대가 그렇게 되어서 이러한 불변성의 축복 속에서 안식을 취할 수 있다는 것에 주목하시오! 아아, 그런 사람은 행복한 가정이 있는 사람처럼 말합니다. 내 집은 영원 속에서 안전하게 보호되어 있습니다. 나는 하나님의 불변성 안에서 안식합니다. 여러분 자신을 제외한 그 누구도 이러한 안식을 방해할 수 없습니다." 그리고 역설적으로 이러한 순종에 자유가 있을 것이다. "만일 여러분이 불변의 순종 가운데 완전히 순종하게 될 수 있다면, 여러분은 매 순간 무거운 몸이 지상으로 떨어지는 것과 똑같은 필연성으로, 혹은 가벼운 것이 하늘로 날아오르는 것과 똑같은 필연성으로, 하나님 안에서 자유롭게 안식을 취할 것입니다." 물론 그런 불변성은 인간이 성취하기에는 너무나도 어렵고 아마도 불가능한데, 설령 그들이 사막에서 목마른 자가 시원한 샘물을 찾는 것처럼 그렇게 하나님을 갈망한다고 하더라도 말이다. 그런데 또한 하나님의 불변의 전지전능이 갖는 또 다른 역설은 그것이 멈춰 있는 게 아니라, 그를 갈구하는 자들을 끊임없이 적극적으로 찾는다는 사실이다.

> 그 누구도, 살아서나 죽어서나, 오 하나님이시여, 당신께 발견되지 못할 정도로, 당신께 존재하지 않을 정도로 그렇게 멀리 갈 수는 없습니다. 당신은 진실로 어디에나 있습

니다. 이것은 샘이 이 땅에 있는 그런 방식이 아닌데, 왜냐하면 샘은 특정 장소에만 있을 뿐이기 때문입니다. 게다가 이 얼마나 압도적인 안전함이란 말입니까! 당신은 샘처럼 한 곳에만 있지 않습니다. 당신은 계속 여행합니다. 그 누구도 그렇게 멀리, 그가 당신에게 돌아올 길을 찾을 수 없을 정도로 그렇게 멀리 헤매지는 못하거니와, 당신은 가만히 제자리에서 사람들의 눈에 띄기를 기다리는 샘과 비슷할 뿐만 아니라—당신의 존재에 대한 이 얼마나 서툰 묘사란 말입니까!—심지어 목마른 자를, 길을 헤매는 자를, 그 어떤 샘에 대해서도 들은 바 없는 그런 자를 찾아 나서기까지 하는 그런 종류의 샘과도 같은 존재입니다. 그래서 당신은 불변의 존재이며 어디에서든 발견될 수 있습니다. 또한 사람이 당신에게 나아갈 때마다, 나이가 몇이건 상관없이, 하루 중 언제든 상관없이, 어떤 상태이건 상관없이, 만일 그가 정직하게 나아간다면, 그는 늘 당신의 사랑을 (저 샘의 변하지 않는 시원함처럼) 다정스럽게 생각할 것입니다. 당신 불변하심의 한 분이시여! 아멘.[21]

그 일요일 설교는 키르케고르의 저술활동에서 전환점이 되었다. "집으로 갈 때 나는 기분이 좋았으며 살아 있는 기분이었다. (…) 월요일에는 너무나 무력하고 기진맥진해서 무서울 정도였다. (…) 나는 점점 더 자꾸만 쇠약해졌다. (…) 그러다 기어코 병이 생겼다. 내 몸의 한계를 절감하게 하는 비참하고 고통스러운 통증이 두려움 속에서 감당할 수 없을 정도로 악화되기 시작했는데, 오랫동안, 아주 오랫동안 느껴본 적 없는 그런 심한 통증이었다. 잠깐 동안 나는 이것이 충분히 재빠르게 행동하지 못한 것에 대한 벌이라고 이해했다."[22] 그럼에도 불구하고 그는 자신의 기도가 응답되었다고 생각했다. "안수례"를 받았던 것이다. "새로운 뭔가가 내 안에서 태어났다. 왜냐하면 나는 저술가로서의 나의 과제를 다르게 이해하기 때문이다. 그것은 이제 상당히 다른 방식으로 종교를 직접적으로 개선하는 데 바쳐지고 있다. 그리고 나는 또 이러한 종교에서 안수례도 받았다. 이것이 바로 그것이 나와 함께하는 방법이다."라고 그는 썼다.

그 주에 그는 두 명의 미지의 여인에게서 편지를 받았는데, 이들은 그의 책을 읽었으며 성채교회에 가서 그가 설교하는 것도 들었다고 했다. 한 통의 편지는 젊은 여성에게서 온 것인데 그녀가 용기를 내서 편지를 한 까닭은, 그녀의 설명에 의하면, "선생님께서는 젊은이들에게 자비롭고도 친절하시며 또 타락한 사람들에게도 관대하시다는 말씀을 들어왔기 때문"[23]이라는 것이다. 그녀는 계속해서 자신이 영적 깨달음을 얻는 데 키르케고르의 저서가 도움이 되었다고 말했다.

> 시대의 경솔한, 혹은 어쩌면 선생님께서 어딘가에서 말씀하시는 바와 같이, 암울한 정신에 젖어서 오랫동안 하나님

과 하나님에 대한 저의 관계를 외면했지만, 이것은 불행한 일이었습니다. 나는 곧 그 사실을 깨달았습니다. 기도를 통해서 위안을 구했지만, 하나님은 제 기도에 귀를 기울이지 않으실 거라는 생각이 들었습니다. 교회도 갔지만, 산만한 내 사고는 설교자의 생각을 따르려고 하지 않았습니다. 나는, 내가 이해할 수 있을 만한 철학책에서, 방황하는 나의 영혼을 위한 안식을 찾으려고 애썼고, 또 어느 정도는 찾았습니다. 나는 『이것이냐 저것이냐』를 마음 깊이 감탄하면서 읽었으며, 그래서 선생님 저서 몇 권을, 구입할 경제적 여유가 없는 탓에, 대출해서 읽으려고 했습니다. 나는 1848년에 나온 『기독교 강화집』을 구했는데, 이 책은 내가 원했던 것은 아니었지만, 읽었습니다. 그리고 선생님에게 어떻게 해야 충분히 감사드릴 수 있을런지요? 이 책에서 나는 삶의 원천을 찾았으며 이는 그 이후 나를 실망시키지 않았습니다. 괴로울 때 나는 이 책에서 피난처를 구했고 또 안식을 찾았습니다. 가고 싶어서 또는 우연한 기회에 교회에 갔다가 기가 꺾인 채, 존경심도 겸손함도 없이 주님의 거처에 머물렀다는 또 하나의 죄를 의식하면서 교회를 떠날 때, 그럴 때 나는 선생님의 강화를 읽고서 위안을 얻곤 합니다. 내게 일어난 모든 일에서, 슬프거나 기쁘거나, 선생님이 세상에 남겨 주신 재산의 이 작은 부분이 내가 위안과 일용할 양식을 끌어낸 변치 않는 원천이 되었습니다.

> 지난 일요일 선생님은 성채교회의 설교자로 등록되었더군요. 나는 선택의 여지없이 그곳에 걸어갔는데, 역시 실망하지 않았답니다. 이것은 내가 그렇게 자주 들었던 그러나 결론이 내려지기 전에 이미 머릿속에서 사라져 버렸던 그런 설교가 아니었습니다. 아니지요, 훌륭하고도, 다정한 마음속으로부터 말씀이 쏟아져 나왔는데, 예사롭지 않았으며, 그러면서도 교화적이면서 마음을 달래주었습니다. 그 말씀은 제 마음속으로 뚫고 들어와서 결코 잊히지 않을 것입니다.

"선생님이 더 자주 설교한다면 얼마나 좋을까요. 그러나 청컨대 항상 선생님의 이름을 고지해 주시기를."이라고 다른 편지의 주인공은 간청했는데, 이 여인 또한 키르케고르의 설교를 생각하면서 자신의 심정을 토로했다. "선생님이 익명의 저서들을 출판하기 시작한 처음부터," 그녀는 쓰기를,

> 나는 귀를 쫑긋 세우고, 이 엄청난 화음들의 단 한 마디, 심지어 가장 희미한 부분조차 놓치지 않으려고 귀를 기울였는데, 왜냐하면 모든 것이 내 마음 속에서 울려 퍼졌기 때문입니다. 이것은 꼭 말씀드려야 했던 것입니다. 여기에서 나는 내 모든 문제에 대한 해결책을 찾았습니다. 더할 나위 없이 심오하게 내 관심을 잡아끈 그 어떤 것도 빠뜨리지 않았습니다. (…) 나는 사람의 마음속에, 선생님이 탄주

하는 법을 모르는 현이 단 하나라도, 선생님이 꿰뚫지 못한 구석이 단 한 군데라도 있을까 의구심이 들 정도입니다. 나는 또, 1843년 전에는, 웃는다는 것이 무슨 의미인지 알고 있다고 생각했는데, 아니었습니다. 『이것이냐 저것이냐』를 읽고 나서야 비로소 마음 깊은 곳으로부터 웃는다는 것이 무엇을 의미하는지 감이 잡혔습니다. 그리고 내 마음으로 비로소 선생님이 말씀해 온 모든 것을 전반적으로 이해하게 되었습니다. 영리한 사람들이 자신들은 키르케고르를 이해하지 못했다고 말하는 것을 들을 때 나는 거의 당황하다시피 한 적이 아주 많았는데, 왜냐하면 나는 늘 선생님을 이해했다고 생각했기 때문입니다. 나는 심지어 오랜 시간 동안 혼자 있을 때도 선생님의 책들과 함께 있기만 하다면 전혀 외롭지 않은데, 왜냐하면 이 책들은, 다른 모든 책 중에서, 살아 숨 쉬는 사람과 함께 있는 것이나 전혀 다를 바가 없는 그런 존재이기 때문입니다. 그렇지만 이 책들이 나에게 그저 웃는 것만 가르쳤다고는 부디 생각하지 마십시오. 오 아닙니다. 몇 번이고 되풀이해서 나는 이 책들 덕분에 깨어나서 나 자신을 훨씬 명료하게 바라보고 또 나의 의무를 이해하고, "진리, 길, 생명"에 과거 그 어느 때보다 훨씬 단단히 결합되어 있음을 느낄 수 있었다는 것을 부디 믿어 주시기 바랍니다. 이 책들에 대해 생각할 때마다 나는 무한히 자유롭게 되었고, 그러나 동시에, 산다는 것이 진실로 무엇을 의미하는지를 너무나도 모르는 탓에 기껏해야 그에 대한 서투른 모방을 닮았을 뿐인 저 모든 사교계를 포기하고 싶은 무한한 유혹도 받게 되었답니다.[24]

일요일 이후 계속해서 이 여성은 키르케고르의 설교에 관해 그녀가 만나는 모든 사람에게 이야기하고 있었다. 그는 영원한 진리를 말했었는데, 그러나 "그런 진리를, 다시 말해서, 내 영혼의 귀로 들을 수 있도록 그렇게 **내게** 말해 준 사람은 지금까지 아무도 없었습니다." 비록 그가 그것을 허락하지 않으리라는 것을 알았지만, 이제 그녀는 그에게 개인적으로 사의를 표하고 싶었다. "내가 남자라면 따라서 조리 있게 생각하고 쓸 수 있는 사람이라면, 틀림없이 사정이 달라졌을 겁니다. 왜냐하면 그렇다면 선생님에 대한 이야기를 출판할 수 있을 것이고 그러면 사적으로 선생님을 귀찮게 할 필요도 없을 테니 말입니다."라고 그녀는 덧붙였다.

1851년 초가을에 보에센은 며칠 일정으로 코펜하겐에 왔다. 키르케고르는 오랜 친구에게 『자기 시험을 위하여: 현대에 추천된』이라는 저서 한 권을 주었는데, 그때는 이 책이 출판된 직후였다. 여기에서 그는 루터가 19세기 덴마크의 루터파 교인들을 시험하기 위해 돌아온다는 설정을 하였다. "여러분은 신앙이 안면할 수 없는 것임을 잘 알 것입니다"[25] 라고 루터는 말한다. "신앙의 목적은 무엇이고, 그대가 가지고 있다고, 그대를 안식하지 못하게 한다고 말하는 그런 목적은 무엇입니까? 어디에서 그대가 진리를 위해 증언했으며, 어디에서 비진리를 위해 증언했습니까? 그대는 어떤 희생을 했습니까? 그대의 기독교를 위해 그대는 어떤 박해를 당했습니까? 그대의 가정생활 중 그 어떤 상황에서 그대의 자기부정과 체념을 찾아볼 수 있었습니까?" 이 책은 부활절 이후 다섯 번째 일요일에, 예수 승천일에, 그리고 오순절에 교회에 의해 할당된 신약성서 본문에 관한 세 편의 강화를 담고 있었다. 그것은 수난당하는 예수를 따라가는 고통스러운 좁은 길로 기독교를 엄격하게 해석하고 있었다. 예수는 가난하고 비참한 환경에서 태어났으며 처음부터 자신의 운명을 알았다. "그리고 이 길, 그리스도 되신 바로 이 길, 이 좁은 길은, 그 길이 계속 되는 한, 더욱더 좁아져서 끝에, 죽음에 이른다."[26] 예수는 성령이 온화한 위안, 새 생명[27], 믿음, 사랑을 가져다 줄 것이라고 약속하셨다. 그러나 이러한 축복은 먼저 자신을 버리고, 세상을 버린 자들에게만 주어진다는 것이다.

그때쯤 키르케고르는 평생 처음으로 도시 성채 바깥에서 외스테브로(Østerbro)에 있는 신축 빌라 2층에 살고 있었다. 그곳은 소테담(Sortedam) 호수 끝에 위치해 있었으며 사설 정원으로 둘러싸인 조용한 장소였다. 보에센이 그를 방문했을 때 그들은 밤늦게까지 이야기를 나누었고,[28] 키르케고르는 그에게 다음 날 저녁에 가라고 붙잡았으며, 그다음 날은 다시 그다음 날 저녁에 가라고 말했다. 늘 하던 것처럼 "속을

에밀 보에센

터놓고 이야기할" 기회가 요즘은 거의 없었다.

전에 뇌레가데에서 살았을 때, 그는 매일하는 산책 중에 레기네와 마주친 경우가 많았는데, 가끔은 여러 주에 한 번 정도는 "날마다 축복받은 날"[29]이었다. 외스테브로로 이사 오고 얼마 되지 않아 그는 매일 아침 시내 중심가에서 집으로 돌아오는 길에 열시쯤 레기네와 마주치기 시작했다. 1852년 1월 1일에 그는 산책 노선을 바꾸기로 마음먹었다. 부적절한 모습을 피하고 싶어서였으며 이제는 호숫가 경로를 택했다. 어느 날 아침 그는 그곳에서 레기네와 마주치자 다시 경로를 바꾸었다. 그러나 그때에도 도시의 동쪽 관문인 외스터포르(Østerport)에서 아침 여덟 시에, 아니면 조금 뒤 성벽 위에서 도시로 걸어가는 중에 그녀와 마주치기 시작했다. "아마도 그것은 우연이었을 것이다, 아마도. 그녀가 그 시각에 거기에서 무엇을 하고 있는지 도통 이해할 수 없었다"[30]라고 그는 일지에 쓰고 있다. 그는 또한 계속해서 일요일에 교회에서 그녀와 마주쳤다.

"그러다 내 생일이 되었다. 대체로 나는 늘 생일에는 멀리 나가 있곤 했지만, 이번에는 기분이 썩 좋지 않았다. 그래서 집에 머물렀다. 여느 때처럼 의사와 함께 시내로 걸어갔는데 왜냐하면 새로운 뭔가로, 전에는 전혀 경험해본 적이 없는 것, 즉 피마자기름으로 생일을 자축해 볼까 생각했기 때문이었다. 문을 나서 오른쪽으로 걸어간다. 가로수길 앞의 포장도로에서 그녀가 나와 마주친다. 최근에 아주 자주 발생하는 일로서, 그녀를 보자 웃음을 참을 수가 없다. 아하, 그녀가 내게 얼마나 큰 의미를 지니게 되었는지! 그녀는 답례로 미소를 지으며 목례를 했다. 나는 그녀를 지나쳐 한 걸음 내디딘 다음, 모자를 다시 쓰고 계속 걸어갔다."[31] 더할 나위 없는 간접적인 소통의 몇 년이 지난 후 시선, 웃음 그리고 말없는 인사의 이러한 만남은 키르케고르의 마음을 밝게 해 주었다. 아마도 화해와 우정은 결국 불가능한 것은 아니었던 모양이다. 마치 그의 생일에 창문 하나가 갑자기 열려서 봄의 미풍이 진공상태의 방 안으로 밀려들며 축복도 함께 가져온 것만 같았다.

그다음 일요일, 레기네는 교회에 출석해서 그가 언제나 서 있던 장소 근처에 앉아 있었다. 뮌스테르 감독의 사위인 파울리 목사가 설교했는데, 설교 본문은 키르케고르가 그 전 해에 성채교회에서 행한 그 자신의 삶을 변화시킨 설교에서처럼 그가 좋아하는 야고보의 편지의 한 구절, "모든 선하고 완전한 것은 하늘로부터 온다"였다. "그녀는 고개를 옆으로 돌려 나를 바라본다, 매우 타는 듯한 시선으로. 나는 똑바로 정면을 응시하면서 특별히 어떤 것을 바라보지는 않았다." 그러다 파울리 목사가 설교를 시작했는데 키르케고르로서는 도저히 "납득이 가지 않는", 너무나도 격에 맞지 않는 방식이었다. 하나님의 좋은 선물에 관한 이러한 성스러운 말씀은, 파울리 목사의 말에 의하면, "우리 마음에 새겨졌습니다. 그렇습니다, 청중들이여, 만일 이 말씀이 여러분의 마음에서 떨어진다면, 생명이 여러분에게 그 모든 가치를 잃어버린 것이 아니겠습니까?"

레기네는 이 설교를 듣고 틀림없이 당혹감을 느꼈을 것이라고, 그는 나중에 회상했다. "나는 그녀와 단 한 마디도 주고받은 적이 결코 없으며, 내 길을 갔을 뿐 그녀의 길을 가지 않았다. 그러나 여기에서 마치 훨씬 높은 권능이 그녀에게 내가 그때까지 말할 수 없었던 바를 말하는 것만 같았다." 그 자신의 감상으로 말하자면 "꼭 내가 이글이글 불타고 있는 석탄더미 위에 서 있는 것만 같았다."

15. 최후의 투쟁

1853년 가을 어느 날 키르케고르는 일지를 펼쳐서 한 면 맨 위에 표제를 단다. "새로운 '공포와 전율'."[1]

그는 아브라함을 상상한다. 아브라함은 모리아산으로 가는 길에 이삭에게 하나님이 그를 번제의 제물로 원하신다고 말해 준다. 산에 도착하자 아브라함은 나무를 꺾어 쌓아 놓고, 이삭의 눈을 가린 다음, 나무더미에 불을 붙인다. 그런 다음 이삭을 칼로 찌른다. 야훼가 모습을 드러내고 아브라함에게 멈추라는, 이삭 대신 어린 양을 바치라는 명령을 듣지 못했느냐고 묻는다. 듣지 못했습니다, 아브라함이 대답한다, 저는 듣지 못했습니다. 야훼는 죽은 이삭을 다시 살려내지만, 이것은 믿는 마음으로 아버지를 따라 모리아산을 올라가던 그 이삭이 아니다. 자신이 "하나님에게 희생제물로 선택"되었음을 알게 된 후, 이 천진난만한 소년은 갑자기 노인처럼 변하고 말았다. 아브라함은 죽은 아들을 슬퍼한다. 야훼는 그들이 영원 속에서 하나가 될 것이고, 거기에서 모든 기쁨이 그들에게 다시 주어질 것임을 약속하신다. "네가 나의 음성을 들었더라면, 그래서 도중에 멈췄더라면, 그랬더라면 너는 이승에서 이삭을 얻었을 것이다"라고 아브라함의 하나님은 말씀하신다. "그러나 영원과 관련된 것은 너에게 해명되지 않았을 것이다. 너는 너무 나갔으며, 모든 것을 망치고 말았다. 그렇지만 네가 너무 극단으로 치닫지 않았을 경우보다도 나는 훨씬 좋게 해줄 것이다. 영원의 시간이 있으니까." 창세기 22장에 대한 이러한 개작된 이야기에서 아브라함은 그의 두려운 과업을 완수할 때까지 중단하지 않았으며, 심지어 하나님이 의도하신 것보다도 더 나아갔다. 모든 것을 잃었으며, 구원은 오직 이 세상을 넘어서만 존재한다.

키르케고르는 고개를 들어 하늘을 본다. 달빛 속에서 밤하늘을 배경 삼아 성모교회의 첨탑이 창문 너머로 보인다. 일 년 전, 1852년 10월에 그는 다시 집을 옮겨서 호숫가의 평화로운 빌라를 떠나 코펜하겐 중심부에 있는 집 꼭대기의 값싼 거처로 갔다. 이곳은 성모교회와 뮌스테르 감독 관저에서 몇 발자국 안 되는 거리에 있었다. 천장이 낮은 방들은 주로 학생들에게 임대되었는데, 이게 그가 경제적으로 감당할 수 있는 전부였다. 아침 산책은 덴마크 기독교계의 중심교회에서 시작되는데, 이 교회는 그가 유년시절 이후 계속해서 우뚝 서 있는 사도들 아래에 가족과 함께 앉아서 뮌스테르의 설교를 들으며 무수히 많은 시간을 보낸 장소였다. 여기에서 그는 너무나도 자주 레기네와 몇 야드 떨어진 곳에 서서 그녀의 시선을 느끼곤 했다. 여기에서 그는 『코르사르』의 공격을 받은 후 계속된 몇 년 간의 고통스러운 시간 동안 3회에 걸쳐 금요성찬예배 설교를 행했다.

클래데보데르네(Klædeboderne)에 위치한 비좁은 방에서 그는 적을 조사하고 전투에 대비한다. 그는 뮌스테르를—그의 세속적인 면면을, 위선을, 골슈미트를 인정하는 발언을—염두에 두고 기독교계에 대한 논박을 날카롭게 다듬으며, 하나님에 대한 자기 자신의 관계를 묵상한다. 1843년 베를린에서 『공포와 전율』의 집필을 시작했을 때, 키르케고르는 아브라함을 "신앙의 기사"로 찬미했다. 아브라함은 자신이 떠나온 세상으로 다시 기쁜 마음으로 귀환하고, 사랑하는 아들을 포기한 후 두 번째로 그를 돌려받는다. 키르케고르는 아브라함의 이 놀라운 신앙을 갈망했다. 자신에게 이 신앙이 있었더라면, 그게 만일 가능했다고 한다면, 어느 모로 보나 보통사람처럼 두드러지지 않은 채 세상 안에서 하나님과의 관계를 영위할 수 있었을 것이다. 『공포와 전율』에서 그는 아브라함을 루가의 복음서 첫 부분에 묘사되는 마리아와 비교했다. 마리아는 젊고 미혼의 몸으로 갑자기 임신이 되었는데, 하나님에게 부름 받아 처녀의 몸으로 거룩한 아이를 잉태한 것이다. 아브라함과 마리아 모두 자신들의 거룩한 과업을 기꺼이 떠맡았으며, 가족과 친구들에게 오해를 받았고, 또 각자의 아들의 죽음과 맞닥뜨렸다.

그러나 지금 10년이 흘렀고, 키르케고르는 아브라함의 시련을 참된 기독교가 요구하는 수난에 비교할 때 일종의 "아이의 범주"로 간주한다. "아브라함은 칼을 꺼낸다. 그런 다음 이삭을 돌려받는다. 그것은 심각한 것이 아니었다. 가장 심각한 것은 그 시련이었지만, 그 후 그것은 다시 한 번 이승의 삶의 기쁨이 되었다." 신약성서의 경우는 달랐는데, 여기에서는 "칼이 (…) 실제로 마리아의 마음을 후벼 파고, 그녀의 심장을 꿰뚫게 되었다. 그러나 그때 그녀는 영원으로의 택함을 받았다. 아브라함은 그렇게는 되지 않았다." 키르케고르의 경우, 기독교 신앙은 이제 "말 그대로 손에서 놓아 버리고 포기하는 것, 세상적인 것을 잃는 것, 그리고 순전한 수난, 또 [세상으로부터] 멀어져 가는 것"[2]을 의미한다.

아브라함에 관한 일지 기록은 또 다른 저서를 위한 계획이 아니다. 만일 1853년에 "새로운 '공포와 전율'"을 쓸 생각이었다면, 그는 마리아의 영혼을 꿰뚫은 칼이—이것을 예언자 시므온은 예수가 어릴 적에 예언하거니와—자신의 아이가 십자가에 매달려 처형당하는 것을 바라보는 어머니의 고통보다도 더 심한 것이라고 설명했을 것이다. "이것은 전부 환상, 기만이 아닐까, 하나님이 보낸 천사 가브리엘과 관련된 모든 일이 그녀가 선택받은 자라는 것을 그녀에게 알려주기 위함은 아닐까 그녀는 생각한다. 그리스도가 울부짖는 것처럼. 나의 하나님, 나의 하나님, 어찌하여 나를 버리셨나이까! 성모 마리아 역시 이것에 비할 만한 인간적인 고통을 겪는다."[3] 1843년에 키르케고르는 자신의 문학적 인격인 요하네스 데 실렌티오(Johannes de silentio)로 하여금 아브라함의 신앙에 경악하게 만드는데, 이 익명은 내세를 갈망한 게 아니라 현생의 기쁨을 기대했다. 이제 그는 "기독교는 끝까지 수난이라고, 그것은 영원에 대한 의식이라고"[4] 믿는다. 이제 더 이상 그의 익명들이 행하는 변증법적 도약의 필요성은 존재하지 않는데, 왜냐하면 그 자신의 실존이 단일한 신학적 공식, 즉 "하나님에게 가까울수록 수난은 더 심하다"를 만들어 냈기 때문이다.

2년 동안 그는 아무것도 출판하지 않았으며, 거의 쓰지도 않았다.[5] 결과적으로, 그가 일지에 기록하는 바에 의하면, "엄청난 생산성이, 말하자면, 내 머릿속에 그리고 내 생각 속에 축적되었다. 사실상 지금 이 순간 수많은 종류의 교수들과 시인들이 나를 통해서 만들어질 수도 있을 것이다."[6] 도시로 다시 돌아온 이래 그는 전보다 더 검소하고 엄격하게 생활해 왔으며, 다양한 물질적 편안함 없이 지냈는데—심지어 짧은 기간 동안이었지만 저술도 중단했는데—"이 모든 것은 내가 무엇을 견뎌낼 수 있는지를 알기 위함이었다." 어쨌거나 1853년 가을에 그는 "금욕주의는 궤변이다"라고 반성한다. 왜냐하면 이러한 유한한 체념은 그로 하여금 정신이 무엇이든 계산하게 만들게 해서 모든 절제를 평가하게 하는바, 마치 체념 그 자체가 목적인 것처럼 만들기 때문이다. "그래서 나는 다시 한 번 자비를 구하게 된다"라고 그는 10월 또 다른 밤에 쓰고 있다. 문제가 되는 것은 세상을 향한 그의 입장이다. 그에게 관심거리가 되는 모든 것은 자신에게 부여된 거룩한 과업을 성취하는 데 어디까지 갈 필요가 있는가 하는 문제이다. "그대는 너무 멀리 갔으며, 모든 것을 파괴해 버렸다"라고 그는 이제 하나님이 아브라함에게, 자신의 손에 피를 묻힌 그에게 말하는 것을 상상한다. 이 말들은 그 자신을 겨냥한 것이 아니었을까? 그는 준엄하고 무서운 기독교를 선포하기 위해 "모든 것과 단절할 것을" 고려하고 있지만, 그러나 "한 가지", 즉 레기네가 그를 주저하게 만들고 있다. "그녀는 그런 종류의 기독교에 대해 전혀 아는 바가 없다. 만일 내가 도중에 멈추지 않는다면, 그렇다면 우리 사이에는 종교적 차이가 존재하게 된다." 이 가을 키르케고르는 점점 더 심하게 무리한다는 생각이 들게 되었다. 글쓰기가 그를 지치게 만들고 있다. 그것은 "거의 바보짓과 같은 것으로"[7] 생각된다.

그는 한 달 가까이 일지를 멀리하다가 12월 어느 추운 밤에 다시 펼쳐서 뮌스테르 감독에 관해—그리고 당연한 일이지만 자신에 관해—두 쪽 분량의 글을 쓴다. 그의 기록에 의하면, 1848년까지 그는 변함없이 "기성 질서"에 충실했다. 뮌스테르에 대한 이중적 감정에도 불구하고 그는 다른 어떤 성직자보다 그를 더 존경해 왔으며, 『기독교의 훈련』까지는 그를 논적으로 아껴 두었다. 『코르사르』 사태, 그리고 그 다음으로 골슈미트를 비난하지 않겠다는 뮌스테르의 거절이 결정적인 전환점이었다. 기독교에 대한 키르케고르의 해석은 더욱더 희생, 수난, 순교의 이념들로 경도되어 갔으며, "세상"을 물리치는 데 있어서 더욱더 강경해지면서, 그는 뮌스테르 자체가 "종교적 품성이 없다"고 믿게 되었다. 진실된 종교적 스승이 아니라 단순히 연설가, 웅변가, 간단히 말해 "신문 잡지 기고가"에 불과하다고 말이다. 그는 진정한 기독교에 대한 자신의 "옹호"가 "M. 감독에게 재앙 같은 것"[8]임을 알고 있다. "왜냐하면 진리와 그 밖의 일들은 그와는 무관하기 때문이다." 의심의 여지없이 그 감독은 모퉁이에 있는 안락한 거처에서 속 편하게 잠들어 있을 것이다. 키르케고르는, 불면의 밤을 지새우는 불침번은, 잠들지 못한다. 그는 일지를 덮고, 석 달 내내 더 이상 아무것도 쓰지 않는다.

* * *

"이제 그는 세상을 떠났다"[9]라고 키르케고르는 1854년 3월 1일에 "뮌스테르 감독"이라는 표제 아래에서 다시 글을 쓰기 시작했다. "만일 그가 진심으로 뉘우쳐서 자신이 표상했던 것이 사실은 기독교가 아니라 기독교의 완화된 형태였다고 고백함으로써 삶을 끝냈더라면, 그가 천수를 누렸기 때문에 그야말로 더할 나위 없이 바람직했을 것이다." 키르케고르는 "마음속 깊이" 뮌스테르가 그에게 "영혼의 문제와 관련해서는" 진즉에 양보했지만, 그것을 공개적으로 인정하기를 거부했다고 믿었다. 『기독교의 훈련』 서문은 이미 "그 자신과 관련한 인정과 고백"을 요구했었다. 그리고 만일 뮌스테르가 심지어 셸란섬의 감독인 자신도 가장 높은 기독교적 이상에는 미치지 못했다는 것을 인정했더라면, 그랬다면 저술가로서의 키르케고르의 과제는 성취가 되었을 것이다. 그러나 그는 이러한 고백을 헛되이 기다린 셈이 되고 말았다. 이제 "모든 것이 변했다. 이제 남아 있는 유일한 것은 뮌스테르가 설교를 통해서 기독교를 여지없이 환상으로 변질시켜 버렸다는 사실이다"라고 그는 결론지었다. 그가 이 감독을 비난한 것은 예수와 사도들의 가장 근본적인 가르침을 따르지 못했기 때문이 아니라—왜냐하면 당연하게도 자신 역시 이것에는 실패했으므로—거짓을 진리라고 기만했기 때문이다.

뮌스테르 감독은 1월 말, 키르케고르가 다시 일지를 펼치고 이 기록을 작성하기 4주 전에 세상을 떠났다. 뮌스테르는 1853년 12월 26일 마지막 설교를 했다. 이번 한 번만, 키르케고르는 그가 설교하는 것을 들으러 교회에 가지 않았으며, 지난 시간을 돌이켜보면서 이것을 하나님의 계시로 간주했다. "이제 그것은 일어나게 되어 있다. 너는 네 아버지의 전통과 단절해야 한다."[10] 2월 초, 뮌스테르의 장례식이 거행되기 이틀 전에, 마르텐센은 일요일 설교에서 고인이 된 뮌스테르 감독의 덕을 기리면서 "그의 믿음을 닮자고" 회중에게 권고했다.[11] "그의 귀중한 기억이 우리 마음을 가득 채우는 그런 분으로부터, 우리 생각은 다시 사도들의 시대에서 우리 자신의 시대까지 시간을 관통해서 거룩한 연쇄처럼 계속되고 있는 모든 진리의 증인들의 이어짐으로 향해집니다."라고 마르텐센은 선언했다. 뮌스테르 감독은 이러한 거룩한 연쇄에서 한 축, "진정한 진리의 증인"이었다고 그는 계속했다.

곧바로 키르케고르는 마르텐센의 추모 강화에 대한 가차 없는 공격의 초고를 작성했다. "뮌스테르 감독이 진리의 증인이라니!"[12] 진리의 증인은 "교리를 위해 아무 조건 없이 수난을 당하는 사람", 믿음이 그 소유자를 "정신적 시련 속으로, 영혼의 불안 속으로, 정신의 고뇌 속으로" 이끌고 가는 것을 의미한다. 뮌스테르를 사도들에게 연결시킨 마르텐센의 잘못을 입증하기 위하여 키르케고르는 고린토인들에게 보낸 첫째 편지를 인용했는데, 여기에서 바울로는 특별히 단도직입적으로 세속적 권력과 교만을 그리스도의 제자의 조건인 굴욕과 대조하고 있다. "여러분은 명예를 누리고 있는데 우리는 멸시만 받습니다." 바울로는 고린토의 그리스인들에게 편지를 써서, "우리는 주리고 목말랐으며 여러 번 굶고 추위에 떨며 헐벗은 일도 있었습니다. (…) 우리는 세상의 쓰레기같이 되었습니다." 키르케고르는 마르텐센이 "아이가 군인놀이를 하면서 노는 것과 정확히 똑같은 의미에서" 모든 위험을 제거함으로써 기독교를 농락하고 있다고 비난했다.

1854년 봄 내내 그는 당대의 기독교계를 신약성서의 가르침과 대조하는 훨씬 논쟁적인 글의 초고를 작성하였지만, 그것을 출판하지는 않았다. 그는 만찬 자리에서 뮌스테르 감독을 비난함으로써 친척들을 당황하게 만들었다. 어쨌거나 그는 일지에서 세속적임에 대한 비판의 글을 정성들여 다듬었으며, 초대 기독교의 가장 근본적인 요구를 역설했다. 초대 기독교는 추종자들에게 대부분의 사람들이 그들의 삶을 채우는 "이기적인 하찮은 것들"을 버리라고 요구하는 종교였다. 그것들은 "교제, 결혼, 출산, 세상에서 한몫하는 것"으로서, 다시 말해, 지금 기독교 공동체로 거짓 행세하는 모양새 좋은 사회의 기본 요소들이었다. 그는 여자들이 남자들에게 "유한성의 온갖 말도 안 되는 것들"을 강요하고 있다고 비난했으며,[13] 아내들과 어머니들이 "그녀들 자신의 것인 사람들을 사랑함으로써" 자신을 사랑하는 "집착적인 이기심"을 비난했다. 여성들은 천성적으로 가정생활에 끌리는 성향이 있는데, 이것이 남자들을 그들의 영적 관심사에서 멀어지게 만들었다. 바로 이런 이유로, 수녀들은 수도사보다 더 높게 존경받을 자격이 있는데, "왜냐하면 수녀들이 현세의 삶과 결혼을 포기할 때, 남자보다 훨씬 많은 것을 포기하는 까닭이다."라고 키르케고르는 덧붙였다.

그는 이러한 견해를 뒷받침하는 몇몇 근거를 쇼펜하우어의 에세이에서 찾았다. 쇼펜하우어는 아름다울 정도로 투명한 독일어 산문으로 작성된 공상적인 (그리고 성차별주의적인) 염세주의를 노골적으로 주장했다. 그는 쇼펜하우어의 논쟁적 경향을—헤겔, 학문적 철학, 기독교 신학에 대한 비판을—높이 평가했으며, 예수의 가르침은 물론이고 고대 인도의 영성에서 이끌어낸 금욕주의, 수난 그리고 깊은 연민의 정 등에 대한 역설도 높이 평가했다. 그러나 그는 쇼펜하우어의 은둔적 삶의 방식은 그 어떤 윤리적인 면도 없음을 보여주는 것이라고 불평했다.

> 그는 고립된 삶을 영위하면서 이따금 천둥처럼 모멸적인 말들을 쏟아내지만 아무도 관심을 갖지 않는다. 전혀. 문제를 다른 방식으로 접근해 보라. 베를린으로 가라. 이런 악당들을 위한 무대를 거리로 옮겨 놓으라. 만인 가운데 가장 악명 높은 사람이 되는 것을, 온 세상 사람이 다 알게 되는 것을 견뎌내라. (…) 당신도 알겠지만, 이것은 야비한 무시 행위를 약화시킨다. 그것이 여기 덴마크에서—물론 훨씬 소규모로—내가 실천해 온 바다. 그들은 나를 무시한 탓으로 바보가 되고 말았다. 그리고 또 나는 심지어 과감하게 한 가지를 더 하기까지 했다. 종교적 통제하에 놓여 있었기 때문에, 나는 무지한 사람부터 고위층에 이르는 폭도 전체에게 자발적으로 스스로를 과감히 노출시켜 희화화되고 조롱당했는데, 이 모두는 환상을 터뜨리기 위함이었다.[14]

『공포와 전율』 이후 십 년 넘게, 키르케고르 자신의 실존은 여전히 세속적인 성취와 금욕적 체념 사이의 변증법에 걸려 있었다. 그는 아직 이 대안들 중의 그 어느 것도, 물론 둘 다 그에게는 강력한 유혹이었지만, 인간으로 존재하는 가장 고귀한 방식이 아니라고, 그 어느 것도 진정한 기독교가 아니라고 믿었다. 1843년에 그는 아브라함에게 영감을 받아 거룩한 자비에 의해 힘을 얻은 세상으로의 복귀를, 유한한 삶을 포용하는 것을 상상해 왔다. 그는 저 늙은 아버지의 모리아산 여정을 무용수의 도약에 비유한 적이 있었다. 그러한 도약은 세상을 희생하고 그런 다음 그것을 은총으로서 돌려받는 운동, 보이지 않는 내면의 운동에 의해 활성화된다. 이제 그와 똑같은 변증법이 키르케고르를 세상 속에서 다르게 존재하는 길, 즉 기성 질서와의 충돌, 정치적 삶에 대한 경멸, 눈에 보이는 수난, "비웃음에 의한 순교"[15] 등으로 몰아대고 있었다.

그럼에도 불구하고 그는 기독교계를 공격하는 글을 출판하는 것을 자제하고 있었다.[16] 처음에는 뮌스테르 감독의 후계자와 관련된 논쟁으로부터 충분히 거리를 유지하기 위해 그렇게 했다. 마르텐센은 수상 외르스테드(A. S. Ørsted)가 이끄는 보수당 의원 후보로 선호되던 반면, 클라우센(H. N. Clausen)은, 과거 대학에서 키르케고르에게 성서 주석을 가르쳤었는데, 국가자유당과 국왕의 후원을 받고 있었다. 그러나 마르텐센이 1854년 4월에 덴마크 국민교회의 수장인 셸란섬의 감독으로 지명된 후에도, 키르케고르는 여전히 공격을 자제하고 있었다. 왜냐하면 거기에는 레기네도 있었기 때문이다. 그는 많은 것을 희생할 수 있었지만, 그녀와의 관계는—그들의 잦은 마주침, 그의 책임감, 그리고 그들 사이의 심오한 침묵의 화해는—세상에서 일종의 닻이었다. 그녀의 영혼에 대한 염려, 그녀가 의지하며 살고 있는 종교를 비난하기를 주저하는 그의 마음 때문에 그는 전장으로 돌진하기 직전에서 멈춰 있었다.

1854년 여름과 가을을 거치면서 때를 기다렸다. 그러다 12월에 뮌스테르에 대한 마르텐센의 찬사에 항의하는 첫 번째 글을 『조국』의 편집자인 친구 죄드바드에게 보내 신문 지상에 게재해 달라고 했다. 그때는 레기네의 남편 슐레겔이 식민청장에서 서인도제도의 총독으로 승진한 후였다. 슐레겔은 1855년에 이 자리에 취임할 예정이었다. 그러면 레기네가 덴마크를 떠날 것이다.[17]

뮌스테르 감독은 생전에 사랑을 많이 받았으며 죽어서는 사실상 "성인으로 추앙"되었으나, 키르케고르의 글은 그를 협잡꾼이라고 비난했다.[18] 뮌스테르의 설교는 "결정적으로 기독교적인 것, 우리 인간에게 너무나 불편한 것, 우리의 삶을 분투하게 만들고 우리가 삶을 향유하는 것을 방해하는 것을 감추고, 억누르고, 삭제했다." 또한 뮌스테르의 삶은 진정한 기독교에 훨씬 미치지 못했다. "그는 격에 맞지도 않았으며, 그의 설교와도 어울리지 않았다"라고 키르케고르는 주장했다. 진정한 기독교의 진리의 증인은 "가난 속에서 진리를 증언하고, 결코 인정받지 못하고, 미움과 혐오의 대상이 되고, 견딜 수 없을 정도로 조롱당하고, 모욕당하고, 비웃음을 사며 경멸의 대상이 되는 그런 사람이다"라고 그는 주장했다. 마르텐센의 추도 강화는 자기 잇속만 차리는 것으로, "마르텐센 교수 본인에게만 유리한 추도문"이었는데, 이것은 "마르텐센 교수에게 공석인 감독직을 배려하라고 요구하는" 것이었다고 그는 덧붙였다. 마르텐센은 뮌스테르를 진리의 증인이라고 부름으로써 기독교의 위험과 모험성을 "(타인에게 위험이 되는) 권력, 재화, 이익, 심지어 더할 나위 없는 극상의 풍요로운 세련된 삶의 향락으로" 대체했으며, 그래서 신성과 진리를 가지고 장난을 쳤다고 그는 다음과 같이 결론지었다. "진실로 그 어떤 이단이나 분파보다도 더 기독교에 반하는 뭔가가, 모든 이단과 분파를 합한 전부보다 더 기독교에 반하는 것이 있는데, 그것은 바로 이것, 즉 기독교를 농락했다는 것이다."

키르케고르의 글은 크리스마스 한 주 전, 마르텐센이 성모교회 감독에 임명되기 8일 전, 『조국』에 게재되었다. 그 해가 가기 전 마르텐센 감독은 『벨링 타임스』에 뮌스테르와 자신을 옹호하는 장문의 거만한 글을 게재했는데,[19] 키르케고르가 그의 "막무가내식" 공격을 "보통사람보다 훨씬 높여진 행위 기준을 그에게 부여하는 (…) 천재의 뭔가 다른 더 높은 도덕성으로써, 아마도 뭔가 다른 더 높은 종교적 요구로써" 정당화할 거라고 예측했다. 키르케고르는 마르텐센의 글을 읽은 후 그것을 갈기갈기 찢은 다음[20] 자기 방을 청소하는 하녀에게 치워버리게 했다. 이틀 뒤 그는 『조국』에 두 번째 글을 게재했는데, 뮌스테르가 진리의 증인이라는 주장에 대한 반박을 되풀이한 다음, 자신의 행위에 대한 마르텐센의 비판은 "도대체가 나한테 아무런 인상도 주지 못한다."[21]라고 밝혔다. 그것은 오해에서 비롯된 것이었으며, 그래서 어쨌거나 "마르텐센은 너무나도 열등한 인격이기 때문에 인상을 줄 수가 없다"라고 경멸스럽게 덧붙였다. 그는 마르텐센의 "신성모독"[22]에 대항하는 『조국』의 연속적인 게재글을 새해인 1855년까지 계속했지만, 1월 말 공격을 중단했다. 그의 공격은 너무나 많은 분노를 야기했다. 몇몇 목사가 중간에 끼어들어 그들의 새로운 감독을 옹호하고, 마르텐센 자신은 더 이상 반응하지 않았으며, 한편 닐센이 『조국』에 키르케고르를 옹호하는 글을 게재했다.[23]

3월 중순 어느 날, 키르케고르는 집 가까운 거리에서 레기네와 마주쳤다.[24] 그녀는 의도적으로 그를 향해 걸어와 지나치면서 "하나님이 당신을 축복하시기를, 당신의 모든 일이 다 잘 되기를 빌어요"라고 조용히 속삭였다. 레기네의 목소리를 듣고서, 14년 동안이나 듣지 못했기 때문에, 그는 걸음을 멈추고, 거의 한 걸음 뒤로 물러나다시피 하면서, 그녀가 서둘러 떠나기 전에 반갑게 인사를 했다. 그래서 한 순간 눈빛이 오가면서 그들의 오랜 침묵이 깨졌다. 그날 늦게 레기네와 그녀의 남편은 항해를 떠났다. 북극해를 가로질러 영국의 사우샘프턴을 경유한 다음 다시 대서양을 가로질러 여행을 계속했다. 키르케고르는 다시는 그녀를 결코 볼 수 없게 되었다. 이 세상에서 자신의 닻을 상실해 버린 것이다.

레기네가 떠나고 하루이틀 지나서 그는 죄드바드에게 또 다른 글을 보냈다. 진리의 증인이라는 관념에 초점을 맞추는 대신, 이번 글은 그가 뮌스테르 감독에게 사적으로 말한 적이 있었던바, 즉 "공식적 기독교는 결단코 신약성서의 기독교가 아니다"라는 것을 "공개적으로 소리 높여" 선언했다. 그는 뮌스테르가 그 자신의 가르침과 예수 및 사도들의 가르침 사이의 이러한 괴리를 고백하기를 원했었는데, 그의 설명에 의하면, 이러한 고백 없이는 교회의 선포란—아마도 "무의식적이건 아니면 선의에서건 간에"—환상일 뿐이었다. 3월 나머지 기간 동안 키르케고르는 "공식적 기독교에 대한 맹렬한 공격을 계속했으며",[25] 2주가 채 못 되는 기간 동안 일곱 편의 글을 게재했다. 이 새롭고 강화된 공격은, 레기네의 신앙에 미치는 그 여파에 대한 걱정에서 벗어나, 덴마크 기독교계 전체를 포함했다. 그는 덴마크의 "비단과 주단으로 치장한 성직자들,[26] 그 수가 끊임없이 증가하는 가운데 이익이 기독교 쪽에 있는 것으로 보일 때는 기꺼이 복무할 태세를 갖추고 있는 자들!"을 매도했다. 그의 열 번째 글인 "하나의 테제—오직 한 명의 외로운 개인"[27]은 상징적으로 성모교회의 출입문에 고정되었다. 여기에서 키르케고르는 루터의 95개의 테제도 충분히 "무서웠지만", 지금 "문제는 훨씬 더 무서운 것이다. 지금은 오직 다음과 같은 하나의 테제가 있을 뿐이다. 신약성서의 기독교는 더 이상 존재하지 않는다."라고 주장했다.

키르케고르는 진실한 종교적 삶을 추구하는 가운데 아브라함을 제쳐 놓은 지 오래지만, 여전히 아테네의 쇠파리인 소크라테스에게 과거 그 어느 때보다 근접해 있었다. "내 실존 전체는 사실 가장 심오한 아이러니이다"라고, 그는 1854년 겨울, 그가 공식적 기독교를 공격하기 직전의 일지에 쓰고 있다. 그리고 소크라테스는 아이러니가 심오한 삶의 방식이라고 말하는 것이 무엇을 의미하는지를 보여주었다.

> 소크라테스적 아이러니는 어디에 존재하는가? 구절의 교묘한 전환과 그 비슷한 것들에? 아니다. 반어적 농담과 언어적 세련됨에서의 그런 고결함은 소크라테스 같은 사람에게는 존재하지 않는다. 아니다, 그의 실존의 모든 것이 아이러니였다. 간단히 말해, 그 시대의 모든 난봉꾼과 상인, 기타 등등 이러한 수천 명의 사람들은 자신들의 인간성을 완전히 확신하고 있었으며, 또 인간으로 존재한다는 것이 무엇인지 알고 있다고 확신했던 반면, 소크라테스는 (아이러니하게도) 뒤쳐져서 인간으로 존재하는 것이 무엇인가라는 문제로 여념이 없었다. (…) 소크라테스는 인간은 태어날 때부터 인간이라는 것에 의구심을 품었다. 사람은 저절로 인간으로 존재하는 것도 아니고 또 인간으로 존

재한다는 것이 무엇인가에 대한 앎을 그렇게 쉽게 얻는 것도 아니다.[28]

키르케고르는 이 괴짜 선생 덕분에 첫 번째 철학적 깨달음을 얻었다. 소크라테스는 키르케고르를 실존의 가장 심오한 문제로 인도했으며 시대 전체의 환상을 드러내는 법을 가르쳐 주었다. 소크라테스는 아테네 시장에서 거론되는 왁자지껄한 이론들에 또 하나의 목소리를 추가하지 않았으며, 오히려 이러한 목소리들 속으로 들어가 그들에게 모든 것에 의문을 제기하라고 요구했다. 대학에서는 소크라테스에게서 지혜가 강의실에서, 철학적 논문에서, 논리적 논증에서 발견될 수 있는지 묻는 것을 배운 반면, 이제 키르케고르는 기독교가 유럽 그 어느 교회에서라도 과연 찾아볼 수 있는가를 물었다. 그의 단 하나의 테제, 곧 기독교는 더 이상 존재하지 않는다는 것은 그 어떤 소크라테스적 도발만큼이나 파괴적이었는데, 왜냐하면 그것은 그가 속해 있는 문화 전체의 기초가 되는 전제에 이의를 제기했기 때문이다. 그리고 소크라테스를 따라 그는 군중 한가운데에서 자신의 문제를 제기하는 방법을 발견했다. 소크라테스가 시장 광장, 곧 그의 시대의 가치를 구체화한 장소에서 철학을 실천적으로 행했듯이, 키르케고르 역시 일간 신문에서 19세기 기독교에 대한 공격을 감행했다.

1855년 5월 말 키르케고르는 스물한 번째 글을 『조국』에 발송했다. 그는 마르텐센이 공식적 기독교에 대한 자신의 비판에 제대로 응답하지 못했다고 호되게 꾸짖었다. 이 비판이 그해 1월에 있었던 뮌스테르 감독의 평판과 관련한 논쟁보다 "훨씬 더 진지한 것"이었음에도 불구하고 말이다. 그리고 이 최후의 글이 발표되면서 키르케고르는 새롭게 맹렬한 공격을 시작했는데,[29] 그 첫 번째는 한데 뭉뚱그려서 『순간』이라고 표제를 붙인 일련의 논쟁적 소책자에 게재했다. 다시 한 번 키르케고르는 그의 문학적, 철학적 역량을 총동원해서 격조 높은 서문으로 첫 번째 논쟁을 시작했다. 이 서문은 통치에 적합한 유일한 사람은 통치를 전혀 하고 싶어 하지 않는 사람이라는 플라톤의 발언을 회상하면서, 전장에 들어서서 "그 순간에 싸우고" 싶지 않은 자신의 마음을 표현했다. 그는 글 쓰는 것을 사랑했으며, 또 자신의 "논쟁적 본성" 때문에 "사람들과 논쟁하는" 것을 좋아하게 되었지만, 또한 "나의 영혼에 존재하는 정열을 만족시키기를, 사람들을 경멸하기를" 바랬었다고 설명했다. 어쨌건 이제 그의 긴급한 과제는 그에게 "애지중지하는 거리"를 포기하기를 요구했는데, 그는 이 거리만큼 떨어져 세상을 경멸하고 있었다. 그는 또한 초기 저술활동의 유유자적도 포기해야 하는데, 그때는 "언제나 충분한 시간이 있어서 여러 시간, 여러 날, 여러 주를 기다리면서 내가 정확히 원하는 표현을 찾을 수" 있었다. 그해 여름, 키르케고르는 의심을 떨쳐 버리고 에너지를 모두 저술활동에 쏟아 부었으며, 이제 단 하나의 테제에 전념했는데, 이는 온 신경을 집중하던 1840년대의 창작활동 시기와 비슷한 열정이었다.

6월, 7월, 8월을 거치면서 그는 『순간』을 9회 발간했는데, 각각 당대 기독교의 "엄청난 환상"[30]을 축출하려고 노력하는 글 모음집이었다. "진리를 품고 있는 종교는 모두 인간의 총체적인 변화를 의도하거니와," 이는 단순히 내면의 변화뿐만 아니라 세상과의 새로운 관계까지 의미하는 것으로, 가족, 재산, 직업적 성공 등에 대한 모든 집착과 단절하는 것이라고 그는 주장했다. 사도 바울로는 결혼하지 않았으며, 그 어떤 공식적인 직함도 없었고, 영적 활동의 대가로 돈을 벌지도 않았다고 그는 지적했다. 그런데도 이처럼 어렵고 좁은 길을 가르치는 대신, 기독교계의 성직자들은 "가족들을 점점 더 이기적으로 결속시키고 아름답고 화려한 축제를 마련해"[31] 왔거니와, 세례와 성찬식 등이 그 좋은 예가 된다. 예컨대 세례와 성찬식은 소풍이나 다른 즐거운 가족 행사들과 비교했을 때, 그 고유하고 특별한 매력을 지니고 있는데, 그것은 곧 이것들이 또한 "종교적"이기도 하다는 점이다. 또 성직자들은 체념의 길을 따르는 것을 다른 어떤 사람보다 더 이상 좋아하지 않는다. "사람은 아무것도 없이는 살 수 없다. 이것을 우리는 너무 자주, 특히 목사들에게서 듣는다. 그런데 목사들이야말로 이러한 묘기를 수행하는 장본인들이다. 기독교는 더 이상 존재하지 않는다. 그런데도 그들은 그것으로 생계를 유지한다."[32] 키르케고르는 독자들에게 교회에 가지 말 것을 촉구한다. 그 자신이 더 이상 가지 않았으며,[33] 일요일에는 사설 도서관 아테나움에서 자주 목격되었다.

이러한 폭발적인 소책자들은 "엄청난 흥분"을 일으켰으며,[34] 분노, 열정, 그리고 넘치는 뒷담화를 불러왔다. 많은 학생들이 『순간』의 과격한 전언에 영감을 받은 반면, 기성세대는 회의적이고 분개하는 경향이 있었다. "나는 키르케고르의 행동에 대한 당신의 판단에 전적으로 동의합니다"[35]라고 저명한 시인 하우시(Carsten Hauch)는 그의 친구 잉게만(Bernhard Severin Ingemann)에게 편지를 썼는데, 잉게만은 과거에 교회를 공격하는 논쟁의 "무분별함과 파렴치함"에 대해 불평한 적이 있었다. "모든 존경심이 마음으로부터 뿌리째 뽑히는 것만 같습니다"라고 하우쉬는 한탄했다. "만일 지상의 그 어떤 것도 존경받지 못하게 된다면, 천상의 그 무엇도 또한 존경받지 못하게 될 것입니다. 젊은 세대가 이런 분위기 속에서 교육받고 성장한다면, 이 얼마나 불행한 일이겠습니까?" 이제 70세가 가까워진 시베른 교수는 여전히 그의 제자에게서 좋은 면을 간파했지만, 키르케고르의 경우 "한쪽으로 치우친 성격"이 그의 철학을 지배하고 있다고 통탄했다.[36] 그리고 시베른은 "그가 스스로에게 일으켜 놓은 분노를 진리, 정의 그리고 [뮌스테르 감독에 대한] 감사의 마음과 관련한 덴마크 국민들의 의식에 대한 좋은 시금석으로" 간주했다.

그래도 다른 사람들은—반항적인 신학도만이 아니라—

키르케고르의 명분에 공감적이어서 그의 도발을 진지하게 받아들였다. 그의 친지 한 명인 비르케달(Birkedal) 목사는, 『순간』을 읽으면서 "강렬한 말들이 자신에게 깊은 그림자를 드리운다고" 느꼈다.[37] "나는 이런 문제들을 털어버릴 수가 없었으며, 오히려 나의 모든 영적 자세를 새로워진 시험에 적용시켜야만 했다." 막달레네 한센(Magdalene Hansen)은, 그룬트비의 추종자이자 예술가 콘스탄틴 한센(Constantine Hansen)의 아내였는데, 그녀의 친구에게 "사람들이 키르케고르를 헐뜯는 소리를 듣는 것이, 그리고 말하자면 그의 인간적인 약점을 더욱더 노골적으로 찾아내기 위해 그의 품행에 포함되어 있는 진리를 기를 쓰고 외면하는 모습을 보는 것이 내게는 끊임없는 슬픔의 원인이 되고 있습니다. 마치 문제가 나는 기독교인인가가 아니라, S. K.가 어떤 종류의 인간인가 하는 것처럼 말입니다."[38]

그가 총력을 기울여 기독교계를 공격하고 있는 와중에 코펜하겐의 거리에서 그와 조우한 사람들은 그가 "대화를 할 때 비록 음성은 더 약해지고 눈빛도 더 슬퍼 보였지만, 평소와 크게 다르지 않았다고"[39] 생각했다. 브뢰크너(Hans Brøchner)가 어느 여름날 저녁에 야외에서 산책하다 그를 만났을 때,[40] 그가 『순간』에 관해 논했을 때 보여준 엄청난 "명확성과 평온함"에 깜짝 놀랐다. 비록 브뢰크너는 키르케고르의 논쟁에 "깊이 공감하는" 많은 사람들을 알고 있었지만, 이 "사나운 전투"가 얼마나 철저하게 그의 친구의 삶을 찢어

발기고 그의 에너지를 소진시켰는지를 잘 알고 있었다. 그런데도 키르케고르는 여전히 "평소의 평정심과 쾌활함", 그리고 번득이는 유머감각을 보여주었다.

1855년 9월, 한때 친구였지만 지금은 오랜 적이 된 골슈미트가 자신의 저널 『남과 북』에서 그의 평소의 명민함으로 "키르케고르적 논쟁"을 평가했다. "지금까지 K.가 고결한 인물인지 아닌지가 확실하지 않았다"[41]라고 골슈미트는 썼다. "그는 세상사에 발을 들여놓지 않고 세상에서 살아왔다. 그는 아무것도 하지 않았고 눈에 보이는 결함도 없었을 뿐만 아니라 세상의 유혹으로부터도 자유로웠으며 아등바등하며 살지도 않았다. 왜냐하면 그는 그것들에 아무 관심이 없었기 때문이다. 그와는 반대로 그는 고결한 사상가로 비쳐졌다. 그렇지만 (…) 이렇게 말할 수 있을 텐데—조금도 빈정대지 않고 진실을 말하자면, 어쩌면 노골적인 말이겠지만(그러나 그 자신이 노골적인 인간의 전형으로 간주되었거니와)—그는 불행한 사상가이다. 그에게서 폭발적으로 쏟아져 나오는 많은 것들은 그의 자존심이 결코 털어놓지 못할 괴로움의 증거이다."

그때 키르케고르는 『순간』 10호를 작성하고 있었다. 그는 기력이 다했으며, 심한 감기로 고생하고 있었다. 어느 날 저녁에 그는 죄드바드의 집에서 가진 모임 중 쓰러지고 말았다. 그다음 날 다시 쓰러졌고, 간신히 정신을 차렸지만 "극도로 쇠약해졌음을 느꼈다." 마비상태가 시작되었고 다리에 극심한 통증이 발생했다. 그런데도 그는 서둘러서 다음 소책자의 출판을 준비했다. 그것에는 "나의 과제"라는 표제의 글이 포함되었다. "내가 목전에 두고 있는 단 하나의 유비는 소크라테스이다"[42]라고 키르케고르는 여기에서 선언했다. "내가 할 일은 소크라테스적 과제로서, 기독교인이 된다는 것이 무엇인가에 대한 확실한 의미를 큰 소리로 외치는 것이다. 나는 내 자신이 (느슨히 적용하더라도) 기독교인이라고 말하지 않겠지만, 남들은 심지어 훨씬 더 아니라는 것은 확실히 말할 수 있다. 그대, 고대의 고결하고 순수한 영혼이여, 그대, 내가 사상가로서 찬미하면서 인정하는 단 한 명의 인간이여, 단 몇 분이라도 그대와 대화할 수 있기를 나는 얼마나 갈망하는지, "기독교계"가 기독교의 교사라는 미명하에 전장에 배치하고 있는 이 사상가 무리들과는 너무나도 멀리 떨어져 있는 그대여! "기독교계"는 바닥 모를 소피스트들이 그리스에서 번성하던 때보다 훨씬, 훨씬 더 질이 나쁜 궤변의 늪에 빠져 있다. 저 무수한 목사들과 기독교계에 협조적인 교수들은 모두 궤변가들로서, 아무것도 모르는 자들에게 뭔가를 믿게 만들고, 그런 다음에는 이런 인간들의 숫자를 진리가 무엇인가, 기독교가 무엇인가에 대한 권위의 근거로 삼음으로써 스스로를 지탱하고 있다."

그는 이번 호 『순간』의 작성을 끝냈지만, 아직 그것을 인쇄업자에게 발송하지 않은 상태에서 10월 2일에 거리에서 쓰러졌다. 마차 한 대가 그를 집으로 데려다 주었고, 집에 도착하자 그는 겨우 모자를 벗어서 여주인에게 "부드러운 미소로"[43] 건네주었으며, 그런 다음 프레데릭스 병원으로 후송되었다. 그는 병원 정원이 보이는 개인실에 입원했다. 그는 의사에게 자신의 상태를 말해 주었고, 의사는 꼼꼼하게 기록했다. "환자는 자신의 현재 상태에 대해서 어떤 특별한 원인도 제시할 수 없다. 어쨌거나 그는 현재의 증상을 지난여름에 차가운 셀처 탄산수를 마신 것, 어두운 데서 생활한 것, 그리고 이에 더해서 그가 믿기에 자신의 쇠약한 몸에 너무나 무리가 되는, 심신을 지치게 만든 정신적 과로 등에 연관시키고 있다. 그는 자신의 병이 치명적이라고 생각한다. 그의 죽음은 자신의 모든 지적 능력을 쏟아 부어 해결하고자 했던, 그것을 위해 그가 지금까지 외롭게 분투해 왔던, 그리고 연약한 몸과 통찰력 있는 사유를 연합하여 오직 자신만이 지향해 왔다고 믿고 있는 그런 대의명분을 위해 불가피하다는 것이다. 만일 그가 계속 생명을 유지할 수 있다면, 그는 자신의 종교적 전쟁을 계속할 것이 틀림없다. 그런데 그럴 경우 전쟁은 점차 쇠퇴할 것이며, 반대로 그가 죽으면, 전쟁은 그 힘을 유지하고 결국 승리를 거둘 것이라고 그는 믿고 있다."[44]

키르케고르의 조카 미카엘과 헨릭 룬(Henrik Lund)은 둘 다 그 병원 의사였으며 날마다 그를 찾아왔다. 조카딸 헨리에테 룬(Henriette Lund)도 찾아와서, "승리감이 고통과 슬픔으로 뒤섞여 있음"[45]을 느꼈는데, 왜냐하면 그의 얼굴이 "빛나고" 또 "그의 두 눈은 별처럼 반짝였기"[46] 때문이었다. 형 페테르도 병원에 찾아왔지만 키르케고르는 만나기를 거부했다. 어쨌거나 키르케고르는 조만간 페테르가 클래데보데르네에 있는 자신의 초라한 거처에 가서 그에게 보내는 봉인된—"내가 죽은 후 볼 것"[47]이라고 적어 놓은—문서를 열쇠로 잠가 놓은 책상서랍에서 발견하리라는 것을, 그리고 페테르가 그것을 열어 보리라는 것을, 그런 후 다음의 내용을 읽으리라는 것을 알고 있었다.

> 형에게,
>
> 당연한 일이지만 과거의 내 약혼자 레기네 슐레겔 여사에게 내가 남기는 모든 것을, 아무리 보잘것없는 것이라도 조건 없이 모두 주고자 합니다. 만일 그녀가 직접적으로 거부한다면, 가난한 자들에게 나누어 주기 위해서 관리해 줄 용의는 없는지 반드시 물어 봐 주시오.
>
> 내가 꼭 말하고 싶은 것은 나에게 약혼이 과거에도 결혼에 못지않게 우리를 결합시킨 것이었고 지금도 그 사실은 변함이 없다는 것이며, 또 그렇기 때문에 내 유산은 당연히 그녀의 몫이라는 것, 정확히 말하자면 내가 그녀와 결혼한 것이나 마찬가지이기 때문이라는 것이오.
>
> 동생
>
> S. 키르케고르

키르케고르는 또 페테르가 자기 책상에서 1851년 8월자의, 또 하나의 봉인된 문서를 발견할 거라는 것도 예상했는데, 거기에는 저술활동과 관련된 다음의 유언이 담겨 있었다. "정체가 밝혀지지 않은, 그러나 그 이름이 언젠가는 알려지게 될 사람, 그에게 저술가로서의 나의 모든 저술활동을 헌정하노라, 나의 이전의 약혼녀 레기네 슐레겔 여사."

친구가 아프다는 소식을 듣고, 보에센은 그가 사는 유틀란트에서 코펜하겐까지 먼 길을 달려 왔다. 병원에서 2주간의 입원 후에 키르케고르의 하체는 완전히 마비되었으며, 또 스스로도 죽음이 임박했음을 느꼈다. 보에센은 그가 "온화하고 평화롭다고" 생각했다. "그는 나를 가까이 오게 한 다음 뭔가를 말하고 싶어 하는 것 같았다."[48]라고 보에센은 유틀란트에 있는 아내 루이세에게 써 보냈다. "지금 얼마나 이상한지, 그가 죽음에 임박한 이때, 내가, 그렇게 오랫동안 막역지우였다가 헤어졌던 내가, 여기에서 와서 그의 고해목사가 되다니 말이오. (…) 그가 나에 관해 하는 많은 말은 차마 당신에게 쓰지 못하겠소."

키르케고르는 옛 친구에게 그의 "육체의 가시"에 관해서, 그가 보편적인 관계를 갖는 데 방해가 되었던 내밀한 괴로움에 관해서 털어놓았다. "나는 그렇기 때문에 특별해지는 것이 내가 할 일이라고 결론지었다네. 그리고 그것을 할 수 있는 한 최선을 다해서 실행하려고 했고"[49]라고 말했다. "나는 섭리의 노리개였네. (…) 그리고 그것이 바로 레기네와 나의 관계에서 문제가 된 것이기도 했고. 나는 한때 그것이 바뀔 수 있을 거라고 생각했었지만, 그럴 수 없었다네. 그래서 관계를 해소한 것이라네." 최근에 그는 일지에서 여러 차례 이 "육체의 가시"에 관해 암시한 적이 있었는데,[50] 그러나 후손에게 그것이 무엇인지는 감추기로 작정했다.

"나는 재정적으로 파산했네. 그래서 지금은 무일푼이어서 겨우 내 매장 비용이나 감당할 수 있다네. 나는 적지 않은, 2천 얼마로 시작했는데, 이 정도 액수면 10년에서 20년은 지탱할 수 있을 거라고 보았네. 그런데 지금 17년이 되었으니, 그것만도 대단한 일이었지."라고 키르케고르는 계속해서 이야기했다. 의사들은 자신의 병을 알지 못한다고 그는 말했다. "그것은 정신적인 병인데, 지금 그들은 일반적인 치료 방식으로 처치하려고 한다네. 좋지 않은 일이지. 이 상황이 빨리 끝나도록 나를 위해 기도해 주게. (…) 중요한 것은 가능한 한 하나님에게 가까이 가는 것이라네."

10월 18일, 보에센이 세 번째로 문병 갔을 때, 키르케고르는 상태가 나빠져 있었다. 그는 밤에는 잠을 이루지 못하고 낮에는 많이 졸았다. 머리는 가슴 아래로 축 쳐져 있었고 양손은 와들와들 떨고 있었다. 보에센은 아직 더 말하고 싶은 것이 있느냐고 물었다. "아니, 그래, 모든 사람에게 나를 대신해서 인사해 주게, 그들 모두를 아주 많이 좋아했다네, 또 사람들에게 내 인생은 엄청난 수난이었다고, 남들에게는 알려지지도 않고 또 설명할 수도 없었다고 전해 주게. 자존심

프레데릭스 병원, 코펜하겐

과 허영으로 보였던 모든 것이, 그러나 사실은 아니었다네. 나는 다른 사람보다 전혀 나을 것이 없고, 그래서 그렇게 말해 왔으며 그 밖에 다른 말은 전혀 한 적이 없다네." 평화롭게 기도할 수 있겠는가? "물론이지, 할 수 있지. 그러니 먼저 내 죄의 용서를, 모든 것을 용서해 주시기를 기도하네. 그리고 죽을 때 절망에서 해방될 수 있기를 기도하겠네. 또 나는 아주 자주 죽음은 하나님 보시기에는 즐거운 것이라는 말에 감명을 받았었다네. 그래서 내가 아주 간절히 바라는 것, 다시 말해서, 죽음이 언제 닥칠지 조금이라도 사전에 알 수 있게 해달라고 기도한다네."

보에센은 2주 동안 날마다 문병을 왔다. 항상 그의 병상에는 신선한 꽃이 놓여 있었는데, 이것은 병원 안내원으로 근무하던 작가 피비게(Ilia Maria Fibiger)가 가져온 것이었다. "밤에 그녀는 병원 관리자일세. 낮에 그녀는 나를 관리한다네."라고 키르케고르는 농담했다. 보에센은 그가 목사는 말할 것도 없고, 심지어 오랜 친구에게도 성찬식을 받지 않겠다고 해서 걱정이 되었다. 그러면서도 평신도에게는 받겠다는 것이었다. 그것은 참 어려운 일이라고 보에센이 말했다. "그렇다면 나는 차라리 그냥 죽겠네." 며칠 뒤 그들은 교회에 대한 그의 공격에 대해 대화를 나누었는데, 이 주제에 대해서 그들은 의견의 일치를 볼 수 없었다. 키르케고르는 마지막 남은 돈을 『순간』을 발간하는 데 모두 썼었다. 그가 가진 돈이 그것을 충당하기에 딱 맞다니 얼마나 신기한 일이냐고 보에센이 다정하게 말했다. "그렇지, 그래서 나는 아주 기쁘고, 또 매우 슬프다네. 다른 사람과 내 기쁨을 같이할 수 없으니 말일세."라고 그는 대답했다.

이 방문 후 얼마 지나지 않아 입술에서 이십 년 동안 그처럼 넘치도록 흘러나왔던 대화가 몇 문장으로, 몇 마디로 줄어들다가 이윽고 더 이상 말할 수 없게 되었다. 보에센은 아내에게 돌아갔다. 하루하루 마른 낙엽들이 그의 창 바깥에서 떨어지면서 키르케고르의 마비는 점점 더 악화되고 기력은 갈수록 쇠약해져 갔다. 그는 혼수상태가 되었다가 11월 11일 해질 무렵 사망했다. 성 마틴 축제일이자 가을의 마지막 날이었다. 빛이 그의 눈에서 사라지고, 한때 레기네가 꼈던 다이아몬드 반지가 그의 손가락에서 달빛에 반사되어 빛나고 있었다.

키르케고르, 죽음 이후의 삶

전 생애에 걸쳐 키르케고르는 세상에서 어떻게 인간으로 존재할 것인가 하는 실존의 문제와 씨름했다. 그에게는 당대 많은 사람들에게 그런 것처럼—그리고 지금 우리 중 많은 사람에게도 그런 것처럼—실존의 또 다른 문제가 이 문제 뒤에, 위에, 아래에, 그것에 뒤엉켜 결합되어 그러나 다른 방향을 가리킨 채 붙어 다녔다. 죽으면 인간은 어떻게 되는 걸까? 이승에서의 삶은 영원으로 향하는 여정의 한 단계인가? 그것은 무수한 전생들의 흔적을 담고 있으며, 그래서 영혼의 다음번의 육화를 위한 씨를 뿌리는 것인가? 아니면 삶이 죽음으로 끝나고, 더 이상 아무것도 없는 것인가?

헤겔의 종교철학 강의는, 1832년 그의 사후에 발표되었는바, 불멸과 관련한 기독교 교리에 대한 격렬한 논쟁을 촉발시켰다.[1] 포이어바흐는 인간은 죽은 후 오직 집단적인 역사적 기억으로만 존속된다고 주장함으로써 그의 학문적 경력을 끝마치게 되었으며, 리히터(Friedrich Richter)는 영원한 삶은 후손들과 업적에 있다는 것을 시사했다. 덴마크에서는 이러한 신학적 논쟁이 검열법에 의해 제한되었는데 이 법은 영혼의 불멸을 부정하는 출판물을 망명의 처벌로 금지시켰다. 그러나 1837년 키르케고르의 철학교수 묄레르가 "불멸의 증거의 가능성에 관한 여러 사상"이라는 제목의 방대한 에세이를 출판했는데, 그는 여기에서 헤겔 철학은 너무나 추상적인 탓에 이 문제를 다룰 수 없다고 주장했다. 1841년 헤이베르는 "사후의 영혼"이라는 묵시론적 시를 썼는데, 이것을 마르텐센이 『조국』에서 비평했다.

키르케고르는 이런 논쟁들을 지켜보았으며, 그러다가 1844년에 『불안의 개념』에서 비로소 이 논쟁에 가담했는데, 여기에서 그는 개인의 불멸을 증명하려는 최근의 "형이상학적이고 논리적인 노력들"이 자멸적이라고 주장했다. "아주 이상하게도 이런 노력이 계속되는 동안에 확신은 줄어들고 있다."[2] 『결론으로서의 비학문적 후서』에서 기독교 신앙을 분석할 때 그는 "불멸은 주체적 개인의 가장 열정적인 관심사이다"라고 선언하며 영원한 운명에 대한 개인의 믿음의 힘은 이 열정에 있는 것이지, 그 어떤 논리적 증명에 있는 것이 아니라고 주장했다. 이런 사상이 출판되었을 때 키르케고르는 거의 서른세 살이 되려는 참이었다. 그리고 그는 죽음이 임박했다고 믿고 있었다. 왜냐하면 오랫동안 그는 서른네 번째 생일이 되기 전에 죽을 거라고 예상했었기 때문이었다.

1847년에, 아직도 살아 있다는 것에 깜짝 놀라서, 그는

1848년 봄에 출판된 『기독교적 강화』에서 불멸의 문제로 복귀했다. 그의 설교 "죽은 자, 의로운 자, 그리고 불의한 자의 부활이 있을 것이라"는 "확신을 깨고" 또 "마음의 평화를 뒤흔들기" 위해 의도되었다고 그는 주장했다. 불멸의 모든 증거는 영혼의 운명을 보편적인 문제로 다루었지만, 키르케고르는 이 문제는 언제나 단독자와 관련이 있다고 주장했다. "**내** 생각에 그것은 대부분 **나에게** 관계되는 것이고, **당신의** 생각에는 대부분 **당신에게** 관계되는 것이다." 그는 계속해서 주장하기를, 그 누구도 자기 자신의 구원에 대해서 확신을 가질 수 없기 때문에 타인의 종말론적 전망에 관한 성찰을 시작하지 못한다는 것이다. "나를 구해 주소서, 오 하나님, 만일 내가 영원한 축복을 받는다면, 전적으로 확신하건대 그것을 자비에 의해 받는 것입니다!"

1849년의 백합과 새에 관한 『경건한 강화』에서 그는 훨씬 신비적이고 범신론적인 노선을 취하면서, 영원한 삶에 대한 기독교 교리는 이승의 삶을 넘어서는 것뿐만 아니라 이승의 삶에서 "하나님 안에 거하는 것"을 의미함을 시사했다. "만일 그대가 하나님 안에 거한다면, 그렇다면 그대가 살아 있건 혹은 그대가 죽게 되건 상관없이, 그대가 살아 있는 동안 일이 술술 풀리건 아니면 뜻대로 풀리지 않건 상관없이, 그대가 오늘 죽건 아니면 70년이 지난 후에야 죽건 상관없이, 그리고 그대가 가장 깊은 심연의 바다에서 죽음에 직면하건 혹은 그대가 공중에서 폭발되건 상관없이, 그대는 여전히 하나님 바깥에서 존재하게 되지는 않을 것이며, 그대는 하나님 안에 **거한다**. 그래서 그대는 하나님 안에서 그대 자신으로 현존하는 것이다."

그처럼 많은 주제들에 대해서 그랬던 것처럼, 키르케고르는 동료들 사이에서 일어나는 불멸에 관한 학술적 논쟁을 초월하여 논의 전체가 어째서 잘못되었는지를 보여주었다. 그렇지만 사후의 삶에 대한 그의 공식적인 언명은 단순히 논쟁적이기만 한 것은 아니었다. 그의 충직한 하인 베스테르고르(Anders Westergaard)는 언젠가 그에게 학자로서 영혼의 불멸을 확신시켜 줄 수 있느냐고 물었다.[3] 그렇게 된다면 그것은 자신에게 크게 위안이 될 거라고 그는 말했다. 아니라네, 라고 키르케고르는 대답했다. 우리는 이 문제에 대해서는 모두 똑같이 무지하다네. 모든 사람은 예외 없이 저마다 이 가능성과 저 가능성 중에서 하나를 선택해야 한다네. 그러면 확신은 자신의 선택과 일치해서 따라오는 것일세.

키르케고르는 영원한 삶을 선택하였으며, 이 신앙이 그에게 가져다 준 심한 불안과 깊은 심원한 평화도 아울러 선택했다. 그의 영혼의 운명이 무엇이든 이 세상에서의 죽음 이후의 삶은 특별한 것이 되고 있다. 나는 이 책을 마무리하는 마지막 장을 2017년 4월에 코펜하겐 대학의 쇠렌 키르케고르 센터에서 집필하고 있는데, 이 기관은 올해 이 도시의 중심부에서 중세의 성벽 남쪽의 아마게르브로(Amagerbro)에 위치한 드넓은 새 캠퍼스로 이전했다. 아직도 곳곳에서 공

쇠렌 키르케고르 연구센터의 바깥쪽

사가 진행 중인데, 새로 깔린 잔디밭에는 잔디 뗏장 사이의 이음새가 보인다. 이 캠퍼스에 도착하던 날, 나는 가고자 하는 건물을 찾는 데 애를 먹었으며, 일단 안으로 들어가서도 유리와 우윳빛 콘크리트로 된, 몇몇 동굴 형태의 조명이 빽빽이 들어선 구역 중 하나인데, 키르케고르 연구센터를 찾을 수가 없었다. 나는 지나가는 법대생에게 물어보았는데, 그녀는 처음에는 잘 모르는 눈치더니, 갑자기 "아, 저기 그가 있네요!" 하고 외치면서 센터 입구 바깥에 서 있는 커다란 키르케고르의 흉상을 가리켰다. 그녀는 그를 마치 19세기 코펜하겐의 거리에서 마주친 그의 지인처럼 쉽게 알아보았다.

연구센터에는 대학이 채용한 대략 십수 명의 학자를 위

한 연구실과 대학원생들을 위한 공간이 있다. 로카(Ettore Rocca)는 이탈리아인 교수인데, 그가 떠나 있는 동안 친절하게도 나를 그의 연구실에 머물게 해주었다. 벽 하나가 여러 언어로 된 키르케고르에 관한 책들로 가득 채워져 있으며, 선반 9개가 키르케고르의 원전으로 채워져 있다. 연구실은 키르케고르 저서의 번역서들이 비치되어 있는 도서관으로 열려 있다. 나는 표제들을 해독하려고 하고, 『반복』의 러시아어 번역서, 『공포와 전율』의 아이슬란드어 번역서, 『이것이냐 저것이냐』의 슬로베니아어 번역서, 『철학적 단편』의 포르투갈어 번역서, 『불안의 개념』의 한국어 번역서, 『아들레르에 관한 책』의 일본어 번역서, 『아이러니의 개념』의 폴란드어 번역서, 『죽음에 이르는 병』의 리투아니아어 번역서, 『유혹자의 일기』의 터키어 번역서, 『아직 살아 있는 자의 수기』의 헝가리어 번역서, 그리고 『사랑의 역사』의 중국어 번역서 등을 발견한다.

여기에서 나는 북유럽, 서유럽, 남유럽, 동유럽, 중앙유럽, 근동, 아시아, 오스트레일리아, 남북 아메리카 등에서의 키르케고르의 수용에 관한 전적으로 학술적인 연구서들을 찾아볼 수 있다. 그의 저서의 생각할 수 있는 모든 가능한 측면들—그의 철학, 신학, 정치학. 셰익스피어, 구두법, 그리고 경건파 찬송가에 관한 그의 견해들. 20세기의 프랑스 실존주의자들, 이탈리아 가톨릭 그리고 라틴아메리카의 해방신학에 대한 그의 영향 등—에 관한 수만 편의 논문들, 장들 그리고 소논문들이 있을 것이다. 거기에는 또 뮌스테르, 마르텐센, 헤이베르 그리고 시베른 등 한때 코펜하겐에서 가장 빛나던 인물들, 그러나 지금은 주로 그들이 멀리 하려고 애쓰던 저 시적 쇠파리와의 관련하에서만 주로 기억되는 인물들에 관한 책들도 있다. 나는 키르케고르 서재에 있던 영어로 된 책들의 목록을 읽을 수가 있는데, 여기에 수록되어 있는 책의 수는 2,000권이 넘지만, 그의 사후 두서너 달이 지난 후 경매로 다 팔리고 말았다.

이 도시의 중심으로 다시 돌아오면, 코펜하겐 박물관의 방문객들은 저 유명한 키르케고르 컬렉션[4]을 보고 싶어 하는데, 여기에는 높이가 제법 있는 집필용 책상, 뉘토르브 2번지 저택의 자물쇠, 그의 머리 타래, 파이프, 독서용 안경, 커피 컵 몇 개, 은제 펜꽂이, 그리고 그가 레기네에게 주었다가 후에 직접 끼고 다녔던 약혼반지 등도 포함되어 있다. 그의 원고, 일지 그리고 그의 서재에 있던 다른 유품들이 왕립덴마크도서관에 소장되어 있다. 1856년에 그의 친척들이 손으로 직접 주석을 달아 놓은 그의 저서 네 권을 도서관에 보냈는데, 유감스럽게도 수석 사서가 "너무 많은 사람이 그것들을 보고 싶어 할까 걱정되어"[5] 거부해 버렸다.

키르케고르의 원고들은, 클래데보데르네에 있던 그의 거처의 책상 하나와 보관함 중 두 개의 대형 상자를 가득 채울 정도였는데, 그의 형이 모두 넘겨받았다. 1859년에 형 페테르는, 당시에는 올보르(Aalborg)의 감독이었는데, 『저술가로서의 나의 저술활동에 대한 관점』을 출판하였다. 그는 나머지 다른 원고에 대해서는 어떻게 해야 할지 뚜렷한 생각이 없었으며, 그래서 여러 해가 지나도록 그것들은 올보르 교구의 감독관저에 보관되어 있었다. 결국 그는 전에 신문사 편집장을 역임한 바 있는 바포드(H. P. Barford)를 위촉하여[6] "키르케고르의 원고를 점검하고 등록하고, 기타 등등을 하게 했다." 그 후 얼마 안 되어서 바포드는 우연히 키르케고르의 아버지에 관한 1846년의 일지 기록을 보게 되었다. "그 사람에 관한 무서운 이야기, 어린 아이일 때 히드가 무성한 유틀란트 광야에서 양떼를 돌보다가 굶주림과 추위 속에서 끔찍한 고통을 겪는 와중에 언덕 위에 서서 하나님을 저주한 적이 있는 사람, 그리고 여든두 살이 될 때까지 그 사실을 잊을 수 없었던 사람에 관한 이야기." 그는 이것을 페테르에게 보였고, 페테르는 이것을 보자 눈물을 흘리며 말하기를, "그것은 내 아버지의 이야기라네. 그리고 **우리들의 이야기**이기도 하고 말일세."

『키르케고르의 유고집』 제1권은 1869년에 출판되었는데,[7] 너무나도 거센 비판에 봉착한 탓에, 키르케고르의 의식에 몰두해 여러 해를 보낸 바포드는 제2권에 서문을 써서 "일상이 되다시피 한 고통 속에 있던 이 사상가, 이 우수에 젖은 은둔자의 영혼이 지닌 거대하면서도 은밀한 작업장"을 드러내려는 자신의 노력을 옹호해야 할 정도였다. 키르케고르의 사후 20년 넘게 그의 저술이 불러일으켰던 논쟁에도 불구하

왕립덴마크도서관의 정원에 있는 키르케고르

고, 왕립덴마크도서관은 1875년에 그의 원고와 일지를 수용하는 데 동의했다. 1918년 이후로 키르케고르의 동상이 도서관 정원의 의자에 지극히 덴마크적인 자세로 기대어 앉아 있다.

왕립덴마크도서관 입구는 이제 쇠렌 키르케고르 거리(Søren Kierkegaard Plads)에 위치해 있는데, 이 거리는 크리스티안스 브뤼게(Christians Brygge)를 따라, 레기네가 처녀 시절 살았던 뵈고데(Børgade)까지 이어진다. 내가 머물던 동안 도서관의 도서실에서 나는, 심장이 두근거리는 가운데, 키르케고르가 레기네에게 쓴 편지들과 『반복』 『공포와 전율』 『죽음에 이르는 병』 그리고 『기독교의 훈련』을 포함하고 있는 노트들을 훑어보며 넘기다가 키르케고르의 최후의 논쟁들인 『순간』 혹은, 더 문학적으로는, 『일별』을 본떠서 명명한, 도서관의 유리로 된 근대식 부속건물에 있는 카페에서 잠시 쉬며 점심을 먹는다. 나는 바다가 내려다보이는 카페 '순간'의 거대한 윈도우에 앉아서 오가는 행인들, 자전거 탄 사람들 그리고 카약을 탄 사람들이 지나가는 것을 바라보았다. 카페 바로 옆에는 아담하지만 멋진 레스토랑 '쇠렌 K.'가 있다.

어제 일요일에 나는 뇌레브로를 거쳐 아시스텐스 묘지까지 걸어갔는데, 그곳에는 키르케고르가 묻혀 있었다. 그의 무덤은 이 묘지의 가장 오래된 지역에 있으며, 부모, 큰 누나 마렌, 그리고 어린 나이에 세상을 떠났던 형 미카엘이 같이 있는데, 이러한 그의 가족 묘원을 키르케고르의 아버지 미카엘 페데르센 키르케고르의 첫 번째 아내, 키르스틴의 묘석이 내려다보고 있다. 1840년대 동안 키르케고르는 묘소 수선을 위하여, 그리고 그 자신의 이름이 포함된 새로운 지석을 위하여 지침을 작성한 적이 있었는데, 이 지석이 지금 그의 무덤을 표시하고 있다. "쇠렌 오뷔에" 아래, 그가 요청한 대로, 브로손(Brorson)이 작시한 18세기 찬송가의 한 구절이 새겨져 있는데,[8] 브로손의 찬송가를 그는 모라비아 집회소에서 아버지와 함께 부르곤 했었다.

> 이제 잠시 후
> 나 승리한다네.
> 그때 모든 싸움
> 마침내 끝이 나고
> 그때 나 안식한다네
> 장미꽃 그늘에서
> 또 영원히
> 다시 영원히
> 나의 예수와 대화하며

키르케고르는 "가족 묘원 전체를 평탄 작업을 하고 우수한 품종의 키 작은 잔디씨를 뿌릴 것, 그러나 묘지 네 귀퉁이에는 작은 면적의 맨 땅이 보일 것, 그리고 모퉁이 각각에는, 내 생각에는 아마 이 이름이 맞을 텐데, 터키 장미 덤불을, 키가 아주 작은 품종으로, 검붉은 품종으로, 아담하게 식재할 것"[9]을 지시했다. 평화롭지만, 묘지는 쓸쓸한 곳은 아니다. 내가 거기 있는 동안, 대략 12인의 방문객이 4월의 햇빛을 받으며 산책하면서, 잠시 멈춰 키르케고르가 세상과의 작별을 고하기 위하여 선택한 말들을 읽고 갔다. 수선화가 그 작은 묘지에서 활짝 피었으며, 네 귀퉁이에는 흑장미도 만개했다.

2017년 4월 묘지에서. 키르케고르의 묘비가 왼편에 있다

1855년 겨울이 시작되던 첫 주에 치러진 키르케고르의 장례식은 그렇게 차분하지가 않았다. 아이러니하게도 그의 죽음의 의의와 관련한 키르케고르 자신의 희망을 문서상으로 추인한 사람은 그의 오랜 논적 골슈미트였다. "성직자들과 공식 교회에 대한 그의 행위 중 가장 위험스러운 부분은 이제 막 시작되었을 따름인데, 왜냐하면 그의 운명이 교계에 대한 뭔가 순교자의 그것이라는 점은 부정할 수 없는 사실이기 때문이다. 그의 정열의 성실함이 그의 병의 진행을 가속화하고 또 그의 죽음을 가져오는 데 일조했다"[10]라고 골슈미트는 키르케고르가 세상을 떠난 며칠 후에 그의 저널 『남과 북』에서 쓰고 있다. 어쨌거나 키르케고르의 가장 존경

받는 가족인 형 페테르, 매형 룬(Johan Christian Lund), 그리고 조카 칼 룬과 헨릭 룬은 성모교회에서 장례식을 치르기로 결정했다.

"측랑에 들어선 군중이 대단하더군요"[11]라고 안데르센은 무용수 부르농빌(Angust Bournonville)에게 전해 주었는데, 고인과 무관한 여성들은 장례식에 참석하는 것이 불허되었는데도 불구하고, "붉은색과 파란색 옷을 입은 숙녀들이 오고 가고 있었다." 마르텐센 감독은 참석하지 않았지만, 장례식이 진행되는 과정을 면밀히 지켜보았다. "오늘, 성모교회의 대예배 후에, 키르케고르가 매장되었다. 그의 죽음을 애도하는 사람들의 (호화로운 스타일의, 이 얼마나 역설적인가!) 긴 장례행렬이 이어졌다"[12]라고 1855년 11월 18일에 안데르센은 친구 구데(Gude) 목사에게 써 보냈다. "일요일에, 이 나라에서 **가장 유명한 교회**에서, 그것도 **일요일**에, 두 종교 예배 사이에, 그를 매장한 가족들이 보여준 무분별함과 같은 사례는 거의 본 적이 없네. (…) 언론들은 조만간 매장에 관한 이야기를 홍수처럼 쏟아낼 걸세. 나는 장례행렬이 주로 젊은 이들과 대규모의 하찮은 사람들로 구성되었다고 생각하네. 고위급 인사는 전혀 없었네, 닐센을 이 범주에 포함시킨다면 혹 모르겠지만"이라고 감독은 비꼬았다.

그날 성모교회에서 온 평범한 젊은이 가운데 소데만(Franz Sodemann)이 있었는데, 그는 자신이 막 목격한 "추문"의 소식을 약혼자의 아버지에게 흥분한 어조로 써 보냈다.

엄청난 군중이 참석했습니다. 교회는 사람들로 가득차 미어터질 지경이었습니다. 내가 할 수 있는 일은 기껏해야 교회 뒤편 주랑 옆의 2층에 있는 곳에 가는 것이었는데, 그곳에서는 관을 볼 수 있었습니다. 목사가 설교를 거부했다는 말도 있고, 마르텐센 감독이 했다는 암시에 대해 말하는 사람도 있습니다. (…) 예복을 입은 목사는 트뤼데(Tryde) 부감독과 페테르 키르케고르 박사 말고는 아무도 참석하지 않았는데, 키르케고르 박사가 고인을 기리는 추도사를 낭독했습니다. 먼저 그는 가족관계를 설명하고, 그들의 아버지가 한때 유틀란트 광야에서 양치기였으며, 얼마나 자녀들을 사랑했는지, 둘을 제외한 나머지 가족이 모두 세상을 떠났다는 것 등을 술회했습니다. (…) 그다음 그는 지금은 고인을 논할 시간도, 장소도 아니라고. 우리는 그 누구도 고인이 생전에 이야기한 것들의 대부분을 감히 받아들이지도 또 받아들일 수도 없다고. (…) 고인 스스로 자신이 얼마나 멀리 나갔는지를 알지 못했다고. 또 그는 너무 멀리 가버렸다고 말했습니다. (…) 그런 다음 그의 시신은 운구되어 나갔습니다.[13]

이 편지를 쓴 이는 묘지까지 군중을 따라가지 못한 것을 안타깝게 생각했는데, 묘지에서는 "행사가 정말이지 절정에 달했습니다." 한 줌의 흙이 작은 관 위에 뿌려지고, 키르케고르의 조카 헨릭 룬이—이 사람은 프레데릭스 병원에 근무하면서 그의 삼촌이 세상을 떠날 때까지 그의 곁을 지켰는데—앞으로 나오더니 진행절차에 이의를 제기했다.[14] 부감독 트뤼데가 그를 제지하려고 했는데, 왜냐하면 교회에서 임명된 성직자만이 매장 과정에서 발언할 수 있었기 때문이다. 그러나 군중이 "브라보! 브라보!"를 외치면서 헨릭에게 계속하라고 말하자 이 젊은이는 계속해서 말을 했다. "고인이 된 나의 친구이신 그분은 당신의 저술과 함께 존재하시고 또 떠나가십니다. 그런데 나는 그것들이 단 한 마디라도 언급되었다는 말을 아직 들은 바가 없습니다!"

헨릭은 큰 소리로 요한의 묵시록을 읽더니 『순간』을 인용했다. "우리 모두 오늘 지켜보고 있는 것은, 말하자면, 이 불쌍한 분이, 사상으로, 말과 행동으로, 삶과 죽음에서, 그가 온 힘을 다해서 격렬하게 항의해 왔음에도 불구하고, '공식적 교회'에 의해서 사랑받는 한 구성원으로 매장되고 있다니, 이것이 그의 말씀에 부합되는 것입니까?"라고 그는 모인 추도객들에게 반문했다. 성경과 자기 외삼촌의 소책자를 흔들면서 그는 키르케고르는, "지상의 모든 왕들이 간음의 죄를 저지른, 바빌론의 거대한 창녀를" 닮은 공식적 교회에 의하여 "만신창이가 되고" 말았다고 선언했다.

사흘 후, 죄드바드는 헨릭 룬이 묘지에서 행한 연설을 『조국』에 게재했다. "내가 보기에 그 모든 사태는 키르케고르의 뒤틀린 모습이다. 나는 그것을 이해하지 못하겠다!"[15]라고 안데르센은 또 다른 편지에서 쓰고 있다. 마르텐센 감독은

성모교회 바깥에 있는 마르텐센 감독

룬을 기소하겠다고 단언했으며,[16] 그래서 이 젊은이는 공식적인 사과문을 발표하고 100릭스달러의 벌금을 내지 않으면 안 되었다. 어리석은 마르텐센 같으니라고. 심지어 지금도 그의 육중한 두상은 청동으로 만들어져서 성모교회 옆에 뮌스테르 감독과 나란히 세워져 있는데, 신경질적으로 보인다. 마치 키르케고르가 모퉁이를 돌아서 단장을 휘두르며 다가오는 것을 예상하고 있는 것처럼 말이다.

* * *

키르케고르의 끈질긴 공격과 논란을 불러일으킨 장례식

만으로는 마르텐센의 죄에 대한 벌이 충분하지 않기라도 한 양, 2013년 5월 5일 일요일 성모교회에서 키르케고르의 탄생 200주년[17]을 기념하여 그를 추모하는 예배가 행해졌다. 교회의 세련된 목회자 중에서 주단으로 장식된 코펜하겐의 감독이 여왕 마르그레테(Margrethe) II세를 비롯한 몇몇 각료들이 포함된 대규모 회중을 향해서 설교했다. 전 세계에서 모인 키르케고르 연구자들이 참석했는데, 최소한 그들에게는 거대한 국가 행사의 아이러니가 사라지지 않았다. 성모교회에서 가장 화려한 저명인사들이 코펜하겐 대학의 기념관으로 이동해 갔는데, 여기에는 55권으로 새롭게 편집된 키르케고르 전집 결정판이, 카펠뢴(Niels Jørgen Cappelørn)의 통찰력 있는 감독하에 여러 해 동안의 준비 기간을 거쳐 완성된 채 전시되어 있었다. 카펠뢴은 루터파 목사이자 신학자로서, 1994년에 쇠렌 오뷔에 키르케고르 연구센터를 설립했으며 키르케고르의 일지와 기록을 생전에 출판된 저서들과 함께 읽히게 만드는 것을 필생의 사업으로 해왔다. 그는 새 편집본에 포함된 72,628개의 각주 가운데 41,512개를 직접 작성했다. 파란색으로 장정된 이러한 기념비적 연구 성과물이 대학에 공식적으로 제출된 후, 탄생기념 축제는 저녁까지 이어져서, 『죽음에 이르는 병』에서 영감을 받은 1막짜리 오페라 〈심연의 길〉(*Promenade Abyss*)의 특별 공연이 행해졌다.

키르케고르의 탄생일은 전 세계 다른 많은 도시들에서도 기념되었다. 런던에서는 기념일 한 주 전에 리젠츠 파크 바

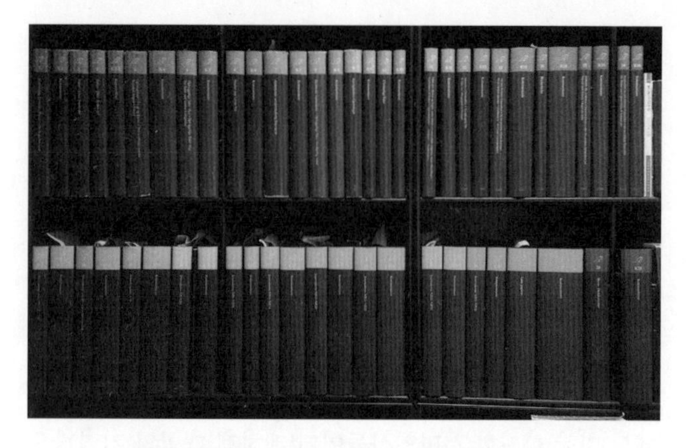

쇠렌 키르케고르 전집, 2013년. 저서들과 비평들

로 옆의 덴마크 루터파 교회인 성 카타리나 교회에서 기념식이 행해졌다. 키르케고르가 좋아하던 신약성서 야보고의 편지의 한 구절이 일요일 예배의 본문 중 하나였으며, 설교는 그의 삶과 업적을 회고했다. 정말 아름다운 예배였다. 나는 꾸밈없는 하얀색 교회의 담백한 우아함을 좋아했으며, 또 목사가 모든 사람을 예배에 초청한 열린 마음에 감명받았다. 호밀빵, 청어 그리고 덴마크 치즈로 점심식사를 한 후, 3인의 대학교수, 즉 코펜하겐에서 온 키르케고르 전기작가 가프(Joakim Garff), 당시 옥스퍼드대 교수이던 패티슨(George Pattison), 그리고 나의 강연이 있었다. 나는 예수의 어머니 마리아에 관해 이야기했는데, 그녀의 신앙과 용기를 키르케고르는 그의 저작 전체에 걸쳐 찬미했으며, 먼저 나는 덴마크의 가장 유명한 철학자를 낳은 중년의 농부이던 아네 키르케고르를 상기하는 것으로 강의를 시작했다.

가프는—그의 훌륭하고도 정교한 전기 『쇠렌 오뷔에 키르케고르』(*SAK*)는 거의 『이것이냐 저것이냐』만큼이나 방대한 작품인데—키르케고르의 삶을 쓰는 독특한 작업에 관해 이야기했다.[18] 글쓰기는 그에게 일종의 치유였는데, "일지에서 키르케고르는 밝히기 위해서 이야기했을 뿐만 아니라 감추기 위해서도 이야기했으며", "마치 미래의 독자들이 뒤에서서 그의 어깨 너머로 쳐다보기라도 하는 것처럼" 자기 자신의 기록을 쓰고 편집하고, 또 "그 자신의 사후의 재생을 계획하였다"는 것 또한 사실이었다고 가프는 말했다. 일지는 계속해서 반복적으로 레기네에게, 뮌스테르에게 그리고 "**나 자신**"에게 돌아가는 반면, 무턱대고 간섭하는 국가에서 성육신에 이르기까지, 특별한 범위의 주제들은 건너뛰고 있으며, 또 "심지어 전기적 정점이 되는 것들조차 곧바로 접근이 가능하지 않다." 예컨대 키르케고르는 레기네를 약혼 기간 동안 그저 단편적으로만 묘사했으며, 그래서 독자들은 "그가 그의 '시적인 그 무엇'이라고 표시되어 있는 기록에서 '그녀에 대한 관계'를 후대에게 내놓기 전인 1849년 8월 말까지 전 과정을 살펴보아야 한다." 가프는 그가 어떻게 "괴물 같은 자료"에서 "서사 요소들을 애써 끄집어내면서" 키르케고르를 여전히 애매한, 결말이 지어지지 않은 인물로 남게 하려고 애썼는지를 말해 주었다.

패티슨의 강의는 연극에 대한 키르케고르의 사랑을 탐구

했는데, 그는 과거 『반복』을 무대에 올리기 위해 각색한 적이 있었는바, 이 작품은 그날 저녁 소수의 옥스퍼드대 학생들로 구성된 배우들에 의해 그 교회에서 공연되었다. 이 희곡은 나로서는 도저히 가능할 것이라고 상상할 수가 없었을 방식으로 키르케고르를 되살려 냈다. 그의 또 다른 자아로서 콘스탄티우스는 무대를 가로질러 왔다 갔다 했으며, 나는 키가 작고 등이 구부정하며 괴상한 바지를 입고 두 눈에서 광채가 나는 인물에 의해서, 코펜하겐에서 베를린까지, 그리고 발트해를 가로질러 그 반대로, 뇌레가데, 뉘토르브, 로센보르가데, 외스테브로가데 그리고 클래데보데르네 등의 아파트들을 관통해서, 코펜하겐의 극장들, 교회들, 언론들에서, 엄청난 책들의 지면을 관통해서, 그의 영혼의 광대한 범위를 가로질러 왔다 갔다 하며 추구된 문제들의 반향에 놀랐다. 나는 눈물을 흘리고 있었다.

패티슨이 없었다면 나는 그날 덴마크 교회에 가지 못했을 것이며, 키르케고르를 주제로 한 박사학위 논문도 작성하지 못했을 것이다. 그리고 이 책을 쓰는 일도 결코 일어나지 않았을 것이다. 나는 패티슨을 20년도 훨씬 전에 만났는데, 그때 대학 일학년이던 나는 그에게 형이상학을 배웠다. 성공회 성직자이자 학자인 그는 당시 케임브리지 대학교 킹스 칼리지의 교회 담임목사였으며, 신학대학 강사이기도 했다. 그는 이러한 직무들을 가벼움과 깊이의, 진지함과 아이러니의 조합으로 수행하였는데, 이는 두드러지게 키르케고르적이라고 생각된다. 대학과 교회에서 공식적인 지위를 지니고 있는 키르케고르 전문가에게는 뭔가 역설적인 것이 있다. 이러한 상황은 자연스레 실존의 문제를 제기하기 마련이며, 패티슨은 어느 정도 그 문제를 실천적으로 삶의 차원에서 잘 처리하는 방법을 찾은 것처럼 보였다. 내가 철학박사 학위과정을 수료한 후 그는 내 학위논문을 지도해 주는데 동의했다. 나는 그렇게 근면한 대학원생이 아니었는데도, 패티슨은 여전히 관대했고 또 참고 기다려 주었다. 그는 나에게 학회에 출석하라고 충고해 주었지만, 나는 이것을 무서워했으며, 그래서 그는 나에게 덴마크어 강좌를 마련해 주었는데, 나는 그것도 등한시했다. 그는 나에게 논문을 출판할 것을 고려해 보라고 말했지만, 나는 차라리 그것을 불태워버리고 싶었다. 나는 친구들을 자주 초대해서 불을 피워놓고 원을 돌며 춤을 추곤 했다. 케임브리지에 머물면서 철학박사 학위를 취득하는 것이 가장 편한 내 나름의 방식이었다. 그것은 내 삶을 어떻게 할 것인가라는 문제를 미루는 방법이었다. 나는 직업을 구하는 것보다 여행하고 사랑에 빠지는 것에 더 관심이 있었다. 나는 키르케고르 연구자나, 철학 강사나, 혹은 그 어떤 종류의 전문 연구자도 되려는 의도나 열망이 전혀 없었다.

나는 어찌어찌해서 그렇게 되었고, 또 키르케고르는 여전히 나에게 끝없이 흥미로운 존재로 남아 있다. 왜냐하면 그는 인간 마음의 내면에 있는 하나님에 대한, 사랑에 대한, 지혜에 대한, 평화에 대한 깊은 필요성에 대해 말을 하고 또 그 필요성을 확증했기 때문이다. 그것도 아주 드문 격정적인 긴급성으로써 그렇게 했기 때문이다. "기독교인이 된다는 과제"를 외길로 추구했으면서도, 그는 이것을 종교적 정체성이나 입회의 문제로 보지 않았다. 아마도 그는 제도권 종교에 대한 극단적인 경멸심을 지니고 있었을 테지만, 그러나 그 밖의 다른 모든 곳을 봄으로써, 자신에게 성채교회에서의 설교에 대해 감사하면서 소심하게 글을 쓴 여성들처럼, 훨씬 관습적인 기독교에 아무런 감흥도 느끼지 않는 사람들에게 호소했다. 10년 넘게 계속되었던 저술활동을 통해서 그는 그 자신의 바로 인간적인 마음으로부터 솟구치는 무한한 것들을, 재기 발랄한 산문으로, 특별한 감수성과 뉘앙스로써, 그리고 독단이나 도덕주의의 그 어떤 흔적도 없이 전달했다.

2013년 내가 덴마크 교회에서 『반복』을 관람할 때 무엇 때문에 눈물을 흘렸는지 말하기는 쉽지 않지만, 그것은 내 인생 전체를 곁눈질하는 것, 그리고 거기에서 의미를 발견하는 것과 어떤 관련이 있었다. 여러 해를 보내면서 나는 종종 지적 작업의 가치에 대해 의구심을 품곤 했었으며, 어찌어찌해서 내가 빠지게 된 철학 연구를 내가 계속해야 할 것인지에 대한 확신도 없었고, 내 학생들에게 많은 것을 줄 수 있을 것 같지도 않았다. 키르케고르의 탄생기념일을 축하하며 하루를 보낼 정도로 키르케고르에게 많은 관심이 있는 사람들과 함께 그 하얀 교회에 앉아서 나는 나를 그곳으로 데려간 것에 대한, 그것이 무엇이든 간에, 새로운 확신을 느꼈다. 그리고 최근 몇 주 동안 이 책의 마무리를 하면서 나는 비슷한 감동을 받게 되었는데, 물론 내 자신의 삶에 대한 관계에서는 아직 그렇지 않지만, 키르케고르가 프레데릭스 병원에서 보낸 마지막 날까지 최후의 몇 달을 추적하면서, 나는 한 인간의, 그 전모가 얼핏 보인, 삶의 신비한 의미를 느꼈다. 그것은 파악하기 어렵지만 친밀하고, 가볍지만 무한하며, 연약하지만 놀라운 것이다.

기도

하늘에 계신 아버지! 우리가 다른 사람과 같이, 특히 인류의 무리 속에서, 어려움을 겪으면서 배우는 것, 그리고 만일 그것을 다른 어딘가에서 이미 배웠다고 해도 다른 사람과 함께 있으면서 너무나도 쉽게 망각하는 것—인간으로 존재한다는 것이 의미하는 것을, 그리고 하나님의 관점에서 인간으로 존재하기 위한 조건이 의미하는 것을 배울 수 있게 해주시옵소서, 아니면, 만일 그것을 깡그리 잊어버리고 말았다면, 백합과 새에게서 그것을 새롭게 배울 수 있게 해주시옵소서. 그것을 배울 수 있게 해주옵시고, 만일 한꺼번에 배울 수 없다면, 그렇다면 최소한 그중 일부라도, 조금씩이라도 배울 수 있게 해주시옵소서. 이 기회에 우리가 백합과 새에게 침묵을, 순종을, 기쁨을 배울 수 있게 해주옵소서!

(이 기도는 키르케고르의 『들의 백합 공중의 새: 세 편의 경건한 강화』(1849) 첫머리에서 발췌되었음.)

| 주 |

머리말

1 S. Kierkegaard, *Concluding Unscientific Postscript to The Philosophical Crumbs*, ed. and trans. Alastair Hannay (Cambridge Univ. Press, 2009), p. 222.

2 *Kierkegaard's Journals and Notebooks, Volume 6. Journals NB11-NB14*, ed. and trans. Niels Jørgen Cappelørn, Alstair Hannay, David Kangas, Bruce H. Kirmmse, George Pattison, Joel D. S. Rasmussen, Vanessa Rumble and K. Brian Söderquist (Princeton Univ. Press, 2013), p. 550.

3 *Encounters with Kierkegaard*, ed. Bruce Kirmmse, trans. Bruce Kirmmse and Virginia Laursen (Princeton Univ. Press, 1998), p. 59.

4 *Concluding Unscientific Postscript*, p. 372.

5 ibid, p. 413.

6 ibid, pp. 156-7.

7 Niels Jørgen Cappelørn's 'Postscript' to Søren Kierkegaard, *The Lily of The Field and The Bird of The Air. Three Godly Discourses*, trans. Bruce Kirmmse and illustrated by Maja Lisa Engelhardt (New York. Elizabeth Harris Gallery, 2013), pp. 69-72. See also S. Kierkegaard, *The Book on Adler*, ed. trans. Howard V. Hong and Edna HZ. Hong (Princeton Univ. Press, 1998), p. 280을 보라.

1. 실존의 물음을 온몸으로 살다

1 S. Kierkegaard, *Fear and Trembling*, ed. C. Stephen Evans and Sylvia Walsh, trans. Sylvia Walsh (Cambridge Univ. Press, 2006), p. 34.

2 S. Kierkegaard, *Letters and Documents*, ed. and trans. Henrik Rosenmeier (Princeton Univ. Press, 2009), p. 152. letter from S. Kierkegaard to A. F. Krieger, May 1843.

3 최초의 프러시아 철도가, 베를린에서 포츠담까지, 1838년에 개통되었다. 베를린-슈테틴 선은 1840년대 초에 개통되었는데, 키르케고르는 이 노선을 1843년에 여행했다. 1850년 일지에 키르케고르는 다음과 같이 기록하고 있다. "철도에 열광하는 것은 모두 일종의 바벨탑 쌓기이다. 그것은 또 문화시대의 종말과도 연결되어 있다. 그것은 최후의 일격이다. 불행히도 1848년 똑같은 순간에 뭔가 새로운 것이 시작되었다. 철도는 집중화의 심화 현상이라는 생각과 관련되어 있다." *Kierkegaard's Journals and Notebooks, Volume 7. Journals NB15-NB20*, ed. and trans. Niels Jørgen Cappelørn, Alstair Hannay, Bruce H. Kirmmse, David D. Possen, Joel D. S. Rasmussen, Vanessa Rumble and K. Brian Söderquist (Princeton Univ. Press, 2014), p. 112.

4 키르케고르의 귀국 여행의 세부 사항, 즉 기차, 합승마차, 증기선 등의 이용 등에 대하여는 *Kierkegaard's Journals and Notebooks, Volume 2. Journals EE-KK*, ed. and trans. Niels Jørgen Cappelørn, Alstair Hannay, David Kangas, Bruce H. Kirmmse, George Pattison, Vanessa Rumble and K. Brian Söderquist (Princeton Univ. Press, 2008), p. 491을 보라.

5 ibid, pp. 154-5. JJ 87 (1843).

6 S. Kierkegaard, *Letters and Documents*, ed. and trans. Henrik Rosenmeier (Princeton Univ. Press, 2009), p. 154. letter to Emil Boesen, 25 May 1843.

7 *Kierkegaard's Journals and Notebooks* 2, pp. 158-9. JJ 99 (1843).

8 ibid, p. 164. JJ 115 (17 May 1843).

9 Niels Thulstrup, *The Copenhagen of Kierkegaard*, ed. Marie Mikulová Thulstrup, trans. Ruth Mach-Zagal (Reithzel, 1986), pp. 24-6. 키르케고르가 좋아하던 철학교수 묄레르는 이 성벽에 관한 시를 썼는데, 다음과 같이 시작된다.

> 봄의 울타리 푸릇푸릇하고,
> 외투는 멀리 던져 버리고,
> 소녀들은 성벽 위에서 일광욕을 한다.
> 대기는 참으로 사랑스러운데,
> 그녀들의 동경의 한숨소리
> 비단옷이 알려준다네.

10 "인간으로 존재한다는 것이 무엇인가의 문제"에 대한 소크라테스의 전념

에 관한 키르케고르의 가장 명확한 설명에 대해서는 *Kierkegaard's Journals and Notebooks, Volume 10. Journals NB31-NB36*, ed. and trans. Niels Jørgen Cappelørn, Alastair Hannay, Bruce H. Kirmmse, David D. Possen, Joel D. S. Rasmussen and Vanessa Rumble (Princeton Univ. Press, 2018), p. 371. NB35 2 (December 1854). Jonathan Lear, *A Case for Irony* (Harvard Univ. Press, 2014), pp. 3-41을 보라.

11 플라톤의 동굴에 대한 내 독해는 조너선 리어(Jonathan Lear)에게 의존하고 있다. 'Allegory and Myth in Plato's *Republic*' and 'The Psychic Efficacy of Plato's Cave', in Jonathan Lear, *Wisdom Won from Illness. Essays in Philosophy and Psychoanalysis* (Harvard Univ. Press, 2017), pp. 206-43을 보라.

12 Plato, *Apology*, 29d-31a.

13 키르케고르가 학위논문에서도 언급하고 있는 것처럼, "모든 아이러니에 퍼져 있는 성질은 현상이 본질이 아니라 본질의 대립자이다[라는 것이다]." 달리 말하자면, 표면의 의미는 진정한 의미의 대립자인 것이다. S. Kierkegaard, *The Concept of Irony with Continual Reference to Socrates*, trans. Howard V. Hong and Edna H. Hong (Princeton Univ. Press, 1992), p. 247을 보라.

14 Friedrich von Schlegel, *Schlegel's Lucinde and Fragments*, trans. Peter Firchow (Univ. of Minnesota Press, 1971), p. 148. 낭만주의적 아이러니에 대한 키르케고르의 반응에 대해서는 라스무센(Joel Rasmussen)의 탁월한 저서 *Between Irony and Witness. Kierkegaard's Poetics of Faith, Hope and Love* (T&T Clark, 2005)를 보라.

15 *The Concept of Irony*, p. 326.

16 Roland Bainton, *Here I Stand. A Life of Martin Luther* (Abingdon- Cokesbury Press, 1951), p. 331, 그리고 S. Kierkegaard, *For Self-Examination/ Judge For Yourself*, ed. and trans. Howard V. Hong and Edna H. Hong (Princeton Univ. Press, 1991), pp. 17-18에서 인용됨. 「로마인들에게 보낸 편지」에 대한 강의(1515-1516)에서 루터는 신앙이 끊임없는 내면의 운동이라는 것을 강조했다. 예를 들자면 「로마인들에게 보낸 편지」 12장 2절을 언급하면서 루터는 바울로가 "기독교인이 되기로 이미 작정한 사람들, 그들의 삶이 멈춰 있는 게(*in quiescere*) 아니라 더욱더 나은 곳으로 나아가는 운동 속에(*in moveri*) 있는 그런 사람들에게 말을 걸고 있다"는 것, 인간 존재에게 있어서의 영적 성장의 상이한 단계들이 "언제나 운동 속에" 있다는

것, 기독교인은 항상 기도하는 가운데 "밀고 나아가야" 하며, 그렇기 때문에 기도는 "끊이지 않는 영혼의 격렬한 행위"라고 말했다. 마치 "물결을 거슬러 나아가는 배"처럼 말이다. 「로마인들에게 보낸 편지」 4장 7절을 언급하면서, 그는 "자신이 이미 정당하다는 확신을 갖게 될 때 사람들은 바로 그들 자신의 안전의식에 의해 파멸하게 된다"고 주장한다.

2. "나의 레기네!"

1 *Kierkegaard's Journals and Notebooks, Volume 2. Journals EE-KK36*, ed. and trans. Niels Jørgen Cappelørn, Alastair Hannay, David Kansas, Bruce H. Kirmmse, G. Pattison, Vanessa Rumble and K. Brian Söderquist (Princeton Univ. Press, 2008), p. 179. JJ 167 (1843). 안데르센에 관한 1838년의 에세이에서 키르케고르는 독일 신학자 다우프(Carl Daub)를 인용하고 있는데, 키르케고르에 따르면 다우프는 "인생은 사고를 통하여 역으로 이해된다"고 진술했다. *From The Papers of One Still Living*, in S. Kierkegaard, *Early Polemical Writings*, ed. and tran. Julia Watkin (Princeton Univ. Press, 2009), pp. 78, 255를 보라.

2 *Kierkegaard's Journals and Notebooks, Volume 1. Journals AA-DD*, ed. and trans. Niels Jørgen Cappelørn, Alastair Hannay, David Kangas, Bruce H. Kirmmse, George Pattison, Vanessa Rumble and K. Brian Söderquist (Princeton Univ. Press, 2007), p. 47. AA 54 (1837). "R—"은 레기네일 수도 있고, 뢰르담일 수도 있다. 만일 후자라면, 그것은 이 시기에는 키르케고르가 볼레테 뢰르담에게 더 관심이 있었다는 것, 또는 그때 레기네를 볼 수 있을 거라는 생각으로 뢰르담 가문을 방문하고 있었다는 것을 가리키는 것일 수도 있다. 이 일지의 또 다른 기록에서 키르케고르는 "볼레테와 대화하기 위해 뢰르담의 집으로 간다는 것"을 언급하고 있다. p. 47. AA 53을 보라. 1849년에 그는 볼레테에 대한 어떤 "책임감"을 느꼈다는 것을 인정했다. 그들은 서로 상당한 "인상"을 남겨 주었는데, 물론 이러한 끌림은 "전적으로 순수한 것"이었으며 "순전히 지적인 것"이었지만 말이다. *Kierkegaard's Journals and Notebooks, Volume 3. Notebooks 1-15*, ed. and trans. Niels Jørgen Cappelørn, Alastair Hannay, David Kangas, Bruce H. Kirmmse, George Pattison, Vanessa Rumble and K. Brian Söderquist (Princeton Univ. Press, 2010), p. 431. Notebook 15, 4 (August to November 1849)를 보라.

3 *Kierkegaard's Journals and Notebooks, Volume 3. Notebooks 1. Journals AA-DD*, p. 47. AA 54 (1838).

4 플라톤의 『메논』을 보라.

5 *Kierkegaard's Journals and Papers*, eds. Howard V. Hong and Edna H Hong (Bloomington. Indiana Univ. Press, 1970), p. 528. Pap. III A 5 (July 10, 1840).

6 〈돈 조반니〉에 대한 키르케고르의 관심과 그의 저술들 속에서의 돈 후안에 대한 그의 논의에 관해서는 Jacobo Zabalo, 'Don Juan (Don Giovanni). Seduction and its Absolute Medium in Music', in Katalin Nun and Jon Stewart (eds.), *Kierkegaard's Literary Figures and Motifs, Tome I. Agamemnon to Guadalquivir* (Ashgate, 2014), pp. 141-57을 보라.

7 *Søren Kierkegaard's Journals and Papers*, pp. 213-14. Pap. III A 1 (July 4, 1840).

8 이 여행 기간 동안 키르케고르는 일지를 기록했다. *Kierkegaard's Journals and Notebooks, volume 3. Notebooks 1-15*, pp. 187-98. pp. 567-73을 보라. 유틀란트 관련 일지의 한 기록은 작은 십자가로 표시되어 있는데, 이렇게 써 있다. "당신에게, 오 하나님, 우리는 **평화**를 간구하나이다. (…) 또한 그 어떤 것도, 우리 스스로도, 우리의 불쌍한 세속적인 바람도, 내 거친 욕망도, 내 마음의 안식을 모르는 갈망도, 우리에게서 이 평화를 빼앗아갈 수 없다는 축복받은 확신도 같이 주시옵소서!", p. 189. NB6, 6(July to August 1840).

9 ibid, pp. 431-2. NB15, 4 (1849년 8월부터 11월). 이 기록의 여백에 키르케고르는 이렇게 쓰고 있다. "그녀가 처음으로 슐레겔을 언급한 것은 10일이 틀림없을 것이다. 왜냐하면 그녀는 8일에는 한 마디도 말하지 않았기 때문이다."

10 *Encounters with Kierkegaard*, ed. Bruce Kirmmse, trans. Bruce Kirmmse and Virginia Laursen (Princeton Univ. Press, 1998), p. 36. 키르케고르와 그녀의 관계에 대한 레기네 슐레겔의 설명에서 재인용. 이 설명을 그녀는 1896년에 남편이 세상을 떠나자 무리에(Hanne Mourier)에게 해주었는데, 후에 Hjalmar Helweg, *Søren Kierkegaard. En psykiatrisk-psykologisk Studie*

(H. Hagerups Forlag, 1933), pp. 385-92에 포함되어 출판되었다.

11 *Encounters with Kierkegaard*, p. 40.

12 ibid, p. 29. 1868년 5월 22일, 보에센이 바포드에게 보낸 편지에서 재인용.

13 S. Kierkegaard, *Letters and Documents*, ed. and trans. Henrik Rosenmeier (Princeton Univ. Press, 2009), p. 64. 키르케고르는 1838년에 출판된 꽃의 "언어" 혹은 상징에 관한 독일 서적, 『최신 꽃말 사전』(*Die neueste Blumensprache*)을 가지고 있었다. Niels Jørgen Cappelørn, Gert Posselt and Bent Rohde, *Tekstspejle. Om Søren Kierkegaard som bog tilrettelægger, boggiver og bogsamler* (Rosendahls Forlag, 2002), p. 155를 보라.

14 *Letters and Documents*, p. 74. 1840년 12월 30일에 레기네 올센에게 보낸 편지.

15 *Kierkegaard's Journals and Notebooks, Volume 2. Journals EE-KK*, p. 174. JJ 145 (1843)을 보라.

16 *Letters and Documents*, pp. 78-9. 레기네 올센에게 보낸 편지, 일자 미정.

17 ibid, p. 65. 레기네 올센에게 보낸 편지, 일자 미정.

18 ibid, pp. 67-8. 레기네 올센에게 보낸 편지, 일자 미정.

19 *Kierkegaard's Journals and Notebooks, Volume 3. Notebooks 1-15*, p. 434. NB15, 4 (1849년 8월부터 11월까지)

20 *Encounters with Kierkegaard*, p. 162. Henriette Lund, *Eringringer Fra Hjemmet* (Gyldendal, 1909)에서 재인용.

21 *Kierkegaard's Journals and Notebooks, Volume 2. Notebooks 1-15*, p. 434. NB15, 4 (1849년 8월부터 11월까지)를 보라.

22 *Encounters with Kierkegaard*, pp. 162-3. Henriette Lund, *Eringringer Fra Hjemmet* (Gyldendal, 1909)에서 재인용.

23 ibid, pp. 177-8. Troels Frederik Troels-Lund, *Et Liv. Barndom og Ungdom* (H. Hagerups Forlag, 1924)에서 재인용. 트로엘스-룬은 1840년에 태어났는데 키르케고르와 레기네가 파혼하던 당시에는 유아였기 때문에 그의 설명은 가족 내부에서 전해진 이야기에 의한 것이다.

24 S. Kierkegaard, *Either/Or*, Part I, ed. and trans. Howard V. Hong and Edna H. Hong (Princeton Univ. Press, 1988), pp. 355-6.

25 ibid, p. 312.

26 *Kierkegaard's Journals and Notebooks, Volume 3. Notebooks 1-15*, p. 438.

NB15, 6 (1849년 8월부터 11월까지).

27 ibid.

28 나는 2016년 봄에 키르케고르가 1843년 5월에 여행했던 노선을 따라 베를린에서 앙거뮌데까지 기차를 타고 가면서 이 "가시면류관"을 보았다.

29 *Encounters with Kierkegaard*, p. 111을 보라. 여기에서 티코 스팡(Tycho Spang)은, 이 사람은 키르케고르의 친구인 코펜하겐의 성령교회 목사 스팡(Peter Johannes Spang)의 아들인데, 자신이 어린 시절에 키르케고르가 자기네 집을 방문한 것을 회상하고 있다. "그는 내 누이와 함께 음식을 준비하고, 아이들의 음식을 맛보았으며, 너무나도 행복해하고 또 즐거워해서 누구라도 그가 태평하고 유쾌한 정신을 지닌 매우 쾌활한 사람이라고 생각하게 만들 정도였다. 그러더니, 이 행복하고 기쁨에 찬 웃음을 터트리는 동안 그의 머리가 두 어깨 사이로 맥없이 툭 떨어지는 수가 있었다. 그럴 때 그는 의자에 깊숙이 몸을 파묻고 앉아서 두 손을 어찌나 세게 문지르던지 그의 반지에 장식되어 있는 다이아몬드가 반짝반짝 빛이 나서 영혼이 깃들어 있는 것 같은 심오하고 세련된 푸른색의 두 눈과 쌍벽을 이룰 정도였다. (…) 우리는 모두 그를 좋아했으며, 또 나이 많은 숙모 한 분은 우리에게 "아이고, 그런데 저 S. K.는 정말 멋진 사람 아니냐!"라는 말을 자주 하곤 했다." 이와 비슷하게, 브로블레브스키(Otto Wroblewski)는, 그는 1840년대 동안 레이첼에서 근무했는데, 키르케고르의 "짙고 푸른, 우수에 젖은 눈"을 기억했다. *Encounters with Kierkegaard*, p. 110을 보라.

30 골슈미트의 자서전에서 재인용. *Encounters with Kierkegaard*, p. 65를 보라. 그리고, ibid, pp. 111, 116을 보라.

3. 사이비 철학자들에 맞서다

1 S. Kierkegaard, *Fear and Trembling/Repetition*, ed. and trans. Howard V. Hong and Edna H. Hong (Princeton Univ. Press, 1983), pp. 150-51.

2 『공포와 전율』 초고의 표지에 키르케고르는 "성 시므온, 고독하게 춤추는 사람이자 은둔한 개인"이라고 썼지만, 이것을 지우고 그 대신 익명 "침묵의 요하네스"를 써 넣었다.

3 『코르사르』(*Corsaren*), 1843년 3월 10일자. 『코르사르』는 1840년부터

1846년까지 코펜하겐에서 주간으로 발행되었다.

4 헤이베르와 키르케고르의 관계에 대한 개요에 대해서는 Joe Stewart, "Johan Ludvig Heiberg. Kierkegaard's Criticism of Hegel's Danish Apologist", *Kierkegaard and His Danish Contemporaries, Tome I. Philosophy, Politics and Social Theory*, ed. Hon Stewart (Ashgate, 2009), pp. 35-76을 보라.

5 J. L. Heiberg, "Litterær Vintersæd", *Intelligensblade* 24 (1843년 3월 1일), pp. 285-92를 보라.

6 S. Kierkegaard, *Either/Or* Part II, ed. and trans. Howard V. Hong and Edna H. Hong (Princeton Univ. Press, 1988), p. 407을 보라.

7 S. Kierkegaard, *Letters and Documents*, ed. and trans. Henrik Rosenmeier (Princeton Univ. Press, 2009), p. 155. 1843년 5월 25일 보에센에게 보낸 편지.

8 이 자전적 설명은 처음에 몰베크(Christian Molbech)가 편집한 *Dansk poetisk Anthologie*에 몰베크에 의해서 1840년에 "Johan Ludvig Heiberg"라는 제목의 글로 발표되었다. Joe Stewart (ed.), *Johan Ludvig Heiberg. Philosopher, Littérateur, Dramaturge, and Political Thinker* (Museum Tusculanum Press, 2008), pp. 222-3을 보라.

9 George Pattison, "How Kierkegaard Became "Kierkegaard". The Importance of The Year 1838", *Revista Portuguesa de Filosofia*, 64 (2008), pp. 741-61을 보라. 키르케고르가 1837-8년과 1838-9년에 마르텐센의 철학 및 신학 강좌를 얼마나 성실하게 수강했는지 우리는 알 수 없는데, 왜냐하면 그가 이 강좌를 수강하면서 필기한 노트를 가지고 있지만, 그것들은 다른 학생 것을 베끼거나 혹은 빌렸을 수도 있기 때문이다.

10 *Letters and Documents*, p. 141. 1842년 2월에 P. C. Kierkegaard에게 보낸 편지.

11 S. Kierkegaard, *Either/Or*, Part I, ed. and trans. Howard V. Hong and Edna H. Hong (Princeton Univ. Press, 1988), p. 32.

12 S. Kierkegaard, *Fear and Trembling*, ed. C. Stephen Evans and Sylvia Walsh, trans. Sylvia Walsh (Cambridge Univ. Press, 2006), p. 3.

13 ibid, p. 6.

14 키르케고르는 이 라틴어 구절을 마르텐센을 공격하는 반-허구적인 논문의 표제로 채택했으며, 또 이 구절은 그의 풍자극 「신, 구 비누저장고들

의 싸움」에도 등장했는데, 이 희곡을 그는 5년 전에 썼었다. 『요하네스 클리마쿠스, 혹은 데 옴니버스 두비탄둠 에스트』(*Johannes Climacus, or De Omnibus Dubitandum Est*)는 1842년에 집필하기 시작했으나 1843년까지 완성되지 못했다. "de omnibus dubitandum est"라는 구절은 「신, 구 비누 저장고들의 싸움」 2장과 3장에 나온다. 이 희곡의 작중인물인 "철학자" 폰 슈프링가센 씨(Herr von Springgaassen)는 마르텐센에 대한 풍자이다. 그의 이름은 "점프하는 잭"으로 바뀌었으며, 1837년 일지의 한 기록은 마르텐센을 그의 철학적 선배들의 "등을 짚고 뛰어넘는" 것으로 기술하고 있다. *Kierkegaard's Journals and Notebooks, Volume 1, Journals AA-DD*, ed. and trans. Niels Jørgen Cappelørn, Alsstair Hannay, David K. Brian Söderquist (Princeton Univ. Press, 2007), p. 189 그리고 Pattison, 'How Kierkegaard Became "Kierkegaard"', p. 206을 보라.

15 *Fear and Trembling*, p. 107.

16 고린토인들에게 보낸 첫째 편지 2장 1-5절.

17 *Fear and Trembling*, p. 53.

18 키르케고르의 칸트 독해는 연구자들에게 논란거리이다. 그가 칸트의 저작에 진지하게 관여되었을 거라고 주장하는 가장 강력한 사례는, 그리고 특히 *The Conflict of The Faculties*는, 그린(Ronald M. Green)이 *Kierkegaard and Kant. The Hidden Debt* (State Univ. of New york Press, 1992)에서 제기하고 있고, 또 *Kierkegaard and His German Contempories, Tome I. Philosophy*, ed. Jon Stewart (Ashgate, 2007), pp. 179-210에 실려 있는 그린의 소론 "Kant. A Debt Both Obscure and Enormous"에서 잘 개괄되고 있다.

19 Dominic Erdozain, *The Soul of Doubt. The Religious Roots of Unbelief from Luther to Marx* (Oxford Univ. Press, 2016), pp. 69-172를 보라.

20 *Fear and Trembling*, p. 59.

21 19세기 말에 니체(Friedrich Nietzsche)는 "신의 죽음"을 선언하면서 스스로를 새로운 니힐리즘 시대의 예언자로 선포했다. 그러나 키르케고르는 40년 전에 그것이 올 것을 예견했다.

22 S. Kierkegaard, *Fear and Trembling*, p. 12.

4. 아브라함의 귀향에 동행하다

1 *Fear and Trembling*, p. 106.

2 *Fear and Trembling*, p. 13을 보라. "이 세상에서 위대했던 그 누구도 망각되지 않을 테지만, 저마다 그의 기대에 걸맞게 위대하게 되었다. 어떤 사람은 불가능을 기대함으로써, 또 다른 사람은 영원한 것을 기대함으로써 위대하게 되었지만, 그러나 불가능을 기대한 사람이 그중에서 가장 위대하게 되었다."

3 ibid, p. 18.

4 *Kierkegaard's Journals and Notebooks, Volume 2. Journals EE-KK*, p. 168. JJ 124 (1843).

5 ibid, pp. 121-2. HH8 (1840).

6 *Fear and Trembling*, pp. 7, 17.

7 키르케고르는 『결론으로서의 비학문적 후서』(1846)에서 수도원으로 은둔하는 사람과 대조되는, 익명의 신앙의 사람에 대한 이러한 설명으로 되돌아갔다. S. Kierkegaard, *Concluding Unscientific Postscript to The Philosophical Crumbs*, pp. 344-5, 396-8, 413, 419-20을 보라.

8 *Fear and Trembling*, p. 32.

9 *Kierkegaard's Journals and Notebooks, Volume 2. Journals EE-KK*, p. 153. JJ 82 (1843).

10 *Fear and Trembling*, p. 57.

11 *Fear and Trembling*, p. 28.

12 ibid, p. 91.

13 *Kierkegaard's journals and Notebooks, Volume 2. Journals EE-KK*, p. 158. JJ 96 (1843).

14 ibid, p. 158. JJ 96 (1843).

15 ibid, pp. 159-60. JJ 103 (1843).

16 ibid, p. 157. 95 (1843).

17 ibid, p. 165. JJ 115 (17 May 1843).

18 ibid, p. 161. JJ 107 (April 1843).

19 어릴 적에 키르케고르는 그린란드의 덴마크 선교사들 이야기를 들었다.

1841년에 그는 보에센에게 편지를 썼는데, 보에센은 한 여성에 대한 사랑으로 괴로움을 겪고 있었다. "카약을 타고 (틀림없이 그대는 저 그린란드 배들을 알고 있을 테지), 수영복을 입고서, 세상이라는 바다로 빨리 떠나게. 그러나 그것은 분명히 전원 풍경은 아닐세. 만일 그녀를 잊을 수 없다면, 그녀에 관한 시를 쓸 수 없다면, 그렇다면 좋네, 돛을 모두 올리게." (S. Kierkegaard, *Letters and Documents*, p. 103) 묄레르는, 키르케고르가 대학 시절 가장 좋아하던 철학교수였는데, 연애에서 실패한 후 배를 타고 중국에 갔다. 룬(Peter Wilhelm Lund)은, 키르케고르의 두 매형들의 형제였는데, 기상학, 생물학 그리고 동물학을 연구하기 위하여 배를 타고 브라질에 갔다. *Kierkegaard's Journals and Notebooks, Volume 1. journals AA-DD*, p. 319를 보라.

20 *Letters and Documents*, p. 93. 1841년 11월 16일 베를린에서 보에센에게 보낸 편지.

21 ibid, p. 122. 1842년 1월 16일 베를린에서 보에센에게 보낸 편지.

5. 인간으로 존재하는 법을 배우기: 첫 수업

1 S. Kierkegaard, *The Point of View*, trans. Hong and Hong (Princeton Univ. Press, 2009), p. 162.

2 *Kierkegaard's Journals and Notebooks, Volume 3. Notebooks 1-15*, p. 438. NB15, 6 (August to November, 1849)를 보라.

3 *The Point of View*, p. 157 (journal entry, 1847)을 보라.

4 키르케고르와 그의 형은 1838년에 아버지가 세상을 떠나자, 뇌토르 2번지의 집을 상속받았는데, 1843년에 키르케고르가 형의 지분을 구입했다.

5 *Kierkegaard's Journals and Notebooks, Volume 5. Journals NB6-NB10*, p. 144. NB7, 114 (1848). 1849년에 키르케고르는 일지에서 "내 집은 나의 위안처였으며, 쾌적한 집을 가지고 있다는 것이 나에게 세속적으로 가장 크게 고무적인 요소였다." *Kierkegaard's Journals and Notebooks, volume 6. Journals NB11-NB14*, p. 234. NB12, 143 (1849년 7월에서 9월)을 보라.

6 *Kierkegaard's Journals and Notebooks, Volume 5. Journals NB6-NB10*, p. 230. NB9, 42 (1849).

7 ibid, p. 228. NB9, 41 (1849).

8 덴마크의 평화로운 (그리고 오래 가는) "혁명"에 대한 이 개요는 B. H. Kirmmse, *Kierkegaard in Golden Age Denmark* (Indiana Univ. Press, 1990), pp. 64-8, 그리고 Joakim Gariff, *Søren Kierkegaard. A Biography*, trans. B. Kirmmse (Princeton Univ. Press, 2005), pp. 493-5에서 인용하였다.

9 *Kierkegaard's Journals and Notebooks, Volume 4. Journals NB-NB5*, p. 348. NB4, 123 (1848).

10 *Kierkegaard's Journals and Notebooks, Volume 4. Journals NB-NB5*, p. 347-8. NB4, 118 (1848년 3월 17일).

11 N. J. Cappelørn, J. Garff and Johnny Kondrup, *Written Images. Søren Kierkegaard's Journals, Notebooks, Booklets, Sheets, Scraps, and Slips of Paper*, trans. B. Kirmmse and V. Laursen (Princeton Univ. Press, 1998), p. 112를 보라. 여기에서 스팡은 키르케고르의 "넓고 우아한 아파트와 가구가 갖춰진 많은 방들이 겨울에는 난방이 잘 되고 조명도 잘 되는 것과, 그 안에서 키르케고르가 아주 많이 이리저리 서성이는 것을" 기억한다. "내가 기억하는 한, 방마다 잉크, 펜, 그리고 종이가 놓여 있었으며, 그는 이 방 저 방을 다니다가 생각을 딱 붙잡기 위하여 그것들을 이용해서 두세 마디 간단한 말이나 혹은 기호를 적어 놓았다."

12 S. Kierkegaard, *The Sickness unto Death*, ed. and trans. Hong and Hong (Princeton Univ. Press, 1983), pp. 26-7.

13 ibid, pp. 14-15.

14 ibid, p. 22.

15 ibid, pp. 32-4.

16 ibid, p. 43.

17 ibid, p. 48.

18 *Kierkegaard's Journals and Notebooks, Volume 5. Journals NB6-NB10*, p. 101. NB7, 41 (1848).

19 ibid, p. 95. NB7, 31 (1848).

20 *Encounters with Kierkegaard*, p. 153.

21 ibid, p. 228. 이 언급은 브뢰크너(Hans Brøchner)의 사촌이 한 것으로 전해지는데, 그는 학창시절부터 키르케고르와 친구 사이였다.

22 *Kierkegaard's Journals and Notebooks, Volume 5. Journals NB6-NB10*, p. 211. NB9, 8 (1849년 1월 또는 2월).

23 *Encounters with Kierkegaard*, p. 151을 보라. 이것은 미카엘 키르케고르에 대한 헨리에테 룬의 설명에서 인용한 것이다. 또한 브룬(Peter Brun, ibid, p. 6)과 벨딩(Frederik Welding, ibid, p. 7)을 보라.

24 *Kierkegaard's Journals and Notebooks, Volume 5. Journals NB6-NB10*, p. 166. NB8, 36 (1848년 11월 또는 12월).

25 Thorkild Andersen, 'Kierkegaard - Slægten og Sædding', *Hardsyssels Aarbog*, 27 (1933), p. 26. Christopher B. Barnett, *Kierkegaard, Pietism and Holiness* (Ashgate, 2011), pp. 47-8에서 인용함.

26 *Kierkegaard's Journals and Notebooks, Volume 1. Journals AA-DD*, p. 533.

27 *Encounters with Kierkegaard*, p. 3. 하머리쉬(Frederik Hammerich, 1809년 출생)의 자서전 *Et Levnedsløb*, vol. I (Forlagsbureaet i Kjøbenhavn, 1882), pp. 58-9에서 인용함.

28 *Encounters with Kierkegaard*, p. 137. 보이센(Eline Heramb Boisen)의 설명에서 인용함. 이 사람은 1833-4년 겨울에 키르케고르 가문을 수차례 방문한 적이 있다.

29 "군악"에 관해서는 S. Kierkegaard, *Letters and Documents*, p. 124. 1842년 1월 16일 보에센에게 보낸 편지. S. Kierkegaard, *Either/Or*, Part I, p. 349 등을 보라.

30 *Encounters with Kierkegaard*, p. 6. 이 설명은 브룬(Peter Munthe Brun, 1813년 출생)에게서 두 번째 혹은 세 번째로 전해 들은 것이다.

31 ibid, p. 3. 하메리쉬의 자서전에서 인용됨

32 *Letters and Documents*, pp. 4-5. 키르케고르의 학창시절 교장이었던 미카엘 닐센(Michael Nielsen)의 키르케고르에 관한 보고.

33 *Encounters with Kierkegaard*, p. 7. 벨링(Frederik Welding, 1811년 출생)이 1869년에 바포드(H. P. Barfod)에게 보낸 편지에서 인용. 키르케고르가 어린 시절 입었던 옷에 관해서는 *Kierkegaard's Journals and Notebooks, Volume 5. Journals NB6-NB10*, p. 344. NB10, 153 (1849년 봄)을 보라.

34 *Kierkegaard's Journals and Notebooks, Volume 5. Journals NB6-NB10*, p. 259. NB9, 78 (1849년). p. 166. NB8, 36 (1848년 겨울). pp. 368-9. NB10, 191 (1849년 봄).

35 *Kierkegaard's Journals and Notebooks, Volume 4. Journals NB-NB5*, pp. 401-2. NB5, 68 (1848년 5월에서 7월까지).

36 *Kierkegaard's Journals and Notebooks, Volume 5. Journals NB6-NB10*, p. 166. NB8, 36 (1848년 겨울). p. 259. NB9, 78 (1849). pp. 368-9. NB10, 191 (1849년 겨울).

37 S. Kierkegaard, *Philosophical Fragments/Johannes Climacus, or De omnibus dubitandum est*, ed. and trans. Hong and Hong (Princeton Univ. Press, 1985), p. 120f. 요하네스 클리마쿠스의 이 구절은 덴마크 원어로는 *en enkelt Gang* 인바—여기에서는 "이따금"으로 옮겨졌는데—또한 "한 경우에"로도 옮겨질 수 있다. 그의 아버지와의 가상의 여행은 키르케고르의 유년시절에는 최소한 한 번 이상 있었던 것이 분명한데, 왜냐하면 그가 1844년에 형 페테르(Peter Christian)의 아내 헨리에테에게 보낸 편지에서 프레데릭스베르로의 가상의 여행을 언급하고 있기 때문이다. *Letters and Documents*, p. 174를 보라. "유년시절에 나는 프레데릭스베르까지 산책 나가는 것을 아버지에게 허락받지 못하는 경우가 왕왕 있었는데, 그 대신 나는 아버지와 손에 손을 맞잡고 마루로 오르락내리락 하면서 프레데릭스베르까지 걸어갔다." 크리스티안 형에게 보낸 1847년의 편지에서 키르케고르는 "아버지와 관련된 신기한 일 하나는 그가 가장 많이 가지고 있는 것, 그러나 사람들은 전혀 짐작도 못하는 것이 상상력이었다는 것이다. 물론 그것은 우수에 젖은 상상력이었지만 (…) 다른 점에서는 아버지와 거의 공통점이 없었지만, 우리는 두서너 기묘한 생각에서 접점이 있었으며, 그와 같은 대화에서 아버지는 언제나 나에게 깊은 인상을 받다시피 했는데, 왜냐하면 나는 생생한 상상력으로 어떤 생각을 묘사하고 또 그것을 대담한 일관성으로 밀어붙일 수 있었기 때문이다." *Letters and Documents*, p. 211을 보라.

38 *Kierkegaard's Journals and Notebooks, Volume 2. Journals EE-KK*, p. 174. JJ 147 (1843). "수수께끼에 싸인 가족"에 관한 키르케고르의 일지 기록에 대한 흥미진진한 철학적, 심리학적 해설에 관해서는 패티슨(George Pattison), "수수께끼에 싸인 가족 혹은 키르케고르는 어째서 희곡을 절대로 쓰지 않았는가. 다시 물어보는 오래된 물음"(The Mysterious Family or Why Kierkegaard Never Wrote a Play. An Old Question Revisited), *Kierkegaard and The Nineteenth Century Religious Crisis in Europe*, ed. Roman Králik, Abrahim H. Khan, Peter Sajda, Jamie Turnbull and Andrew J. Burgess (Acta Kierkegaardiana, vol. 4, 2009, pp. 187-201을 보라.

39 *Kierkegaard's Journals and Papers: Autobiographical, 1829-48*, eds. Hong and Hong, assisted by Gregor Malantschuk (Indiana Univ. Press, 1978). p. 141.

Pap. II A 805, 806 (1838).

40 키르케고르의 조카딸 헨리에테 룬은 일찍이 키르케고르가 사랑할 수 있는 능력을 얼마나 높이 평가했는지를 직접 알고 있었다. "어느 날, 어릴 적에 쇠렌 외삼촌을 만났을 때, 그가 나를 놀리면서 당시 유행하던 이런저런 주제에 관해 의견을 피력할 수 있다는 것을 인정하지 않으려 했다. 계속 대화를 나누면서 나는 나 자신도 존엄하고 또 성숙했다는 것을 입증하려고 했는데, 순간적으로 그를 깊이 감동시킨 딱 한 가지 논증이 있었다. 나는 말했다. "그래요, 나는 사랑이 얼마나 중요한지를 배웠기 때문이에요." 그러자 표정이 바뀌더니 진지한 음성으로 그가 대답하기를, "그것은 다른 문제란다. 그렇지만 네가 옳다. 이제 네가 정말로 어른이 되었다는 것을 인정하겠다!" 나는 아직도 그것을 기억한다. 그것은 마치 모자를 벗어 들고 무한한 존경심으로 나에게 인사한 것이나 마찬가지였다." *Encounters with Kierkegaard*, p. 170. Henriette Lund, *Eringringer Fra Hjemmet* (Copenhagen. Gyldendal, 1909)에서 인용.

6. "나에게로 오너라"

1 S. Kierkegaard, *Practice in Christianity*, ed. and trans. Hong and Hong (Princeton Univ. Press, 1991), 201-32.

2 미카엘 키르케고르가 세상을 떠난 직후인 1838년 8월 28일자 편지에서 코펜하겐 형제회의 지도자는 "우리 형제회는, 외부에 대해서도 또 내부에서도, 가장 신실한 구성원 한 분을 잃었다. (…) 그가, 그를 구두쇠라고 단정하고 또 그렇게 단정했던 사람들이 생각해 왔던 것보다 훨씬 선한 일을 말없이 실천해온 것은 틀림없는 사실이다. (…) 그를 잃음으로써 나는 그 말의 진실한 의미에서 신실한 형제를 한 분 잃었다. 그는 기회 있을 때마다 내게 열린 마음으로, 그러나 아주 솔직하게, 자신의 의견을 말해 주었으며, 우리 형제회의 일에는, 이것을 그는 특별한 애정으로 떠맡고 진지하게 받아들였는데, 일 년에 여러 차례 유익한 조언을 해주었다. " Christopher B. Barnett, *Kierkegaard, Pietism and Holiness* (Ashgate, 2011), pp. 60-61에서 인용함.

3 레우스(J. C. Reuss)의 강화, Christopher B. Barnett, *Kierkegaard, Pietism and Holiness*, p. 52에서 재인용.

4 Andrew Hamilton, *Sixteen Months in The Danish Isles*, Vol. 2 (Richard Bentley, 1852), p. 187을 보라.

5 N. J. Cappelørn, 'Die Ursprüngliche Unterbrechung', in *Kierkegaard Studies Yearbook 1996*, ed. Cappelørn and H. Deuser (Walter de Gruyter, 1996), pp. 315-88을 보라.

6 1828년의 키르케고르의 견진성사와 견진성사에 대한 그의 장년기의 견해에 관해서는 N. Thulstrup, 'Confirmation', in *Theological Concepts in Kierkegaard*, ed. N. Thulstrup and M. M. thulstrup (Reitzel, 1980), pp. 247-53을 보라.

7 *Kierkegaard's Journals and Notebooks, Volume 5. Journals NB6-NB10*, p. 299. NB10, 59 (1849년).

8 Hamilton, *Sixteen Months in the Danish Isles*, p. 180.

9 뮌스테르의 장인은 1830년에 사망했으며 그 자리는 뮐레르(Peter Erasmus Müller)가 이어받았다. 뮌스테르는 그다음 1834년에 뒤를 이었다.

10 루터 신학의 구체적인 내용 분석에 대해서는 Richard Rex, *The Making of Martin Luther* (Princeton Univ. Press, 2017)를 보라.

11 키르케고르는 마태오의 복음서의 바로 이 구절을 저서에서 여러 차례에 걸쳐서 논하였다. 예컨대 S. Kierkegaard, *Concluding Unscientific Postscript*, 그리고 *Christian Discourses/The Crisis in The Life of an Actress*를 보라.

12 J. P. Mynster, 『기독교 신앙의 교리에 관한 이론들』(*Betragtninger over de christelige Troeslærdomme*), 3rd edn, vol. I (Deichmanns, 1846), p. 311. B. H. Kirmmse, *Kierkegaard in Golden Age in Denmark*, p. 107에서 인용함.

13 J. P. Mynster, *Prædikener paa alle Søn-og Hellig-Dage i Aaret*, vol. 2 (3rd edn, Gyldendal, 1837), p. 403. 이 설교와 이에 대한 키르케고르의 응답에 대한 그 이상의 논의에 대해서는 C. F. Tolstrup, '"Playing a Profane Game with Holy Things", Understanding Kierkegaard's Critical Encounter with Bishop Mynster', in *International Kierkegaard Commentary, Volume 20. Practice in Christianity*, ed. R. L. Perkins (Mercer Univ. Press, 2004), pp. 245-74를 보라.

14 Mynster, *Prædikener paa alle Søn-og Hellig-Dage i Aaret*, p. 414.

15 S. Kierkegaard, *Upbuilding Discourses in Various Spirits*, ed. and trans. Hong and Hong (Princeton Univ. Press, 1993), p. 254.

16 *Kierkegaard's Journals and Notebooks, Volume 5. Journals NB6-NB10*, p. 57.

NB6, 74 (1848년 7월 혹은 8월).

17 *Christian Discourses*, pp. 163-5.

18 이 첫 번째 설교는 기록되지 않았는데, 그러나 아마도 1847년 6월 18일에 행해졌을 것이다. N. J. Cappelørn, 'Søren Kierkegaard at Friday Communion in The Church of Our Lady', trans. K. Brian Söderquist, in *International Kierkegaard Commentary, Volume 18. Without Authority*, ed. R. L. Perkins (Mercer Univ. Press, 2007), pp. 255-94.

19 *Christian Discourses*, p. 266.

20 *Kierkegaard's Journals and Notebooks, Volume 9. Journals NB26-NB30*, p. 419. NB30, 41 (1854년).

21 P. C. Zahle, *Til Erindring om Johan Georg Hamann og Søren Aabye Kierkegaard* (Copenhagen, 1856), pp. 9-10, Cappelørn, 'Søren Kierkegaard at Friday Communion in The Church of Our Lady'. 카펠뢴(Cappelørn)은 찰레가 성모교회(Vor Frue Kirke)에서의 키르케고르의 첫 번째 설교를 듣지 못했을 거라고 말하면서, "아마도 그는 키르케고르가 1851년 5월 18일 일요일에 성채교회에서 설교하는 것을 들었을 가능성이 크다고" 생각한다. ibid, pp. 285-6을 보라.

22 *Christian Discourses*, pp. 269-70. 이것은 키르케고르가 성모교회에서 1847년 8월 27일에 설교한 두 번째 금요일 성찬강화에서 인용한 것이다.

23 *Kierkegaard's Journals and Notebooks, Volume 4. Journals NB-NB5*, p. 263. NB3, 36 (1847년 11월 혹은 12월).

24 *Kierkegaard's Journals and Notebooks, Volume 5. Journals NB6-NB10*, p. 262. NB9, 79 (1849년 2월 9일). "저술작업을 중단하겠다는 것은 처음부터 내 머릿속에 떠오른 생각이었다. 나는 언제 그만두어야 할지를 아는 저술가에게 아직도 유효한 공간이 있을 거라고 자주 말하고 했다. 사실 나는 실제로 『이것이냐 저것이냐』를 쓸 때부터 그만둘 생각을 이미 했었다. 그러나 나는 [1848년 4월에] 『기독교적 강화집』의 출판 시점에서 그만두어야 하겠다는 생각을 가장 많이 하게 되었다."

25 *Kierkegaard's Journals and Notebooks, Volume 4. Journals NB-NB5*, p. 252. NB3, 16 (1848년 겨울). p. 259. NB9, 78 (1849). pp. 368-9. NB10, 191 (1847년 11월 또는 12월).

26 *Kierkegaard's Journals and Notebooks, Volume 4. Journals NB-NB5*, p. 377.

NB5, 14 (1848년 5월에서 7월)을 보라.

27 *Practice in Christianity*, p. 275. *Kierkegaard's Journals and Notebooks, Volume 5. Journals NB6-NB10*, p. 57. NB6, 74 (1848년 7월 또는 8월)을 보라.

7. 심미적 교육

1 *Kierkegaard's Journals and Notebooks, Volume 5. Journals NB6-NB10*, p. 19. NB6, 24 (1848년 7월 혹은 8월).

2 S. Kierkegaard, *Christian Discourses/The Crisis and a Crisis in The Life of an Actress*, ed. trans. Hong and Hong (Princeton Univ. Press, 2009), pp. 304-5.

3 ibid.

4 루이세 헤이베르의 삶과 그녀와 키르케고르의 관련성에 관해서는 Katalin Nun, *Women of The Danish Golden Age. Literature, Theater and The Emancipation of Women* (Museum Tusculanum Press, 2013), pp. 62-84를 보라.

5 N. Thulstrup, *The Copenhagen of Kierkegaard*, ed. M. M. thulstrup, trans. R. Mach-Zagal (Reitzel, 1986), pp. 41-60. *Encounters with Kierkegaard*, p. 110-11. O. B. Wroblewski's *Ti Aar i C. A. Reitzels Boglade* [레이첼 서점에서의 십 년] (1889)을 보라. 브로블레브스키는, 1843년부터 1853년까지 레이첼 서점의 서적판매상이었는데, "키르케고르의 독특한 외모는 누구라도 딱 한 번만 보더라도 결코 잊을 수 없는 그런 종류이다. 그런데 우리, 서점에서 그를 그렇게 정기적으로 본 우리들로서는 더 잊을 수 없는 사람이다. 그는 그렇게 적극적인 사람이 아니었다. 레이첼과는, 당연한 일이지만, 그는 그저 출판 업무에 관해서만 이야기했으며, 우리와는 서점에서 책을 구입하는 것에 관해서만 이야기를 나누었을 뿐이다. 그렇지만, 나는, 어쨌거나, 그가 사람들을 바라보는 짙은 푸른색의, 우수에 젖은 다정한 시선에 이상하게도 감동을 받았는데, 그의 시선은 이따금씩 책의 구절을 읽고 즐거워할 때면 입가에 풍자적인 표정과 짝을 이루기도 하였다."

6 키르케고르가 소유한 책 중 많은 것들은 지금 코펜하겐에 있는 왕립덴마크도서관의 키르케고르 자료실에 있다. 애서가이자 서적수집가로서의 키르케고르에 대한 아름답게 예증된 설명이 Cappelørn, G. Posselt and Bent Rohde, *Tekstspejle. Om Søren Kierkegaard som bogtilrettelægger, boggiver og bogsamler* (Rosendahls Forlag, 2002), pp. 105-219에 실려 있다. 키르케고

르가 뮐레르 제책을 선호한 것에 대해서는 Cappelørn, J. Garff and J. Kondrup, *Written Images. Søren Kierkegaard's Journals, Notebooks, Booklets, Sheets, Scraps, and Slips of Paper*, trans. Kirmmse (Princeton Univ. Press, 2003), pp. 163-4를 보라.

7 T. C. Lyby, 'Peter Christian Kierkegaard. A Man with a Difficult Family Heritage', in *Kierkegaard and His Danish Contemporaries, Tome II. Theology*, ed. Jon Stewart (Ashgate, 2009), pp. 189-209를 보라.

8 Novalis, *Glauben und Liebe* [신앙과 사랑, 1798], in *Novalis Schriften*, ed. Paul Kluckhohn and Richard Samuel, vol. 2 (Kohlhammer, 1981), p. 497. 노발리스는 하덴베르크(Friedrich von Hardenberg)의 필명이었다.

9 Henrik Steffens, *Indledning til philosophiske Forelæsninger* [철학강의 입문] (Gyldendals Trane-Klassikere, 1968), pp. 6, 134-5, 143. Kirmmse, *Kierkegaard in Golden Age Denmark*, pp. 82-4에서 인용.

10 Friedrich Schiller, *Essays*, ed. Walter Hinderer and Daniel O. Dahlstrom (Continuum, 1993), pp. 107, 131-2.

11 F. Schlegel, *Dialogue on Poetry and Literature Aphorisms*, trans. Ernst Behler and Roman Struc (Pennsylvania State Univ. Press, 1968), p. 99.

12 ibid, p. 54.

13 Friedrich Schleiermacher, *On Religion. Speecher ti its Cultured Despisers*, trans. Richard Crouter (Cambridge Univ. Press, 1996), p. 3.

14 ibid, p. 23.

15 ibid, p. 7.

16 *The Collected Works of Spinoza*, vol. I, trans. Edwin Curley (Princeton Univ. Press, 1985), pp. 420-24 (Ethics, Part I, Proposition 15). 스피노자는 범신론자라기보다 오히려 내재신론자(만물이 신 안에 있다)로 불러야 할 것이다. 그러나 범신론이 낭만주의자들이 이용한 스피노자 사상에 대한 해석이었다.

17 *Aanden i Naturen* [자연의 영혼]은 1851년에 세상을 떠나기 직전에 외르스테드(H. C. Ørsted)가 출판한 논문 모음집의 표제였다. 그는 1820년에 전자기를 발견했다. 외르스테드와 키르케고르의 관계에 관해서는 Bjarne Troelsen, 'Hans Christian Ørsted. Søren Kierkegaard and The Spirit in Nature,' in *Kierkegaard and His Danish contemporaries, Tome I. Philosophy*,

Politics, and Social Theory, pp. 215-27을 보라.

18 *Heiberg's On The Significance of Philosophy for The Present Age and Other Texts*, trans. and ed. Jon Stewart (Reitzel, 2005)를 보라. 이 책은 헤이베르의 에세이가 촉발시킨 학술 토론을 추적하고 있다.

19 이 중요한 2인의 철학교수와 키르케고르의 관계에 관해서는 Finn Gredal Jensen, 'Poul Martin Møller. Kierkegaard and The Confidant of Socrates', 그리고 Carl Henrik Koch, 'Frederik Christian Sibbern. "The Lovable, Remarkable Thinker, Councilor Sibbern" 그리고 "The Political Simple-Peter Sibbern"'을 보라. 둘 다 *Kierkegaard and His Danish Contemporaries, Tome I*, pp. 101-67 그리고 229-60에 있다.

20 회고록에서 마르텐센은 "다정하고 잊을 수 없는 묄레르, 그를 우리는 찬미의 심정으로 우러러 보았으며, 그는, 일부러 애쓰지 않고서도, 우리에게 효과적인 영향력을 행사하였다"라고 기억하고 있다. *Af mit Levnet* [나의 인생], vol. I (Gyldendal, 1882), p. 16.

21 *Encounters with Kierkegaard*, pp. 213-16을 보라.

22 S. Kierkegaard, *The Concept of Anxiety*, trans. Reidar Thomte (Princeton Univ. Press, 1981, p. 178.

23 S. Kierkegaard, *Letters and Documents*, p. 66. 1840년 10월 28일 레기네에게 보낸 편지. 키르케고르와 욀렌슐레게르의 관련성에 관해서는, B. Troelsen, 'Adam Oehlenschläger. Kierkegaard and The Treasure Hunter of Immediacy', in *Kierkegaard and his Danish Contemporaries, Tome III. Literature, Drama and Aesthetics*, pp. 255-71을 보라. 키르케고르 자신의 저술에서의 알라딘의 이미지에 대해서는 J. Veninga, 'Aladdin. The Audacity of Wildest Wishes', in K. Nun and J. Stewart (eds.), *Kierkegaard's Literary Figures and Motifs, Tome I. Agamemmon to Guadalquiver*, pp. 31-40을 보라.

24 *Encounters with Kierkegaard*, p. 196. 마르텐센의 자서전 *Af mit levnet*, vol. I, p. 79에서 인용.

25 대도적에 대한 키르케고르의 관심에 관해서는 F. N. B. Jordan, 'The Master-Thief. A One-Man Army against The Established Order', in *Kierkegaard's Literacy Figures and Motifs, Tome II. Gulliver to Zerlina*, pp. 111-20을 보라.

26 *Kierkegaard's Journals and Notebooks, Volume 1. Journals AA-DD*, p. 128-30.

BB 42 (1837년).

27 ibid, pp. 7-8. AA 4 (1835).

28 ibid, p. 9. AA 5 (1835).

29 ibid, p. 12. AA 7 (1835년 7월 25일).

30 ibid, p. 9. AA 6 (1835년 7월 29일)을 보라.

31 ibid, pp. 9-10. AA 6 (1835년 7월 29일). 인용은 요약되었음.

32 ibid, pp. 19-20. AA 12 (1835). 인용은 요약되었음.

33 파우스트에 대한 키르케고르의 관심에 관해서는 Leonardo F. Lisi, 'Faust. The Seduction of Doubt', in *Kierkegaard's Literary Figures and Motifs, Tome I*, pp. 209-28을 보라.

34 *Kierkegaard's Journals and Notebooks, Volume 1. Journals AA-DD*, p. 223. DD 30 (1837년 7월 14일).

35 *Encounters with Kierkegaard*, pp. 142-3. P. C. Kierkegaard의 1837년 8월의 일지에서 인용함.

36 *Christian Discourses/The Crisis and a Crisis in The Life of an Actress*, p. 316.

8. 인생관 없이 살다

1 *Kierkegaard's Journals and Notebooks, Volume 5. Journals NB6-NB10*, pp. 17-18. NB6, 24 (1848년 7월 혹은 8월). pp. 45-6. NB6, 64 (1848년 7월 혹은 8월). pp. 56-7. NB6, 74, 75 (1848년 7월 혹은 8월). p. 66. NB6, 87 (1848년 7월 혹은 8월).

2 닐센과 키르케고르의 복잡한 관계에 대한 탁월한 개괄에 관해서는 J. Stewart, 'Rasmus Nielsen. From The Object of "Prodigious Concern" to a "Windbag"', in *Kierkegaard and His Danish Contemporaries, Tome 1. Philosophy, Politics and Social Theory*, pp. 179-213을 보라.

3 *Kierkegaard's Journals and Notebooks, Volume 5. Journals NB6-NB10*, p. 24. NB6, 28 (1848년 7월 혹은 8월).

4 ibid, p. 19. NB6, 24 (1848년 7월 또는 8월).

5 키르케고르와 레만의 관계에 관해서는 Julie K. Allen, 'Orla Lehmann.

Kierkegaard's Political Alter-Ego', in *Kierkegaard and His Danish Contemporaries, Tome 1*, pp. 85-100을 보라.

6 *Kierkegaard's Journals and Notebooks, Volume 1. Journals AA-DD*, p. 230. DD 51 (1837년 9월). p. 233. DD 62 (1837년 10월 7일).

7 ibid, p. 231. DD 55 (1837년 9월 20일), p. 232. DD 58 (1837년 9월 25일), pp. 240-41. DD 87, 90 (1837년 12월 7일과 10일)을 보라.

8 ibid, p. 236. DD 74 (1837년 10월 29일).

9 ibid, p. 243. DD 96 (1838년 4월).

10 문학소설은 1830년대 덴마크에서는 아직 상대적으로 새로운 장르였으며, 안데르센은 월터 스콧(Walter Scott)의 역사소설에 대한 연이은 번역의 성공으로 고무되어 산문소설을 시도한 몇 안 되는 작가 중 하나였다. 안데르센과 키르케고르의 관계에 관해서는 Lone Koldtoft, 'Hans Christian Andersen. Andersen was Just and Excuse', in *Kierkegaard and His Danish Contemporaries, Tome III. Literature, Drama and Aesthetics*, pp. 1-32를 보라.

11 키르케고르의 동창생 홀스트(H. P. Holst)는 훗날 키르케고르의 산문 스타일을 분사와 복합문장으로 가득찬, 일종의 '라틴-덴마크어'라고 기술했으며, 키르케고르가 『외로운 바이올린 연주자』에 대한 비평을 고쳐 쓰는데 도와주었다고 주장하였다. S. Kierkegaard, *Early Polemical Writings*, ed. and trans. Julia Watkin (Princeton Univ. Press, 2009), p. xxxi를 보라.

12 *Kierkegaard's Journals and Notebooks, Volume 1. Journals AA-DD*, p. 249. DD 126 (1838년 8월 11일).

13 *Early Polemical Writings*, p. 55.

14 ibid, p. 57.

15 ibid, p. 81.

16 ibid, p. 88.

17 ibid, p. 76.

18 ibid, pp. 75-85.

19 *Encounters with Kierkegaard*, p. 28을 보라.

20 *Early Polemical Writings*, pp. 202-4를 보라.

21 *Letters and Documents*, pp. 19-20. 목회자 양성 신학교, 1840/41년 겨울학기의 기록에서 인용함. 목회자 양성 신학교와 이 학교에서의 키르케고르의 재학 시절에 관해서는 Thulstrup and Thulstrup, *Kierkegaard and The*

Church in Denmark, trans. F. H. Cryer (Reitzel, 1984), pp. 107-11을 보라.

22 키르케고르의 『루친데』 분석에 관해서는 Fernando M. F. da Silva, 'Lucinde. "To live poetically is to live infinitely", or Kierkegaard's Concept of Irony as Portrayed in his Analysis of Friedrich Schlegel's Work', in *Kierkegaard's Literary Figures and Motifs, Tome II. Gulliver to Zerlina*, pp. 75-83을 보라.

23 *The Concept of Irony, with Continual Refence to Socrates*, ed. and trans. Hong and Hong (Princeton Univ. Press, 1992), p. 326.

24 *Encounters with Kierkegaard*, pp. 29-32. 코펜하겐 대학 자료실에서 인용함.

25 덴마크의 'Magister' 학위는 1850년대에 박사학위가 되었다.

26 *Letters and Documents*, p. 102. 1841년 12월 보에센에게 보낸 편지에서 인용함.

27 ibid, p. 93. 1841년 11월 16일 보에센에게 보낸 편지에서 인용함.

28 ibid, p. 93. 1841년 11월 16일 보에센에게 보낸 편지에서 인용함.

29 ibid, p. 95. 1841년 11월 16일 보에센에게 보낸 편지에서 인용함.

30 ibid, pp. 100-101. 1841년 12월 13일 헨리에테 룬에게 보낸 편지에서 인용함.

31 ibid, p. 102. 1841년 12월 14일 보에센에게 보낸 편지에서 인용함.

32 ibid, p. 106. 1841년 12월 15일 시베른에게 보낸 편지에서 인용함.

33 ibid, p. 99. 1841년 12월 8일 칼 룬에게 보낸 편지에서 인용함.

34 ibid, p. 110. 1841년 가을에 빌헬름 룬에게 보낸 편지에서 인용함.

35 ibid, p. 111. 1841년 12월 28일 미카엘 룬에게 보낸 편지에서 인용함.

36 ibid, pp. 112-13. 1841년 12월 31일 칼 룬에게 보낸 편지에서 인용함.

37 ibid, pp. 121-2. 1842년 2월 6일 보에센에게 보낸 편지에서 인용함.

38 ibid, pp. 134-5. 1842년 2월 6일 보에센에게 보낸 편지에서 인용함.

39 ibid, p. 139. 1842년 2월 27일 보에센에게 보낸 편지에서 인용함.

40 *Kierkegaard's Journals and Notebooks, Volume 5. Journals NB6-NB105*, p. 83. NB7, 10 (1848년 8월).

41 ibid, p. 50. NB6, 69 (1848년 7월 혹은 8월).

42 ibid, pp. 48-9, 56. NB6, 66, 74 (1848년 7월 혹은 8월).

43 ibid, p. 47. NB6, 65 (1848년 7월 혹은 8월).

9. 기독교계의 소크라테스

1 *The Point of View*, p. 121.

2 *Kierkegaard's Journals and Notebooks, Volume 5. Journals NB6-NB10*, p. 85. NB7, 13 (1848년 8월 하순 혹은 9월 초순).

3 ibid, p. 39. NB6, 56 (1848년 7월 혹은 8월).

4 ibid, p. 45. NB6, 63 (1848년 7월 혹은 8월).

5 *The Point of View*, pp. 47, 52, 50.

6 ibid, p. 54.

7 ibid, p. 43.

8 *Kierkegaard's Journals and Notebooks, Volume 5. Journals NB6-NB10*, p. 70. NB6, 93 (1848년 7월 혹은 8월).

9 *The Point of View*, p. 54.

10 ibid, p. 53.

11 *Kierkegaard's Journals and Notebooks, Volume 5. Journals NB6-NB10*, p. 45. NB6 63 (1848년 7월 혹은 8월).

12 *Either/Or*, Part I, p. 45.

13 ibid, pp. 38-9.

14 *Either/Or*, part II, p. 144.

15 ibid, pp. 6, 168.

16 S. Buck-Morss, *Hegel, Haiti, and Universal History* (Univ. of Pittsburgh Press, 2009)를 보라.

17 *Either/Or*, part I, pp. 324-5.

18 *Either/Or*, Part II, p. 338.

19 클라우센과 키르케고르의 관계에 관해서는 H. S. Pyper, 'Henrik Nicolai Clausen. The Voice of Urbane Rationalism', in *Kierkegaard and His Danish Contemporaries, Tome II. Theology*, pp. 41-8을 보라.

20 *Kierkegaard's Journals and Papers. Autobiographical, 1829-48*, p. 19. Pap. I A 62 (1835년 6월 1일).

21 그룬트비는 1848년 10월 제헌의회 총선거에서 당선되었으며, 그의 오래된 논적 클라우센도 같이 제헌의회에 입성하였는데, 클라우센은 국왕의

추천으로 지명직 의원이 되었다. 그룬트비와 키르케고르의 관계에 관해서는 Andres Holm, 'Nicolai Frederik Severin Grundtvig. The Matchless Giant', in *Kierkegaard and His Danish Contemporaries, Tome II*, pp. 95-151를 보라.

22 *The Point of View*, pp. 47, 42.

23 *Either/Or*, part II, p. 354.

24 *Encounters with Kierkegaard*, p. 56. 이것은 호더 플로그(Houther Ploug)에게서 인용한 것인데, 그는 칼 플로그(Carl Ploug)의 아들이자 전기작가였다. Carl Ploug, *Hans Liv og Gerning*, vol. I (1813-48), pp. 110 이하를 보라. 죄드바드와 키르케고르의 관계에 관해서는 Andrea Scaramuccia, 'Jens Finsteen Giødvad. An Aiable Friend and a Despicable Journalist', in *Kierkegaard and His Danish Contemporaries, Tome I. Philosophy, Politics and Social Theory*, ed, Jon Stewart (Ashgate, 2009), pp. 13-33을 보라.

25 *Encounters with Kierkegaard*, pp. 57-8.

26 S. Kierkegaard, *Discourses at The Communion on Fridays*, trans. S. Walsh (Indiana Univ. Press, 2011), p. 119 이하.

27 ibid, p. 125 이하를 보라.

10. 반복: 새로운 삶의 철학

1 *The Sickness unto Death*, ed. and trans. Hong and Hong (Princeton Univ. Press, 1983), p. 82, 또한 pp. 14, 49, 131. S. Kierkegaard, *Eighteen Upbuilding Discourses*, ed. and trans. Hong and Hong (Princeton Univ. Press, 1992), p. 399. S. Kierkegaard, *Upbuilding Discourses in Various Spirits*, ed. and trans. Hong and Hong (Princeton Univ. press, 2009), p. 121을 보라.

2 *Kierkegaard's Journals and Notebooks, Volume 5. Journals NB6-NB10*, p. 144-5. NB7,114 (1848년 9월 혹은 10월). 또한 pp. 450-51을 보라.

3 A. Hamilton, *Sixteen Months in The Danish Isles*, vol. 2, p. 170을 보라.

4 *Kierkegaard's Journals and Notebooks, Volume 5. Journals NB6-NB10*, p. 145. NB7, 114 (1848년 9월 혹은 10월).

5 *The Point of View*, pp. 36-7.

6 ibid, pp. 37, 69를 보라.

7 N. Thulstrup, *The Copenhagen of Kierkegaard*, ed. M. M. Thulstrup, trans. R. Mach-Zagal (Reitzel, 1981), pp. 50-51을 보라. 필립센(Philipsen)은 키르케고르의 논문 『아이러니의 개념에 관하여』를 1841년에 출판했으며, 1840년대에 키르케고르의 다섯 권의 강화모음집을 출판했다.

8 "신앙의 기대"는 「갈라디아인들에게 보낸 편지」 3장 23-29절에 기초한 것이고, 또 "온갖 훌륭한 은혜와 모든 완전한 선물"은 「야고보의 편지」 1장 17-22절에 기초한 것이다. *Eighteen Upbuilding Discourses*, pp. 1-48을 보라.

9 ibid, p. 5.

10 *Kierkegaard's Journals and Notebooks, Volume 2. Journals EE-KK*, p. 157. JJ 93 (1843년 4월).

11 ibid, p. 162. JJ 109 (1843년 5월 10일).

12 *Letters and Documents*, pp. 151-2. 1843년 5월 15일 보에센에게 보낸 편지에서 인용함.

13 *Kierkegaard's Journals and Notebooks, Volume 3*, p. 435. NB15, 4 (1849년 8월에서 11월).

14 *Letters and Documents*, p. 97. 1841년 11월 스팡(P. J. Spang)에게 보낸 편지에서 인용함.

15 ibid, p. 151. 1843년 5월 15일 보에센에게 보낸 편지에서 인용함.

16 이것은 *Notebook* 제13권인데, 1842년 12월의 것으로 보인다. 그런데 1846년에 키르케고르는 스피노자에 관한 기록을 추가하였다. *Kierkegaard's Journals and Notebooks, Volume 3. Notebooks 1-15*, pp. 731-9. 텐네만(Tenneman)의 *Geschichte der Philosophie*에 대한 기록은 *Notebook* 제14권에서와 (ibid, pp. 767-8을 보라), 이는 1843년 초의 것으로 보이며, 또 *Journal JJ* (*Kierkegaard's Journals and Notebooks, Volume 2. Journals EE-KK*, pp. 453-66을 보라)에서 계속되는데, 이것의 일부는 1843년 봄에 작성되었다.

17 *Kierkegaard's Journals and Notebooks, Volume 3. Notebooks*, 1-15, pp. 409-11.

18 ibid, p. 307. NB13, 34.

19 키르케고르의 손글씨는 특이하게도 다양했다. 세월의 흐름에 따라 변했을 뿐 아니라 한 권의 집필 과정에서도 변화무쌍했다. 가르데(Annelise Garde)는 "Grafologisk undersøgelse af Søren Kierkegaards håndskrift i årene 1831-55", *Kierkegaardiana*, 10 (1977), pp. 200-238에서, 키르케고

르의 글씨에 대한 (덴마크어로 되어 있으며, 영어 개요와 몇몇 흥미로운 실례가 첨부되어 있는) 필적학적 분석을 제공하고 있다.

20 *Fear and Trembling/Repetition*, ed. and trans. Hong and Hong (Princeton Univ. Press, 1983), pp. 131, 148.

21 최초의 템스강 지하도로는 키르케고르가 베를린을 떠나기 직전인 1843년 5월 25일에 개통되었다.

22 *Repetition*, p. 150.

23 ibid, 151-2.

24 ibid, pp. 169-70.

25 ibid, pp. 133-5.

26 ibid, p. 136.

27 ibid, pp. 137-8.

28 ibid, p. 142.

29 이 구절의 앞부분은 초고 여백에서 삭제되었는데, 출판된 책에서도 복원되지 않았다. ibid, pp. 184, 277을 보라.

30 *Kierkegaard's Journals and Notebooks, Volume 2. Journal EE-KK*, pp. 164-5. JJ 115 (1843년 5월 17일).

31 *Fear and Trembling/Repetition*, p. 180.

32 ibid, p. 201.

33 ibid, p. 214.

34 *Kierkegaard's Journals and Notebooks, Volume 2. Journals EE-KK*, p. 169. JJ 131 (1843)을 보라.

35 ibid, p. 171. JJ 141 (1843).

36 *Kierkegaard's Journals and Notebooks, Volume 5. Journals NB6-NB10*, p. 189. NB8, 87 (1848년 11월 또는 12월).

37 NB6, 29 (1848년 7월 혹은 8월).

11. 어떻게 해야 불안할 수 있는가

1 *Kierkegaard's Journals and Notebooks, Volume 5. Journals NB6-NB10*, p. 98. NB7, 36 (1848년 8월 또는 9월).

2 *The Point of View*, p. 75.

3 ibid, pp. 71-3.

4 ibid, pp. 71-2, 88.

5 ibid, p. 162.

6 ibid, p. 162.

7 *Kierkegaard's Journals and Notebooks, Volume 4. Journals NB-NB5*, pp. 139-40. NB2, 9 (1847년).

8 *Kierkegaard's Journals and Notebooks, Volume 5. Journals NB6-NB10*, p. 44. NB6, 62 (1848년 7월 또는 8월).

9 *Kierkegaard's Journals and Notebooks, Volume 2. Journals EE-KK*, p. 174. JJ 145 (1843년). 이 기록은 학자들에 의해 현미경으로 판독되었다.

10 ibid, p. 176. JJ 155 (1843년).

11 *Encounters with Kierkegaard*, p. 208. 레빈에 관해서는 Cappelørn, Garff and Kondrup, *Written Images. Søren Kierkegaard's Journals, Notebooks, Booklets, Sheets, Scraps, and Slips of Paper*, pp. 150-58을 보라.

12 *Encounters with Kierkegaard*, p. 232. 1871-2년에 작성된 브뢰크너의 키르케고르 회상에서 인용함.

13 Christopher B. Barnett, *Kierkegaard, Pietism and Holiness* (Ashgate, 2011), p. 12를 보라.

14 J. Arndt, *True Christianity*, Peter Erb (London. SPCK, 1979), pp. 70-82, 그리고 여러 곳을 보라.

15 ibid, p. 75. 키르케고르의 아른트 읽기에 관해서는 Joseph Ballon, 'Johann Arndt. The Pietist Impulse in Kierkegaard and Seventeenth-Century Lutheran Devotional Literature', in *Kierkegaard and The Renaissance and Modern Traditions, Tome II. Theology*, ed. Jon Stewart (Ashgate, 2009), pp. 21-30을 보라.

16 George Pattison, *'Poor Paris!'* (Walter de Gruyter, 1998), pp. 21-46을 보라.

17 N. Thulstrup, *The Copenhagen of Kierkegaard*, pp. 53-8을 보라. 스웨덴의

작가 Fredrika Bremer는 그녀의 짤막한 저서 *Lif i Norden*[스칸디나비아의 삶]에서 1849년의 외스터가데를 따라 걷는 경험을 상세하게 이야기하면서, 이 거리를 "일종의 지옥"으로, "인간에게 철저하게 적대적"이라고 기술하였다.

18 *The Point of View*, p. 61을 보라.

19 G. Pattison, *Kierkegaard, Religion, and The Nineteenth-Century Crisis of Culture* (Cambridge Univ. Press, 2002), pp. 30-49를 보라.

20 S. Kierkegaard, *The Concept of Anxiety*, ed. and trans. Reidar Thomte (Princeton Univ. Press, 1981), pp. 115-16.

21 ibid, pp. 78-9.

22 ibid, p. 155.

23 ibid, p. 156.

24 ibid, p. 158.

25 ibid, p. 159.

26 *Encounters with Kierkegaard*, p. 61. 1871년 11월 10일 브뢰크너(Hans Brøchner)가 바포드(H. P. Barfod)에게 보낸 편지에서 인용함.

27 "이 연극의 리허설을 하려고 가다가, 나는 회브로플라스(Højbroplads)에서 키르케고르를 만나 대화를 나누었다. 그는 농담조로 나에게 이렇게 말했다. "자, 그래서 당신이 호스트룹(Hostrup)의 희극에서 나를 연기할 거라고?" 나는 그에게 내 배역에 관해 설명해 주고 그것을 내가 어떻게 해석했는지를 말해 주었다. 그때는 나는 호스트룹의 농담이 그에게 상처를 주었다고는 전혀 생각하지 못했다." 1891년의 회고록에서 호스트룹은 보에센과 함께 키르케고르를 만난 것을 회상하였다. "이 만남에서 이상했던 것은 그가 나에게 지나칠 정도로 우호적이라는 것을 입증했다는 것이다. 그의 일지에 따르면 〈기엔보에네〉에 대해서 극도로 분노했음에도 불구하고 말이다. 나는 이 이상한 남자를 대단히 흥미롭게 지켜보았다. 내가 그의 저서 몇 권을 읽고 깊은 감동을 받기 전에도 그리고 그 후에도 말이다." *Encounters with Kierkegaard*, pp. 61, 287을 보라.

28 *Philosophical Fragments/Johannes Climacus*, pp. 176-7 (Pap. V B 39), *The Concept of Anxiety*, P. 177 (Pap. V B 42)를 보라.

29 S. Kierkegaard, *Prefaces/Writing Sampler*, ed. and trans. Todd W. Nichol (Princeton Univ. Press, 1997), p. 9.

30 ibid, p. 13.

31 ibid, p. 19.

32 ibid, p. 178.

33 ibid, p. 15.

34 *Kierkegaard's Journals and Notebooks, Volume 2. Journals EE-KK*, pp. 194, 203. JJ 220, 255 (1844년).

35 S. Kierkegaard, *Eighteen Upbuilding Discourses*, ed. and trans. Hong and Hong (Princeton Univ. Press, 1992), pp. 321-5를 보라.

36 *Fear and Trembling*, p. 21.

37 *Letters and Documents*, p. 164. 보에센에게 보낸 일자미상 편지에서 인용함.

38 ibid, p. 236. 1847년 12월에 헨리에테 키르케고르에게 보낸 편지에서 인용함.

39 *Encounters with Kierkegaard*, p. 242. 1871-2년에 작성된 브뢰크너의 키르케고르 회상에서 인용함.

12. 삶의 미로

1 *The Point of View*, p. 207. Pap. X2 A 66 (1849). 이 기록은 "1848년에 관하여"라는 표제가 붙어 있다.

2 *Kierkegaard's Journals and Notebooks, Volume 5. Journals NB6-NB10*, p. 144. NB7, 114 (1848년 8월에서 11월). 1849년에 키르케고르는 일지에 "내 집은 나의 위안이 되어 주었으며, 쾌적한 집이 있다는 것이 지상에서 나에게 가장 큰 힘이 되는 것이었다."라고 썼다. *Kierkegaard's Journals and Notebooks, Volume 6. Journals NB11-NB14*, p. 234. NB12, 143 (1849년)을 보라.

3 *Kierkegaard's Journals and Notebooks, Volume 5. Journals NB6-NB10*, pp. 196-7. NB8, 106 (1848년 12월).

4 ibid, p. 321. NB10, 105 (1849년 2월에서 4월).

5 ibid.

6 ibid, p. 211. NB9, 8 (1849년 1월 혹은 2월).

7 *Kierkegaard's Journals and Notebooks, Volume 3. Notebooks 1-15*, p. 436. *Notebook* 15, 4 (1849년 8월에서 11월).

8 *Kierkegaard's Journals and Notebooks, Volume 5. Journals NB6-NB10*, p. 83. NB7, 10 (1848년 8월에서 11월).

9 ibid, p. 91 (NB7, 20 1848년 8월에서 11월).

10 ibid, p. 90. NB7, 20 (1848년 8월에서 11월).

11 ibid, p. 91. NB7, 20 (1848년 8월에서 11월).

12 ibid, pp. 368-9. NB10, 191 (1849년 2월에서 4월)을 보라.

13 ibid, p. 192. NB8, 97 A(1848년 12월).

14 ibid, p. 184. NB8, 76 (1849년 12월).

15 S. Kierkegaard, *Stages on Life's Way*, ed. and trans. Hong and Hong (Princeton Univ. Press, 1988), p. 515를 보라.

16 ibid, pp. 16-17.

17 ibid, pp. 183-4.

18 ibid, pp. 189-90.

19 ibid, pp. 329-30을 보라. 또한, *Kierkegaard's Journals and Notebooks, Volume 3. Notebooks 1-15*, 433. *Notebook* 15, 4 (1849년 8월에서 11월)를 보라. 여기에서 키르케고르는 "만일 그녀가 우연하게라도 이 책을 본다고 할 때, 내가 원하는 바는 그녀가 바로 그것에 대해 기억을 일깨우는 것이다."라고 쓰고 있다.

20 *Stages in Life's Way*, p. 381.

21 ibid, p. 397.

22 ibid, pp. 16-17.

23 *Encounters with Kierkegaard*, p. 232. 1871-2년에 작성된 키르케고르에 대한 브뢰크너의 회상에서 인용함.

24 S. Kierkegaard, *The Corsair Affair*, ed. and trans. Hong and Hong (Princeton Univ. Press, 1982), pp. 274-5를 보라.

25 ibid, pp. 24-7.

26 1837년과 1843년 사이에 집필된 발자크(Honoré de Balzac)의 『환멸』(*Illusions perdues*)은 1820년대 파리 언론에 대한 생생한 기술을 제공하고 있다.

27 헤이베르(J. L. Heiberg)는 1827년에 네메시스(Nemesis)를 주제로 한 에세이를 출판하였다. 네메시스에 대한 키르케고르 자신의 관심에 관해서는 Laura Liva, 'Nemesis. From The Ancient Goddes to a Modrn Concept', in Katalin Nun and Jon Stewart (eds.), *Kierkegaard's Literary Figures and*

Motifs, Tome II. Gulliver to Zerlina, pp. 155-62를 보라.

28 Roger Poole, 'Søren Kierkegaard and P. L. Møller. Erotic Space Shattered', in *International Kierkegaard Commentary, Volume 13. The Corsair Affair*, ed. Robert L. Perkins (Mercer Univ. Press, 1990), pp. 141-61. Troy Wellington Smith, 'P. L. Møller. Kierkegaard's Byronic Adversary', *The Byron Journal*, 42, I (2014), pp. 35-47을 보라. 묄레르는 가끔 키르케고르의 유혹자 요하네스의 모델로 인용되고 있다. 풀(R. Poole)은 키르케고르 연구에서 이러한 이론을 "반은 정설"로 기술하고 있다.

29 *The Corsair Affair*, pp. 96-104를 보라.

30 ibid, p. 46.

31 골슈미트의 자서전 *Liv Erindringer og Resultater* (Gyldendal, 1877)에서 인용함. *The Corsair Affair*, p. 146을 보라.

32 ibid, pp. 132-3 (요약 발췌했음).

33 골슈미트의 자서전에서 인용함. ibid, p. 149를 보라.

34 *Kierkegaard's Journals and Notebooks, Volume 2. Notebooks Journal EE-KK*, pp. 172-3. JJ 143 (1843년).

35 *Kierkegaard's Journals and Notebooks, Volume 4. Journals NB-NB5*, p. 17. NB, 7 (1846년 3월 9일).

36 ibid, p. 12. NB, 7 (1846년 3월 9일).

37 *Upbuilding Discourses in Various Spirits*, p. 356. Pap. VIII1 A 9 (1846년 2월).

38 *Kierkegaard's Journals and Notebooks, Volume 5. Journals NB6-NB10*, p. 38. NB6, 35 (1848년 7월 혹은 8월)을 보라. "그때 나는 [헤이베르의] 모친을 선택해서 세상에 널리 알렸다." 귈렘부르의 익명에 관해서는 Katalin Nun, *Women of The Danish Golden Age. Literature, Theater and The Emancipation of Women* (Museum Tusculanum press, 2013)을 보라.

39 *To Tidsaldre*, in J. L. Heiberg (ed.), *Skrifter*, vol. XI (Reitzel, 1851), pp. 156-8을 보라. 이 번역은 패티슨에 의한 것이다. 그의 *Kierkegaard, Religion and The Nineteenth-Century Crisis of Culture* (Cambridge Univ. Press, 2002), pp. 54-61을 보라.

40 J. L. Heiberg, "Folk og Publicum", *Intelligensblade* 6, 1 June 1842, p. 137을 보라. 번역은 패티슨(G. Pattison)의 것이다. 그의 *Kierkegaard, Religion and The Nineteenth-Century Crisis of Culture*, p. 65를 보라.

41 S. Kierkegaard, *Two Ages*, ed. and trans. Hong and Hong (Princeton Univ. Press, 1978), p. 5.

42 ibid, pp. 95-6. 성서와의 연관은 루가의 복음서 23장 28절에 대한 것이다.

43 아들러와 키르케고르의 관계에 관해서는 Carl Henrik Koch, 'Adolph Peter Adler. A Stumbling-Block and an Inspiration for Kierkegaard', in *Kierkegaard and His Danish Contemporaries, Tome II. Theology*, pp. 1-22를 보라.

44 *Works of Love*, p. 194.

45 *Kierkegaard's Journals and Notebooks, Volume 4. Journals NB-NB5*, p. 317. NB4, 62 (1848년).

46 ibid, p. 111. NB7, 63 (1848년 9월에서 11월).

47 ibid, pp. 102-3. NB7. 46 (1848년 9월에서 11월). p. 177. NB8, 57 (1848년 12월).

48 *Kierkegaard's Journals and Notebooks, Volume 4. Journals NB-NB5*, p. 398-9. NB5, 61 (1848년 7월).

49 키르케고르는 자신의 저서들이 무시되고 있다고 느꼈다. 『이것이냐 저것이냐』 『공포와 전율』 『반복』 그리고 『사랑의 역사』는 광범위하게 비평된 반면, 다른 저서들 『불안의 개념』 『두 시대: 문예 비평』 그리고 『기독교적 강화집』 등은 비평되지 않은 것이 사실이다. *Kierkegaard's Journals and Notebooks, Volume 6. Journals NB11-NB14*, p. 453을 보라.

50 *Kierkegaard's Journals and Notebooks, Volume 5. Journals NB6-NB10*, p. 197. NB8, 106 (1848년 12월).

51 ibid, p. p. 198. NB8, 108 (1848년 12월).

52 ibid, p. 200. NB8, 110 (1848년 12월).

53 ibid, p.191. NB8, 97 (1848년 12월). 그리고 "웃음의 순교"에 관한 1849년 초 키르케고르의 일지를 보라. ibid, pp. 289-90. NB10, 42 (1849년 2월에서 4월).

54 ibid, p. 11. NB6, 9 (1848년 7월 혹은 8월).

55 ibid, p. 181. NB8, 69 (1848년 12월).

13. 세상과 불화하다

1 *Kierkegaard's Journals and Notebooks, Volume 5. Journals NB6-NB10*, p. 300. NB10, 60 (1849년 2월에서 4월).

2 ibid, p. 14.

3 *Encounters with Kierkegaard*, p. 109. H. C. Rosted, *Den gamle Postgaard in Hørsholm* (O. Cohn and E. Hasfeldt, 1925), p. 27에서 인용함. 또한 *Encounters with Kierkegaard*, p. 111을 보라. 여기에서 스팡(Tycho Spang)은 키르케고르의 "모든 연령과 다양한 삶의 영역의 사람들에게 말할 수 있는 대단히 훌륭한 비범한 능력"을 회상하고 있다.

4 『코르사르』에 의한 키르케고르의 순교에 관해서는, 예컨대 *Kierkegaard's Journals and Notebooks, Volume 5. Journals NB6-NB10*, p. 349. NB10, 166 (1849년 2월에서 4월). "나는 말할 수 없이 약해졌음을 절감하고 있으며 또 죽음이 이 사태를 끝장낼 때가 그리 멀지 않았다는 생각이 든다. 그렇게 되면 이 모든 비열한, 시기심에 사로잡힌, 가식에 찬 천박함에 종말이 있다고 할 때 코펜하겐과 덴마크에 지금 필요한 것은 바로 다름 아닌 나의 죽음이다." 키르케고르는 자신이 "묄레르와 골슈미트가 줄을 서 있었다는 것을 확인시키기 위해서" 스스로를 희생제물로 바쳤다고 생각했다. 물론 자신의 재능으로 부와 명성을 얻는 대신, "부도덕한 시장판에 태어난 죄로" "모든 거리의 아이들에게까지 모욕당하고, 그다음에는 시기와 질투가 이어지고 자신들의 승리에 기뻐 날뛰는 것"을 보는 것은 "너무나 가혹한 운명"이라고 생각했지만 말이다.

5 ibid, pp. 259. NB9, 78 (1849년 2월).

6 ibid, p. 300. NB10, 60 (1849년 2월에서 4월).

7 『아들러에 관하여』에 대한 키르케고르의 수정작업에 관해서는 ibid, p. 525를 보라.

8 ibid, p. 242. NB9, 56 (1849년 1월 혹은 2월).

9 ibid, p. 237. NB9, 45 (1849년 1월 혹은 2월).

10 *The Lily of The Field and The Bird of The Air. Three Godly Discourses*, P. 5.

11 ibid, p. 52.

12 ibid, pp. 78-9.

13 *The Sickness unto Death*, pp. 35-6.

14 *Kierkegaard's Journals and Notebooks, Volume 6. Journals NB11-NB14*, p. 8. NB11, 8. p. 55. NB11, 105 (1849년 5월에서 7월)을 보라. 키르케고르의 경건한 읽기가 어떻게 『죽음에 이르는 병』을 출판해야겠다는 결심에 영향을 주었는지에 관해서는 P. Sajda, '"The Wise man went Another Way". Kierkegaard's Dialogue with Fénelon and Tersteegen in The Summer of 1849', in *Kierkegaard and Christianity*, ed. Roman Králik, Abrahim H. Khan, Peter Sajda, Jamie Turnbull and Andrew J. Burgess (Acta Kierkegaardiana, vol. 3, 2008), pp. 89-105를 보라.

15 *Kierkegaard's Journals and Notebooks, Volume 6. Journals NB11-NB14*, pp. 8-14. NB11, 8-20 (1849년 5월에서 7월).

16 ibid, p. 101. NB11, 174 (1849년 5월에서 7월).

17 *Kierkegaard's Journals and Notebooks, Volume 8. Journals NB21-NB25*, pp. 679-81을 보라.

18 *Kierkegaard's Journals and Notebooks, Volume 6. Journals NB11-NB14*, p. 17, 35, 42, 45, 47. NB11, 25, 59, 61, 77, 80, 87 (1849년 5월에서 7월).

19 ibid, pp. 113. NB11, 193 (1849년 5월에서 7월). p. 488.

20 *Kierkegaard's Journals and Notebooks, Volume 8. Journals NB21-NB25*, p. 356-7. NB24, 54 (1851년 4월에서 11월)을 보라.

21 *Kierkegaard's Journals and Notebooks, Volume 6. Journals NB11-NB14*, p. 138-9. NB11, 233 (1849년 5월에서 7월). 요약해서 인용함.

22 ibid, 124. NB11, 204 (1849년 5월에서 7월). *Practice in Christianity*, p. 282. Pap. X B 48 (1849년).

23 *Kierkegaard's Journals and Notebooks, Volume 6. Journals NB11-NB14*, pp. 550-51. 키르케고르와 마찬가지로 브레메르(Fredrika Bremer) 역시 1830년대에 작가가 되기 위해 결혼을 포기했다. 그녀는 근대 독일 철학과 영국 계몽주의에 의해서 자극을 받았다. 그녀는 1849년에 코펜하겐을 떠나 뉴욕까지 배를 타고 가서 미국을 여행했다. 그녀는 노예제, 교도소, 퀘이커교도들과 셰이커교도들, 그리고 중서부의 스칸디나비아계 공동체들에 대해 썼다. 스웨덴으로 돌아오면서 그녀는 영국에서 몇 주를 보내며 리버풀, 맨체스터 그리고 런던을 방문했으며, 엘리어트(George Eliot)와 개스켈(Elizabeth Gaskell)을 만났다.

브레메르의 키르케고르 묘사는 그녀와 동시대 영국인인 해밀턴(Andrew Hamilton)에게서 그 영향을 찾아볼 수 있는데, 해밀턴은 1849년경 덴마크를 여행하고 나중에 분량이 많은, 두 권짜리 여행담을 출판했다. 그는 키르케고르를 만나지는 않았지만, 그가 보통은 대화에 몰입한 채 거리를 걷는 모습을 자주 목격했다. "그는 철학적인 기독교 저술가이며, 항상 인간의 마음에 관해 장황하게 논한다. 어쩌면 장황하게 말한다고도 할 수 있을 것이다. 그보다 더 진지한 덴마크인 저술가는 없으며, 그런데도 그가 유명인사가 되는 것을 방해하는 장애물은 다른 그 누구의 경우보다도 더 많이 존재한다. 그는 가끔 이 세상 것이라고 생각되지 않을 정도로 아름답게 글을 쓰지만, 너무나도 자주 과장되게 논리를 과시하는 탓에 대중을 정떨어지게 한다. (…) 나는 그의 저서 몇 권에서 최상의 기쁨을 얻은 적이 있다. (…) 키르케고르의 삶의 습관은 그의 행동에 대한 (아마도 잘못된) 관심을 제공하기에 충분할 만큼 특이하다. 그는 그 어떤 모임에도 참여하지 않으며, 또 자신의 집에서 아무도 만나지 않는데, 이것은 눈에 보이지 않는 주거의 모든 목적에 부합하는 것이다. 나는 그 집 안에 누가 있다는 것을 결코 알 수 없었다. 그런데도 그의 단 하나 위대한 연구 주제는 인간의 본질인 것이다. 아무도 그보다 더 사람을 잘 알지 못한다. 사실은 **그가 하루 종일 시가지를 배회한다는 것**, 그것도 누군가와 함께한다는 것이다. 오직 저녁에만 그는 집필하고 독서한다. 길을 걸을 때, 그는 아주 수다스러우며, 동시에 동행인에게서 자신에게 유익할 것 같은 모든 것을 어떻게든 끌어낸다." Andrew Hamilton, *Sixteen Months in The Danish Isles*, vol. 2 p. 269.

24 마르텐센은 뮌스테르의 뒤를 이어 1845년에 궁정 설교자가 되고, 1847년에 다네브로 기사가 되었다.

25 *Letters and Documents*, pp. 335-6. 1849년 레기네 슐레겔에게 보낸 편지에서 인용한 부분을 보라. 레기네와 그녀의 남편에게 보낸 일련의 편지들의 초고와 관련해서는 ibid, pp. 322-37을 보라.

26 *Kierkegaard's Journals and Notebooks, Volume 6. Journals NB11-NB14*, pp. 658. 페테르 키르케고르는 동생 키르케고르의 "모방자이자 신봉자" 중 한 명으로 익명 H. H.도 언급하였는데, 이 익명으로 키르케고르는 1849년 5월, 미발표된 『아들러에 관하여』의 과감한 요약본인 『두 편의 짤막한 윤리-종교적 에세이』를 출판했다. 초기의 익명의 저작들에서처럼, 저자의 정체성을 감추기 위하여 키르케고르의 친구 죄드바드가 원고를 인쇄업자에게 가져다주었다. 『두 편의 짤막한 윤리-종교적 에세이』는 시적 천재, 사도 그리고 순교를 비교하고 진리에 대한 그들 각각의 서로 다른 관계를 탐구함으로써 키르케고르의 저작에 대한 "한 관점"을 제공하였다. 이 저작은 『저

술가로서의 나의 저술활동에 대한 관점』보다 덜 개인적이어서 오직 "내가, 사도도 아니고, 순교자도 아니라, 천재일 뿐이라는 것"을 드러낼 뿐이다. S. Kierkegaard, *Without authority*, ed. and trans. Hong and Hong (Princeton Univ. Press, 1997), p. 238을 보라.

27 *Kierkegaard's Journals and Notebooks, Volume 6. Journals NB11-NB14*, p. 385. NB14, 63 (1849년 11월에서 1850년 1월).

28 *Kierkegaard's Journals and Notebooks, Volume 7. Journals NB15-NB20*, pp. 120-21. NB16, 38 (1850년 2월에서 3월).

29 ibid, p. 158. NB16, 92 (1850년 2월에서 3월)을 보라. 아우구스티누스는 마태오의 복음서 5장 39절을 언급하고 있다.

30 키르케고르의 루터와 테스테겐(Tersteegen) 독해에 관해서는 David Yoon-Jung Kim and Joel D. S. Rasmussen, 'Martin Luther. Reform, Secularization and The Question of His "True Successor"', 그리고, Christopher B. Barnett, 'Gerhard Tersteegen. Kierkegaard's Reception of a Man of "Noble Piety and Simple Wisdom"', both in *Kierkegaard and The Renaissance and Modrn Traditions, Tome II. Theology*, pp. 173-217 그리고 245-58을 보라.

31 *Kierkegaard's Journals and Notebooks, Volume 7. Journals NB15-NB20*, p. 528을 보라. Martin Luther, *En christelig Postille*, trans. J. Thisted (Wahlske Boghandling, 1828), vol. II, pp. 242. 246을 보라.

32 *Letters and Documents*, pp. 344-6. 1850년 3월 7일 보에센이 키르케고르에게 보낸 편지에서 인용한 부분을 보라. 그리고 pp. 357-8. 1850년 4월 12일 키르케고르가 보에센에게 보낸 편지에서 인용한 부분을 보라.

33 *Kierkegaard's Journals and Notebooks, Volume 7. Journals NB15-NB20*, pp. 219-22. NB17, 71 (1850년 3월에서 5월)을 보라. 키르케고르는 닐센의 저서에 관한 몇 편의 일지 기록을 남겼는데, 이 책은 그의 견해에 의하면 "일부 무단 차용한 무기로 평범한 사람들과 싸우면서 저 모든 학술적인 기구로 모든 것을 망쳐버렸다." *Kierkegaard's Journals and Notebooks, Volume 5. Journals NB6-NB10*, p. 271. NB10, 9. p. 283. NB10, 33. *Kierkegaard's Journals and Notebooks, Volume 6. Journals NB11-NB14*, p. 28. NB11, 46.

34 *Kierkegaard's Journals and Notebooks, Volume 7. Journals NB15-NB20*, p. 681을 보라. 마르텐센의 저서는 1850년 5월에 출판되었다.

35 ibid, p. 695를 보라.

36 ibid, pp. 287, 324. NB18, 48, 92 (1850년 5월에서 6월).

14. "이것이 나와 함께하는 방법이다"

1 A. Hamilton, *Sixteen Months in The Danish Isles*, vol. 2, p. 138을 보라. 해밀턴은 또 "가을은 찬란한 계절이지만, 덴마크인들은 우리가 영국에서 인정하는 것과 같은 가치를 가을에 두는 것 같지는 않아 보인다."라고 말하기도 했다. (p. 141).

2 *Kierkegaard's Journals and Notebooks, Volume 6. Journals NB11-NB14*, p. 41. NB 11 (1849년 5월에서 7월). 연례행사격인 8월 9일과 9월 10일 사이의 키르케고르의 해마다의 고투에 관해서는 ibid, p. 159. NB12 (1849년 7월에서 9월)을 보라.

3 *Practice in Christianity*, pp. 233-57을 보라.

4 *Kierkegaard's Journals and Notebooks, Volume 7. Journals NB15-NB20*, pp. 271-2. NB18, 27 (1850년 5월에서 6월).

5 *Kierkegaard's Journals and Notebooks, Volume 8. Journals NB21-NB25*, pp. 68-9. 또한 p. 787, 1850년 11월에 마르텐센이 그의 동료 목사인 구데(Gude)에게 보낸 편지에서 언급한 부분, "이 책은 이제 감독으로 하여금 K의 저서를 모두 포기하게 만들었다. 당연하게도 교회의 설교와 관련한 뻔뻔스러운 선언들이 그를 분노하게 만든 것이다"를 보라.

6 *Kierkegaard's Journals and Notebooks, Volume 7. Journals NB15-NB20*, pp. 271-2. NB18, 27 (1850년 5월에서 6월).

7 ibid, p. 276. NB18, 33 (1850년 5월에서 6월).

8 C. G. Barnett, 'Gerhard Tersteegen. Reception of a Man of "Noble Piety and Simple Wisdom"', in *Kierkegaard and The Renaissance and Modern Traditions. Tome II. Theology*, pp. 245-57을 보라.

9 *Kierkegaard's Journals and Notebooks, Volume 7. Journals NB15-NB20*, pp. 329-30. NB18, 101 (1850년 5월에서 6월).

10 *Kierkegaard's Journals and Notebooks, Volume 8. Journals NB21-NB25*, p. 682.

11 ibid, pp. 371-2. NB24, 75 (1851년 4월에서 11월).

12 *Kierkegaard's Journals and Notebooks, Volume 7. Journals NB15-NB20*, p. 376. NB19, 58 (1850년 6월에서 7월).

13 *The Corsair Affair*, p. 51을 보라.

14 ibid, p. 53.

15 *Kierkegaard's Journals and Notebooks, Volume 8. Journals NB21-NB25*, p. 212. NB23, 20 (1851년 1월에서 4월). 키르케고르와 루델바흐의 연관성에 관해서는 Søren Jensen, 'Andreas Gottlob Rudelbach. Kierkegaard's Idea of an "Orthodox" Theologian', in *Kierkegaard and His Danish Contemporaries, Tome II. Theology*, pp. 303-33을 보라.

16 J. P. Mynster, *Yderligere Bidrag til Forhandlingerne om de kirkelige Forhold i Danmark* [덴마크의 교회 상황과 관련한 협상에 대한 추가적인 기여] (Reitzel, 1851), p. 44. *Kierkegaard's Journals and Notebooks, Volume 8. Journals NB21-NB25*, p. 759를 보라.

17 *Kierkegaard's Journals and Notebooks, Volume 8. Journals NB21-NB25*, pp. 337-9. NB24, 30 (1851년 4월에서 11월). p. 759.

18 ibid, pp. 402-4. NB24, 121 (1851년 4월에서 11월)을 보라.

19 키르케고르는 1855년 8월에 이 설교문을 "하나님의 불변성: 한 편의 강화"라는 제목으로 출판했다. S. Kierkegaard, *The Moment and Late Writings*, ed. and trans. Hong and Hong (Princeton Univ. 1998), pp. 263-81을 보라.

20 *Kierkegaard's Journals and Notebooks, Volume 8. Journals NB21-NB25*, p. 370-71. NB24, 74 (1851년 4월에서 11월)을 보라.

21 *The Moment and Late Writings*, pp. 277-81.

22 *Kierkegaard's Journals and Notebooks, Volume 8. Journals NB21-NB25*, pp. 370-71. NB24, 74 (1851년 4월에서 11월).

23 *Letters and Documents*, pp. 379-80.

24 ibid, pp. 381-4.

25 S. Kierkegaard, *For Self-Examination/Judge for Yourself!*, ed. and trans. Hong and Hong (Princeton Univ. Press, 1991), pp. 17-18.

26 ibid, pp. 58-9.

27 ibid, pp. 75-85를 보라.

28 *Encounters with Kierkegaard*, pp. 100-101. 1851년 가을에 보에센 부부에게 보낸 편지에서 인용함.

29 *Kierkegaard's Journals and Notebooks, Volume 8. Journals NB21-NB25*, p. 177. NB22, 146 (1850년 11월에서 1851년 1월).

30 ibid, p. 532. NB25, 109 (1852년 5월).

31 ibid, pp. 532-3. NB25, 109 (1852년 5월).

15. 최후의 투쟁

1 *Kierkegaard's Journals and Notebooks, Volume 9. Journals NB26-NB30*, p. 250. NB28, 41 (1853년).

2 ibid, p. 29. NB26, 25 (1852년 6월에서 8월).

3 ibid, p. 290. NB28, 99 (1853년).

4 ibid, p. 52. NB26, 51 (1852년 6월에서 8월).

5 일지와는 별도로, 1852년에서 1854년 사이의 키르케고르의 사실상 유일한 저술은 『그대 스스로 판단하라!』였는데, 이것은 키르케고르가 발표하지 않은 『자기 시험을 위하여』와 성격이 비슷한 강화 모음집이었다.

6 *Kierkegaard's Journals and Notebooks, Volume 9. Journals NB26-NB30*, p. 230. NB28, 16 (1853년 부활절 월요일).

7 ibid, pp. 261-2. NB28, 54 (1853년).

8 ibid, pp. 262-3. NB28, 55 (1854년 11월 2일).

9 ibid, pp. 264-6. NB28, 56 (1854년 3월 1일).

10 ibid, p. 264. NB28, 56 (1854년 3월 1일).

11 H. L. Martensen, 'Sermon Delivered in Christiansborg Castle Church on The Fifth Sunday after Epiphany, February 5th, 1854, The Sunday before Bishop Dr. Mynster's Funeral', in S. Kierkegaard, *The Moment and Late Writings*, p. 359를 보라.

12 ibid, pp. 3-6. 고린토인들에게 보낸 첫째 편지 4장 10절에서 13절을 보라.

13 *Kierkegaard's Journals and Notebooks, Volume 9. Journals NB26-NB30*, pp. 353-4. NB29, 92 (1854년 5월에서 6월).

14 ibid, p. 358-9. NB29, 95 (1854년 5월에서 6월).

15 *Kierkegaard's Journals and Notebooks, Volume 5. Journals NB6-NB10*, pp. 289-90. NB10, 42 (1849년 2월에서 4월).

16 이때쯤 1854년 4월에 키르케고르는 뮌스테르 사후 그의 아들 뮌스테르(F. J. Mynster) 목사가 출판한 그의 회고록 *Meddelelser om mit Levnet*[나의 인생] 한 권을 받았다. 키르케고르는 이 책을 뮌스테르의 아들에게 반송하면서 자신은 그 책을 받을 수 없다고 말하였다. "세상을 떠난 당신의 아버지와 나의 관계는 아주 특별한 종류의 것이었다. 내가 고인과 대화를 시작한 처음부터 나는 사적인 차원에서 이야기를 주고받았다. (…) 내가 고인

과 아무리 의견이 달랐더라도 말이다. 사적으로 나는 고인에게 재삼재사, 그리고 나는 고인이 너무나도 좋은 의도를 가지고 있어서 내 말에 공감하면서 귀를 기울여 주었던 것을 앞으로도 잊지 못할 것이다. 내 기본적인 관심사는 세상을 떠나신 내 아버지에 대한 좋은 추억이었다는 것을 되풀이해서 말했었다. 이제 [뮌스테르는] 세상을 떠났고, 나는 멈출 수밖에 없다. 이제 나는, 내가 자유를 향유하고 싶건 그렇지 않건 간에, 그런 아무런 것도 고려하지 않고 공개적으로 말할 자유를 누려야 하고 또 그럴 생각이다. (…) 그대가 [이 책을] 내게 보내면서 모든 것이 종전처럼 그렇게 여일하다고 선언하는 마당에(물론 그것은 당신으로서는 칭찬받을 만한 일이지만), 그 책을 받아들이면, 나 역시 모든 것이 종전에 그랬던 것처럼 똑같다는 것을 선언하는 것과 같을 것이다. 그러나 그래서는 안 될 것이다." 키르케고르는 또 뮌스테르 목사에게 "다정한" 메모에 대해서 사의를 표하기도 했는데, 이것을 그는 "진심이 담뿍 담긴, 더할 나위 없이 감동적인 것으로" 생각했다. *Letters and Documents*, p. 417, 1854년 뮌스테르(F. J. Mynster) 목사에게 보낸 편지를 보라. 우리는 키르케고르가 뮌스테르의 회고록을 반송하기 전에 그 책을 보았는지 여부는 알지 못한다. 만일 그가 보았다면, 그는 자신의 이름은 일체 언급되지 않고 마르텐센에 대한 칭찬이 넘치는 것을 알았을 것이다.

17 J. Garff, *Kierkegaard's Muse*, trans. A. Hannay (Princeton Univ. Press, 2017), p. 24를 보라.

18 *The Moments and Late Writings*, pp. 3-8을 보라.

19 H. L. Martensen, "On The Occasion of Dr S. Kierkegaard's Article in Fœdrelandet, no. 295"; ibid, pp. 360-66을 보라.

20 *Encounters with Kierkegaard*, pp. 116-17. Mathilde Reinhardt, *Familie-Erindringer 1831-1856* (1889년에 개인적으로 출판됨)에서 인용함.

21 *The Moments and Late Writings*, pp. 9-10.

22 ibid, p. 25를 보라.

23 닐센의 기고문은 1855년 1월 10일자 『조국』에 게재되었다. *The Moments and Late Writings*, p. 651을 보라.

24 Garff, *Kierkegaard's Muse*, p. 9를 보라.

25 ibid, p. 60.

26 ibid, p. 43.

27 ibid, p. 39.

28 *Kierkegaard's Journals and Notebooks, Volume 10. Journals NB31-NB36*, p. 371. NB 35, 2 (1854년 12월).

29 *The Moments and late Writings*, pp. 91-2를 보라.

30 ibid, p. 105.

31 ibid, pp. 248-9.

32 ibid, pp. 204-5.

33 N. J. Cappelørn, 'Søren Kierkegaard at Friday Communion in The Church of Our Lady', in *International Kierkegaard Commentary, Volume 18. Without Authority*를 보라.

34 *Encounters with Kierkegaard*, p. 119. 1855년 10월 18일자 안드래(Hansine Andræ)의 일기에서 인용한 부분을 보라.

35 ibid, p. 103. 하우시(Carsten Hauch)가 1855년 3월 25일에 잉게만(B. S. Ingemann)에게 보낸 편지에서 인용함.

36 ibid, pp. 103-5. 시베른(F. C. Sibbern)이 1855년 3월 26일에 로스(Petronella Ross)에게 보낸 편지에서 인용함.

37 ibid, p. 107. Vilhelm Birkedal, *Personlige Oplevelser i et langt Liv*, vol. 2 (Copenhagen. Karl Schønbergs Forlag, 1890)에서 인용함.

38 ibid, p. 106. 막달레네 한센(Magdalene Hansen)이 1855년 6월 20일에 스탐페(Elise Stampe)에게 보낸 편지에서 인용함.

39 ibid, p. 111. Otto B. Wroblewski, *Ti Aar i C. A. Reitzels Boglade* (1889)에서 인용함.

40 ibid, pp. 247-8. 브뢰크너가 1871-2년 동안 작성한 키르케고르에 대한 회상기에서 인용한 부분을 보라.

41 ibid, pp. 108-9. *Nord og Syd* [남과 북], 1855년 9월 15일자에서 인용한 부분을 보라.

42 *The Moments and Late Writings*, p. 341.

43 *Encounters with Kierkegaard*, p. 117. Mathilde Reinhardt, *Familie-Erindringer 1831-1856*에서 인용한 부분을 보라.

44 *Letters and Documents*, pp. 28-32. 프레데릭스 병원의 환자기록에서 인용한 부분을 보라. 이 기록에 의하면 그의 사망 원인은 "결핵?"(Tuberculosis?)으로 추정되고 있다.

45 *Encounters with Kierkegaard*, p. 172. Henriette Lund, *Eringringer Fra Hjem-*

met (Gyldendal, 1909)에서 인용한 부분을 보라.

46 ibid, p. 157.

47 *Letters and Documents*, pp. 33, 450. 키르케고르의 유언은 날짜가 적혀 있지 않지만, 그의 『편지와 서류들』의 편집자는 그것이 1849년에 작성되었을 거라고 추정하는데, 이때쯤 키르케고르가 레기네 부부에게 편지를 보냈다.

48 *Encounters with Kierkegaard*, p. 121. 보에센이 1855년 10월 17일에 아내에게 보낸 편지에서 인용한 부분을 보라.

49 ibid, pp. 121-8. 보에센이 병원에서 키르케고르와 나눈 대화를 기술한 내용이 수록되어 있는 책, *Af Søren Kierkegaards Efterladte Papirer, 1854-55* (Reitzel, 1881), pp. 593-9에서 인용함.

50 *Kierkegaard's Journals and Notebooks, Volume 9. Journals NB26-NB30*, p. 207. NB 27, 88 (1852년 8월에서 1853년 2월). "육체의 가시"는 고린토인들에게 보낸 둘째 편지 12장 2-7절에서 인용된 구절이다. 키르케고르는 이것을 『결론으로서의 비학문적 후서』에서 언급했는데, 이 책에서 그는 육체의 가시를 "축복의 징표가 되는 종교적 수난"으로 기술하고 있다. *Concluding Unscientific Postscript*, p. 381을 보라.

키르케고르, 죽음 이후의 삶

1 Ludwig Feuerbach, *Thoughts on Death and Immortality*, ed. and trans. James A. Massey (Univ. of California Press, 1980). István Czakó, 'Becoming Immortal. The Historical Context of Kierkegaard's Concept of Immortality', in *Kierkegaard and Christianity*, ed. Roman Králik, Abrahim H. Khan, Peter Sajda, Jamie Turnbull and Andrew J. Burgess (Acta Kierkegaardian, vol. 3, 2008), pp. 60-65를 보라.

2 *The Concept of Anxiety*, trans. Reidar Thomte (Princeton Univ. Press, 1981), p. 139.

3 이 대화는 베스테르고르를 알고 있었던 쇠테(Andreas Ferdinand Schiødte)가 1869년에 바포드(H. P. Barfod)에게 보낸 편지에서 이야기한 것이다. *Encounters with Kierkegaard*, p. 195를 보라. 그리고 또한 *Kierkegaard's*

Journals and Notebooks, Volume 7. Journals NB15-NB20, p. 433. NB20, 58 (1850년 7월에서 9월)를 보라. "기독교계의 소크라테스. 소크라테스는 영혼의 불멸을 입증할 수 없었다. 그는 단지 다음과 같이 말했을 따름이다. 이 문제에 너무나도 집중한 나머지 나는 불멸이 사실인 것처럼 그렇게 내 삶을 조정할 생각이다. 설령 그게 틀리더라도, 그래 좋다, 나는 그래도 내 선택을 후회하지 않을 것인데, 왜냐하면 이것이 내가 관심을 갖고 있는 유일한 문제이기 때문이다. 다음과 같이 말하고 실천한 사람이 있다면 진즉에 기독교계에 얼마나 큰 도움이 되었을 것인가. '나는 기독교가 진리인지 아닌지 알지 못하지만, 기독교가 진리라고 전제하고, 그것에 내 삶을 걸고서 내 모든 삶을 조정하고자 한다. 그런데 만일 기독교가 진리가 아니라는 것이 밝혀진다면, 그래 좋다, 나는 그래도 내 선택을 후회하지 않을 것인데, 왜냐하면 그것은 내가 관심을 갖고 있는 유일한 문제이기 때문이다.'"

4 키르케고르의 유품은 그의 사후에 경매로 팔렸다. 280개의 유품 목록과 그것들을 구입한 사람들의 명단이 F. Chr. Nielsen, *Alt Blev Godt Betalt. Auktionen over Søren Kierkegaards indbo* (Holkenfeldt 3, 2000)에 실려 있다.

5 Niels Jørgen Cappelørn, Joakim Garff and Johnny Kondrup, *Written Images. Søren Kierkegaard's Journals, Notebooks, Booklets, Sheet, Scraps, and Slips of Paper*, p. 19를 보라.

6 ibid, pp. 22-9를 보라. 바포드는 종이 한 장을 발견했는데 그것에는 키르케고르가 닐센(Rasmus Nielsen)이 죄드바드와 레빈(Israel Levin)과 협조해서 자신의 유고를 편집했으면 좋겠다는 희망사항을 써놓았다. 이것 때문에 바포드는 걱정을 많이 하게 되었다.

7 ibid, pp. 53-6.

8 Christopher B. Barnett, 'Hans Adolph Brorson. Danish Pietism's Greatest Hymn Writer', in *Kierkegaard and The Renaissance and Modern Traditions, Tome II. Theology*, pp. 63-79. Andrew J. Burgess, 'Kierkegaard, Brorson, and Moravian Music', in *International Kierkegaard Commentary, Volume 20. Practice in Christianity*, pp. 211-43을 보라. 키르케고르가 이런 (혹은 다른 어떤) 노래들을 불렀다는 것을 보여주는 문서기록은 없지만, 그는 브로손의 찬송가를 잘 알고 있었으며 자신의 저술에서 자주 언급하였다.

9 *Letters and Documents*, pp. 26-7.

10 *Encounters with Kierkegaard*, p. 130. 1855년 11월 15일자 『남과 북』에서 인용한 부분을 보라.

11 ibid, p. 136. 안데르센이 1855년 11월 24일에 부르농빌(August Bournonville)에게 보낸 편지에서 인용한 부분을 보라.

12 ibid, p. 135. H. L. 마르텐센이 1855년 구데(L. Gude)에게 보낸 편지에서 인용한 부분을 보라.

13 ibid, p. 132-3. 소데만(F. Sodemann)이 1855년 11월 18일에 바포드에게 보낸 편지에서 인용한 부분을 보라.

14 ibid, pp. 135-5. 1855년 11월 22일자 『조국』에서 인용함.

15 ibid, p. 136. 안데르센이 1855년 11월 24일 부르농빌에게 보낸 편지에서 인용한 부분을 보라.

16 Cappelørn, Garff and Kondrup, *Written Images*, p. 10을 보라.

17 2013년 5월 6일, 월요일에 *Kristeligt Dagblad*에 보도되었다.

18 가프가 강연 원고를 보여준 것에 대해서 그에게 사의를 표하는 바이다. 유사한 주제에 관한 훨씬 이전의 성찰에 관해서는, 가프의 "The Eyes of Argus. The Point of View and Points of View with Respect to Kierkegaard's 'Activity as an Author'", *Kierkegaardiana*, 15 (Reitzel, 1991), pp. 29-54를 보라.

감사의 말

나는 이 책을 런던, 필라델피아, 코펜하겐 그리고 스카이섬에서 집필하였다. 이 지역의—도서관과 대학, 요가 연구소와 카페의—많은 분들에게 헤아릴 수 없는 친절함에 대해서, 그리고 생각하고 집필할 시간과 장소를 제공해 준 것에 대해서 고맙다는 말을 하고 싶다. 런던의 킹스 칼리지, 평의원회관 도서관, 펜실베이니아 대학, 코펜하겐 대학 그리고 왕립덴마크도서관은 키르케고르의 삶에 대한 연구에 자료와 도움을 제공해 주었다. 스카이섬은 평소와 같이 최상의 장소를 제공하였다. 휴식과 동경의 장소, 그리고 아득한 수평선. 그곳에서 이 책은 완성되었다.

몇몇 사람에게도 특별히 심심한 사의를 표하고 싶다. 펭귄 출판사의 크루(Daniel Crewe)와 프로피트(Stuart Proffitt)는 이 전기를 구상하는 데 도움을 주었으며, 또 프로피트는 이 책의 편집자로서 시종일관 권위 있는 조언을 해주었다. 메이슨(Richard Mason)은 원고를 정리해 주었다. 라이언(Stephen Ryan)은 완벽하게 교정을 보았다. 러셀(Amanda

Russel)은 시각자료들을 조사해 주었다. 시뇨르(Ben Sinyor)와 몬테이로(Francisca Monteiro)는 텍스트와 시각자료를 지면에 완벽하게 배치하였다. 그리고 두구이드(Richard Duguid)는 전 작업을 감독하였다. 싱클레어(Joseph Sinclair)는 색인을 목록하는 작업을 도와주었다. 칼판트(Sarah Chalfant)와 지글러-베일리(Alba Ziegler-Bailey)는 이 책을, 그리고 나 자신을 세상에 내보는 데 일조했다.

2017년 봄에 가프(Joakim Garff)는 쇠렌 키르케고르 연구센터에서 나를 따뜻하게 맞아주었으며, 로카(Ettore Rocca)는 사무실을 제공해 주었고, 카펠뢴(Niels Jørgen Cappelørn)은 최근의 영감을 제공해 주었다. 왕립덴마크도서관에서 페테르센(Erik Petersen)은 키르케고르의 초고와 편지의 상자를 계속해서 가져다 주었는데, 나는 내 책에 대한 그의 열의에 깊이 감동받았다. 흐비드(Luna Hvid)는 코펜하겐에서 안락한 거처를 제공하였으며, 버찌가 활짝 피는 것을 보게 해주었다.

알비니아(Alice Albinia), 카와야(Noreen Khawaja), 커크패트릭(Kate Kirkpatrick), 올리버(Simon Oliver), 패티슨(George Pattison) 그리고 트레시(John Tresch)는 각기 여러 단계에서 초고를 검토해 주었으며 또 매우 귀중한 비평을 해주었다. 칼라난(John Callanan)과 쿠퍼(Andy Cooper)는 원고 일부를 검토해 주었다.

많은 좋은 친구들과 동료들이 내가 이 책을 쓰는 동안 도움을 제공해 주었다. 특히 쇼트(Rupert Shortt)에게는 그의 신실한 우정과 끝없는 격려에 감사하는 바이다. 메리맨(Amy Merriman)에게는 내 연구년 동안 그녀가 보여준 우정과 인내심에 대해 고맙다는 말을 하고 싶다. 엘리스(Fiona Ellis), 코크레이(Sarah Coakley) 그리고 호웰스(Eddie Howells)에게는 그들의 지혜와 애정에 대해 심심한 사의를 표하는 바이다. 나는 윌리엄스(Russel Williams)에 대한 고마움도 잊지 못할 것이다. 무엇보다도 남편 존과 아들 조셉이 나와 더불어 실존의 문제를 실천적으로 삶의 차원에서 영위하는 것에 대해서 감사하는 바이다.

클레어 칼라일

런던, 2018년 가을

옮긴이의 말

실존 철학의 위대한 창시자이자 불운한 천재사상가 키르케고르의 고뇌와 번민으로 가득 찬 치열한 투쟁의 이야기인 이 책에서 칼라일은 철학자로서의, 그리고 한 인간으로서의 키르케고르의 삶을 아주 독특하게, 그러면서도 날것 그대로 생생하게 복원하고 있다. 과거에 발표된 여타 키르케고르 전기들은 주로 학술적이거나 키르케고르가 살던 당시의 지적 배경, 다시 말해 역사적이고 철학적인 배경을 보여주는 데 치중한 반면, 칼라일은 인간 키르케고르를 소환하여 극히 사적이면서도 인간적으로 그를 보여주며, 키르케고르의 저술이 그의 인간적, 철학적, 그리고 종교적 투쟁, 자신과의 투쟁, 자신을 둘러싼 인간들 및 당대의 문화와의 투쟁의 결과라는 것을 탁월한 필체로 그려내고 있다. 칼라일의 전기를 통하여 독자는 인간 키르케고르가 누구였는지, 그가 살았던 19세기 덴마크, 혹은 당대의 유럽이 어떠했는지를 분명하게 이해하게 된다. 독자는 이 책에서 키르케고르가 마치 독자 여러분과 동행하는 것처럼 현재시점에서 베를린으로 여행하고, 코펜하겐에서 이곳저곳으로 이사하는가 하면, 매일 시내 중심가를 산책하면서 오가는 행인들과 이야기를 나누는 것을 목격한다.

그런가 하면, 칼라일은 독자를 키르케고르의 내면으로 이끌어 키르케고르가 종교적 차원에서 삶의 의미와 관련해 겪었던 번뇌와 고통과 불안을 접하게 한다. 저자는 본문에 대한 풍부한 주를 말미에 제시함으로써 취향에 따라 전거를 확인하고자 하는 독자들이 참고할 수 있게 하였다. 평소 키르케고르에게 관심이 있으면서도 그의 비밀에 싸인 삶과 난해하기 짝이 없는 철학에 배경지식이 없는 탓에 부담을 느끼는 독자가 있다면, 칼라일의 이 책은 그런 고민을 말끔하게 덜어 줄 것이다. 한마디로, 『마음의 철학자』는 키르케고르의 사상사에서 아주 탁월한 명저로 평가받기에 손색이 없는 명저이다.

2021년 초, 코로나19가 연일 기승을 떨치며 우리를 불안과 우울, 그리고 공포 속으로 몰아넣던 어느 날, 메일 한 통을 받았다. 퇴직을 코앞에 둔 시점에서, 최근 1년 사이에 키르케고르, 혹은 키르케고르의 철학을 주제로 하는 몇 번의 저술과 번역에 대한 제안을 받았으나, 개인적으로, 또 직업적으로 많이 지친 상태에서 모두 거절하던 참이었다. 메일을 보낸 이는 사월의책 박동수 편집장이고 메일 내용은 칼라일의 키르케고르 전기의 번역 의뢰였다. 나는 2015년에 칼라일의 저서 한 권을 번역한 바 있어서 칼라일이라는 철학자에 대해서는 어느 정도 알고 있던 터였다.

2015년 당시에도 참 매력적이고 독특하며 탁월한 연구자가 키르케고르 분야에 등장했구나, 라고 생각했는데, 우연히도 다시 같은 철학자의 저서, 그것도 키르케고르의 전기에 대한 번역 제안을 받고 보니 마음을 정하기가 쉽지 않았다. 그러나 이것이 내 연구 경력, 그리고 나의 삶에서 심기일전할 수 있는 좋은 계기라는 생각이 들어서 심적 부담이 적지 않았지만 제안을 수락했다. 그리고 금년 봄과 여름, 역병으로 어수선한 두 계절 동안 열심을 내서 번역에 매달렸다.

처음 책을 받아 살펴볼 때도 적잖이 흥미로웠지만, 막상 번역하며 꼼꼼히 읽다 보니 지금까지 나온 키르케고르의 전기와는 전혀 다른 책이었다. 저술 방식은 물론이고 그 내용도 새롭기 짝이 없었다. 그런데 처음 접하는 스타일인데도, 그 이유는 알 수 없었지만, 아주 익숙하게 느껴지는 것이었다. 그러다 문득 칼라일의 이 전기가 그야말로 키르케고르다운 저서라는 깨달음이 왔다. 만일 키르케고르가 자신의 전기를 쓴다면 아마도 이 책이 아닐까 싶을 정도로, 칼라일은 이 전기에서 키르케고르의 스타일을 완벽하게 구현하고 있다.

급히 서두르다 보니, 그리고 옮긴이의 학문적, 언어적 한계 탓으로, 칼라일의 훌륭한 전기를 성실하게 옮긴다고 노력했지만 부족한 점이 적지 않을 것이다. 번역은 반역이라는 오래된 상투어를 핑계 삼아 강호 제현의 이해를 구한다.

그럼에도 불구하고 이 거친 원고를 어려운 출판 환경 속에서 한 권의 훌륭한 책으로 완성시켜 준 사월의책 편집부 여러분에게 감사드린다. 어쨌거나 독자 여러분께서 향후 지적해 주시는 잘못은 더 나은 책을 위하여 앞으로 적극 반영해서 고칠 것을 약속한다.

마지막으로, 최근 몇 년 동안 개인적으로, 그리고 전 인류적 차원에서, 일찍이 겪어보지 못한 재난의 와중에도 항상 나와 함께하면서 서로 위로하고 힘이 되어준 가족과, 군산대에서 좋은 인연을 맺어 늘 내 곁을 지켜주는 내가 사랑하고 또 나를 사랑하는 평생의 제자, 특히 지난 2년 동안 견딜 수 없이 힘들고 고통스러울 때 매일 밤 나와 함께하며 그 많은 날을 기도로 격려해 준 김정호 목사, 그리고 우연치 않게 이 귀한 작업의 기회를 주신 사월의책 박동수 편집장에게 진심으로 고맙다는 말을 전하고 싶다.

2021년 가을, 미룡동에서

옮긴이